Putins digitale Front und die Wahrheit dahinter

Steven Broschart

Putins digitale Front und die Wahrheit dahinter

 Springer

Steven Broschart
Fürstenfeldbruck, Bayern, Deutschland

ISBN 978-3-658-44576-8   ISBN 978-3-658-44577-5 (eBook)
https://doi.org/10.1007/978-3-658-44577-5

Die Deutsche Nationalbibliothek verzeichnet diese Publikation in der Deutschen Nationalbibliografie; detaillierte bibliografische Daten sind im Internet über https://portal.dnb.de abrufbar.

© Der/die Herausgeber bzw. der/die Autor(en), exklusiv lizenziert an Springer Fachmedien Wiesbaden GmbH, ein Teil von Springer Nature 2024

Das Werk einschließlich aller seiner Teile ist urheberrechtlich geschützt. Jede Verwertung, die nicht ausdrücklich vom Urheberrechtsgesetz zugelassen ist, bedarf der vorherigen Zustimmung des Verlags. Das gilt insbesondere für Vervielfältigungen, Bearbeitungen, Übersetzungen, Mikroverfilmungen und die Einspeicherung und Verarbeitung in elektronischen Systemen.
Die Wiedergabe von allgemein beschreibenden Bezeichnungen, Marken, Unternehmensnamen etc. in diesem Werk bedeutet nicht, dass diese frei durch jedermann benutzt werden dürfen. Die Berechtigung zur Benutzung unterliegt, auch ohne gesonderten Hinweis hierzu, den Regeln des Markenrechts. Die Rechte des jeweiligen Zeicheninhabers sind zu beachten.
Der Verlag, die Autoren und die Herausgeber gehen davon aus, dass die Angaben und Informationen in diesem Werk zum Zeitpunkt der Veröffentlichung vollständig und korrekt sind. Weder der Verlag noch die Autoren oder die Herausgeber übernehmen, ausdrücklich oder implizit, Gewähr für den Inhalt des Werkes, etwaige Fehler oder Äußerungen. Der Verlag bleibt im Hinblick auf geografische Zuordnungen und Gebietsbezeichnungen in veröffentlichten Karten und Institutionsadressen neutral.

Planung/Lektorat: Jan Treibel
Springer ist ein Imprint der eingetragenen Gesellschaft Springer Fachmedien Wiesbaden GmbH und ist ein Teil von Springer Nature.
Die Anschrift der Gesellschaft ist: Abraham-Lincoln-Str. 46, 65189 Wiesbaden, Germany

Wenn Sie dieses Produkt entsorgen, geben Sie das Papier bitte zum Recycling.

Geleitwort

Ein Video zeigt ein eingeschneites Haus mitten in einem düsteren Wald. Ein Schriftzug verrät, es ist Winter 2023 in Europa. Im Haus zeigt der Clip eine fröstelnde Frau. Ihre Wohnung wird nur durch wenige Kerzen erhellt. Der dürftige Strom reicht gerade noch für den Computer und so öffnet sie eine Dating-App. Darin sieht sie Männer aus Moskau, die in ihren beheizten Wohnungen am Herd stehen und kochen oder ein wohl temperiertes Bad genießen.[1]

Das russische Propagandavideo ging viral und damit die eingängige Botschaft: Westeuropa muss leiden und frieren, weil es Sanktionen gegen Russland verfügt hat und sich auf die Seite der Ukraine stellt. Moskau hingegen macht alles richtig, und Russlands Bürgerinnen und Bürger schwelgen im Überfluss. Der Berater des ukrainischen Innenministers Anton Gerashchenko schreibt auf Twitter zur Botschaft des Kurzfilms:

> „Wenn es nach der russischen Propaganda geht, dann wird Tinder in diesem Winter in Europa so aussehen: frierende Frauen, die Russen nachlaufen, weil diese sich Strom und heißes Wasser leisten können".[2]

Ein weiteres Video aus Russlands Propaganda-Werkstätten zeigt einen Ausweg aus der angeblichen Eiszeit, die über dem Westen hereinzubrechen drohe: Eine Auswanderung nach Russland. Dort seien die Frauen schön, Gas, Strom und warmes Wasser billig, die Werte traditionell-christlich – und vom Übel der

---

[1] Vgl. https://www.derstandard.de/story/2000140532774/russisches-propaganda-video-prognostiziert-kalten-winter-fuer-europa

[2] https://twitter.com/Gerashchenko_en

Cancel-Culture bleibe man auch verschont.[3] Ein dritter Film, der von Russlands Propagandasender RT verbreitet wird, warnt vor einem Horror-Weihnachten:[4] Europa drohe eisige Kälte, wässrige Suppe zum Festessen und als Hauptgang Haustiere, wie der Goldhamster eines kleinen traurigen Mädchens.[5]

Auch wenn sich die Szenarien als unwahr erweisen sollen, ist die Wirkung der Propaganda immens und bestärkt Ängste. Eine Umfrage des Meinungsforschungsinstituts Civey für die WirtschaftsWoche im Sommer 2022 offenbart die große Sorge vieler Deutscher vor explodierenden Gas- und Strompreisen. 73 % der Befragten gaben an, sich große oder sogar sehr große Sorgen vor steigenden Gaspreisen zu machen. Nur knapp jeder Fünfte zeigte sich entspannt.[6] Tatsächlich kam es auch seit 2021 zu immensen Preissteigerungen, infolge der globalen Corona-Lockdowns und der drohenden Energieknappheit aufgrund des Konflikts mit Russland. Doch die Propaganda-Szenarien bleiben aus und die Strompreise sinken bis zum Herbst 2023 nahezu auf das Vorkrisenniveau.[7] Doch die Ängste und Misstrauen vor den Folgen der Sanktionen bleiben in vielen Köpfen verhaftet, auch nachdem Deutschlands Energiepolitik längst Früchte trägt. Eine Folge der Propagandastrategie ist ein Phänomen, das in der Politologie als „Delegitimation" charakterisiert wird, das heiß dem „nicht Anerkennen" des Staates und seiner Repräsentanten.[8] Seit Beginn des Krieges in der Ukraine gehört es zu den Kernaufgaben russischer Propaganda, diese Delegitimation politischer Systeme in Westeuropa zu forcieren. In einer Broschüre zur „Desinformation im Kontext des russischen Angriffskrieges gegen die Ukraine" schreibt das Bundesministerium des Innern und für Heimat:

> „Die von der russischen Regierung geförderten ‚Alternativmedien' werden u. a. von Akteuren aus den Phänomenbereichen Rechtsextremismus, Reichsbürger und Selbstverwalter sowie Verfassungsschutzrelevante Delegitimierung des Staates genutzt. Auch in einschlägigen Telegram-Foren werden russische Desinformationsnarrative

---

[3] https://www.bernerzeitung.ch/der-winter-wird-gross-sein-horror-propaganda-aus-russland-121439915333

[4] https://www.n-tv.de/politik/RT-provoziert-mit-bizarren-Weihnachtsspots-article23810721.html

[5] https://www.nau.ch/news/ausland/russisches-propaganda-video-zeigt-horror-weihnachten-in-europa-66377709

[6] https://www.wiwo.de/politik/deutschland/inflation-fast-drei-viertel-der-deutschen-haben-angst-vor-steigenden-energiepreisen/28472946.html

[7] https://www.handelsblatt.com/unternehmen/energie/strompreisentwicklung-strompreise-sinken-fast-auf-vorkrisenniveau-/28741584.html

[8] https://www.verfassungsschutz.de/DE/themen/verfassungsschutzrelevante-delegitimierung-des-staates/verfassungsschutzrelevante-delegitimierung-des-staates_node.html

verbreitet. Teile der (ehemaligen) Corona-Protestbewegung sind empfänglich für russische Desinformation und Propaganda und verbreiten diese weiter."[9]

Der Kampf um Worte und Interpretationen geht in der Kriegsführung vermutlich seit es Konflikte gibt, immer wieder dem Kampf mit Waffen voraus. Austragungsfläche des Kampfes um die Meinungshoheit sind in der Moderne alle nur erdenklichen Orte der Informationsvermittlung und reichen von Rundfunkanstalten, Filmtheatern, sozialen Medien bis hin zum traditionellen Flugblatt. Und kaum ein moderner Konflikt, der nicht geprägt ist von einer immensen Propaganda-Aktivität. Gesät werden politische Botschaften, die feindliche Systeme destabilisieren sollen und Botschaften, die in der eigenen Bevölkerung Freund- und Feindbilder bestärken sollen, um sie auf kommende kriegerische Konflikte einzustimmen und zu mobilisieren. Um der Frage auf den Grund zu gehen, was „Propaganda" bedeutet, muss man tief in der Geschichte recherchieren. Historisch leitet sich der Begriff vom lateinischen Verb „propagare" ab, was nichts anderes bedeutet als sich ausbreiten oder ausdehnen., In den allgemeinen Sprachgebrauch findet der Begriff aber erst Mitte des 17. Jahrhunderts, präzise 1622, als die katholische Kirche die Institution „Congregatio de propaganda fide" gründet. Eine Behörde, deren einziges Ziel darin bestand, den katholischen Glauben in alle Teile der Welt zu tragen, verkürzt den Einfluss des Vatikans zu expandieren. Und damals wie heute galt es die Botschaft der „Propaganda" nicht zu hinterfragen. Immerhin ging es bereits der Kirchenbehörde um nicht weniger als göttliche Wahrheiten, mit denen ungläubige Massen beseelt werden sollten – im Beipack weltliche Macht und Reichtum.

Konsequent lauten heute gängige Definitionen von „Propaganda" ein „Werben um religiöse Bekehrung, weltanschauliche Übereinstimmung (Weltanschauung) oder politische Gefolgschaft", wie das deutsche Staatslexikon schreibt.[10] Eine weitergehende Definition des „Propaganda-Begriffs" liefert die Bundeszentrale für Politische Bildung und sieht „Propaganda" als den „Versuch der gezielten Beeinflussung des Denkens, Handelns und Fühlens von Menschen." Wer Propaganda betreibe, verfolge „damit immer ein bestimmtes Interesse".[11]

Kaum verwunderlich, dass hier auch argumentative Taschenspielertricks ins Spiel kommen.

---

[9] https://www.bmfsfj.de/resource/blob/221976/2ccc281c0c4d46291eeb0ee837ab5764/faq-desinformation-russland-ukraine-data.pdf

[10] Propaganda – Staatslexikon (staatslexikon-online.de)

[11] Was ist Propaganda? | Krieg in den Medien | bpb.de

„Charakteristisch für Propaganda ist, dass sie die verschiedenen Seiten einer Thematik nicht darlegt und Meinung und Information vermischt. Wer Propaganda betreibt, möchte nicht diskutieren und mit Argumenten überzeugen, sondern mit allen Tricks die Emotionen und das Verhalten der Menschen beeinflussen, beispielsweise indem sie diese ängstigt, wütend macht oder ihnen Verheißungen ausspricht."[12]

Propaganda ist immer auch ein Kampf um Gefühle – um Emotionalisierung. Im Unterschied zur Arbeit unabhängiger Presseorgane oder wissenschaftlicher Publikationen zielt die Absicht der Propaganda auf das genaue Gegenteil: Die Fähigkeit der Rezipienten sich breit und objektiv zu informieren soll werden. Nach der Definition des „Filmlexikon" fußen „die Verfahren der Darstellung" dabei „auf einer radikalen Vereinfachung und Zuspitzung des Wirklichen – Feindbilder werden zugespitzt, Gemeinsamkeiten beschworen, politische Entscheidungs- und Handlungsalternativen ausgeblendet."[13] Am Ende steht der eindimensionale Rezipient, der gar nicht mehr anders können soll als mit seinem Herzen der richtigen Sache zu folgen. Nicht umsonst schrieb der britische Schriftsteller und Friedensaktivist Baron Arthur Ponsonby (1871–1946): „Das erste Opfer des Krieges ist die Wahrheit."

Ponsonby analysierte bereits nach dem ersten Weltkrieg zehn „Prinzipien der Kriegspropaganda", die aktueller kaum sein könnten:

1. Wir wollen den Krieg nicht.
2. Das gegnerische Lager trägt die Verantwortung.
3. Der Führer des Gegners ist ein Teufel.
4. Wir kämpfen für eine gute Sache.
5. Der Gegner kämpft mit unerlaubten Waffen.
6. Der Gegner begeht mit Absicht Grausamkeiten, wir nur versehentlich.
7. Unsere Verluste sind gering, die des Gegners enorm.
8. Künstler und Intellektuelle unterstützen unsere Sache.
9. Unsere Mission ist heilig.
10. Wer unsere Berichterstattung in Zweifel zieht, ist ein Verräter.[14]

Meistens wird Propaganda nicht offen betrieben. In unserer multi-medialen Lebenswelt sind es regelrechte Propagandawellen, die sowohl in Friedens- wie auch in Konfliktzeiten über uns hereinbrechen. Seit der völkerrechtswidrigen

---

[12] Was ist Propaganda? | Krieg in den Medien | bpb.de

[13] Propaganda [Das Lexikon der Filmbegriffe] (uni-kiel.de)

[14] Anne Morelli: Die Prinzipien der Kriegspropaganda. (deutschlandfunk.de)

Geleitwort

Annektierung der Krim durch Russland 2014 und den damit verbundenen Spannungen zwischen den Westmächten und dem Kreml hat sich die russische Propaganda-Tätigkeit potenziert. Es sind oft Hasskommentare bei Youtube, Fake-News in pro-russischen Telegram-Gruppen oder komplett gefälschte Nachrichten russischer Sendeanstalten[15]: Russlands Propagandamaschine arbeitet hochtourig. Dabei versucht der Kreml bereits seit Jahren, westliche liberale Demokratie zu untergraben. So attackieren russische Trolle in den sozialen Medien Großbritannien, indem sie 2016 den Brexit unterstützten. In Deutschland unterstützen sie die rechtsradikale AfD oder die einwanderungsfeindliche Pegida-Bewegung. In Frankreich heizen sie 2018 den Gelbwesten-Protest an. 2020 eskalieren sie die gesellschaftspolitische Diskussion über die Eindämmung der Corona-Maßnahmen, indem sie weltweit Verschwörungstheorien rund um das Virus verbreiten.[16]

In den USA setzte die russische Propaganda-Maschine sowohl auf die schwarze „Black Lives Matter-Bewegung" wie auf den Rechtspopulisten Donald Trump, um das Land zu destabilisieren. So ist in Forscherkreisen unumstritten, dass russische Trolle 2016 mit Desinformationskampagnen massiv in den US-Präsidentschaftswahlkampf eingegriffen haben, um Trump zum Sieg zu verhelfen.[17] Während die amerikanische Rechte lange versucht hatte, öffentlich Putins Wohlwollen zu negieren, kamen im Zuge der Ermittlungen amerikanische Sicherheitsdienste sowie der US-Senat zu dem Ergebnis, dass die russische Regierung systematisch versucht hatte, Einfluss auf das Wahlergebnis zu nehmen. Ein Beleg findet sich auf der Online-Plattform Twitter (heute „X"). In einer Untersuchung 2018 identifizierte Twitter zahllose aus Russland gesteuerte Accounts, mit denen die Meinung bei der US-Präsidentschaftswahl beeinflusst werden sollte. Die Zahl der Profile mit Verbindung zur sogenannten „Internet Research Agency" aus St. Petersburg sei um 1062 auf 3814 gestiegen, teilte der Kurznachrichtendienst mit. Sie hätten insgesamt knapp 176.000 Tweets abgesetzt. In von Twitter veröffentlichten Beispiel-Tweets wurde etwa gegen die Polizeigewalt in den USA protestiert. Sie folgten damit dem Muster, Spannungen zwischen politischen und ethnischen Gruppen in den USA zu schüren.[18]

Weit weniger bekannt wurde die Unterstützung des Kreml für die amerikanische Black Lives Matter-Bewegung, die als gesellschaftlicher Gegenpol zu

---

[15] Russische Propaganda wirkt – vor allem im Osten | MDR.DE
[16] Desinformation als Waffe | Krieg in Europa | bpb.de
[17] Studie weist russischer Desinformation bei US-Wahl 2016 geringe Rolle zu (faz.net)
[18] US-Wahlkampf: Twitter findet 1000 Accounts mit Russland-Verbindungen – DER SPIEGEL

Trumps Republikaner-Seilschaft betrachtet werden kann. Im Rahmen der wissenschaftlichen Auswertung der russischen Einflussnahme auf die US-Wahlen recherchierten amerikanische Forscher als eine Art Beifang, dass russische Mitarbeiter der Internet Research Agency (IRA) eine Online-Kampagne gestartet hatten, um sowohl zur Unterstützung als auch zum Widerstand gegen die Black Lives Matter-Bewegung zu ermutigen. „Laut CNN und ABC haben sich russische Internet-Trolle als Unterstützer afroamerikanischer Bürgerrechtsbewegungen ausgegeben und sogar Demonstrationen initiiert – um die Rassenspannungen zu verstärken."[19]

Die Journalistin Johanna Kuroczik schreibt in ihrem Beitrag „Im Reich der Trolle" zum Stand der Propaganda im Jahr 2022:

> „Wer die Massen manipulieren will, braucht heute keine Versammlungen in Stadien, keine Megafone und keine Plakate – nützlicher sind ein paar Computer. Das Internet und die sozialen Medien sind ideale Instrumente, um Millionen zu beeinflussen. Das spüren wir derzeit, der Krieg in der Ukraine wurde schon als erster „Tiktok-Krieg" bezeichnet."[20]

Wie erfolgreich der Propaganda-Apparat dabei in Deutschland wirkt, belegt Oktober 2022 eine Untersuchung der Wissenschaftlerinnen und Wissenschaftler von „CeMAS" (Center für Monitoring, Analyse und Strategie). Mit 19 % stimmte fast jeder Fünfte der Aussage zu, dass der russische Angriffskrieg eine alternativlose Reaktion Russlands auf die Provokation der NATO wäre. 21 % stimmten dieser Aussage teilweise zu. Den zweithöchsten Zustimmungswert der abgefragten Items erreichte mit 18 % die Aussage, Putin würde gegen eine globale Elite vorgehen, die im Hintergrund die Fäden zöge. Derlei russische Verschwörungserzählungen verfangen nach der CEMAS-Befragung insbesondere in Ostdeutschland. Während dort jeder Dritte der Aussage zustimmt, dass die NATO Russland so lange provoziert hätte, dass Russland in den Krieg ziehen musste, bejahen diese Aussage in Westdeutschland mit 16 % nur knapp halb so viele Menschen. Ein ähnliches Verhältnis zeigt sich bei den Zustimmungswerten zur Aussage, der Krieg in der Ukraine würde nur zur Ablenkung von der Corona-Pandemie dienen (14 % Zustimmung in Ostdeutschland und 7 % Zustimmung in Westdeutschland).[21]

---

[19] Russland soll US-Bürgerrechtler finanziert haben – DER SPIEGEL
[20] Russische Propaganda: Soziale Medien sind Waffen im Informationskampf (faz.net)
[21] Pia Lamberty, Corinne Heuer, Josef Holnburger: Research Paper: Belastungsprobe für die Demokratie: Pro-russische Verschwörungserzählungen und Glaube an Desinformation in der Gesellschaft, o.O., November 2022

Insgesamt warnen Experten vor vier Säulen, auf die heute russische Propaganda zum Ukraine-Konflikt aufbaut.

Taktik 1: Verwirrung stiften, um Vertrauen zu erschüttern: Hier geht es darum, eine Vielzahl von Narrativen zu verbreiten, die sich zum Teil inhaltlich widersprechen. Am Ende steht Unklarheit.

Taktik 2: Nachrichten mit gefälschten Beweisen als „Faktenchecks" verbreiten. Kanäle der russischen Propaganda wie der „Erste(r) Kanal" mit der Sendung „Anti-Fake" kopieren seit Kriegsbeginn verstärkt Faktenchecks, um beispielsweise Vorwürfe von Kriegsverbrechen zu entkräften.

Taktik 3: Wahre Informationen mit gezielten Falschmeldungen vermischen. Diese Taktik nutzt die Erkenntnis, dass Propaganda erfolgreich wirkt, wenn Lügen und Fakten verschwimmen.

Taktik 4: „Whataboutism". Diese Taktik basiert auf einer Schuldumkehr, das heißt auf Anschuldigungen wird mit Gegenvorwürfen reagiert, etwa wenn der Kreml auf Fehler des Westens verweist.[22]

In diesem Zusammenhang hervorzuheben ist die Verbreitung von Falschmeldungen durch die russischen Propagandasender „Sputnik" und RT DE, früher „Russia Today". Beide Anstalten sind Aushängeschilder russischer Außenpolitik, die neben Kriegslügen auch gezielt die politischen Ränder westlicher Staaten promoten, um die Systeme zu destabilisieren. Mal wird Pegida gehypt, mal die AFD, Teile der Linken oder die Querdenker-Bewegung – gezielt versucht die russische Propaganda in Deutschland Stimmungen zu polarisieren und gesellschaftliche Konflikte zu befeuern. Eine Datenanalyse des renommierten Institut für strategischen Dialog (ISD) und der Organisation Reset zeigt, dass es RT DE geschafft hatte, zu einem der wichtigsten Stichwortgeber für Corona-Leugner und Impfgegner zu werden. 84 der Top-100 populärsten RT-Videos hatten zum Zeitpunkt der Datenerhebung von Anfang März bis Ende Juli 2021 mehr als 100.000 Aufrufe. Das populärste Video hatte 1,2 Mio. Aufrufe. Von den 100 meistgeschauten Videos von RT DE enthielten 67 Videos einen Bezug zu Covid-19. Wiederum 61 davon hatten eine kritische Position gegenüber den Corona-Maßnahmen in Deutschland, den USA und anderen Demokratien sowie gegenüber „westlichen" Covid-19-Impfstoffen.[23]

Im März 2022 zieht die Europäische Union die Reißleine. Die russischen Propaganda-Sender RT (RT English, RT UK, RT Germany, RT France und RT Spanish) und „Sputnik" kommen auf die Sanktionsliste. In ihrer Begründung warnt die EU:

---

[22] So streut Russland Zweifel: Propaganda im Ukraine-Krieg – ZDFheute
[23] Russische Propaganda: Ein Virus des Misstrauens | tagesschau.de

„Der Kreml setzt systematische Informationsmanipulation und Desinformation bei seinem Angriff auf die Ukraine als operatives Mittel ein. Zudem sind sie eine erhebliche und unmittelbare Bedrohung für die öffentliche Ordnung und Sicherheit in der Union. (…) Insbesondere richteten sich Desinformation und Informationsmanipulation wiederholt und konsequent gegen europäische politische Parteien – insbesondere zu Wahlzeiten –, die Zivilgesellschaft, geschlechtliche und ethnische Minderheiten in Russland, Asylsuchende sowie das Funktionieren demokratischer Institutionen in der EU und ihren Mitgliedstaaten."[24]

Doch mit dem Verbot sind die Inhalte der Propagandasender nicht verschwunden, und die Desinformation findet in den sozialen Medien ihre Fortsetzung. So ergibt eine Datenauswertung von *WDR, NDR*, „Süddeutscher Zeitung" und „Debunk.Org", dass seit Anfang März 2022 immer noch über 14.000 Mal Inhalte vom deutschsprachigen Ableger „RT DE" auf Facebook oder Instagram geteilt wurden. Sie erzeugten der Facebook-eigenen Analyseseite „Crowdtangle" zufolge innerhalb eines Jahres rund 250.000 Interaktionen auf der Plattform, darunter 120.000 Likes.[25]

Während russische Propagandisten konfrontativ vorgehen, arbeitet der chinesische Propaganda-Apparat vorsichtig. Chinesischer Propaganda geht es selten um die Destabilisierung westlicher Systeme, mit denen man gerne Handel betreiben möchte, sondern um die Verschleierung der innerstaatlichen Diktatur mit den dazu gehörenden Menschenrechtsverletzungen. Insgesamt sollen 1,7 Mio. Menschen in Chinas Haftanstalten einsitzen. Hinzu kommen Hunderttausende Menschen in Untersuchungshaft, Umerziehungslagern und Geheimgefängnissen, wie die Forschungsstelle Institute for Crime & Justice Policy Research der University of London 2018 recherchiert hat.[26]

Der Folter und Umerziehung religiöser Minderheiten oder politisch Oppositioneller stellt Chinas Propaganda-Apparat ein wundervolles Land der Pandabären entgegen. Farbenfrohe Folklore, märchenhafte Natur und eine atemberaubende Geschichte sollen die totalitäre Gegenwart der regierenden Kommunistischen Partei unter ihrem Führer Xi Jinping vergessen lassen. Konsequent tarnen sich Chinas Propagandistinnen und Propagandisten im Internet als Fans guter Küche, Reiselustige oder Sprachlehrer und erreichen mit dieser Taktik eine riesige – meist ahnungslose – Fangemeinde. Ihre Agitationsfläche sind soziale Medien wie TikTok, Telegram, Instagram oder Facebook. Das Herzstück der Agitation ist der

---

[24] EU verhängt Sanktionen gegen die Sendetätigkeiten der staatseigenen Medien RT/Russia Today und Sputnik in der EU – Consilium (europa.eu)

[25] Russischer Staatssender: Telegram geht gegen RT-Inhalte vor | tagesschau.de

[26] Chinas Gefängnisse – Willkür, Zwangsarbeit und Folter (deutschlandfunkkultur.de)

Auslandssender „China Global Television Network", kurz CGTN. Das Programm konzentriert sich auf Nachrichten und Dokumentationen aus Asien und steht unter strikter Kontrolle der Kommunistischen Partei. Viele der Influencer in den sozialen Netzwerken sind bei CGTN beschäftigt, wie sich mühelos recherchieren lässt.[27]

Eine davon ist die reichweitenstarke Influencerin „Vica Li – Chinese". Ihren 1,4 Mio. Followern auf TikTok, YouTube, Instagram und Facebook gegenüber vermittelt Vica Li, sie sei eine „Lebensbloggerin" und „Essensliebhaberin". Ihr angebliches Ziel: Ihren Followern etwas über China beibringen[28], damit sie das Land problemlos bereisen können. Ihre Bildwelten laden in ein wundervolles, friedliches Land ein. Dazu unterrichtet die junge Chinesin auf ihren YouTube- und Facebook-Konten auch Chinesisch über Zoom.[29] Bei näherem Hinsehens- ind Vica Lis Kanäle nur ein Baustein von Chinas schnell wachsendem Einfluss auf Social-Media-Plattformen, wie 2022 auch eine Untersuchung von Associated Press ergibt. Es genügt schon eine kurze Nachrecherche, um zu belegen, dass Vica Li in Sendungen des staatlich betriebenen Fernsehsender CGTN regelmäßig aufgetreten ist und auch auf der Website von CGTN als digitale Reporterin aufgeführt ist.[30]

Weitaus politischer als Vica Li tritt die Propagandistin Li Jingjing auf, die auf der CGTN-Webseite als Reporterin geführt wird.[31] Auch Li Jingling bietet in sozialen Medien Chinesisch-Unterricht an und wirbt mit Chinas Schönheit. Im Gegensatz zu anderen Influencerinnen hält sie sich mit politischen Äußerungen jedoch nicht zurück. Mal lobt sie Chinas angebliche Friedfertigkeit[32], mal kritisiert sie offen den Westen und die USA. So vermittelt sie ihren rund 59.000 Youtube-Abonnenten die russische Sicht auf den Ukraine-Krieg und postet Videos, in denen sie das russische Propaganda-Narrative aufgreift, die Vereinigten Staaten und die NATO hätten den russischen Angriff auf das Nachbarland provoziert. Ein Beleg für die enorme Reichweite Li Jinglings sind rund 2,8 Mio. Follower auf Facebook.[33]

---

[27] Fake News bei Facebook, Youtube und Co.: Wie Influencer aus China Propaganda im Westen verbreiten (rnd.de)
[28] Vica Chinese – YouTube
[29] CGTN – Vica Li is a Chinese vlogger who teaches simple... | Facebook
[30] Fake News bei Facebook, Youtube und Co.: Wie Influencer aus China Propaganda im Westen verbreiten (rnd.de)
[31] Li Jingjing – Star – CGTN
[32] The Illusion of Chinese Aggression Created by the Deep State & Military-Industrial Complex – YouTube
[33] Talk it Out with Li Jingjing | Facebook

Weitere bekannte Influencerinnen sind Rachel Zhou oder Jessica Zang. Zang hat alleine auf Facebook 1,2 Mio. Follower.[34] Auf ihren Accounts lebt die Propaganda-Mär vom verträumt-friedlichen China als Knuddelbären- und Gourmetparadies.[35] Hauptberuflich arbeitet Zang als Videobloggerin für CGTN.[36] Zang ist ein weiteres Beispiel für eine Gruppe staatsnaher Reporterinnen und Reporter Chinas, die als trendige Instagram-Influencer oder Blogger aufgebaut wurden. Experten der Firma Miburo, die zu ausländischen Desinformations-Kampagnen forschen, haben ermittelt, dass inzwischen mindestens 200 Influencerinnen und Influencer mit Verbindungen zur chinesischen Regierung oder den Staatsmedien in 38 verschiedenen Sprachen arbeiten. Die Zahl ihrer Follower geht in den zweistelligen Millionenbereich.[37]

Neben China und Russland versucht auch der NATO-Partnerstaat Türkei propagandistisch Einfluss auf das Meinungsklima in Deutschland zu nehmen So sieht das Bundesamt für Verfassungsschutz „Einflussnahmeversuche auf (die) türkeistämmige Gemeinschaften in Deutschland", wie es im Bericht des Bundesamtes für 2021 heißt. „Regierungsnahe Organisationen werben in Deutschland und anderen europäischen Staaten für die gegenwärtige türkische Politik." Im Mittelpunkt dabei der Versuch, das Staatsoberhaupt der Türkei Recep Tayyip Erdogan bei Wahlen zu unterstützen. Immerhin waren rund 1,5 Mio. in Deutschland lebende Personen 2023 bei den Präsidentenwahlen in der Türkei wahlberechtigt. Bekannte Influencer, die Stimmung für Erdogan und seine AKP machen, heißen Bilgili Üretmen[38] und Yunus Celep[39], die vor allem junge Türkinnen und Türken ansprechen. Die Botschaften entsprechen dem politischen Weltbild Erdogans: „Die Türkei als Bollwerk gegen den dekadenten Westen und (Erdogan) als Präzeptor der islamischen Welt".[40] Und tatsächlich wird die Propagandamaschine der Türkei nicht müde, die Werthaltungen der EU oder der USA als unmoralisch, egozentriert und würdelos zu kritisieren, während Erdogan als Schutzpatron der islamischen Welt vor angeblich westlicher Dekadenz

---

[34] Jessica Zang | Facebook

[35] Jessica Zang (@jessica_zang1018) • Instagram-Fotos und -Videos

[36] Fake News bei Facebook, Youtube und Co.: Wie Influencer aus China Propaganda im Westen verbreiten (rnd.de)

[37] Fake News bei Facebook, Youtube und Co.: Wie Influencer aus China Propaganda im Westen verbreiten (rnd.de)

[38] Bilgili Üretmen (@bilgili.uretmen_official) • Instagram-Fotos und -Videos

[39] Yunus Celep (@yunuscelep_) | TikTok, https://www.tiktok.com/@fidankarpuz/video/7233461221171694874

[40] https://www.nzz.ch/meinung/erdogan-betreibt-identitaetspolitik-erfolgreich-als-dauerkampagne-ld.1743279

Geleitwort

stilisiert wird. Allgegenwärtig ist die religiöse Tapete über den nationalistisch-expansionistischen Botschaften, mit denen der Kampf um die Meinungshoheit der türkisch-islamischen Community weltweit geführt wird.

Andere Propagandisten präsentieren sich radikaler und schmücken sich selbst mit verfassungsfeindlichen Kennzeichen, wie der türkische Politfluencer Bilgili Üretmen. Er ist bekannt durch YouTube und TikTok und sieht sich als Sprachrohr der türkischen Community.[41] Der deutschsprachige Blogger füllt dabei eine Lücke: Konservative Deutschtürken fühlen sich medial oft nicht ausreichend repräsentiert. Und seiner AKP-nahen Community ist die Berichterstattung deutschsprachiger Medien zu einseitig. Üretmen präsentiert sich auf Fotos auch mal stolz mit dem Wolfsgruß, dem Symbol der rechtsextremen Grauen Wölfe.[42] In der Gesamtschau reicht die Palette der türkischen Propaganda in Deutschland nach Recherchen der ARD von „vermeintlichen Informationsvideos" über gezielte „Desinformation" bis zu rechter Propaganda und rechtsextremer Symbolik.[43]

Seit 2020 betreibt auch der türkische Staatssender TRT ein deutsches Nachrichtenportal, der öffentlich längst als „Erdogans Megafon" eingestuft wird.[44] Auf Facebook hat „TRT Deutsch" rund 123.000 Follower[45], auf Instagram sind es 178.000 Menschen, die dem Kanal folgen.[46] Dabei werden unverhohlen Erdogans anti-westliche und anti-israelische Positionen weiterverbreitet, etwa wenn Erdogan vor hunderttausenden Menschen in der Türkei Richtung Westen zündelt: „Wollt ihr einen neuen Kreuzzug?". Das Online-Magazin für Medienkritik „Übermedien" sieht die Gefahr, „dass sich damit neben den russischen Seiten RT Deutsch und Sputnik ein weiterer Propagandakanal eines autoritär regierten Staates in Deutschland" etablieren könne.[47] Experten wie Steven Stalinsky, Exekutivdirektor des Middle East Media Research Institute, warnte bereits amerikanische Wissenschaftler davor, im internationalen Kanal des türkischen Senders TRT World aufzutreten. Ein Grund sei die Nähe zur türkischen Regierung und die Form der Berichterstattung. Als Beleg führt der Wissenschaftler eine „mit

---

[41] https://www.tiktok.com/@therealbilgili
[42] https://www.tagesschau.de/inland/gesellschaft/influencer-tuerkei-100.html
[43] Wie deutsche Influencer türkischen Nationalismus verbreiten | tagesschau.de
[44] TRT Deutsch: Wie viel Propaganda steckt in dem Sender? – Medien – SZ.de (sueddeutsche.de)
[45] TRT Deutsch | Berlin | Facebook
[46] TRT Deutsch (@trtdeutsch) • Instagram-Fotos und -Videos
[47] https://uebermedien.de/45246/tuerkische-propaganda-mit-journalistischem-anstrich/

Enthusiasmus und Patriotismus getränkte Berichterstattung zur türkischen Militäroffensive in Nordsyrien" an. Zur gleichen Zeit würden Kritiker in der Türkei mundtot gemacht.[48]

Tatsächlich rangiert die Türkei in der aktuellen Rangliste der Pressefreiheit von „Reporter ohne Grenzen" aktuell auf Platz 149 von 180, vier Plätze vor Weißrussland und sechs Plätze vor Russland. Zur Begründung schreibt die Organisation: „In der Türkei (149) ist die Lage der Pressefreiheit weiter katastrophal. 90 % der Medien werden staatlich kontrolliert, das Internet ist nahezu systematisch zensiert. Die Justiz wird missbraucht, um Journalistinnen und Journalisten mundtot zu machen."[49]

Wie weit die türkische Propaganda bereits von westlich-liberalen Wertvorstellungen entfernt ist, spiegeln immer wieder Äußerungen von Staatspräsident Recep Tayyip Erdogan. Nach dem brutalen Angriff der terroristischen Hamas-Organisation auf Israel am 7. Oktober 2023 zündet der Autokrat in einer Rede auf einer pro-palästinensischen Demonstration in Istanbul. Erdogan beschreibt Israel als „eine Schachfigur" in der Region, die „wenn der Tag kommt", geopfert werde. Er macht „westliche Regierungen" hauptsächlich für die „Massaker" im Gazastreifen verantwortlich.[50] Während der Rede fabuliert das Staatsoberhaupt auch von „einer Kreuzzugs-Atmosphäre" gegen Muslime, die der Westen herbeizuführen versuche und spricht von einem neuen „Krieg zwischen Kreuz und Mondsichel". Mehr wie eine Feindmacht, als in der Rolle eines internationalen Partners wird eine Drohung zum bitteren Höhepunkt seiner Attacken: „Wir können jede Nacht unerwartet kommen", droht Erdogan – und Adressat ist wenig zweifelhaft das christliche und jüdische Abendland.[51] Seine Rede kann als Feuerwerk kriegerischer Propaganda gegen westliche Demokratien verstanden werden. Wie weit das Staatsoberhaupt inzwischen von internationalen Standards entfernt hat, zeigt auch seine Beurteilung der Organisation „Hamas", die seit Jahren mit Entführungen und Selbstmordattentaten auf sich aufmerksam macht und die Vernichtung Israel als Organisationsdoktrin pflegt. Während die Vereinigten Staaten,

---

[48] TRT Deutsch: Wie viel Propaganda steckt in dem Sender? – Medien – SZ.de (sueddeutsche.de)

[49] Rangliste der Pressefreiheit 2022 I Reporter ohne Grenzen für Informationsfreiheit (reporter-ohne-grenzen.de)

[50] https://www.news.de/politik/857234514/recep-tayyip-erdogan-droht-westen-mit-glaube nskrieg-nach-hamas-terror-tuerken-praesident-warnt-vor-kreuzzugs-atmosphaere-und-isr ael-angriff/1/

[51] https://www.focus.de/politik/ausland/nahost/gaza-massaker-sind-ausschliesslich-das-werk-des-westens-erdogan-zeigt-sich-auf-propalaestinensischer-kundgebung-droht-mit-gla ubenskrieg_id_234763863.html

die Europäische Union und Deutschland die Gruppe als „terroristisch" einstufen, sind die Islamistischen Extremisten in den Augen Erdogans „Freiheitskämpfer". Wieder ein Propaganda-Begriff, der eine mörderische Terrorgruppe legalisieren soll.

Wie Erdogans „Freiheitskämpfer" der Hamas Propaganda betreiben, zeigt sich nach dem Wahlsieg der Terror-Organisation am 25. Januar 2006 in Palästina. Mit einem aufwendigen Propaganda-Konzept beginnt die Organisation palästinensische Kinder zu indoktrinieren. Dazu nutzt sie Kinderprogrammein Rundfunk und Fernsehen mit antiisraelischen und antijüdischen Inhalten. Es ist eine Gehirnwäsche mit Hassbotschaften, in deren Zentrum die Vorbereitung auf neue Kriege steht. Dabei existiert kein Unterschied zwischen „Juden" und „Israelis". Auszüge:

„Greift an, werft Bomben, schockt sie! Vernichtet alle Zionisten! Erschüttert Israels Sicherheit und setzt sie Flammen und Vulkanen aus."[52]

Auch der Hamas-Angriff auf Israel am 7. Oktober 2023 wird aus Propagandazwecken dokumentiert. Kameras filmen wie Terroristen ihre völlig überraschten Opfer ermorden oder entführen. Zum Teil wird der Angriff live ins Netz gestellt. In aller Welt konnten Menschen in sozialen Medien aus der Perspektive der Attentäter sehen, wie unschuldige Zivilisten erschossen werden. Im ZDF warnt die Antisemitismusforscherin Monika Hübscher: „Man entmenschlicht Israelis, Jüdinnen und Juden und gleichzeitig normalisiert sich diese Gewalt und kann anstiftend wirken zu Taten im realen Leben".[53] Dass die zum Teil professionell geschnittenen Videos auch für den internationalen Markt produziert wurden, verrät die Sprache. Die mörderischen Clips wurden auch auf Englisch vertont. Längst möchte die Hamas mit ihrer Propaganda auch junge Palästinenserinnen und Palästinenser in der westlichen Welt radikalisieren.

Propaganda als Waffe terroristischer Organisationen wie Hamas oder autokratischer Staaten wie Russland oder der Türkei abzutun, greift jedoch zu kurz. Besonders die USA haben sich in den letzten Jahrzehnten mit Propaganda-Aktionen hervorgetan, die jedoch dem Westen erhebliche Glaubwürdigkeitsverluste beschert haben. Gut bekannt sind noch Amerikas Propagandalügen im Vorfeld des Irakkrieg 2003. Um den Krieg gegen Iraks Diktator Saddam Hussein zu legitimieren, hielt der damalige amerikanische Außenminister Colin Powell am 5.2.2003 eine Rede vor dem Weltsicherheitsrat der UN. Zentraler Inhalt war

---

[52] https://www.deutschlandfunk.de/nahost-konflikt-zehn-jahre-hamas-in-palaestina-100.html
[53] https://www.zdf.de/nachrichten/digitales/propaganda-hamas-israel-social-media-100.html

das Bild Saddam Husseins als Unterstützer des internationalen Terrorismus. Dazu sei der irakische Diktator im Besitz von biologischen und chemischen Massenvernichtungswaffen, die er in rollenden Laboren durchs Land fahre. Dazu strebe Irak den Bau von Atomwaffen an. Nachträglich sollte keine einzige seiner Aussagen stimmen – der Auftritt – eine Propaganda-Show.[54] Er diente zur Legitimierung eines Waffengangs, der in der Endkonsequenz den Mittleren Osten ins Chaos stürzte und rund 500.000 Menschen das Leben kostete.

Kaum eine Macht auf der Erde konnte bis heute der Versuchung widerstehen, mit unsauberen Tricks Massen zu beeinflussen oder Gegner zu schwächen. In Deutschland haben sich antisemitische Hetzfilme wie „Jud Süß" oder „Der ewige Jude" in das öffentliche Bewusstsein gebrannt, ebenso die Dokumentationen Leni Riefenstahls, mit denen die NS-Diktatur den Kampf um die Bilderhoheit dominierte.

Die Bedeutung von feindlicher Propaganda zieht sich durch die letzten Jahrzehnte, sogar Jahrhunderte. Die Machthaber sind sich ihrer Wirkung bewusst: „Der Propagandakrieg wird als wesentliches, dem Waffenkrieg gleichrangiges Kriegsmittel anerkannt", darüber sind sich im Winter 1938/39 Hitlers Propagandaminister Josef Goebbels und der Chef des Oberkommandos der Wehrmacht, General Wilhelm Keitel, einig.[55] Deutlicher kann die herausragende Bedeutung des Krieges der Worte und Bilder kaum formuliert werden. Und ausgetragen wird der mediale Schlagabtausch kaum weniger enthemmt als das blutige Handwerk mit scharfen Waffen. Mehr noch: Das Gift, das in den Schreibstuben und Studios der Propagandisten gebraut wird, ist so gefährlich wie die Geschosse auf dem Schlachtfeld. Denn als sicher gilt, wenn die Waffen schweigen, wirken die Propaganda-Bilder noch lange weiter. Als ein zersetzendes Gift des freien Geistes – mit einer viel zu hoher Halbwertzeit.

Steven Broscharts Werk erklärt an vielen Beispielen kenntnisreich, wie wir im gegenwärtigen Krieg Russlands gegen die Ukraine beeinflusst werden. Dazu beschreibt das Buch an zahllosen Beispielen die Bedeutung des Internets für die moderne Propaganda-Arbeit und wie Russland die digitale Welt nutzt, um dem Abnutzungskrieg auf dem Schlachtfeld, mit dem Abnutzungskampf um Deutungshoheit des Krieges verbinden. Der vorliegenden Band ermöglicht es nicht

---

[54] Irak-Krieg: Am Anfang stand die Lüge – DW – 09.04.2018
[55] https://www.spiegel.de/geschichte/britische-kriegspropaganda-a-946614.html

nur, am gesellschaftlichen Diskurs über Russlands hyprdide Kriegsführung argumentationsstark teilzuhaben, sondern ist als Gesamtwerk ein Beitrag zur Stärkung unserer wehrhaften Demokratie.

Dr. Rainer Fromm

Inhaltsverzeichnis

1	**Warum dieses Buch?**	1
	Putins digitale Front	1
	Und die Wahrheit dahinter	2
	Website zum Buch mit zusätzlichem Material	3
	Danksagung	3
	Über mich	3
2	**Einleitung**	7
	Die Informationsbeschaffung über Google	9
	Datenanalyse mit Google Trends	14
	Vorausgehende Suchanfragen	21
	Swarm Patterns	22
	Grenzen bei der Datenerhebung	22
	Daten versus Noise	27
	Primäre und sekundäre Signaturen	28

Teil I Propaganda – Die digitale Front

3	**Die Verschwörung**	33
	Der Messenger-Dienst Telegram	34
	QAnon und Russland	35
	Die Pandemie als Verschwörungskatalysator	37

4	**Kognitive Verzerrungen**	47
	Social Proof	49
	Confirmation Bias	49
	Authority Bias	49
	Emotionale Beweisführung	51
	Kontrollillusion	51
	Dichotomes Denken	51
	Maximierung und Minimierung	52
	Teleologisches Denken	52
5	**Propaganda**	55
	Angst	55
	Dämonisierung	62
	Glorifizierung	67
	Gräuelpropaganda	69
	Wiederholung	69
	Bandwagon (Astroturfing)	70
	Whataboutism	72
	Rufschädigung und Einschüchterung	79
	Neusprech	80
	Ablenkungsmanöver	83
	Haltet den Dieb	83
	Daten und Fakten	83
	Untertreibung	86
	Übertreibung	87
	Embedded Journalism	89
	Klischeevorstellungen & Stereotypisierung	92
	Proliferation	92
	Zensur	93
	Ästhetisierung	99
	Gaslighting	99
	Alternativlosigkeit	100
	Vereinfachung	100
	Lüge und Täuschung	101
	Von der digitalen Frontlinie zur Wahrheit dahinter	105

Inhaltsverzeichnis XXIII

Teil II Googles Meta-Daten – Die Wahrheit hinter die Frontlinie

6 Der Vorabend des Krieges 109
   Evakuierung der Regionen Donezk und Luhansk 114
   Bemühung um rechtzeitige Eskalation 117
   3 Tage vor Kriegsbeginn 121
   Die Partnerschaft mit China 137

7 Ukrainische Flüchtlinge töten Russlanddeutschen 141

8 Das Massaker von Butscha 151

9 Angriff auf den Bahnhof von Kramatorsk 163
   Die Totschka-U 168
   Evakuierung nach Russland 170

10 Das Einkaufszentrum in Krementschuk 173

11 Nord Stream 179
   Angst und Schrecken – ein Versuch 181
   Die Sprengung 186
   Die Vereinigten Staaten als Saboteure 194
   Schweden 196
   Dänemark 198
   Ukraine 199
   Polen 201
   China 202
   Russland 203
   Deutschland 208

12 Ramsan Kadyrow und Wladimir Putin 213
   Verwirrung um toten Abdurakhmanow 214
   Suchvorgänge in Schweden 217
   Anzeichen aus dem Ausland 219

13 Die Sprengung des Kachowka-Staudamms 223
   Warnung in der Nacht 226
   Erste Planungspuren 228
   Kontrolle des Wasserkraftwerkes 235
   Russische Warnungen 235

14	**Jewgeni Prigoschin und die Wagner Gruppe**	245
	Was wusste man wann in Moskau?	249
	Der Weg nach Moskau	255
	Alexander Lukaschenko	262
	Der Bundesnachrichtendienst	268
	Zwei Monate später: Absturz in Twer	276
	Mehrere Jets der Wagner Gruppe	278
	Explosion an Bord	279
	Prigoschin in Mali	280
	Eine Woche vor dem Absturz	284
	Das wussten westliche Geheimdienste vor dem Absturz	288
	Am Tag des Absturzes	291
	Die Absturzstelle	293
	Dmitri Utkin	297
15	**Die Oligarchen-Tode: Anton Tscherepennikow**	301
	Tscherepennikow gestorben	307
	Xenon-Therapie	312
16	**Das russische Schauspiel**	317

Warum dieses Buch? 1

Die Frontlinie in der Ukraine. Im Sommer 2023 erstreckt sich diese auf etwa 1200 km Länge[1]. Das ist mehr als die Entfernung zwischen dem nördlichsten Punkt Deutschlands, List auf Sylt, und dem italienischen Venedig. Würde man alle Mitglieder der Armee, die inzwischen über eine geschätzte Stärke von 500.000 Mann verfügt, aufgereiht auf die Verteidigungslinie legen, so würde dies immer noch nicht ausreichen, um diese vollständig abzudecken.

Putins digitale Front

Die Frontlinie auf dem Schlachtfeld ist jedoch nicht die einzige. Gekämpft wird auch an der digitalen Front. Über Social Media, in der Presse, im Fernsehen. Es geht um Deutungshoheit. Um Manipulation. Um Allianzen. Um eigene moralische und politische Stärke. Und die Schwächung des Gegners. Worte und Informationen sind die Munition der modernen, der hybriden Kriegsführung – gegen das Militär, aber insbesondere gegen Zivilisten. Doch anders als auf dem Schlachtfeld entscheiden die Attackierten, ob die genutzten Waffen einen Schaden anrichten können oder nicht.

Kennen Sie Star Trek? Die Folge „Wild West im Weltraum"[2]? Dort geraten Captain Kirk, Mr. Spock, Dr. McCoy und Mr. Scott in eine schwierige Situation. Da sie einen Planeten ohne Erlaubnis betreten haben, werden sie zum Tode verurteilt. Das Urteil soll auf Basis ihrer Gedankenwelt vollstreckt werden. Und

---

[1] https://www.br.de/nachrichten/deutschland-welt/gegenoffensive-die-letzte-chance-fuer-die-ukraine,TchuV0c
[2] https://memory-alpha.fandom.com/de/wiki/Wild_West_im_Weltraum

© Der/die Autor(en), exklusiv lizenziert an Springer Fachmedien Wiesbaden GmbH, ein Teil von Springer Nature 2024
S. Broschart, *Putins digitale Front und die Wahrheit dahinter*,
https://doi.org/10.1007/978-3-658-44577-5_1

so finden sich die Protagonisten plötzlich im Jahr 1881 wieder, wo sie in eine unausweichliche Schiesserei mit vier Mitgliedern der Earp-Familie geraten[3]. Mr. Spock macht den Beteiligten klar: nur wenn sie daran glauben, dass die Kugeln in den Revolvern der anderen real sind, dann haben sie die Macht zu töten. Ähnlich verhält es sich an Putins digitaler Front. Schaden entsteht dann, wenn der Getroffene an die verschossene Munition glaubt. Auch wenn ich nicht Mr. Spock bin, so kann ich Ihnen auf den folgenden Seiten doch zeigen, wie die Munition der digitalen Propaganda funktioniert. Unter welchen Bedingungen sie ihre Wirkung nicht verfehlt. Und vor allem: von welchen Wahrheiten sie ablenken kann.

Und die Wahrheit dahinter

Damit wir die Mechanismen und Zusammenhänge noch besser verstehen und bewerten können, müssen wir weiter hinter die propagandistischen Ablenkungen an der Frontlinie blicken. Aber wie kann das gelingen?

Neben digitaler Propaganda wird das Internet im Krieg auch massiv zur Beschaffung von Informationen genutzt. Und dabei ist es nahezu unmöglich, selbst keine digitalen Spuren zu hinterlassen. Insbesondere dann, wenn ein Krieg in einem so großen Land wie Russland, zentral gesteuert und logistisch mit intensivem Personal- und Maschineneinsatz bewältigt werden will.

Das russische Militär macht dabei intensiven Gebrauch von Google. Deshalb ist es uns möglich, die Meta-Daten, die uns Google zum Suchverhalten in Russland, aber auch sonst wo auf der Welt, zur Verfügung stellt, auszuwerten. Diese sind zumindest im Hinblick auf unser Themenfeld weitestgehend unbestechlich. Der Blick hinter die digitale Front ermöglicht uns erstmalig einen Blick auf Sachverhalte, die bislang im Dunkeln geblieben sind.

Wie wurde der Kriegseintritt vorbereitet? Inszeniert der Kreml Stimmungsmanipulation in Deutschland? Was geschah in Butscha? Wer hat den Bahnhof in Kramatorsk angegriffen? War der Angriff auf das Einkaufszentrum in Krementschuk ein Versehen? Haben die Vereinigten Staaten Nord Stream gesprengt? Lässt Kadyrow politische Kritiker mithilfe von Putin aus dem Weg räumen? Wer hat den Damm am Kachowka-Stausee zerstört? Was steckt hinter der Militärrevolte der Wagner Gruppe? Und handelt es sich beim Ableben unzähliger russischer Oligarchen um Zufälle?

---

[3] youtube.com/watch?v=xEm-6lYMgCI

Der Ukraine-Konflikt führt uns in einer noch nie dagewesene Dimension vor Augen, wie ein Krieg medial mit inszenierten Halb- und Unwahrheiten geführt werden kann. Die Zuschauer wissen nicht mehr, was sie glauben sollen und was nicht. Und neben der bewussten Täuschung sind wir alle einer einer gewissen Wahrnehmungsverzerrung unterworfen, die ebenfalls zu einer Verkennung der Wahrheit führen kann. Eine faktenbasierte Untersuchung, bei der wir zumindest einen Großteil störender Einflüsse beseitigen können, sollte sich also lohnen.

Wie wir im Laufe des Buches noch sehen werden, existiert Putins digitale Front nicht erst seit dem Krieg. Und es ist nicht zu erwarten, dass sie nach ihm einfach so kollabieren würde. Machen wir uns also daran, die Flugbahnen der Propaganda-Munition gemeinsam zu analysieren.

Website zum Buch mit zusätzlichem Material

Für viele der folgenden Kapitel bieten wir unter der Autorenwebsite[4] ergänzende Informationen an, die den Weg aus unterschiedlichen Gründen nicht ins Buch finden konnten.

Danksagung

Die russischen und ukrainischen Textbestandteile der vorliegenden Analyse wurden lektoriert von Nina Kalyna. Mein Dank geht darüber hinaus an Rainer Fromm, der nicht nur das Vorwort verfasst hat, sondern auch Anstoß zur konkreten Umsetzung dieses Buches war.

Über mich

Meine Kindheit, eine ohne Internet. Etwas, was heute kaum mehr vorstellbar ist. Ich muss mir manchmal die alten Fotos von damals anschauen, um mich zu vergewissern, dass ich tatsächlich kein Smartphone in den Händen hielt. Etwas, um das ich froh bin, es erlebt zu haben.

Wie präsent, nein wie verwoben unser Leben heute mit dem Netz tatsächlich ist, dass stelle ich in meiner Arbeit täglich aufs neue fest. Die Kommunikation,

---

[4] www.broschart.net/putins-digitale-front/

aber insbesondere die Informationsbeschaffung wurden durch das Internet revolutioniert. Es gibt kaum noch Bereiche, die ohne die permanente Vernetzung mit anderen auskommen.

Seit Anfang des Jahrtausends, ja, es ist schon wirklich lange her, beschäftige ich mich nun mit der Suche nach Informationen. Ich sorge dafür, dass Unternehmen über die Suchmaschine leicht zu finden sind. Allerdings endet die Suche nach Informationen dort in den meisten Fällen nicht. Sie setzt sich auf der gefundenen Website fort. Deshalb analysiere und optimiere ich Websites so, dass die Informationen auch dort leichter und schneller erfassbar werden. Um dies zu erreichen, muss ich mich intensiv mit dem Verhalten der Menschen auseinandersetzen, die sich auf die Suche nach spezifischen Informationen begeben. Das geht entweder über rein statistische Methoden, beispielsweise über die Analyse von Tracking-Daten, also beispielsweise mittels der Information, wie viele Nutzer heute auf der Website waren und wie lange sie sich mit der Website beschäftigt haben. Oder aber, ich schaue den Nutzern mittels Mouse- und Gesturetracking beim Besuch einer Website virtuell über die Schulter und analysiere ihre Verhaltensweisen. Und da Verhalten und Entscheidungsfindung stark emotional geprägt sind, ist die Psychologie ein essentieller Bestandteil meiner Arbeit.

Auf diese Weise bin ich zu einem Experten für die Analyse von Verhaltensweisen im digitalen Raum geworden. Und von der Analyse großer Massen, so wie das im Online-Marketing ja üblich ist, kam ich im Laufe der Zeit auch immer mehr zur Untersuchung zunehmend kleinerer Nutzergruppen. Das führte mich im Jahr 2018 erstmals zu Analysen, bei denen es nicht um mehr Umsatz für den Auftraggeber gehen sollte. Sondern um Terror, Raub und Mord. Um die forensische Ermittlungsarbeit für Landeskriminalämter, Polizei und Staatsanwaltschaften, wenn der Fahndungsdruck besonders hoch ist. Auf diesem Hintergrund ist auch das Zweite Deutsche Fernsehen auf mich aufmerksam geworden, welches ich bei unterschiedlichen Filmbeiträgen unterstützen konnte.

Während ich im Rahmen von klassischen forensischen Analysen auch Zugriff auf nicht öffentlich zugängliche Daten habe (Closed Source), beziehe ich mich im Rahmen des vorliegenden Buches ausschließlich auf öffentlich zugängliche Datenquellen (Open Source). Auf diesem Hintergrund fällt das in diesem Buch vorgestellte Vorgehen in den Bereich der sogenannten Open Source Intelligence, kurz OSINT. Dies stellt aber keine Einschränkung für den Erkenntnisgewinn dar, wie wir im weiteren Verlauf noch sehen werden. Im Gegenteil: die von Google bereitgestellten Daten, die ich für die Analysen in diesem Buch verwende, ermöglichen ein leichtes Nachvollziehen der Situation, ohne dass ein Data Science Studium von Nöten wäre. Gleichzeitig liefern sie uns genau die Belege, die wir für unsere Bewertungen benötigen.

Über mich

Bevor es los geht, noch ein persönliches Wort: ich bin weder Politikwissenschaftler noch Verschwörungstheoretiker oder Propagandist. Ich bin Analyst. Und aus dieser Perspektive heraus versuche ich die Geschehnisse auf Basis von Daten so objektiv und nüchtern wie möglich zu betrachten. Das ist bei den unfassbaren Ereignissen, die wir uns noch ansehen werden, nicht immer ganz leicht. Aber es ist notwendig, um in einer gewissen Distanz ein realistisches Lagebild zu skizzieren. Um zumindest Täter und Opfer nicht lediglich aus dem Bauch heraus, nach einer politischen Gesinnung oder einfach nach geopolitischer Herkunft zu identifizieren. Der „Glaube" an die eine oder an die andere Kriegspartei hat eben nichts mit daten- und faktenbasiertem Wissen zu tun. Doch genau das benötigen wir. Damit wir nicht selbst zum Opfer an der digitalen Frontlinie werden.

Dieses Buch entstand aus der Motivation heraus, über bloße Vermutungen hinaus eine informierte, objektive Bestandsaufnahme der Geschehnisse im Ukraine-Konflikt zu erheben.

Einleitung 2

> **Zusammenfassung**
>
> Wir beschäftigen uns zunächst mit den technischen Gegebenheiten und erklären, welche Daten im Rahmen der Kriegsführung hinterlassen werden und wie sich diese analysieren lassen.

„Kriege in Europa beginnen selten an einem Mittwoch"[1] (Wladimir Tschischow, Russlands EU-Botschafter, Mittwoch, 16. Februar 2022)

In den Morgenstunden des 24. Februars 2022, es ist ein Donnerstag, übertreten russische Truppen die Grenze zum Nachbarland. Das, wovor die Geheimdienste im Vorfeld eindringlich gewarnt hatten, was sich aber bis zuletzt kaum jemand so recht vorstellen wollte oder konnte, tritt ein. Die Invasion der Ukraine hat begonnen. Und mit ihr ein Angriffskrieg, bei dem tausende Menschen zu Tode kommen werden.

Doch das Schlachtfeld – und das ist in seiner Ausprägung anders als bei vorherigen Konflikten – lässt sich nicht mehr nur geographisch begrenzt betrachten. Der Krieg wird auch mit polarisierenden Worten, mit Halbwahrheiten und unzähligen Falschinformationen geführt. Um die Gegner zu irritieren, auseinander zu treiben und damit zu schwächen. Und möglichst große Bevölkerungsanteile – inländische wie ausländische – zu einen und ideologisch so zu polarisieren, sodass diese den Krieg nicht nur billigen, sondern ihn als einzige Alternative wahrnehmen. Diesen Anteil des Krieges nennen wir: Propaganda.

---

[1] https://www.welt.de/politik/ausland/article236926087/Ukraine-Konflikt-Kriege-in-Europa-beginnen-selten-an-einem-Mittwoch.html

Der Kreml konnte in der Vergangenheit bereits viel Erfahrung mit der hybriden Kriegsführung sammeln. Spätestens seit der Annexion der Krim im Jahr 2014 war ihm klar, welche Erfolge sich mit dieser Vorgehensweise erzielen lassen. Sie zeichnet sich dadurch aus, dass es neben einer offenen Aggression mit Waffengewalt auch verdeckte Angriffe gegen den Feind gibt. „Verdeckt" kann hier bedeuten, dass militärisches aber nicht eindeutig identifizierbares Personal im Ausland aktiv in politische Prozesse und Aktionen eingreift. Auch Cyber-Angriffe gehören zur hybriden Kriegsführung. Ein wesentliches Element ist aber hier die geschickte Inszenierung und Umdeutung von Sachverhalten, Bildern und Videos mit Worten. Entweder durch die Proliferation von Falschinformationen oder aber durch die Umdeutung des jeweiligen Bezugsrahmens, auch Reframing genannt.

Gemäß des Militärstrategen Carl von Clausewitz (1780–1831) könnten im Krieg nicht nur alle physischen, sondern auch alle moralischen Kräfte „rücksichtslos" mobilisiert werden. Denn nur so ließe sich ein „Übergewicht über seinen Gegner bekommen". Und da man nie sicher sein könne, wie entschlossen der Gegner ist, sei es von besonderer Bedeutung, jederzeit maximale Entschlossenheit zu zeigen. So lange er nicht bezwungen sei, würde man Gefahr laufen, doch noch selbst bezwungen zu werden.

Wenn wir das Vorgehen des Kremls beobachten, finden wir viele der strategischen Überlegungen von Clausewitz in ihrer praktischen Anwendung. Es scheint kaum vorstellbar, dass die russische Führung nicht alle zur Verfügung stehenden Mittel zur Erreichung der eigenen Ziele einsetzen würde. Wenn also mit der hybriden Kriegsführung weitere Möglichkeiten zur Verfügung stehen, diesen Zielen näher zu kommen, dann können wir auch davon ausgehen, dass diese genutzt werden.

Auf den folgenden Seiten beschäftigen wir uns deshalb mit dem psychologischen Betriebssystem des Menschen, welches externe Impulse verarbeitet und Entscheidungen trifft. Den konkreten Techniken der Propaganda und der Bildung von Verschwörungserzählungen. Und wir beschäftigen uns mit vielen digitalen Spuren zu Ereignissen im Kriegsgeschehen, die die Täter-Opfer-Frage aufgreifen und spezifische Hypothesen untermauern, beziehungsweise entkräften sollen. Eines lässt sich jetzt schon sagen: die Spuren, die Russland mit der Führung des Krieges hinterlässt, scheinen enorm.

Die Informationsbeschaffung über Google

Von den inzwischen 8 Mrd. Menschen[2], die auf der Erde leben, verfügen etwa 63 % über einen Zugang zum Internet[3]. Damit besteht eine technische Vernetzung von etwa 5 Mrd. Menschen.

Das Internet wird von allen angeschlossenen Teilnehmern zu einem nicht unerheblichen Anteil zur Informationsbeschaffung genutzt. Diese Informationen werden für gewöhnlich über klassische Websites bezogen, die dezentral und verteilt über den Globus organisiert sind. Bei einem Angebot von etwa 2 Mrd. Websites[4] lässt sich ohne moderierende Hilfsmittel wohl aber kaum eine relevante Information in einem vertretbaren Zeitrahmen aufspüren. Hier kommen die Suchmaschinen zum Einsatz: etwa 51 % des gesamten Internetverkehr wird über Suchmaschinen vermittelt[5].

Suchmaschinen sind insbesondere im Zeitalter des Mobilfunks omnipräsente Informationsprothesen. Wir können sie von überall aus und zu jeder Zeit befragen und erhalten passende Antworten. Auf diese Weise vertraut jeder einzelne Nutzer der Suchmaschine seine Bedürfnisse an. Seine Informationsdefizite. Offenbart seine Probleme. Eine genaue Analyse des Nutzerverhaltens bei der Suche kann Aufschluss über den Informationsstand, die persönliche Erwartungshaltung in einem bestimmten Augenblick, der emotionalen Befindlichkeit des Suchenden und vielem mehr geben. Genau hier setzen wir bei den folgenden Betrachtungen an.

Eine der wichtigsten und meist verwendeten Suchmaschinen weltweit ist Google. Sie verfügt über einen Marktanteil von über 86 % für Desktop-Computer. Mobil wird sie sogar von bis zu 95 % der Suchenden genutzt[6]. Mehr als eine Milliarde Menschen nutzen Google Maps, also den Kartendienst zur Navigation, aktiv[7]. Pro Sekunde beantwortet die Suchmaschine etwa 143.500 Fragen. Ein beeindruckender Wert.

Für die folgenden Betrachtungen interessiert uns vor allem die Nutzung von Google durch die Kriegsparteien und ihrer Verbündeten. In der Ukraine verfügt

---

[2] https://countrymeters.info/de/world
[3] https://www.destatis.de/DE/Themen/Laender-Regionen/Internationales/Thema/wissensch aft-technologie-digitales/Internetnutzung.html
[4] https://blog.wiwo.de/look-at-it/2021/09/09/die-anzahl-aller-webseiten-im-internet-wel tweit-von-1991-bis-2021/
[5] https://www.computerbild.de/artikel/cb-Tipps-Internet-Google-Nutzerzahlen-des-Internetr iesen-im-ueberblick-31527957.html
[6] https://www.luna-park.de/ressourcen/seo-ratgeber/suchmaschinen-marktanteile/
[7] https://www.googlewatchblog.de/2018/05/offizielle-statistiken-google-nutzerzahlen-2/

Google über einen Marktanteil von insgesamt etwa 93 %. Die russische Suchmaschine Yandex kommt hier in etwa auf 4 %. Anders sieht die Verteilung in Russland aus. Hier verfügt Google über einen Marktanteil von etwa 53 %. Yandex wird von etwa 45 % der Menschen genutzt[8]. Im Vergleich hierzu: in Deutschland wird Google von etwa 90 % aller Internetnutzer verwendet[9].

Diese intensive Nutzung einer zentralen Vermittlungsplattform bietet für eine weiterführende Nutzungsanalyse den Vorteil, dass wir auf ein einheitliches Erfassungssystem zurückgreifen können und nicht unterschiedliche Datenquellen zusammenführen und normalisieren müssen. Selbst bei einem in Russland vergleichsweise niedrigen Marktanteil von Google, liefern die hinterlassenen Spuren ausreichende Belege zur Untermauerung oder Entkräftung spezifischer Annahmen. Wie wir später noch sehen werden, wird Google scheinbar auch von militärischen Einrichtungen zur Aufklärung und zu Planungszwecken genutzt.

Die Nutzbarkeit hängt aber auch stark vom Gesamtkontext, sowie vom spezifischen Suchkontext ab. Spielt beispielsweise die politische Reaktion des Westens auf eine Entscheidung des Kremls eine wichtige Rolle, steigt in Russland das Interesse an der Berichterstattung durch westliche Pressevertreter. Eine Prüfung der entsprechenden Medien erfolgt in Russland in vielen Fällen mithilfe von Google. Die amerikanische Suchmaschine scheint qualitativ hier die erste Wahl. Wir beobachten in einem solchen Fall also einen Anstieg der Suchvorgänge in Russland beispielsweise zu den unterschiedlichen Nachrichtensender wie CNN (Cable News Network), Fox News oder der BBC (British Broadcasting Corporation).

Damit die Ausführungen der folgenden Seiten besser nachvollzogen werden können, werden wir kurz auf die unterschiedlichen Phasen bei der Informationsbeschaffung zu sprechen kommen, die bei der Nutzung einer Suchmaschine klassischer Weise durchlaufen werden.

Je nach Kenntnisstand zu einem Sachverhalt, über den weitere Informationen bezogen werden sollen, und je nach Motivation und Vorhaben, formuliert der Suchende seine Suchvorgänge unterschiedlich.

1. Zu Beginn steht meist eine Fragestellung oder ein Problem. Zu diesem Zeitpunkt ist noch nicht klar, ob der Suchende dieses auch adäquat und terminologisch korrekt benennen kann. Google bietet bei einer generischen, weniger scharf formulierten Suchanfrage unterschiedliche Ergebnisse an, die für den Suchenden potenziell relevant sein könnten. Diese Suchergebnisse dienen also

---

[8] https://www.luna-park.de/ressourcen/seo-ratgeber/suchmaschinen-in-russland/
[9] https://www.similarweb.com/de/engines/germany/

Die Informationsbeschaffung über Google 11

als Startpunkt für die weitere Recherche und führt zu einer ersten thematischen Konfrontation (Orientierungssuche).
2. Sind die Begriffe bekannt, die das relevante Problem korrekt beschreiben, werden bei weiteren Suchvorgängen weitere und deutlich passendere Suchergebnisse angezeigt. Damit ist der Suchende nun deutlich besser in der Lage, sich intensiver mit relevanten Aspekten seines Themas auseinander zu setzen und zu informieren (informationsorientierte Suche).
3. Im folgenden Schritt beschäftigt sich der Suchende mit einem Pool möglicher Lösungsangebote. Weitere Suchanfragen dieser Phase dienen auch der Absicherung der Auswahl. Es soll sichergestellt werden, dass die anvisierte Lösung auch die richtige ist und kein Risiko darstellt (anbieterorientierte Suche).
4. Mit der letzten Phase steht die ausgewählte Lösung fest. Suchvorgänge werden hier oftmals aus dem Grund abgesetzt, um schnell und einfach zur zuvor ausgewählten Lösung zurückzufinden (navigationsorientierte Suche).

Wir wollen uns diese Phasen einmal an einem praktischen Beispiel anschauen. Die Abb. 2.1 zeigt einen Screenshot von Google Trends[10]. Dabei handelt es sich

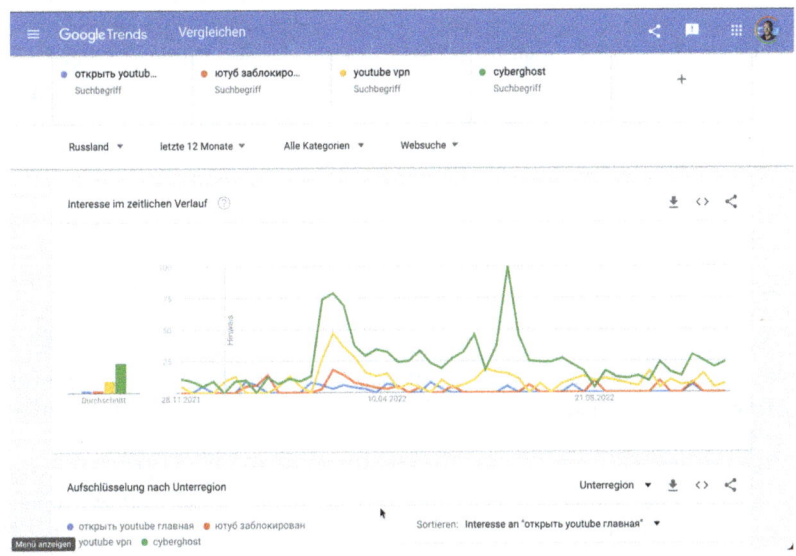

Abb. 2.1 Google Trends, Nutzung von YouTube

---

[10] https://trends.google.com

um ein Werkzeug, welches eigentlich für das Online-Marketing zur Verfügung gestellt wird. Hier lässt sich im zeitlichen Verlauf übersichtlich bewerten, welche Produkte zu welchem Zeitpunkt am häufigsten nachgefragt werden. Auf diese Weise werden beispielsweise saisonale Schwankungen oder andere Einflussfaktoren auf die Bedürfnislage der Verbraucher deutlich. Wir werden Google Trends für die Untersuchungen in diesem Buch intensiv und ein wenig zweckentfremdet nutzen. Weitere Informationen von Google hierzu gibt es unter https://support.google.com/trends/answer/4365533?hl=de.

In diesem Beispiel fragen wir ab, wie oft die folgenden russischen Suchvorgänge zwischen November 2021 und November 2022 von Russland aus bei Google abgesetzt wurden:

1. открыть youtube главная (Blau, übersetzt: „Startseite von YouTube öffnen")
2. ютуб заблокирован (Rot, übersetzt: „YouTube gesperrt")
3. youtube vpn (Gelb)
4. cyberghost (Grün)

Die erste Suchanfrage (Phase 1) impliziert, dass der Suchende ein Problem beim Aufruf der YouTube-Startseite hatte. Wir können davon ausgehen, dass eine solche Suchanfrage zur plausiblen Erklärung führt, dass YouTube seitens der russischen Föderation gesperrt wurde (Phase 2). Als Antwort auf eine mögliche Umgehung der Sperrung können wir ferner davon ausgehen, dass Google die Nutzung eines virtuellen privaten Netzwerkes (kurz: VPN) erwähnt (Phase 3). Am Ende der Suche nach einer Problemlösung steht ein konkreter Lösungsanbieter. Wir haben hier exemplarisch den Anbieter „Cyberghost" gewählt, weil das Suchvolumen zu diesem Anbieter noch recht überschaubar ist und die Verlaufskurven der anderen Suchvorgänge damit nicht zu sehr gestaucht wird und erkennbar bleibt.

Natürlich durchläuft ein Suchender nicht immer alle diese Phasen in dieser Reihenfolge. Wir können an den Suchvolumina erkennen, dass das Grundproblem den meisten Lösungssuchenden schon bekannt war, denn wir beobachten deutlich mehr Suchvorgänge in den letzten beiden Phasen, als in den ersten beiden.

Wie der Skala auf der linken Seite in der Abb. 2.1 zu entnehmen ist, liefert Google keine absoluten Werte zum Nachfragevolumen. Es handelt sich hier immer um prozentuale, relative Werte, wobei der höchste Wert im ausgewählten Zeitfenster auf 100 % festgelegt wird.

Die Informationsbeschaffung über Google

Bevor wir uns nun konkret mit den Daten des russischen Angriffskrieges befassen, soll noch eine Eigenart der Suchmaschine beschrieben werden. Zumindest gilt diese für jene, die von demokratisch geführten Ländern aus operieren: sie verhalten sich im Grunde ihrer Architektur „basisdemokratisch". Je mehr Menschen ein spezifisches Suchergebnis als relevant, passend oder als Mehrwert einstufen, desto häufiger wird dieses auch anderen Suchenden angeboten.

Das hat zur Folge, dass am Ende immer wieder die gleichen Lösungen angeboten werden. Wir sprechen hier auch von einem Konsensfunnel (siehe Abb. 2.2). Etablierte und häufiger nachgefragte Angebote werden also bevorzugt, während neue Lösungen nicht immer direkt auffindbar sind – auch wenn diese möglicherweise sogar passender wären. Das wirklich Wichtige hier ist aber, dass dieser Mechanismus die demokratischen Mehrheitsfindung abbildet. Alles, was hier prominent erscheint, wird von vielen anderen Nutzern der Suchmaschine als gut und tauglich befunden. Dies gilt auch für Meinungen. Kein Wunder also, dass Google einem inzwischen medial stark kontrollierten Land ein Dorn im Auge ist.

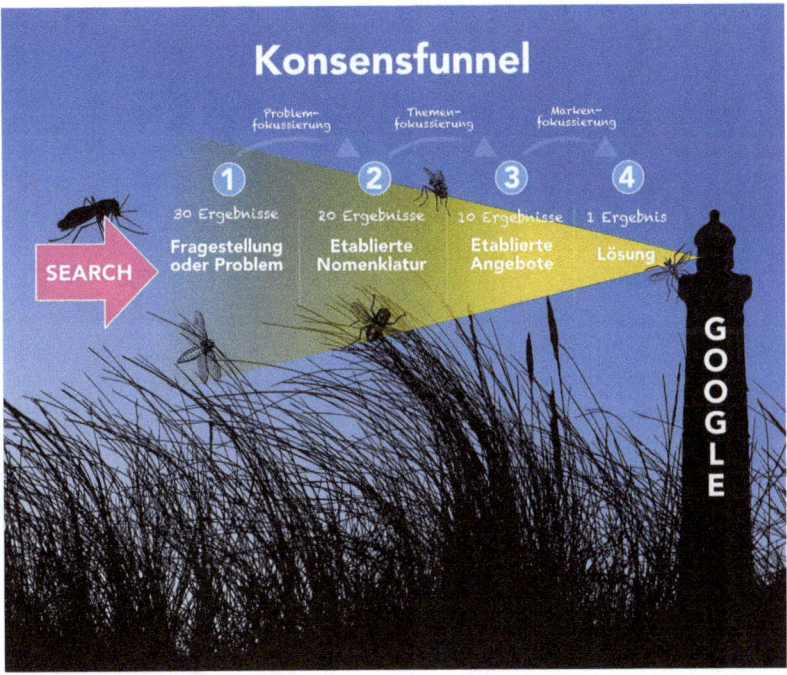

Abb. 2.2 Konsensfunnel

Datenanalyse mit Google Trends

Wir wollen uns nun etwas intensiver mit Google Trends beschäftigen und dazu das Verhalten der russischen Bevölkerung und deren Einstellung zum Krieg untersuchen.

Abb. 2.3 zeigt nicht das Suchvolumen zu einem spezifischen Begriff. Vielmehr berücksichtigt der Verlauf alle Suchanfragen, die sich zum angegebenen Themenkomplex „Krieg" bündeln lassen (erkennbar an dem Vermerk „Thema" unterhalb des Schlüsselwortes).

Wir erkennen deutlich die Suchvorgänge zu Beginn des Krieges in der vorletzten Februarwoche 2022 (Abb. 2.3, Punkt 1). Einen signifikanten, wenn auch nicht mehr ganz so starken Anstieg der Suchanfragen beobachten wir zum Zeitpunkt der Verkündung der Teilmobilisierung am 21.09.2022[11] (Abb. 2.3, Punkt 2).

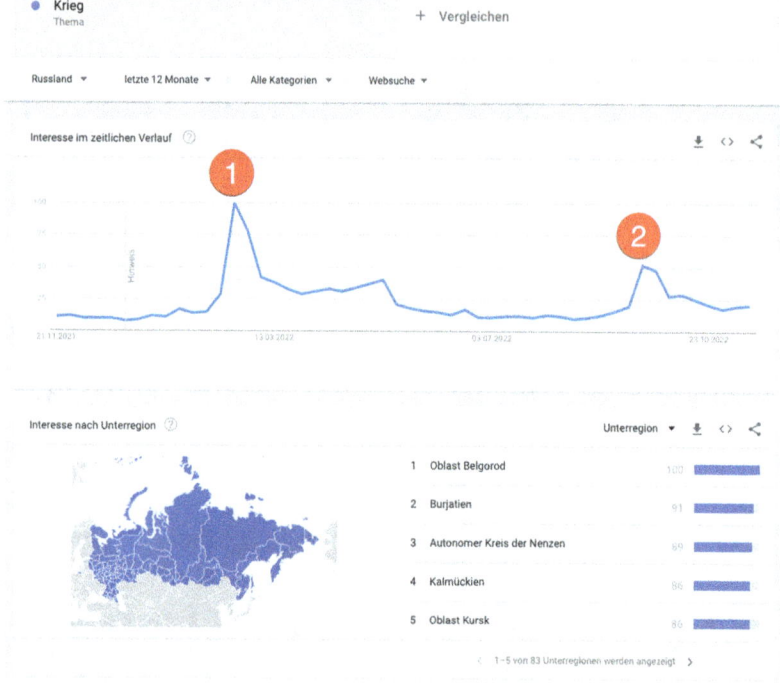

Abb. 2.3 Google Trends „Krieg"

---

[11] http://kremlin.ru/events/president/news/69390

Datenanalyse mit Google Trends 15

Erklärbar ist dies zum einen damit, dass nach etwa zwei Monaten täglicher Kriegsmeldungen eine gewisse thematische Gewöhnung eingesetzt haben dürfte, die zu einer geringeren Nachfrage führt. Während im Februar die ganze russische Bevölkerung einer gewissen Unsicherheit ausgesetzt war, so waren es im September vor allem die Männer im wehrfähigen Alter, sowie ihre Angehörigen.

Werfen wir nun einen Blick auf die Suchanfragen bei Google, die sich mit den Möglichkeiten einer Auswanderung aus Russland befassen. Der Zeitpunkt und die prozentuale Verteilung stimmen mit den kriegsbezogenen Suchanfragen nahezu vollständig überein. Ein kausaler Zusammenhang zwischen diesen beiden Themenkomplexen liegt also auf der Hand: der Krieg führt zur Überlegung, auszuwandern. Aber schauen wir uns mit Abb. 2.4 noch die geografische Verteilung dieser Suchvorgänge an.

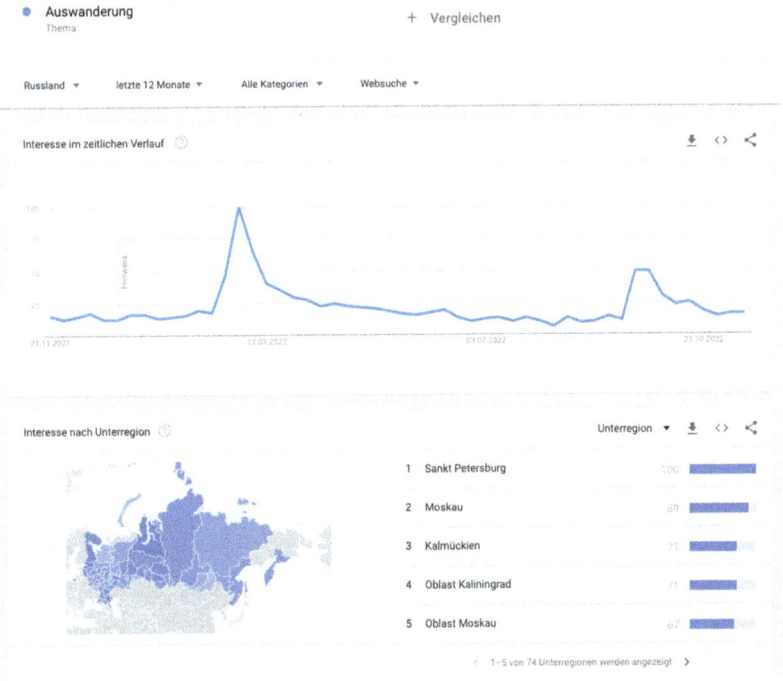

Abb. 2.4 Google Trends „Auswanderung"

Unterhalb der Verlaufsgrafik weist Google Trends die geographische Herkunft aus. Auch hier werden prozentuale Angaben geliefert, wobei der Herkunftsort mit den meisten Suchanfragen im gewählten Zeitfenster mit 100 % ausgezeichnet wird.

Die Bewertung erfolgt relativ, sodass eine Oblast, ein größerer russischer Verwaltungsbezirk, in dem weniger Menschen leben, nicht automatisch auch zu einer schwächeren Ausweisung führt. Im Osten des Landes leben deutlich weniger Menschen als im Westen.

Auch wenn wir über die bisher untersuchten Daten nicht genau bestimmen können, wie viele Menschen sich mit den jeweiligen Themenkomplexen befasst haben, so können wir aber erkennen, dass sich das Interesse im Vergleich zur Zeit vor Kriegseintritt zeitweise verachtfacht hat.

Abb. 2.5 zeigt, dass erst mit der Teilmobilmachung tatsächlich darüber nachgedacht wird, das Land zu verlassen.

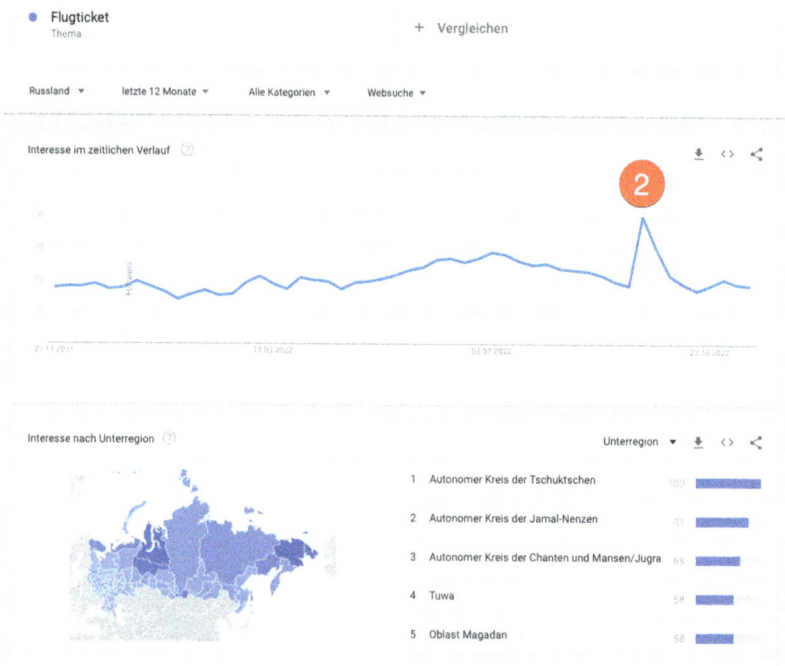

Abb. 2.5 Google Trends „Flugticket"

Datenanalyse mit Google Trends

Die Nachfrage nach Flugtickets steigt im September 2022 mit der Teilmobilmachung schlagartig an – nachdem diese seit dem Sommer erstmals wieder rückläufig war. Doch wohin möchten die Menschen auswandern? Welche Ziele fassen Sie ins Auge? Nur 28 % der Russen besitzen einen internationalen Reisepass[12]. Ohne diesen, ohne ein Visum, sind die Ausreisemöglichkeiten stark eingeschränkt[13]. Insbesondere deshalb, weil Polen und die baltischen Staaten bereits am 20. September 2022 ein Einreiseverbot für russische Staatsbürger ausgesprochen haben[14]. Mit der finnischen Grenzschließung etwa eine Woche später[15] besteht nun keine Möglichkeit mehr für russische Staatsbürger, in die Europäische Union auf dem Landweg einzureisen.

Wenn wir einen Blick auf die Suchanfragen zu potenziellen Auswanderungszielen werfen, so fallen die alten Sowjetrepubliken ins Auge, die ohne Reisepass und Visum bereist werden können. Suchvorgänge aus Moskau zeigen in Abb. 2.6 Interesse an konkreten Flugverbindungen zwischen Moskau und Chudschand in Tadschikistan: „Flugtickets Moskau Chudschand".

Wenn wir mit Abb. 2.7 genauer hinschauen, dann stellen wir fest, dass das Interesse an „Tadschikistan" bereits eine Woche vor der offiziellen Verkündung der Mobilmachung (11.-17.09.2022) deutlich angestiegen ist.

Die Daten legen nahe, dass es bereits im Vorfeld zumindest Gerüchte in dieser Sache gab, die zu diesen Suchanfragen geführt haben.

---

[12] https://www.zeit.de/politik/ausland/2022-08/eu-einreiseverbot-russen-visum-sanktionen-5-vor-8
[13] https://de.rbth.com/reisen/85737-welche-laender-koennen-russische-buerger-ohne-visum-besuchen
[14] https://www.euractiv.de/section/innenpolitik/news/europa-kompakt-osteuropaeer-schliessen-grenze-nach-russland-im-alleingang/
[15] https://www.tagesspiegel.de/politik/verscharfte-einreiseregelungen-finnland-schliesst-grenze-fur-russische-touristen-8697313.html

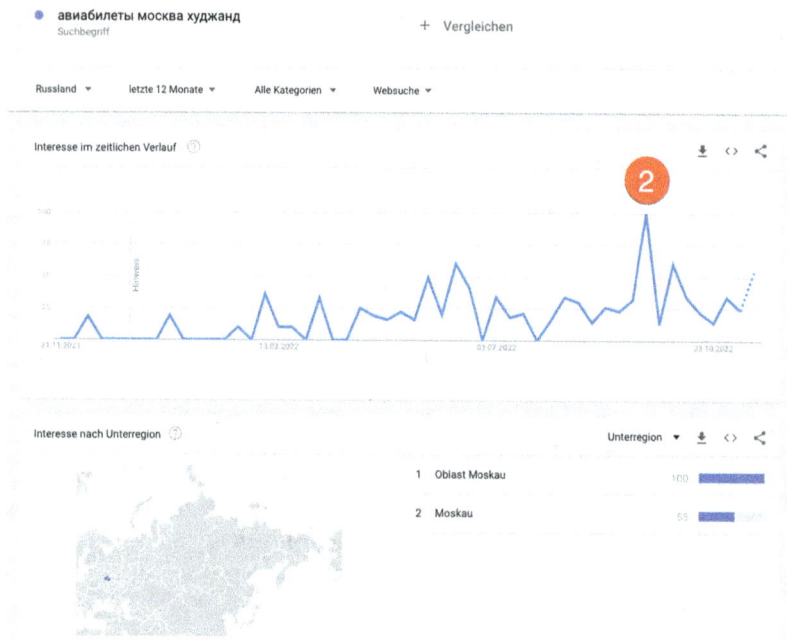

Abb. 2.6 Google Trends „Flugtickets Moskau Chudschand"

Abb. 2.7 Google Trends „Tadschikistan"

Ein weiteres beliebten Auswanderungsziel ist Georgien. Interessant ist hier, dass wir bereits zu Kriegsbeginn (Abb. 2.8, Punkt 1) eine hohe Anfrage an Suchvorgängen zu diesem Land von Russland aus beobachten können.

Werfen wir in Abb. 2.8 nochmal einen Blick auf die geographische Verteilung der beiden Suchvolumina auf der oberen Karte. Es lässt sich erkennen, dass sich Menschen aus dem Osten des Landes eher für Tadschikistan interessieren, während der Westen Georgien präferiert. Sicherlich gibt es hier mehrere Faktoren, die die Wahl des Ziellandes beeinflussen. Ein Aspekt dürfte jedoch die geographische Nähe sein.

Im Hinblick auf die geographische Zuordnung durch Google ist folgendes zu beachten: die Suchmaschine hat unterschiedliche Möglichkeiten, den Aufenthaltsort einer Person zu bestimmen und für Google Trends zu berücksichtigen. Eine besteht in der Verwendung von GPS-Daten, die ein mobiles Endgerät bereitstellen

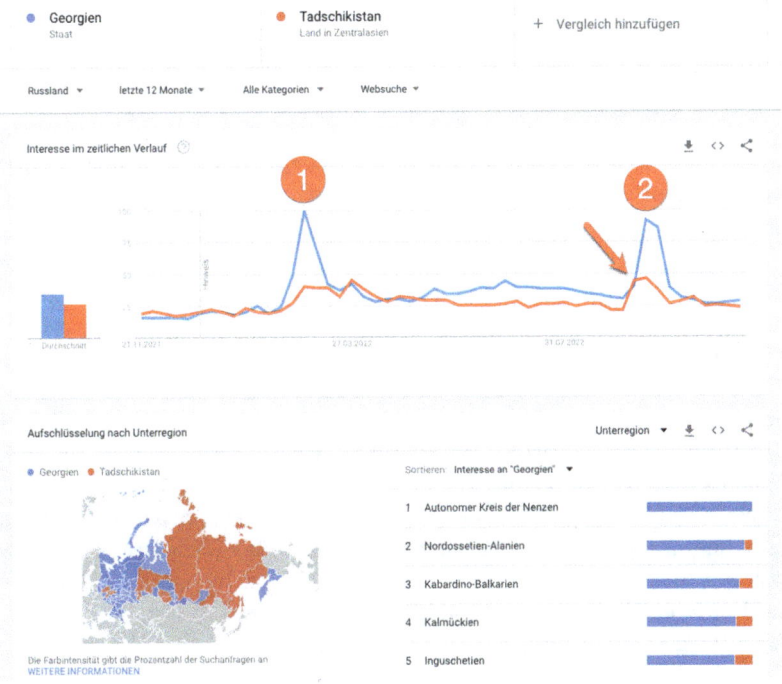

Abb. 2.8 Google Trends „Georgien"/„Tadschikistan"

kann. Eine andere, die geographische Position über die genutzte IP-Adresse abzuleiten. Bei der IP-Adresse handelt es sich um eine eindeutige digitale Adresse, über die ein Endgerät erreichbar ist. Diese Adresse ist die technische Voraussetzung für den Datenaustausch. Kein Endgerät kann ohne diese eine Verbindung mit dem Internet herstellen.

Durch die zunehmende Nutzung von Virtual Private Networks in Russland, so wie im Beispiel von vorhin schon angedeutet, kann die geografische Zuordnung verfälscht werden. Denn in diesem Fall ruft der Nutzer eine Website nicht direkt auf, sondern schickt seine Anfrage eben über ein VPN, welches mit einer eigenen IP-Adresse als Stellvertreter in Erscheinung tritt. Läuft ein solcher sogenannter VPN-Tunnel über im Ausland befindliche Systeme, dann könnte Google fälschlicherweise annehmen, der Suchende befände sich im Ausland. Für die Analyse in diesem Buch ist dieser Umstand aber zweitrangig. Im Rahmen der Kommunikation und der Logistik eines Krieges sind so viele Menschen einzubinden, sodass eine zuverlässige und vollständige Verschleierung der geographischen Herkunft mittels VPN nicht zu erreichen ist.

Bislang haben wir bei der Betrachtung unserer Daten entweder eine zeitliche Auflösung nach Tag oder sogar Woche genutzt. Wichtig ist hier zu vermerken, dass sich alle Zeitangaben der Graphen in diesem Buch auf Deutschland beziehen. Wenn wir uns im Folgenden die Geschehnisse in der Ukraine oder aber in Russland anschauen, dann müssen wir den zeitlichen Versatz stets mit einkalkulieren. Dies gilt insbesondere für die noch folgenden Beispiele, in denen wir mit einer zeitlichen Auflösung von Stunden oder gar Minuten arbeiten.

Die UTC („Universal Time Coordinated") gilt als maßgebliches Zeitsystem, die heutige Weltzeit. Die Mitteleuropäische Zeit (MEZ), die auch für Deutschland gilt, lässt sich mit der Addition einer Stunde, also UTC+1 im Winter, und mit 2 Stunden, also UTC+2 im Sommer berechnen. Paralleles gilt für die Ukraine, allerdings mit einer zusätzlichen Stunde. Die Ukraine ist uns damit zeitlich immer eine Stunde voraus. In Moskau rechnet man über das ganze Jahr mit UTC+3; eine Unterscheidung zwischen Sommer und Winterzeit gibt es nicht. Auch in Weißrussland unterscheidet man hier nicht.

Wenn also im Beispiel der Abb. 2.9 die in Russland abgesetzten Suchvorgänge nach Informationen zu „Fahnenflucht" am 20.09.2022 schlagartig ab 12 Uhr ansteigen, dann geschieht dies in Moskau ab 13 Uhr. Im äußersten Osten des Landes, in der Region Kamtschatka, ist es dann bereits 0 Uhr des folgenden Tages (UTC+12).

Vorausgehende Suchanfragen

Abb. 2.9   Google Trends, „Fahnenflucht"/„Krieg im Donbas"

Keine Sorge: die korrekten Zeitangaben weise ich in diesem Buch selbstverständlich immer für Sie mit aus. Sie müssen keine Umrechnungen vornehmen.

Vorausgehende Suchanfragen

Wie wir eben gesehen haben, lassen sich mithilfe von Google die digitalen Reaktionen auf reale Ereignisse bestätigen. Diese wiederum zeigen, welche Bedürfnislage und welche Einstellungen zu aktuellen Geschehnissen vorliegen. Daraus lassen sich tatsächliche Vorhaben und Handlungen des realen Lebens ableiten.

Da ist aber noch mehr – und auch das haben wir oben im Ansatz erkennen können: beobachten wir Suchvorgänge, die vor dem Eintreten einer offiziellen Verlautbarung in Erscheinung treten, kann uns dies Hinweise auf konkrete Planungsaspekte liefern. In unserem Beispiel von eben ging es lediglich um solche Umstände, die sich vorab abzeichnen konnten. So erstaunt es dann nicht, dass bereits im Vorfeld nach Anzeichen zu einer Teilmobilmachung bei Google gesucht wurde. Wenn es aber um die Beschaffung von Informationen geht, die exklusives „Insiderwissen" oder gar „Täterwissen" voraussetzt, kann uns dies tiefe Einsichten zu den wahren Vorgängen bei der Kriegsführung, Propaganda und Gräueltaten liefern. Im weiteren Verlauf des Buches werden wir noch häufiger auf Insider- und Täterwissen stoßen und so leichter schlussfolgern können, wer der Täter sein kann und wer nicht.

Swarm Patterns

Ich habe es bereits erwähnt: die logistische Planung, Koordination und Beobachtung unzähliger Soldaten und Kriegsgeräte stellt jede der Kriegsparteien vor große Herausforderungen. Dabei ist es inzwischen unmöglich, auf elektronische Kommunikations- und Informationswege zu verzichten. Ohne das Internet und, ja, auch ohne Suchmaschinen wäre die moderne Kriegsführung wohl nicht das, was sie heute ist.

Es ist nahezu unmöglich für die Kriegsbeteiligten, keine elektronischen Spuren zu hinterlassen – selbst wenn gezielt Verschleierungstaktiken eingesetzt werden. Denn oftmals geht es gar nicht um die Analyse einer individuellen Signatur, also das zurückführen auf eine spezifische Person, sondern um das Zusammenführen spezifischer Verhaltensweise eines Schwarms. Der Schwarm kann beispielsweise aus den Kollaborateuren Prigoschins bestehen (siehe Kapitel „Der Marsch der Gerechtigkeit"), die durch eine gemeinsame Verhaltensweise auffallen und dadurch eine Handlungsabsicht offenbaren.

Ich werde in diesem Buch versuchen, solche Schwarm-Muster aufzudecken, um diese in einen schlüssigen Gesamtkontext einzubetten, der die Geschehnisse besser erklären kann.

Grenzen bei der Datenerhebung

Damit hätten wir die Grundlagen für die Analyse der noch folgenden Beispiele, die wir in diesem Buch besprechen, behandelt. Bevor wir uns aber in den Tiefen der Daten verlieren, müssen wir noch auf ein paar Limitierungen bei der Datenerhebung, beziehungsweise ihrer Deutungsfähigkeit hinweisen.

Wie wir bereits gesehen haben: die Nutzungszahlen von Google sind schwindelerregend hoch. Diese hohe Auslastung macht es nahezu unmöglich, dass wirklich jeder einzelne Suchvorgang umfassend protokolliert wird. Google speichert lediglich Stichproben – und diese dezentral, also auf mehreren, unabhängigen Computern.

Grenzen bei der Datenerhebung 23

Nun hört sich „Stichprobe" nicht gerade nach einem zuverlässigen Konzept zur Datenerhebung an. In der Praxis – und das konnten wir in den bisherigen Beispielen sehr gut sehen – stellt diese Limitierung in den meisten Fällen jedoch kein großes Problem dar. Die dezentrale Organisation der Daten hat aber zur Folge, dass Überprüfungen über Google Trends zu unterschiedlichen Tageszeiten auch unterschiedlich vollständige Ergebnisse liefern. Dies kann den Anschein erwecken, die präsentierten Daten seien zeitlich instabil.

Google unterscheidet die eigenen Daten zwischen Live-Daten und historischen Daten. Die Live-Daten, die maximal 7 Tage zurückreichen, verfügen über höhere zeitliche Auflösungen. Bei einem gewählten Zeitfenster von 4 Stunden lassen sich Suchanfragen bis auf eine Minute genau zurückverfolgen. Wählen wir ein Zeitfenster von 7 Tagen, dann lassen sich die Suchvorgänge noch bis auf eine Stunde genau rekonstruieren. Sobald es aber um Daten geht, die älter als 7 Tage sind, spricht Google von historischen Daten. Diese liefern lediglich eine Auflösung von einem Tag und sind deshalb für viele Anwendungsfälle nicht mehr zu gebrauchen. Aus diesem Grund spielt die Zeit eine besondere Rolle, wenn die Daten von Google Trends effektiv genutzt werden wollen. Dann sind eine zeitnahe Datenerfassung und Analyse unerlässlich.

Wir wollen uns diesem Umstand am Beispiel in Abb. 2.10 anschauen. Hier sehen wir die Suchanfragen zu „flugsicherung", die von Russland aus zwischen dem 25.06.2022 und dem 02.07.2022 abgesetzt wurden. Die Grafik zeigt das betreffende Zeitfenster mit seinen Live-Daten.

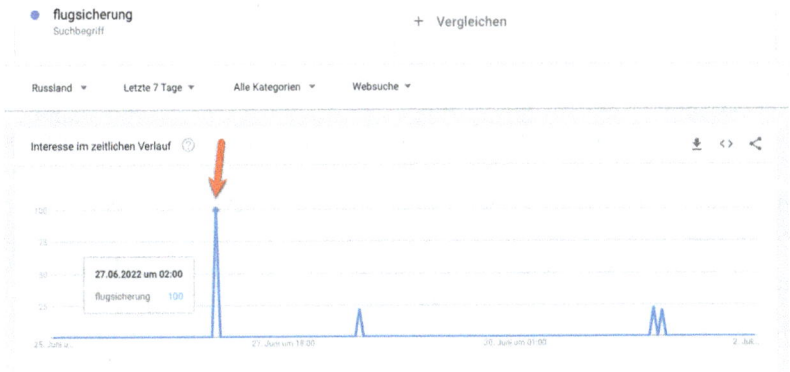

Abb. 2.10 Google Trends „Flugsicherung"

Abb. 2.11 Google Trends „Flugsicherung"

Rufen wir genau diesen Zeitraum zu einem späteren Zeitpunkt nochmals auf, so erhalten wir im konkreten Fall gar keine Daten zum Suchverhalten mehr (siehe Abb. 2.11).

Oder aber, die Berechnung der historischen Daten basiert auf einer bislang ungesichteten Stichprobe, die die Annahmen aus den Live-Daten nun völlig verzerrt.

Am Morgen des 29.06.2022 meldet die Deutsche Flugsicherung nach einem Softwareupdate funktionelle Probleme[16]. Das führt zu einer Einschränkung des Luftfahrtverkehrs in Deutschland. Wäre es denkbar, dass die russische Regierung für diese Störung verantwortlich ist? Russland versuchte bereits zuvor, die Navigationsfähigkeiten der militärischen und zivilen Luftfahrt mithilfe von GPS-Störungen außer Gefecht zu setzen[17].

Abb. 2.12 zeigt die Live-Daten für die Suchanfrage „dfs" („Deutsche Flugsicherung"). Allerdings nicht über die Standardsuche für das Web, sondern die News-Suche bei Google. Es geht also explizit um das Auffinden von aktuellen Nachrichten.

Die Suchvorgänge werden am 27.02.2022 zwischen 11 Uhr und 11:59 Uhr abgesetzt – also etwa 2 Tage vor der Störungsmeldung. Bei einem Zeitfenster

---

[16] https://www.lessentiel.lu/de/story/softwareprobleme-flugverkehr-ueber-deutschland-ein geschraenkt-305318769633

[17] https://www.golem.de/news/satelliten-navigation-russland-stoert-offenbar-flugzeugnavi gation-2204-164323.html

Grenzen bei der Datenerhebung

Abb. 2.12 Google Trends „DFS"

von 7 Tagen – so wie in diesem Beispiel – verfügen wir über eine zeitliche Auflösung von einer Stunde. Der Verlauf akkumuliert damit alle Suchanfragen, die zwischen 11 und 12 Uhr, genauer: zwischen 11 Uhr und 11:59 Uhr, abgesetzt wurden. Erwartet man in Russland zu diesem Zeitpunkt neue Meldungen zur Deutschen Flugsicherung?

Rufen wir das im Beispiel gezeigte Zeitfenster zu einem späteren Zeitpunkt auf, so greift Google auf den beschriebenen historischen Datenbestand zurück (siehe Abb. 2.13).

Abb. 2.13 Google Trends „DFS"

Die Suchanfragen vom 27.06.2022 sind hier vollständig verschwunden. Dafür finden wir neue Datenpunkte, die es in der Live-Daten-Ansicht so nicht gab. Dennoch zeigt sich in diesem Beispiel ein Maximum im Suchvolumen noch vor der eigentlichen Störungsmeldung der Deutschen Flugsicherung.

Wichtig ist an dieser Stelle festzuhalten, dass bei sehr geringen Suchvolumina, vielleicht auch nur einzelnen Suchanfragen, die zeitliche Validität und die Vollständigkeit der Daten kritisch hinterfragt werden muss.

Wir wollen noch auf den sogenannten Privacy Threshold eingehen. Dabei handelt es sich um einen Filtermechanismus, der für personenbezogene Anfragen keine Suchvolumina ausgibt, wenn diese nicht vermehrt und unabhängig von mehreren Personen gesucht wurden. Auf diese Weise sollen Persönlichkeitsrechte geschützt werden. Für Personen von öffentlichem Interesse mit hoher Nachfrage gilt diese Beschränkung damit nicht.

Google ist bemüht, automatisierte Suchanfragen zu erkennen und aus den Verlaufsangaben herauszufiltern. Dies gelingt jedoch nicht immer absolut zuverlässig. Synthetische Suchvorgänge lassen sich oft an ihrem periodischen Auftreten erkennen. Dann müssen sie im Rahmen einer Verhaltensanalyse herausgerechnet werden. Manchmal ist eine eindeutige Identifizierung aber schwierig, die Situation nicht eindeutig. So auch im Beispiel in der Abb. 2.14 aus dem Jahr 2022, bei dem von der ukrainischen Hauptstadt aus im Abstand von 3 Tagen regelmäßig in der Nacht zwischen 3 und 3:59 Uhr morgens (Ortszeit: 4 und 4:59 Uhr), einen Tag darauf zwischen Mitternacht und 0:59 Uhr (Ortszeit: 1 und 1:59 Uhr) nach Ersatzteilen gesucht wird.

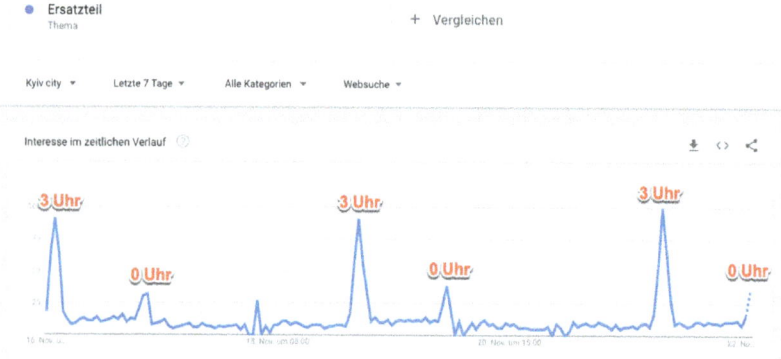

Abb. 2.14 Google Trends „Ersatzteile"

Handelt es sich hier um automatisierte Suchanfragen? Oder sorgen spezifische Lebensumstände und deren Organisation für ein solches Suchverhalten? In Kiew kommt es zum untersuchten Zeitpunkt immer wieder zu Stromausfällen und damit auch zu Einschränkungen bei der Nutzung des Internets[18]. Zwischenzeitlich müssen einzelne Regionen auch vom Stromnetz getrennt werden, um die beschädigte Infrastruktur nicht zu überlasten.

Daten versus Noise

Tatsächlich besteht ein Großteil der Analysearbeit in der Trennung von nutzbaren und nicht nutzbaren Daten. Dabei muss nicht nur auf automatisiert generierte Anfragen geachtet werden. Die entscheidende Frage lautet immer: in welchem Kontext stehen die beobachteten Suchvorgänge? Könnte deren Entstehung möglicherweise auch eine ganz andere Ursache haben? Insbesondere bei generischen, recht allgemeinen Suchanfragen lässt sich oftmals nur schwer bestimmen, was der Auslöser für die Suche war.

Eine sinnvolle Einordnung kann nur in einem definierten Gesamtkontext gelingen. Deshalb steht zu Beginn die Formulierung einer Hypothese, die mithilfe der ermittelten Daten bestätigt oder entkräftet werden kann. Im Kontext des Ukraine-Krieges steht diese oft im Zusammenhang mit der Frage: wer ist der Schuldige?

Um eine solche Frage zu beantworten, müssen oftmals unterschiedliche Beobachtungen zusammengeführt werden. Wir benötigen möglichst viele „Zeugen". Mindestens zwei Quellen, so wie man das aus dem klassischen Journalismus kennt[19]. Die Feststellung einer Auffälligkeit aus nur einem Blickwinkel reicht alleine aus statistischen Gründen in den meisten Fällen nicht aus.

Stellen wir uns ein Schattenspiel an der Wand vor. Die Daten, die wir analysieren, entsprechen dabei dem an die Wand geworfenen Schatten. Nun wollen wir anhand einer Untersuchung des Schattens Aussagen über das Objekt treffen, welches diesen Schatten wirft. Um wen oder was handelt es sich? Um diese Frage besser beantworten zu können, versuchen wir, andere Lichtquellen zu finden, die aus einem anderen Winkel strahlen. Auf diese Weise können wir unterschiedliche Querschnitte des selben Objektes sehen und einfacher schlussfolgern, um was es sich eigentlich handelt.

---

[18] https://www.zdf.de/nachrichten/politik/strom-netz-versorgung-kritisch-ukraine-krieg-russland-100.html

[19] https://www.mimikama.org/glossar/zwei-quellen-prinzip/

Ein vergleichbares Vorgehen werden wir bei den in diesem Buch beschriebenen Analysen anwenden. Wird beispielsweise die Sprengung eines Damms geplant, so sollten wir über einen längeren Zeitraum immer wieder Suchvorgänge finden, die sich mit unterschiedlichen Planungsaspekten befassen. Wir werden in einem solchen Fall also nicht nur einzelne auffällige Suchanfragen finden, sondern sehr viele und auch unterschiedliche, die in einem gemeinsamen Kontext stehen. Manchmal offenbaren sich diese auch, weil diese zeitlich sehr nah beieinander abgesetzt wurden.

Besonderes Augenmerk müssen wir plötzlichen Anstiegen im Suchvolumen beimessen. Wird in einem bestimmten Zeitraum, vielleicht zu einer gewissen Uhrzeit, deutlich häufiger nach spezifischen Informationen gesucht, als gewöhnlich, dann hat das einen Grund. Wir müssen feststellen, ob dieser Grund in dem für uns relevanten Kontext steht.

Wie wir im weiteren Verlauf noch sehen werden, können sich unterschiedliche Suchintentionen in einer Verlaufsgrafik mischen, was zu einer „verrauschten" Datenlage führt. Insbesondere in einer solchen Situation kann das Hervorstechen einzelner Suchvorgänge in Betrachtung des Gesamtkontextes wichtige Erkenntnisse liefern.

Primäre und sekundäre Signaturen

Täter, die Google zur Planung nutzen, hinterlassen nur in seltenen Fällen eine primäre Signatur. Sie Suchen bei Google also nicht nach expliziten Informationen, die in offensichtlicher Verbindung mit einer Straftat stehen. Ein Bankräuber versucht also, Formulierungen, wie „Postbank Hauptstraße Überfall" zu vermeiden. Zum einen, weil er davon ausgeht, Spuren zu hinterlassen – was ja auch durchaus stimmen würde. Zum anderen aber auch, um eine psychologische Distanz zwischen der Tat und seiner Person aufrecht erhalten zu können. Geht es um die Beschaffung aktueller Meldungen, dann wird eher indirekter und nur schwach referenzierbar nach „Postbank Hauptstraße Nachrichten" gesucht. In besonderen Situationen, beispielsweise unter Stress, ist die direkt formulierte Tat aber denkbar.

Bei Einzeltätern oder kleinen Gruppen können wir also davon ausgehen, dass die Tat nicht explizit beschrieben wird. Bei einer größeren Gruppe, bei Hunderten, Tausenden oder gar Hunderttausenden verhält sich dies jedoch völlig anders. Innerhalb der Gruppe entfällt der hemmende Mechanismus, die persönliche moralische Verantwortung für sein Handeln zu übernehmen. Oftmals auch deshalb, weil die eigentlich Verantwortlichen hunderte Kilometer vom Tatgeschehen entfernt sind. Aus diesem Grund finden wir im Kontext des Krieges unzählige primäre Signaturen.

Bei den sekundären Signaturen handelt es sich um eine Anhäufung indirekter, schwach referenzierbarer Suchvorgänge. Die zeitliche, geographische und kontextuelle Nähe kann oftmals mehr über die Absichten der Täter aussagen, als die primären Signaturen. Sie können Hinweise auf den Wissenstand und auch auf die Umstände, bestimmte Informationen nicht preisgeben zu wollen, vermitteln. Auch diese Art der digitalen Spuren finden wir hinter Putins digitalen Front sehr häufig.

Damit wir ein besseres Gefühl für die Validität der genutzten Daten erhalten, werden wir uns auch immer mit nachweislichen Sachverhalten und deren Auswirkungen auf das Suchverhalten beschäftigen. Einige der Signaturen repräsentieren also bekannte Geschehen, über deren Umstände keine oder zumindest nur geringe Zweifel bestehen. Die Rekonstruktion bislang unbekannter Umstände fällt uns dann um Einiges leichter.

Teil I
Propaganda – Die digitale Front

Die Verschwörung 3

Zusammenfassung

Die Mechanismen der Bildung von Verschwörungserzählungen spielen in der von Russland bestimmten digitalen Kriegsführung eine elementare Rolle. Wir wollen uns deshalb mit deren Einsatz, sowie deren zeitlicher Vorgeschichte beschäftigen.

Verschwörungserzählungen gab es in der Geschichte der Menschheit schon viele. Ganz kleine. Aber auch sehr große. So stützte sich die Politik der Nationalsozialisten im Dritten Reich zu einem erheblichen Maße auf eine antisemitische Verschwörungserzählung, die etwa 6 Mio. Juden das Leben kostete. Aber auch jüngere Verschwörungserzählungen bedienen sich oftmals antisemitischer Gedanken oder schließen an rassistischen Leitmotiven an.

Verschwörungserzählungen bilden auch im Krieg in der Ukraine einen wichtigen psychologischen Nährboden, der die militärische Aggression der russischen Armee rechtfertigen soll. Doch bevor wir uns hier in eine detaillierte Beschreibung begeben, sollten wir uns vergegenwärtigen, was eine Verschwörung und was eine Verschwörungserzählung eigentlich ist.

Nach Karl Hepfer[1] lässt sich eine Verschwörung als das geheime Zusammenwirken einer überschaubaren Anzahl von Akteuren – meist als „Eliten" bezeichnet – beschreiben, die zu ihrem eigenen Vorteil und damit gleichzeitig zum Nachteil der Allgemeinheit handeln. Eine Verschwörungserzählung entsteht nun bei dem Versuch, einen bestimmten Zustand mit einer Verschwörung

---

[1] https://www.uni-erfurt.de/philosophische-fakultaet/seminare-professuren/philosophie/praktische-philosophie/pd-dr-karl-hepfer

© Der/die Autor(en), exklusiv lizenziert an Springer Fachmedien Wiesbaden GmbH, ein Teil von Springer Nature 2024
S. Broschart, *Putins digitale Front und die Wahrheit dahinter*,
https://doi.org/10.1007/978-3-658-44577-5_3

zu erklären. Im Gegensatz zur Wahnvorstellung wird diese aber nicht nur von einer einzelnen Person wahrgenommen, sondern von einer größeren Gruppe als Wahrheit antizipiert. Daraus ergibt sich die Besonderheit, dass die Verschwörungserzählung nicht als eine von mehreren möglichen Antworten auf eine Frage in Betracht gezogen wird. Sie ist vielmehr die einzige Erklärung auf als existenz- und identitätsgefährdende wahrgenommene Umstände. Dies führt dazu, dass entkräftende Argumente nicht mehr gehört werden, sondern nur noch solche, die das Verschwörungsnarrativ untermauern.

Im Kontext des Angriffskrieges auf die Ukraine spielen allerdings nicht nur Erzählungen eine große Rolle, die die Ukraine unmittelbar betreffen, wie beispielsweise die Existenz von Labors für Biowaffen. Bereits vor dem Angriffskrieg auf die Ukraine sorgten QAnon und die Corona-Pandemie in Europa und Amerika für eine veränderte Wahrnehmung eigener staatlicher Institutionen und legitimer Entscheidungsträger, die teilweise in systemfeindliche und staatszersetzende Denkmuster mündete. Aus russischer Sicht waren zu Kriegseintritt die möglichen Verbündeten der Ukraine damit nicht nur wirtschaftlich geschwächt, sondern auch ausreichend mit sich selbst beschäftigt. Ein günstiges Zeitfenster für die Umsetzung der eigenen Angriffspläne.

Der Messenger-Dienst Telegram

Telegram spielt bei der Verteilung und Etablierung von Verschwörungserzählungen eine tragende Rolle. Ursprünglich in Russland entwickelt, befindet sich die Unternehmenszentrale heute in Dubai. Telegram unterscheidet sich in folgenden Aspekten ganz wesentlich von anderen Diensten:

- Telegram ist kaum reguliert: jeder hat die Freiheit beliebiges Gedankengut zu verbreiten. Die deutsche Gesetzgebung hat hier keinen unmittelbaren Einfluss. Dieser Umstand generiert eine große Sogwirkung auf nicht-massenkonforme Meinungen, Querdenker, Randgruppen und radikalisierte Menschen. Aber auch ängstliche, unsichere und orientierungssuchende Menschen finden sich hier ein. So heterogen die Persönlichkeiten auch sind, die hier aufeinandertreffen, eines eint sie: der gemeinsame „Feind". Und so fungiert Telegram oft als identitätsstiftende Druckkammer für Verschwörungserzählungen.
- Telegram ist anonym: das System lässt sich so nutzen, dass für andere nicht zurückverfolgbar ist, wer sich hinter einem Kanal, hinter einem Post versteckt. Das führt oftmals zu einem enthemmten Verhalten, welches sich in der Formulierung von Phantastereien zeigen kann. Es liegt auf der Hand, dass hier auch ganz schnell die Grenze zur Legalität überschritten werden kann.

Da ein großer Anteil der propagandistischen Aktivitäten über Telegram zu beobachten ist, werden wir im weiteren Verlauf einige Beispiele aus diesem Kommunikationsuniversum zeigen.

„Folge dem weißen Kaninchen." (Alice im Wunderland)

QAnon und Russland

Die sogenannte QAnon-Bewegung entstand im Jahr 2017. Damals veröffentliche eine nach wie vor nicht eindeutig identifizierte Person, die sich „Q" nannte, angeblich geheime Unterlagen der Regierung. Diesen war zu entnehmen, dass die politischen „Eliten" Kinder entführen und ermorden lassen würden, um deren Blut zu trinken, um sich daran zu berauschen und dadurch ewige Jugend erhalten. Diese Meldungen führten zu einer Gruppierung von „Gläubigen", die sich als QAnon bezeichnet.

QAnon beschreibt Hillary Clinton, George Soros, Bill Gates und viele weitere einflussreiche Personen aus Politik und Wirtschaft als Drahtzieher einer großen Verschwörung. Diese operieren aus dem sogenannten „Deep State" heraus, einer illegitimen Machtstruktur innerhalb des Staates. Ihr Ziel sei die Etablierung einer Diktatur, bei gleichzeitiger Dezimierung der Bevölkerung. Diese vermeintlichen Weltherrschaftspläne mit einer neuen Weltordnung werden oft auch unter dem Begriff „Great Reset" zusammengefasst.

Inhaltlich sind die Erzählungen von QAnon deutlich von antisemitischem Gedankengut durchsetzt. Dennoch bietet die Bewegung ein Sammelbecken für weitere, sehr unterschiedliche Verschwörungserzählungen, die sich passend in das übergreifende Narrativ einbetten lassen. Diese große Anschlussfähigkeit lässt QAnon für so viele unterschiedliche Gruppen so attraktiv wirken. In den USA identifizieren sich 14 % der Bevölkerung mit QAnon. 55 % der Republikaner stimmen den Verschwörungserzählungen zumindest teilweise zu. Bei den demokratischen Anhängern lehnen 58 % das QAnon-Gedankengut strikt ab[2]. Insgesamt zählt die Bewegung etwa 30 Mio. Anhänger.

Dass es sich bei QAnon nicht um eine harmlose Vereinigung exzentrischer Persönlichkeiten handelt, hat sich schon mehrfach gezeigt. QAnon-Anhänger zeigen sich teilweise stark radikalisiert und gewaltbereit. Neben einzelnen bewaffneten Übergriffen, die teilweise auch blutig enden, stürmen zahlreiche

---

[2] https://www.stern.de/politik/ausland/qanon-verschwoerungsmythen-in-den-usa-so-beliebt-wie-einige-grosse-religionen-30547670.html

QAnon-Anhänger am 06. Januar 2021 das Kapitol in Washington, D.C[3]. Diesem Vorstoß geht eine Ansprache des bis dahin amtierenden amerikanische Präsidenten Trump voraus. Dieser sieht „seine Wahl" als „gestohlen" an und fordert seine Anhänger nun zum Handeln auf[4].

Donald Trump spielt in der Ideologie von QAnon eine besondere Rolle. Er gilt als Kämpfer gegen den „Deep State". Aber nicht nur er, sondern auch: Wladimir Putin. Beide Männer verbindet etwas: der Wille zur Macht. Aber da ist noch mehr: Trump relativiert die militärische Vormachtstellung der USA, konzentriert sich auf nationale Interessen. Für Putin, der eine Bedrohung für Russland durch das bislang starke Engagement der Amerikaner in der Ukraine sieht, ist das ein entscheidender Grund, Trump als amerikanischen Präsidenten zu unterstützen.

Es gilt inzwischen als bewiesen, dass sich der Kreml aktiv in den amerikanischen Wahlkampf einmischt, Trumps Rivalin Hillary Clinton damals diffamierte. Jewgenij Prigoschin, ein wichtiger Vertrauter Putins – auch als Putins Koch und Gründer der Söldnergruppe Wagner bekannt – gibt dies als Gründer einer großen „Troll-Fabrik" in Sankt Petersburg[5] ganz offen zu[6]. Deshalb kann es als sicher erachtet werden, dass der Kreml auch im nächsten US-Wahlkampf alles unternehmen wird, um seinen Wunschkandidaten durchzusetzen. Trump hat bereits versprochen: sollte er die Wahl gewinnen, dann würde es keinen Cent mehr für die Ukraine geben[7]. Dies klingt nach einem direkten Gesuch nach russischer Wahlkampfhilfe. Eine von den USA entkoppelte Ukraine wäre für den russischen Aggressor deutlich leichter zu bezwingen.

Die Ansichten und Erzählungen von QAnon mit ihrem destabilisierenden Charakter spielen den politischen Zielen des Kremls in die Karten. Deshalb überrascht es auch nicht, dass russische Medien genau die Themen emotional bespielen, für die diese Gruppe empfänglich ist.

Einer der international bekanntesten russischen Staatssender ist Russia Today, heute kurz als „RT" bezeichnet. Aus redaktioneller Sicht bespielt der Sender solche Themen und Ansichten, die über QAanon verbreitet werden, um eine

---

[3] https://www.nbcnews.com/politics/congress/live-blog/electoral-college-certification-upd ates-n1252864/ncrd1253036#blogHeader

[4] https://edition.cnn.com/2021/02/08/politics/trump-january-6-speech-transcript/index.html

[5] https://www.spiegel.de/ausland/putin-verbuendeter-prigoschin-bruestet-sich-mit-gruend ung-von-trollfabrik-a-8176b4db-b833-45a2-879c-afa5aedef74e

[6] https://www.sueddeutsche.de/politik/prigoschin-russland-beeinflussung-us-wahl-1.568 8654

[7] https://www.focus.de/politik/ausland/ukraine-krise/wenn-putin-jetzt-auf-trump-hofft-geht-das-fuer-ihn-nach-hinten-los_id_180306833.html

Atmosphäre der Verschwörung der westlichen Staatengemeinschaft zu unterstellen, ja zu veranschaulichen. Da der Sender seit Februar 2022 in Deutschland[8] und seit März 2022 offiziell in vielen weiteren Ländern nicht mehr angeboten werden darf[9], können wir im Folgenden keine konkreten Beispiele aufführen, die in diesen Zeitraum fallen.

Eines der zentralen Motive hinter der QAnon-Bewegung ist das, nichts von dem zu glauben, was die meisten Menschen glauben. Dazu bedienen sie sich einer Figur aus Lewis Carrolls Kinderbuch „Alice im Wunderland". Dort führt ein weißes Kaninchen die neugierige Alice durch den Kaninchenbau in das Wunderland. „Folge dem weißen Kaninchen" ist also ein Aufruf, seine eigenen Nachforschungen anzustellen. Das hört sich zunächst vernünftig an, für QAnon geht es hier jedoch nicht um Objektivität und Ergebnisoffenheit, sondern um die Verbreitung vorgefertigter Sichtweisen und Manipulation.

„Es ging bei den Protesten nie um Corona."[10] (Pia Lamberty, März 2022)

Die Pandemie als Verschwörungskatalysator

Auch wenn QAnon ein originär amerikanisches Phänomen ist, so zeigen sich auch in Europa steigende Anhängerzahlen. Diese Entwicklung wird Anfang 2020 insbesondere durch die Corona-Pandemie günstig beeinflusst. Dies liegt zum einen daran, dass sich die Pandemie gut in das Verschwörungsnarrativ der QAnon-Gedankenwelt einfügen lässt. Ein weitaus bedeutenderer Aspekt ist aber ein anderer: die Pandemie zwingt nahezu alle Menschen zu einer Auseinandersetzung mit einem persönlich bedrohlichen Thema und führt dabei nicht selten zu einer psychischen Belastung oder gar zu einer Überforderung. Mit einem Schlag erhöht sich damit die Anzahl derer, die in Zeiten großer Unsicherheit Antworten suchen, damit das für sie erfahrbare Problem beherrschbar wird. Verschwörungserzählungen bieten auch in diesem Fall einfache Bewältigungsstrategien. In dem sie den einen Schuldigen identifizieren, der dann auch offen attackiert werden kann. Auch wenn die aus diesem Ansinnen erwachsene „Querdenkerbewegung" in Deutschland oft mit friedlichem Protest auf die

---

[8] https://www.tagesschau.de/inland/rt-de-rundfunklizenz-101.html
[9] https://www.mdr.de/medien360g/medienpolitik/warum-rt-verboten-ist-100.html
[10] https://www.focus.de/politik/ausland/ukraine-krise/sozialpsychologin-pia-lamberty-im-interview-pandemie-leugner-jetzt-putin-versteher-es-ging-bei-den-protesten-nie-um-corona_id_107415956.html

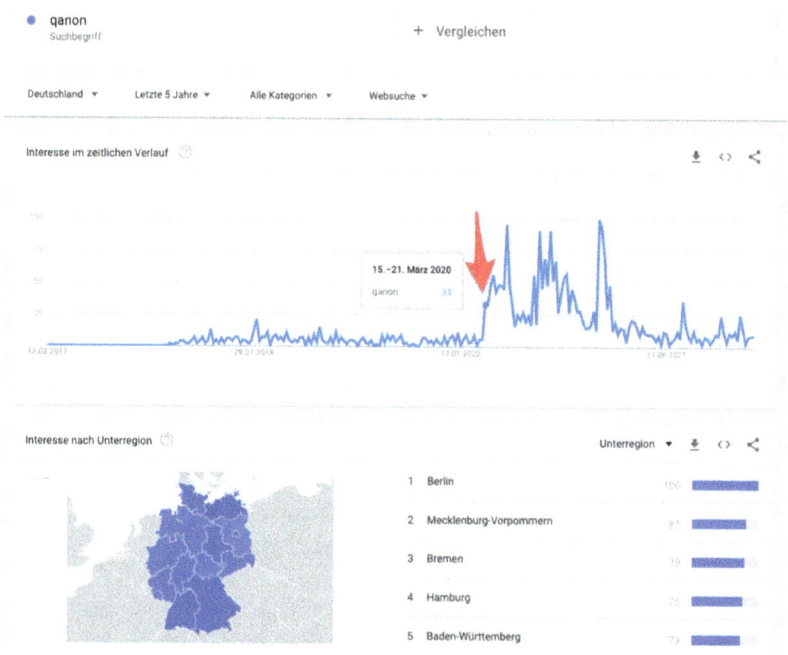

Abb. 3.1 Google Trends „QAnon"

Straße geht, so finden wir doch immer wieder Gruppen mit deutlichem Gewaltpotenzial. Dennoch: diese Allgegenwärtigkeit und das sich daraus resultierende Stimmungsbild führte letztlich dazu, dass Verschwörungserzählungen ein Stück weit zu einer Mainstream-Erscheinung wurden – obwohl genau das nicht zur Selbstwahrnehmung der Verschwörungsgläubigen passt.

Die Abb. 3.1 zeigt, dass mit dem Einsetzen des ersten Lockdowns im März 2020[11] in Deutschland auch die Nachfrage nach „qanon" sprunghaft angestiegen ist.

Die Verschwörungserzählungen zur Corona-Pandemie lassen sich deshalb so gut in die QAnon-Gedankenwelt integrieren, weil beide ein gleiches oder zumindest ähnliches Feindbild sehen: die „Eliten", die mächtigen Lenker, die nach ihrer Auffassung über keinerlei Legitimierung zur Ausübung ihres Amtes

---

[11] https://www.wiwo.de/politik/deutschland/corona-wie-verlief-der-erste-lockdown-in-deutschland/26853384.html

Die Pandemie als Verschwörungskatalysator

Abb. 3.2 Google Trends „Chemtrail"

verfügen würden. Das scheint insofern bedrohlich, da durch eine Vereinigung dieser eigentlich nicht homogenen Personengruppen große staatszersetzende und demokratiedestabilisierende Kräfte freigesetzt werden könnten.

Wir wollen uns im Folgenden einmal ansehen, wie sich die unterschiedlichsten Verschwörungserzählungen gegenseitig „befruchten" können. Abb. 3.2 zeigt einen sprunghaften Anstieg an Suchvorgängen im Kontext der sogenannten Chemtrails. Dabei handelt es sich um den Glauben, über die Kondensstreifen der Flugzeuge würde eine Chemikalie in die Atmosphäre eingebracht, um die Menschen zu manipulieren oder gar zu töten. Die Suchvorgänge nehmen auch hier exakt zu dem Zeitpunkt zu, als in Deutschland der erste Corona-Lockdown umgesetzt wird.

Wir beobachten an dieser Stelle also eine Synchronität, eine Verbindung zwischen zwei unterschiedlichen Verschwörungserzählungen. Die Gemeinsamkeit beider ist die vermeintliche Reduktion der Menschheit. Daher verwundert es auch nicht, dass wir in Abb. 3.3 Suchanfragen zu einer direkten Verbindung zwischen diesen beiden Verschwörungserzählungen finden.

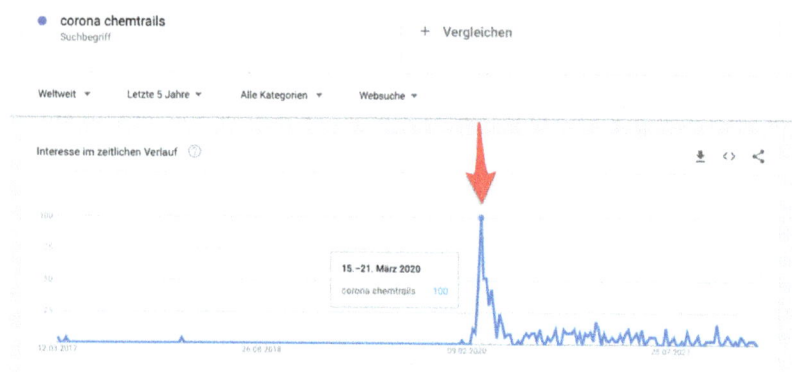

Abb. 3.3 Google Trends „Corona Chemtrails"

Die Erzählung, bei der Schnellrestaurant-Kette McDonald's würde Menschenfleisch serviert, existiert schon etwas länger. Und auch hier sehen einige Menschen einen Zusammenhang mit der Corona-Pandemie. Abb. 3.4 zeigt einen Anstieg der Suchanfragen zu „mcdonalds menschenfleisch" während des Lockdowns in Deutschland.

Und selbst die „Mutter" moderner Verschwörungserzählungen, der Klimawandel sei nicht menschengemacht, wird in Verbindung mit der Corona-Pandemie

Abb. 3.4 Google Trends „McDonals Menschenfleisch"

Die Pandemie als Verschwörungskatalysator 41

im Kontext eines übergreifenden Plans zur Herstellung einer neuen Weltordnung vermutet (siehe Abb. 3.5).

Während das gesteigerte Interesse an den bisher beschriebenen Verschwörungserzählungen vor allem während des Lockdowns aufkam, so zeigt sich in Beispielen in Abb. 3.6, dass bereits im Januar 2020 darüber nachgedacht wurde, ob nicht der neue 5G-Standard oder doch die Juden für die Entstehung von Corona zur Verantwortung zu ziehen wären (Abb. 3.7).

Abb. 3.5 Google Trends „Corona Klimawandel"

Abb. 3.6 Google Trends „5G Corona"

Abb. 3.7 Google Trends „Juden Corona"

Alle aufgeführten Beispiele zeigen eine Vernetzung sehr unterschiedlicher Verschwörungserzählungen, die auch zu synergetischen Verschmelzungen führen können. Konkret lässt sich das am Beispiel von Microsoft-Gründer Bill Gates beobachten. Die Gates-Foundation, die er zusammen mit seiner Ex-Frau führt, finanziert philanthropische, also „menschenfreundliche" Projekte zur Bekämpfung von Armut und Krankheiten. Dazu gehört auch die Unterstützung der Bekämpfung von Corona. Auf diesem Hintergrund tritt die Gates-Foundation als Spender der Weltgesundheitsorganisation (WHO) auf. Gates, dem man die selbstlose Motive seines Handelns offenbar nicht so recht abnehmen mag, wird deshalb in unterschiedlichen Verschwörungserzählungen unterstellt, er nähme zum eigenen Vorteil aktiven Einfluss auf die Entscheidungsfindung der WHO. Er selbst finanziere die Entwicklung des Erregers, um sich so auch an der massenhaften Impfung zu bereichern. Doch hier endet die vermeintliche Verschwörung noch nicht: der eigentliche Zweck der Impfung sei die Reduktion der Weltbevölkerung, also das Töten von Menschen. Alternativ wird auch die Einbringung von Microchips in den menschlichen Körper angenommen, um diesen gefügig zu machen und zu kontrollieren.

Werfen wir in Abb. 3.8 einen Blick auf die Suchvorgänge, die im beschriebenen Kontext bei Google in Deutschland formuliert werden.

Bereits im Januar 2020 steigt die Anzahl der Suchanfragen zu „gates corona" deutlich an. Wir können also schon vor dem im März 2020 begonnenen Lockdown in Deutschland erste Überlegungen zu vermeintlichen Verstrickungen von Bill Gates in die Pandemie erkennen. Und wenn wir genau hinschauen,

Die Pandemie als Verschwörungskatalysator 43

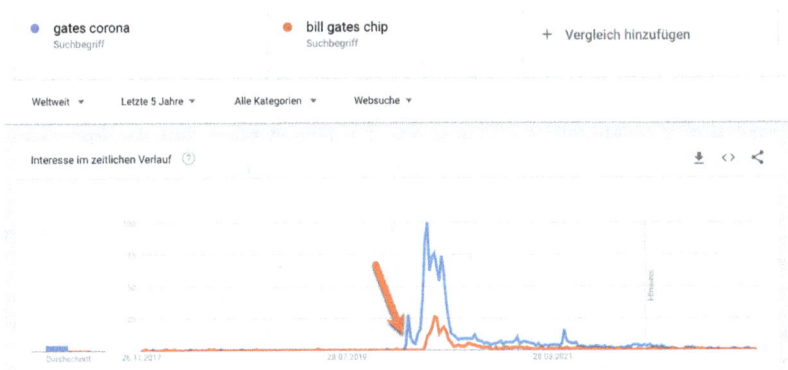

Abb. 3.8 Google Trends, Bill Gates

dann finden wir – wenn auch nur wenige – entsprechende Suchanfragen schon weit vor dem Ausbruch der Pandemie. Würden wir dem Verschwörungsnarrativ glauben, könnten wir diese Daten als Beweis dafür deuten, dass Gates schon Jahre zuvor mit der aktiven Entwicklung des Corona-Virus beschäftigt war und über eine Googlesuche in Erfahrung bringen wollte, ob die Presse von seinem Vorhaben schon Wind bekommen hätte. In Wirklichkeit handelt es sich hier um Suchvorgänge, die in einem anderen Kontext abgesetzt wurden. Die Gates-Foundation unterstützte im Jahr 2015 die Entwicklung eines Patentes mit dem Namen „Coronavirus", bei dem es um die Entwicklung eines Impfstoffes gegen ein Geflügelvirus aus der Gruppe der Coronaviren geht[12].

Abb. 3.8 zeigt mit dem Einsetzen des Lockdowns im März 2020 einen Anstieg der Suchvorgänge zu „bill gates chip". Die Relationen der abgebildeten Suchverläufe impliziert, dass etwa jeder Vierte, der Bill Gates für einen der verantwortlichen Akteure der Pandemie hält, sich eine Steuerung durch Mikrochips vorstellen kann.

Eine adäquate Bewertung der Situation wird durch das Vermischen von Halbwahrheiten deutlich erschwert. In einem Beitrag, der Bezug auf eine Podiumssitzung des Weltwirtschaftsforums 2018 nimmt, werden einzelne Geschehnisse aus dem Kontext herausgelöst und inhaltlich so stark verzerrt, dass sie im Sinne

---

[12] https://www.rnd.de/gesundheit/bill-gates-thesen-im-faktencheck-hat-der-milliardar-das-coronavirus-patentiert-MWF56XVTYBVET5WK4T7I3K3KLA.html

der eigenen Auffassung schlüssig erscheinen. Dabei ging es in dieser Sitzung um eine Aussicht künftiger therapeutischer Möglichkeiten.

Der Sender RT unterstützt dieses Narrativ mit einem doppeldeutigen Beitrag zu diesem Thema. Mit dem Titel „Bill Gates nennt Datum für Ende der Corona-Krise" suggeriert dieser, Bill Gates habe tatsächlich etwas mit der Entstehung der Corona-Pandemie zu schaffen. Ohne aktive Kontrollmöglichkeiten könnte er schließlich kein Ende der Pandemie nennen – oder vielmehr „beschließen".

RT fällt auf seinen YouTube-Kanälen während der Pandemie immer wieder mit pseudowissenschaftlichen Beiträgen zur Pandemie auf. Außerdem werden kritische und radikale Stimmen der Querdenkerszene unterstützt. YouTube entschließt sich anschließend für eine dauerhafte Sperrung[13].

Im April 2020 beklagt die EU die massiv zunehmende Anzahl an Falschmeldungen zur Corona-Pandemie, die über russische Medien verbreitet werden[14].

Wie wir sehen, zeigen die Verschwörungserzählungen um Bill Gates eine Verschmelzung von Narrativen der QAnon-Bewegung und den Mythen rund um die Corona-Pandemie. Beide „profitieren" von der scheinbar schlüssigen gegenseitigen Ergänzung. Wenn als gemeinsamer Nenner jedoch die Errichtung einer neuen Weltordnung angenommen wird, die seit Jahren geplant wird, dann kann dies zu einer bedenklichen Radikalisierung all jener führen, die sich bei Fragen rund um die Pandemie bislang hilfesuchend bei Telegram nach Orientierung und Sicherheit umgeschaut haben.

Telegram als unterreguliertes Medium spielt bei einer solchen Fusion eine wichtige Rolle. Hier finden sich all jene wieder, die in traditionellen Sozialen Netzwerken bereits angeeckt sind und die Aufforderung, sich an strafrechtlich relevante Richtlinien zu halten, als Beschneidung der eigenen Meinungsfreiheit empfinden. Damit tummeln sich aggressive, meist rechtsideologisch Geprägte mit verunsicherten und politikverdrossenen Menschen im gemeinsamen Kommunikationsraum. Telegram entwickelt sich auf diese Weise zu einem Druckkessel für Verschwörungserzählungen. Die Kommunikation in einer solchen Filterblase, in der auch keine abweichenden Meinungen akzeptiert werden, sorgt zwangsläufig für einen radikalisierenden Zug nach vorne, an dessen Ziel die Legitimierung zur gewalttätigen Durchsetzung der vermeintlichen Lösung stehen kann.

Die Anzahl der Telegram-Nutzer ist in den letzten Jahren stetig gestiegen. Die Corona-Pandemie sorgte jedoch für einen besonderen Zuwachs. Von weltweiten

---

[13] https://www.rnd.de/politik/rt-de-youtube-sperrt-kanaele-von-kreml-medium-wegen-fake-news-zu-corona-6TX3XM6UU5BR3ET72NF7XJ4HQQ.html

[14] https://www.rnd.de/politik/fake-news-zu-corona-eu-beklagt-falschnachrichten-in-russischen-medien-MIDFSPO2MFHRHEVK3EUGPLLWLM.html

200 Mio. monatlichen Nutzern vor der Pandemie stiegen die Nutzerzahlen 2020 auf das Doppelte an. Im Jahr 2022 verzeichnet der Messenger-Dienst dann schon 700 Mio. monatliche Nutzer[15].

Die Tendenz zum Glauben an Verschwörungserzählungen ist abhängig vom Bildungshintergrund. Menschen mit einem höheren Bildungsabschluss antizipieren diese deutlich seltener. Auch Menschen mit Migrationshintergrund können sich eher vorstellen, die Welt werde aus dem Geheimen heraus gesteuert[16]. Bei einer Erhebung zu Verschwörungsmythen in Deutschland im Sommer 2021 gaben 20 % der Befragten an, dass sie sich vorstellen könnten, dass hinter der Pandemie eine Elite stehe, die eine neue Weltordnung schaffen will[17]. Eine erschreckend hohe Zahl. Eine Erhebung der Konrad-Adenauer-Stiftung zeigt jedoch eine positive Gesamtentwicklung: vor der Corona-Pandemie konnten sich noch deutlich mehr Menschen vorstellen, dass „geheime Mächte die Welt regieren", als während der Pandemie[18].

Verschwörungsnarrative werden maßgeblich über mediale Kanäle aufgebaut, beziehungsweise entkräftet. Ein Großteil der Deutschen hält die Berichterstattung der etablierten Medien im eigenen Land für objektiv[19]. Es lässt sich feststellen, dass deutlich mehr Amerikaner an Verschwörungsnarrative glauben als Europäer – wobei auffällt, dass Anhänger der Demokratischen Partei deutlich seltener an Verschwörungen glauben als die der Republikaner. In den Vereinigten Staaten existieren keine staatlich finanzierten Nachrichtensender. Als Privatunternehmen sind diese mit ihrer Werbefinanzierung auf hohe Einschaltquoten angewiesen. Meldungen müssen deshalb so aufbereitet werden, dass sie das Publikum neugierig machen und bei Laune halten. Es geht also vielmehr um Unterhaltung als um objektive Berichterstattung. Dies kann zu massiven Verzerrungen in der öffentlichen Wahrnehmung führen. Die öffentliche Meinung liegt also zu einem nicht unerheblichen Teil in privater Hand und präsentiert sich dadurch deutlich angreifbarer und manipulierbarer als in Europa.

---

[15] https://de.statista.com/statistik/daten/studie/515623/umfrage/monatlich-aktive-nutzer-von-telegram-weltweit/

[16] https://www.kas.de/documents/252038/7995358/Eine+repräsentative+Umfrage+zu+Verschwörungstheorien.pdf/0f422364-9ff1-b058-9b02-617e15f8bbd8?version=1.0&t=1599144843148

[17] https://de.statista.com/statistik/daten/studie/1193680/umfrage/zustimmung-zu-aussagen-ueber-corona-zweifel-und-verschwoerungsmythen/

[18] https://de.statista.com/statistik/daten/studie/1194454/umfrage/verschwoerungsglaube-vor-und-in-der-corona-krise/

[19] https://de.statista.com/statistik/daten/studie/1125235/umfrage/vertrauen-in-die-berichterstattung-von-medien-in-deutschland/

Weltweit betrachtet können sich etwa ein Drittel der Menschheit vorstellen, dass geheime Mächte die Welt steuern.

Bringen wir die bisherigen Erkenntnisse noch einmal auf den Punkt: die Verschmelzung unterschiedlicher Verschwörungsnarrative kann zu einer zunehmenden Destabilisierung westlicher Demokratien führen. Der Kreml unterstützt diese Entwicklung durch gezielte Organisation von Falschinformationen. Im August 2023 vermeldet „Antiilluminaten TV", der Kreml habe einen 2000-Seiten starken Bericht[20] veröffentlicht, der den Deep-State und die Pharmakonzerne für die Pandemie verantwortlich machen würde.

Im Juni 2022 wird auf Telegram über Folgendes spekuliert (Übersetzt aus dem Russischen):

„Wir wurden über die Pandemie belogen, wir werden über den Krieg in der Ukraine belogen"
US-Präsidentschaftskandidat Robert Kennedy Jr. zerreißt mit seinen Aussagen im amerikanischen Fernsehen die Vorlagen:
„Man hat uns Geschichten erzählt, dass wir aus humanitären Gründen in der Ukraine waren, und es stellte sich heraus, dass der Zweck darin bestand, die Regierung zu stürzen und die Russen zu schwächen. Die Ukrainer sind in einem Stellvertreterkrieg zwischen zwei Supermächten gefangen, die die Situation so verdrehen, dass sie ihren geopolitischen Zielen dient. Man hat uns über die Gründe für den Krieg belogen, dass unsere Reaktion eine Antwort auf Putins Aggression sei, aber dieser Krieg wurde von Washingtons Neokons seit 10 Jahren vorbereitet und provoziert."

---

[20] https://telegra.ph/Russland-veröffentlicht-2000-seitigen-Bericht-der-beweist-dass-der-tiefe-Staat-und-Big-Pharma-die-Covid-Pandemie-hergestellt-hab-08-18

Kognitive Verzerrungen 4

> **Zusammenfassung**
>
> Die Bildung von Verschwörungserzählungen, aber auch die erfolgreiche Platzierung von Falschmeldungen kann so gut gelingen, weil wir Menschen nur über eine begrenzte Verarbeitungskapazität verfügen, die zu einer Verzerrung der Realität führen. Um die Manipulationstechniken besser zu verstehen, beschäftigen wir uns mit den kognitiven Verzerrungen.

Wir haben in den beiden vorherigen Kapiteln über die Verschwörungserzählungen und ihr Destabilisierungspotenzial gesprochen, was dem Kreml im Hinblick auf seine Angriffspläne in die Karten spielt. Abseits von der geschichtlichen Betrachtung, sollten wir uns nun mit den psychologischen Grundlagen beschäftigen, die die menschliche Wahrnehmung beeinflussen. Auf diese Weise lassen sich die Taktiken im Informationskrieg besser erkennen und einschätzen. Interessant ist, dass dabei immer häufiger Methoden der modernen Werbepsychologie zum Einsatz kommen.

Aus biologischer Sicht besteht die zentrale Aufgabe des Gehirns in der Koordination von Bewegung. Dies geschieht in erster Linie zum Erhalt des Fortbestandes. Alle weiteren Fähigkeiten sind dieser Aufgabe untergeordnet, beziehungsweise dienen zur besseren Erfüllung eben dieser. Dazu gehört beispielsweise die Identifizierung von Ursache und Wirkung und die gezielte Planung durch die Erstellung von Prognosen, die der persönlichen Risikominimierung dienen. Eine der wichtigsten Fähigkeiten ist in diesem Zusammenhang die Mustererkennung.

Die Interpretation von Mustern ist stark abhängig vom erkannten Kontext und dem daran anknüpfenden Vorwissen der betreffenden Person. Das macht diesen Vorgang zu einem recht individuellen Geschehen. Da ist aber noch mehr: damit es bei der Verarbeitung der Informationen, die wir Menschen aus unserem Umfeld erhalten, nicht zu einer Überlastung kommt, hat das Gehirn Konzepte und Strategien zur Simplifizierung entwickelt. Das hat den Vorteil, dass wir in vielen komplexen Situation recht schnell meist die richtigen Entscheidungen treffen können, ohne zu lange nachdenken zu müssen. Wir müssen uns jedoch der Tatsache bewusst sein, dass bei einer solchen Vereinfachung auch relevante Informationen versehentlich ausgeblendet werden können, wenn wir deren Muster nicht als relevant wahrnehmen. Dadurch entstehen kognitive Verzerrungseffekte, die unsere Wahrnehmung und Entscheidungsfindung maßgeblich beeinflussen. Wir wollen uns deshalb im Folgenden die kognitiven Verzerrungen anschauen, die im für uns relevanten Kontext stehen.

Vorab sei noch erwähnt, dass typische Verzerrungsmechanismen nicht absichtlich zur Anwendung kommen müssen. Alleine schon eine quantitativ nicht ganz repräsentative Berichterstattung zu den Erfolgen der russischen und der ukrainischen Seite kann zu einer Realitätsverzerrung und damit zu einer Fehleinschätzung des Kriegsverlaufes führen.

Auch wenn die westliche Berichterstattung deutlich offener ist, als die russische – darauf kommen wir später noch im Detail zu sprechen –, so stellt sich doch die Frage, in wie weit Tatsachenberichte emotional synthetisch aufgeladen werden dürfen. So nimmt ein Artikel des Rhein-Main-Verlags[1] Bezug auf die Vergewaltigung ukrainischer Frauen und Kinder durch die russischen Besatzer. Dabei wird der Anschein erweckt, die gezeigten Bilder würden die beschriebenen Gräueltaten zeigen. In Wirklichkeit entstammen die Bilder aus unterschiedlichen und nicht kontextbezogenen Quellen[2,3]. Nun wäre es aber ebenso eine Verzerrung anzunehmen, dass die gesamte Deutsche Presse sich vergleichbarer Mittel bedienen würde.

---

[1] https://www.rheinmainverlag.de/2022/05/20/russische-soldaten-wiederholen-die-verbrechen-von-bucha-in-der-ukraine-in-der-region-charkiw/

[2] https://imi.org.ua/news/rosijski-okupanty-boyatsya-partyzanshhyny-ta-pochynayut-vchyty-ukrayinsku-perehoplennya-sbu-i45640

[3] https://www.canstockphoto.de/sexueller-missbrauch-der-eine-frau-39767791.html

Social Proof

Der Social Proof beschreibt die Wirkung der (geschlossenen) Entscheidung einer Gruppe auf die des Einzelnen. Sind beispielsweise Tausende andere Menschen davon überzeugt, dass die Corona-Protestmärsche, auch als Spaziergänge bezeichnet, eine gute Sache sind, dann sind auch Sie eher geneigt das zu glauben, als wenn es diese anderen Menschen nicht geben würde. Aus diesem Grund werden Initiativen und Meinungen als Optionen mit dem maximalen Konsens, mit Tausenden von Unterstützern und Befürwortern beschrieben. Sie werden also größer gemacht, als sie aller Wahrscheinlichkeit nach sind. Da in einem solchen Fall die Wirkungsintensität vom Sympathisieren mit und dem Zugehörigkeitsgefühl zur Gruppe abhängt, spielt die persönliche, wertschätzende, vertrauensvolle und zugewandte Kommunikation eine wichtige Rolle.

Confirmation Bias

Der Confirmation Bias meint die selektive Wahrnehmung ausschließlich solcher Aspekte, die erwartet werden. Diese Voreingenommenheit schließt eine ergebnisoffene Bewertung aus. Letztlich leitet dieser Effekt auch bei der Auswahl von Informationsquellen. Wird erwartet, dass die Nachrichtenmeldungen der etablierten Fernsehsender und Rundfunkanstalten alle falsch und erlogen sind, führt dies zur Abwanderung in digitale Kanäle, wie eben Telegram. Hier lässt sich zu beinahe jeder Erwartungshaltung eine bestätigende Quelle finden.

Authority Bias

Bereits während der Corona-Pandemie konnten wir den sogenannten Authority Bias beobachten. Dieser schreibt den Menschen, die über gewisse Autoritäten verfügen, einen größeren Einfluss auf das öffentliche Meinungsbild zu. Während der Pandemie präsentieren unzählige Akademiker, anerkannte Experten auf ihrem jeweiligen Gebiet, ihre vermeintlich fundierte Kritik an der Situationsbewertung und den Schutzmaßnahmen. Es liegt auf der Hand, dass viele solchen Menschen mehr glauben, als Laien. Wie die Geschehnisse jedoch zeigen, sind Titel und Expertenstatus nicht immer ein Synonym für Glaubwürdigkeit. Sie können die menschliche Wahrnehmung deutlich verzerren. Dies gilt im Besonderen natürlich auch für prominente Vertreter, wie beispielsweise Xavier Naidoo oder Michael

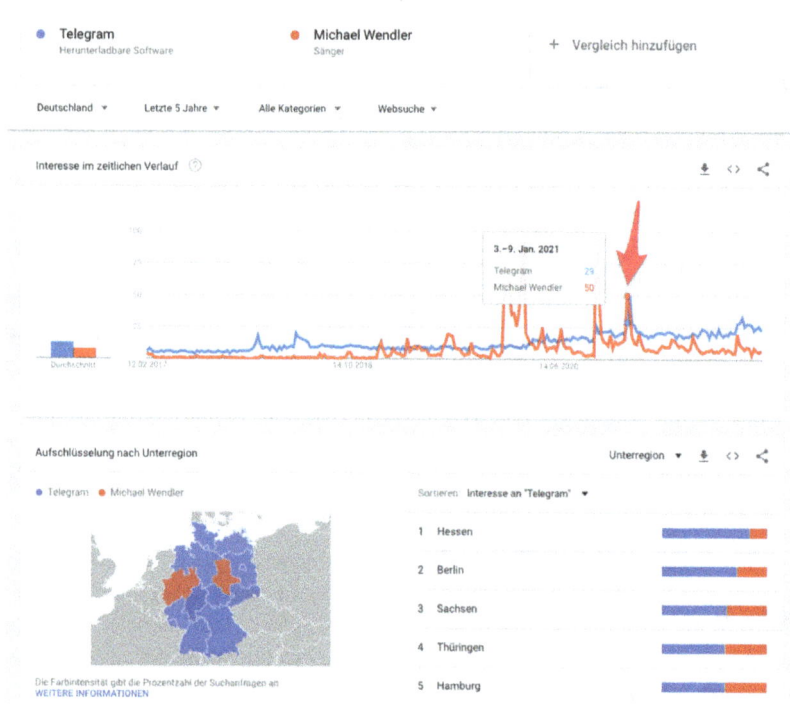

Abb. 4.1 Google Trends „Telegram"/„Michael Wendler"

Wendler, die während der Pandemie immer wieder mit absurden Verschwörungserzählungen auffallen. Abb. 4.1 zeigt, dass eine Äußerung von Michael Wendler auf Telegram im Januar 2021[4] eine deutliche Wahrnehmungssteigerung für den Messengerdienst zur Folge hatte. Dies lässt sich am zeitgleichen Anstieg der jeweiligen Suchvolumina erkennen.

Auch die etablierten Medien, die von Verschwörungsgläubigen gerne als „Mainstream"-Medien deklassiert werden, hatten Wendlers Äußerung aufgegriffen und so für eine große Reichweite gesorgt.

Jenseits der großen Reichweite durch mediale Erwähnung generieren prominente Meinungsführer mit der Nutzung von direkten Kommunikationskanälen wie Telegram eine gewisse Sogwirkung. Sie werden plötzlich erreichbar, sind nahbar.

---

[4] https://www.n-tv.de/leute/Wendler-vergleicht-Corona-Regeln-mit-KZ-article22272603.html

Erst recht wirkt der Authority Bias bei Persönlichkeiten wie Trump und Putin. Wir können sogar annehmen, dass Trump bei der Bewertung von Putin genau dieser Verzerrung selbst zum Opfer gefallen ist. Er gibt seine Bewunderung für Putin immer wieder offen zu[5].

Emotionale Beweisführung

Und auch die emotionale Beweisführung als kognitiven Verzerrungseffekt können wir bei Donald Trump beobachten. Diese argumentiert, „weil ich das so empfinde, muss es wahr sein". Objektive Entscheidungsfindungen sind auf dieser Basis nicht möglich. An die emotionale Beweisführung schließt auch die „Always-Being-Right"-Verzerrung an: die Unfähigkeit, den eigenen Standpunkt infrage zu stellen.

Kontrollillusion

Mit der Kontrollillusion ist der Glaube gemeint, alle Vorgänge kontrollieren zu können – auch solche, die sich objektiv gesehen nicht kontrollieren lassen. Wenn sich also auch die Ausbreitung einer Pandemie kontrollieren lässt, dann hätte man sie auch verhindern können. Da dies nicht geschehen ist, muss es sich also um Vorsatz handeln.

Dichotomes Denken

Das dichotome Denken bezeichnet das Denken in extremen Kategorien ohne Zwischenabstufungen. Es werden ausschließlich Sieg oder Niederlage, Alles oder Nichts empfunden. Dabei fallen dann oftmals auch die emotionalen Reaktionen auf diese Ereignisse extrem aus. Dichotome Denkmuster gehören in moderatem Maße zu den normalen Denkprozessen, beispielsweise bei der Entscheidung zur Solidarisierung für eine Kriegspartei.

---

[5] https://www.faz.net/aktuell/politik/ausland/trump-bewundert-putin-mehrheit-der-republikaner-ist-anderer-meinung-17827713.html

Maximierung und Minimierung

Die Maximierung, beziehungsweise die Minimierung beschreibt ebenfalls eine kognitive Verzerrung, die wir während des Angriffskrieges auf die Ukraine häufig beobachten können. Dabei handelt es sich um eine Über- oder Untertreibung von Sachverhalten, sodass diese mit der eigenen Wahrnehmung, dem eigenen Selbstbild im Einklang stehen. Gräueltaten der eigenen Armee werden heruntergespielt, die der Gegner werden aufgebauscht. Wir finden diesen Verzerrungseffekt auch bei vielen Verschwörungserzählungen, wie beispielsweise der Diskussion um den Klimawandel und dem heruntergespielten Einfluss durch den Menschen.

Teleologisches Denken

Dem teleologischen Denken liegt die Annahme zugrunde, dass alles aus einem spezifischen Grund, für einen konkreten Zweck geschieht. Zufälle werden nicht in Betracht gezogen. Organische und chaotische Dynamiken haben hier keinen argumentativen Spielraum. Solche Denkmuster haben vor allem während der Corona-Pandemie zur Annahme geführt, der Erreger sei bewusst vom Menschen herbeigeführt und keine „Laune der Natur". Teleologisches Denken mündet in den „Story Bias". Dieser beschreibt die Tendenz, in allen Geschehnissen einen tieferen Sinn zu erkennen. Eine orchestrierte Logik, die eine konkrete Abfolge von Ereignissen offenbart. Der Erfolg von „Fake News" basiert zu einem wesentlichen Teil auf diesem Denkfehler, der zu deutlich verkürzenden Fehlschlüssen verleitet. Die Bezichtigung der einen Seite, die andere würde Falschmeldungen verbreiten, ist ein geläufiges Stilmittel im Kampf um die Deutungshoheit.

Die Beschreibung der hier aufgeführten kognitiven Verzerrungen erhebt keinen Anspruch auf Vollständigkeit. Es handelt sich aber um die wesentlichen Mechanismen, die auf dem Hintergrund aktueller Verschwörungserzählungen immer wieder zu beobachten sind, um das Selbstbildnis zu schützen und Ordnung in ein chaotisches Weltbild zu bringen. Dabei sind viele der beschriebenen Denkmuster oftmals als Bestandteil der jeweiligen Identität zu verstehen. Deshalb laufen Versuche, Verschwörungsgläubige von ihrem vermeintlichen Irrtum zu überzeugen, oft ins Leere. Mehr noch: sie provozieren eine blockierende oder aggressiv aufgeladene Schutzreaktion. Diese Art von Reflex ist in der Psychologie auch als Reaktanz bekannt. Reaktanzen werden dann aufgebaut, wenn wir den Versuch der Manipulation unserer Entscheidungsfreiheit wahrnehmen. Dies kann bei einem Verkaufsgespräch an der Haustüre ebenso der Fall sein, wie im Straßenverkehr, wenn der Vordermann aus meiner Sicht zu langsam fährt und mir so die Entscheidung nimmt, meine Geschwindigkeit selbst zu wählen.

Viele der vorgestellten Denkfehler beschreiben Denkmuster, die wir auch im Kontext der unterschiedlichen Religionen beobachten. Die persönliche Überzeugung, der Glaube ist Bestandteil der eigenen Identität und führt bei Angriffsversuchen oft zu entsprechenden Schutzreaktionen.

In Anbetracht der beschriebenen Komplexität der menschlichen Wahrnehmung müssen wir konstatieren: es kann aus subjektiver Sicht bei der Vermittlung von Nachrichten kaum eine objektive Berichterstattung geben, wenn ein und dieselbe Information so starken individuellen kognitiven Verzerrungen ausgesetzt ist. Und auch die oftmals heraufbeschworene Notwendigkeit einer „ausgewogenen Berichterstattung" gestaltet sich problematisch. Denn was bedeutet in diesem Fall „ausgewogen"? Allen Meinungen in der medialen Berichterstattung einen gleichwertigen Raum einzurichten? Auch denen, die lediglich von einem sehr geringen Prozentsatz der Bevölkerung vertreten werden?

Wenn wir es uns genau betrachten, würde eine solche „Gleichwertigkeit" abermals zu einer Verzerrung der Realität führen. Exotische, nicht mehrheitsfähige und vielleicht auch gefährliche Meinungsbilder könnten deutlich größer erscheinen, als sie sind und damit der Social Proof-Verzerrung zuarbeiten. Im Hinblick auf den Schutz demokratischer Strukturen sollten wir uns also nicht von auf den ersten Blick schlüssigen Argumenten aus der Reserve locken lassen, dass das Verbot destabilisierender Nachrichten ein Eingriff in die Meinungsfreiheit sei. Es ist in seiner Argumentation vielmehr eine Verzerrung der Realität, der auch Menschen, die sich von Verschwörungsnarrativen distanzieren, leicht zum Opfer fallen können.

Abschließend sei noch vermerkt, dass es durchaus erstaunlich erscheint, dass ein Mann, der viele der hier beschriebenen Denkfehler zur Schau stellt, Präsident der Vereinigten Staaten von Amerika werden kann. Ein Mann, der sich nicht ausreichend von Verschwörungsnarrativen distanziert („Es gibt keinen Klimawandel"), eigene schürt („Die Wahl wurde uns gestohlen") und sich damit selbst an der Destabilisierung demokratischer Strukturen beteiligt.

Aber auch Putin scheint Opfer antiwestlicher Verschwörungserzählungen und klassischen Denkfehlern zu sein. Anders lässt sich sein Handeln nur schwer erklären.

Propaganda 5

> **Zusammenfassung**
>
> Verschwörungserzählungen und kognitive Verzerrungen lassen sich effektiv zur Propaganda, also der gezielten Manipulation der öffentlichen, politischen Meinung einsetzen. Wir wollen uns an konkreten Beispielen ansehen, wie dies im Kontext des russischen Angriffskrieges erfolgt.

Die Propaganda (aus dem Lateinischen: „verbreiten") meint die gezielte Manipulation der öffentlichen, politischen Meinung. Eines ihrer zentralen Merkmale ist die Vermeidung einer pluralistischen, umfassenden Betrachtung, bei der Pro- und Contra-Aspekte gegeneinander abgewogen werden könnten. Die Propaganda kennt nur eine Wahrheit: die des Senders.

Es existieren viele Manipulationstechniken, die bei der Propaganda zum Einsatz kommen. Wenn wir an die oben beschriebenen kognitiven Verzerrungen zurückdenken, wird auch deutlich, warum Propaganda so erfolgreich funktionieren kann.

Angst

Ein wesentlicher Hebel für erfolgreiche Propaganda ist die Erzeugung von Angst. Mehr noch: Angst, beziehungsweise das Gefühl, sich von den „Neonazis in der Ukraine" bedroht zu fühlen, gilt als eine zentrale Rechtfertigung für den Angriffskrieg auf die Ukraine. Werfen wir mit Abb. 5.1 einen Blick auf die relevanten Suchvorgänge, die in diesem Kontext stehen, so stellen wir fest, dass es vor dem

Abb. 5.1 Google Trends „Neonazismus"

Krieg dazu keine nennenswerten Nachfragen gibt. Eine aus russischer Sicht akute Gefahrenlage, die auf Neonazis zurückzuführen wäre, scheint unwahrscheinlich.

Die Ziele, die der Kreml mit dem Angriff auf die Ukraine offiziell verfolgt, sind – neben dem Schutz der russischen Bevölkerung in Donezk und Luhansk – die Demilitarisierung[1], sowie die Entnazifizierung[2] der Ukraine. Im putinschen Narrativ wollen die Menschen in der Ukraine „befreit" werden und warten nur auf die Russische Armee.

Wenn wir uns in Abb. 5.2 das Suchvolumen zur Demilitarisierung und der Entnazifizierung anschauen, dann fällt auf, dass es vor der Invasion durch Russland keine nennenswerte öffentliche Auseinandersetzung mit diesen Forderungen gab. Erst mit der Kriegserklärung am 24. Februar 2022 gelangten diese ins breite Bewusstsein der russischen Bevölkerung.

---

[1] https://www.tagesspiegel.de/politik/putin-fordert-demilitarisierung-der-ukraine--und-ein-ende-der-diplomatie-5135455.html

[2] https://www.tagesschau.de/faktenfinder/russland-propaganda-ukraine-101.html

Angst   57

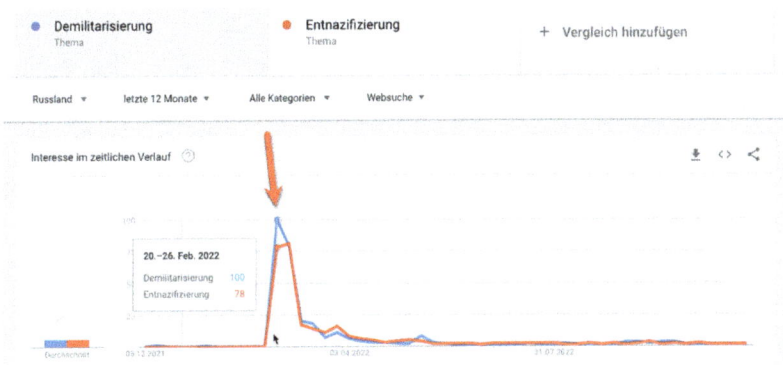

Abb. 5.2 Google Trends, Kriegsziele

Mit der Definition dieser Ziele wollten viele Menschen in Russland wissen, was sie unter diesen zu verstehen hätten (siehe Abb. 5.3).

Diese Drohkulisse wollte man offenbar mit einer weiteren, unmittelbaren Bedrohung durch die Vereinigten Staaten ergänzen. Dazu vermeldete der Kreml, die USA würden Biolabore auf ukrainischem Boden einrichten, um Russland mit Biowaffen anzugreifen. Wenn wir uns dazu die Suchvolumina anschauen, dann scheint die aufgezeigte Drohkulisse aber keinen langfristigen Schrecken bei der

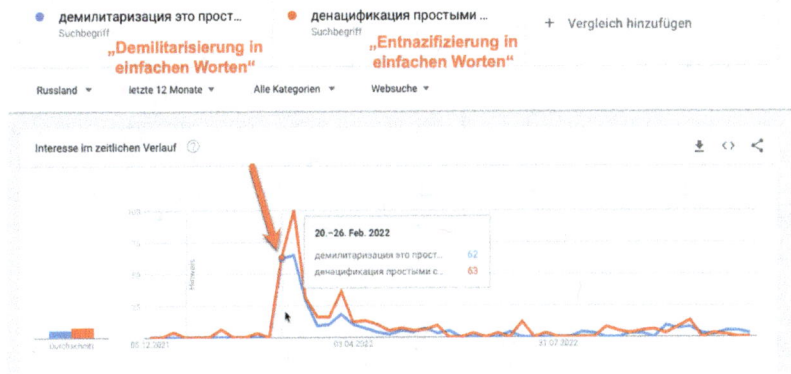

Abb. 5.3 Google Trends, Erklärung der Kriegsziele

Abb. 5.4 Google Trends, Biologische Waffen

eigenen Bevölkerung zu hinterlassen. Abb. 5.4 zeigt lediglich für den Tag der Erwähnung in der Presse am 06. März 2022[3] eine erhöhte Nachfrage zu diesem Thema.

Betrachten wir uns in Abb. 5.5 die Suchvorgänge der letzten 10 Jahre, die sich mit der Frage beschäftigen, ob denn auch biologische Waffen in der Ukraine gefunden wurden, so lässt sich dieser Eindruck bestätigen. Wir finden hier eher sporadische Suchanfragen. Eine als akute Bedrohung wahrgenommene Situation lässt sich auch hier nicht ableiten. Dies mag auch an der Tatsache liegen, dass Russland über die Aktivitäten der Amerikaner in der Ukraine bestens informiert ist und weiß, dass es lediglich um medizinische Forschung geht[4].

Auch wenn der Glaube an biologischem Kampfstoff in der Ukraine spärlich ausfällt, so beschäftigen die Anschuldigungen von russischer Seite nur wenige Tage später den UN-Sicherheitsrat, der sich in dieser Sache zur russischen Propaganda instrumentalisiert sieht[5]. Denn jetzt berichtet auch die etablierte Presse in Europa über den russischen Vorwand. Genau dies führt auch in Deutschland dazu, dass sich viele Menschen erstmalig mit diesem Thema befassen, wie wir Abb. 5.6 entnehmen können.

---

[3] https://zeitschrift-osteuropa.de/blog/erklaerung-russlaendischer-biologen/

[4] https://www.dw.com/de/ukrainische-biowaffen-keine-belege-für-russlands-vorwürfe/a-61664705

[5] https://www.tagesschau.de/ausland/amerika/un-russland-biowaffen-101.html

Angst

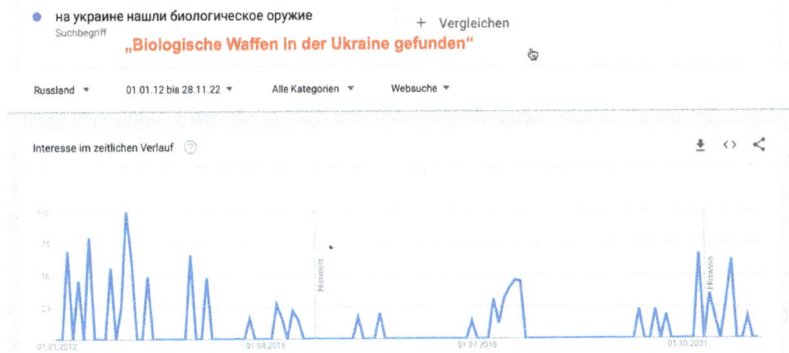

Abb. 5.5 Google Trends, Beweis für Biologische Waffen

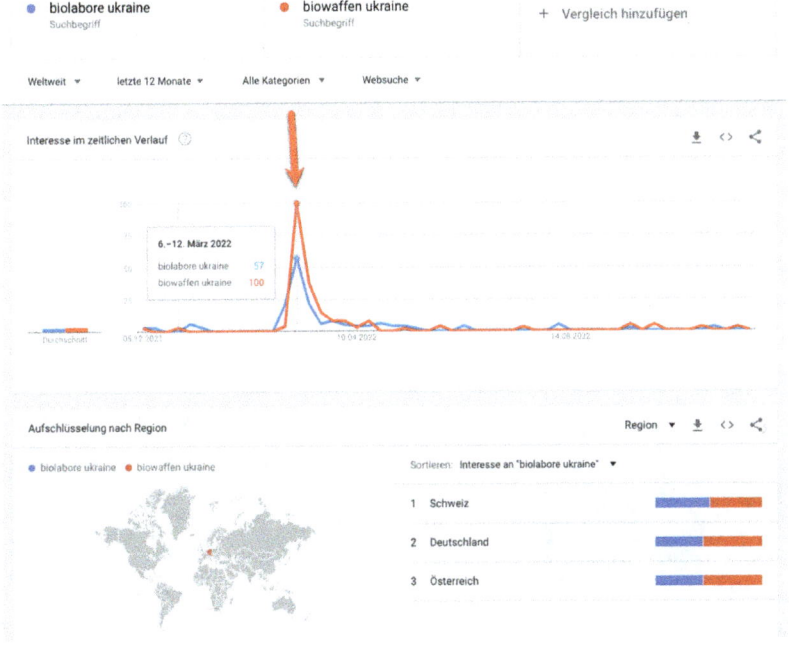

Abb. 5.6 Google Trends, Biologische Kriegsführung

Zudem wird die westliche Bestätigung zur Existenz von Forschungslaboren in der Ukraine von vielen als Schuldeingeständnis gewertet. Bei Telegram werden die Nazis und die Biolabore als Gründe der Invasion regelmäßig in leicht konsumierbarer Narrativform verabreicht.

Dass aber nicht die vermeintliche Nazi-Regierung in Kiew oder die Biolabore in der Ukraine für Angst in der russischen Bevölkerung sorgen, zeigt die Abb. 5.7. Die Suchvorgänge, die Google im Kontext von „Angst" sieht, erreichen ihr Maximum in dem Augenblick, als die russischen Truppen die Grenze zur Ukraine überqueren.

Angst schürt der Kreml aber nicht nur im eigenen Land, um seinen Angriffskrieg zu rechtfertigen. Er droht auch seinem Gegner und den Verbündeten, dass er bereit sei, Atomwaffen einzusetzen, wenn dies aus seiner Sicht erforderlich sei (siehe Abb. 5.8).

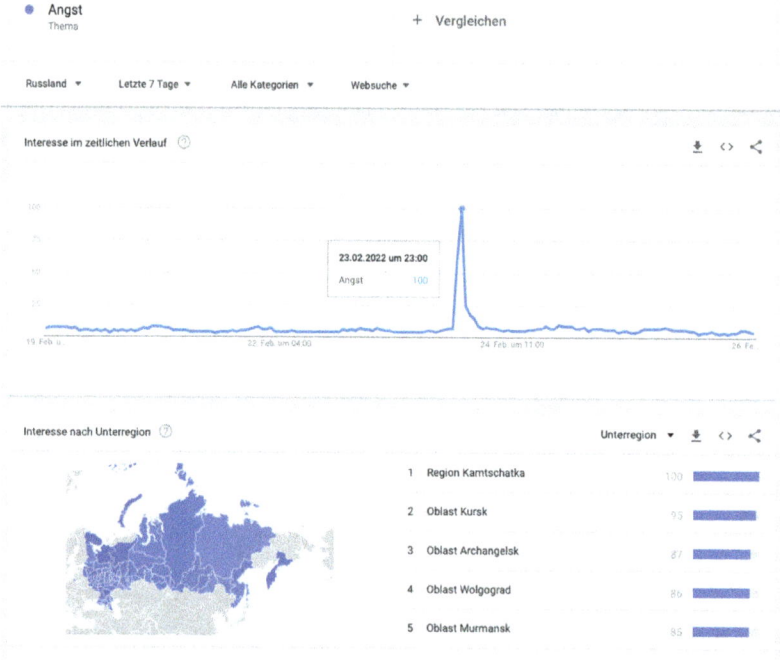

Abb. 5.7 Google Trends „Angst"

Angst

Abb. 5.8 Google Trends „Atomkrieg"

Entscheidend bei einer solchen Drohung ist natürlich, dass sie glaubhaft vermittelt wird. Andernfalls läuft diese ins Leere und verliert ihren Einfluss auf gegnerische Handlungsoptionen. Dass es nun doch einige Menschen gab, die Putin für unberechenbar hielten und ihm damit tatsächlich einen Einsatz von Atomwaffen zutrauen, lässt sich in Abb. 5.9 der Suche nach der Frage „ist putin verrückt" entnehmen, die parallel zur ausgesprochenen Drohung ihren Zenit erreicht.

Abb. 5.9 Google Trends, Putins Geisteszustand

Die Drohung mit Atomwaffen ist die einzige des Kremls, die zumindest in Teilen die gewünschte psychologische Wirkung im Ausland erzielt. Die Angst vor einem Atomkrieg soll die Bereitschaft zur Unterstützung der Ukraine im Idealfall neutralisieren. Und so bezieht Bundeskanzler Scholz zunächst Stellung, er werde alles tun, um „eine Eskalation zu verhindern, die zu einem dritten Weltkrieg führt"[6]. Weil sich die russische Führung der Wirkung bewusst ist, findet sie im weiteren Kriegsverlauf immer wieder Wege, diese angsteinflößend über unterschiedliche Kommunikationskanäle zu platzieren. Allerdings lässt sich zeitgleich eine Abnahme der Wirkung dieser Äußerungen feststellen. Der ehemalige russische Präsident und stellvertretende Leiter des Sicherheitsrates der russischen Föderation, Dmitri Anatoljewitsch Medwedew, fällt auf diesem Hintergrund mit immer aggressiveren und überzeichneten Drohungen gegen „den kollektiven Westen" auf.

Die Drohgebärden aus Moskau haben jedoch noch weitere Auswirkungen, die dem Kreml weniger passen: die bislang neutralen skandinavischen Länder Schweden und Finnland entscheiden sich aufgrund der wahrgenommenen Bedrohungslage zum Antrag des Beitrittes zur NATO. Das Militärbündnis profitiert vom Beitritt der beiden Länder enorm. Denn zum einen würden sich die baltischen Staaten im Falle einer kriegerischen Auseinandersetzung nicht mehr so leicht durch Russland vom restlichen Westeuropa isolieren lassen. Zum anderen teilt sich Finnland mit Russland eine etwa 800 km lange Grenze. Die Nordflotte der russischen Streitkräfte, die in Seweromorsk stationiert ist, liegt etwa 170 km von der norwegischen und der finnischen Grenze entfernt. Seweromorsk wird über die zur Grenze parallel verlaufene Fernstraße R21 mit Sankt Petersburg verbunden. Während eines militärischen Konfliktes hätte die NATO leichtes Spiel, Materialnachschub zur Nordflotte zu unterbinden.

Dämonisierung

Damit Kriege und das Töten moralisch und psychologisch erst möglich werden, muss der Gegner gehasst werden. Nur durch eine abgrundtiefe Verteufelung – beispielsweise durch die Etikettierung als „Nazis" – ist eine Entmenschlichung möglich. Ist dies geschehen, stellen schlimmste Verbrechen am Gegner keine Gewissensfragen mehr, denn er wird nicht mehr als Seinesgleichen gesehen. Die Dämonisierung befähigt die Soldaten auf dem Schlachtfeld zu unglaublichen Grausamkeiten.

---

[6] https://www.tagesschau.de/inland/ukraine-waffen-scholz-103.html

Dämonisierung   63

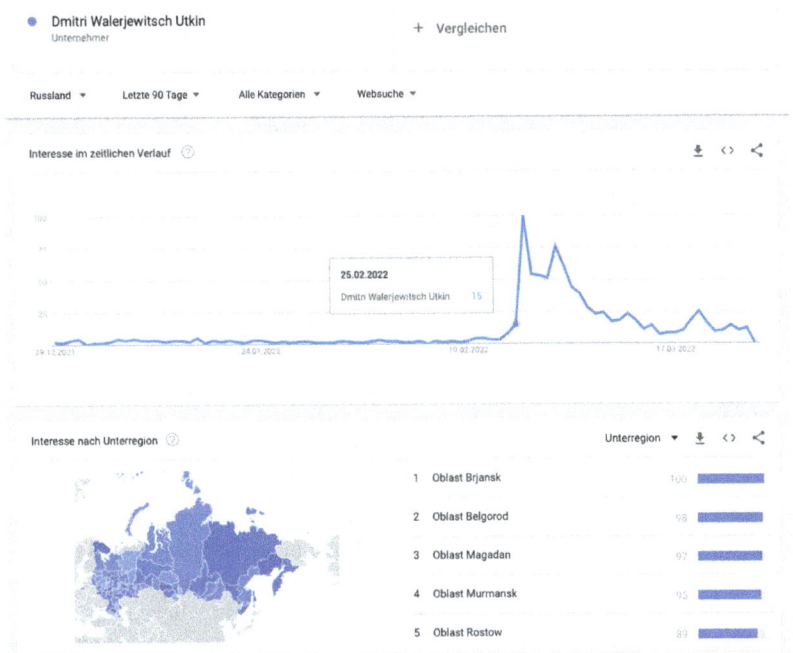

Abb. 5.10 Google Trends, „Dmitri Utkin"

Scheinbar spielt die Glaubwürdigkeit für den Kreml an dieser Stelle keine allzu große Rolle, denn das Narrativ der Nazi-Regierung, oder wie in einer neuen Wortschöpfung die ukrainischen Nazis genannt werden: die Ukronazis, ist kein konsistentes. Der Gründer der privaten Söldnergruppe Wagner, die für den Kreml in der Ukraine kämpfen, ist ein bekennender Neonazi[7]. Er dürfte in Russland kein gänzlich Unbekannter gewesen sein. Abb. 5.10 zeigt, wie die Anzahl der Suchanfragen zu seiner Person mit Kriegseintritt deutlich ansteigt.

Aber auch ganze Staaten oder Institutionen, wie die NATO, können Gegenstand einer Dämonisierung werden. Der ehemalige NATO-Generalsekretär George Robertson erklärt, dass Putin bereits kurz nach seinem Amtsantritt Interesse an der Aufnahme seines Landes in die NATO äußerte, den formellen

---

[7] https://de.wikipedia.org/wiki/dmitri_walerjewitsch_utkin

Aufnahmeprozesse aber ablehnte[8]. Nachdem die USA nach den Anschlägen vom 11. September 2001 unter Georg W. Bush die Installation von Raketenabwehrsystemen in Polen und Tschechien forcierten, sah Putin darin konkrete Erweiterungsabsichten der NATO und damit eine Gefährdung der russischen Sicherheitslage. Daraufhin wurde die russische Militärdoktrin im Jahr 2010 neu verfasst. Diese beschrieb nun die NATO als militärische Gefahr[9].

Im russischen Staatsfernsehen ist Wladimir Rudolfowitsch Solowjow der Gastgeber einer sonntäglichen Talkshow auf Rossija 1. Er fällt dort regelmäßig mit grenzüberschreitenden und aggressiven politischen Aussagen und Forderungen gegen den Westen auf. Auch wenn die Marktanteile von Rossija 1 aufgrund von schwindendem Vertrauen in den letzten Jahren gesunken sind[10], so gilt seine Sendung „Sonntagabend mit Wladimir Solowjow" mit stark dämonisierendem Charakter als eine der Speerspitzen der russischen Propaganda. Seit Juni 2022 ist die Ausstrahlung, beziehungsweise das Streamen von Rossija 1 für die Europäische Union verboten[11].

Im April 2022 vermeldet der russische Inlandsgeheimdienst FSB, dass Wladimir Rudolfowitsch Solowjow Opfer eines Anschlags in Moskau werden sollte. Ausgeführt von sechs durch die Ukraine beauftragte „drogenabhängige Neonazis", die man nun verhaftet hätte. Nach deren Festnahme präsentieren die Behörden die bei den vermeintlichen Attentätern gefundenen Gegenstände[12].

Allerdings irritieren die präsentieren Fundstücke einige Beobachter, wie den britischen BBC-Journalisten Francis Scarr. Dieser mutmaßt, man habe den ausführenden Mitarbeitern eigentlich den Auftrag gegeben, drei SIMs („Subscriber Identity Module"-Karten für Mobiltelefone) zu zeigen, nicht jedoch Exemplare des Spiels „Sims 3"[13]. Für eine Inschrift in einem Buch gab es offenbar die Anweisung, eine nicht leserliche Unterschrift zu hinterlassen. Wie in Abb. 5.11 zu sehen, wurde allerdings nicht eine solche, sondern die Anweisung selbst eingetragen.

---

[8] https://www.theguardian.com/world/2021/nov/04/ex-nato-head-says-putin-wanted-to-join-alliance-early-on-in-his-rule

[9] http://www.ndc.nato.int/download/downloads.php?icode=170

[10] https://taz.de/Russlands-Staatsfernsehen-in-der-Krise/!5618429/

[11] https://www.faz.net/aktuell/feuilleton/eu-verbietet-russische-programme-rossija-1-und-rossija-24-18132621.html

[12] https://www.youtube.com/watch?v=BjF3-4IcvoA

[13] https://www.watson.ch/international/russland/366465707-ukraine-krieg-das-seltsame-terrorkomplott-des-russischen-geheimdienst

Dämonisierung

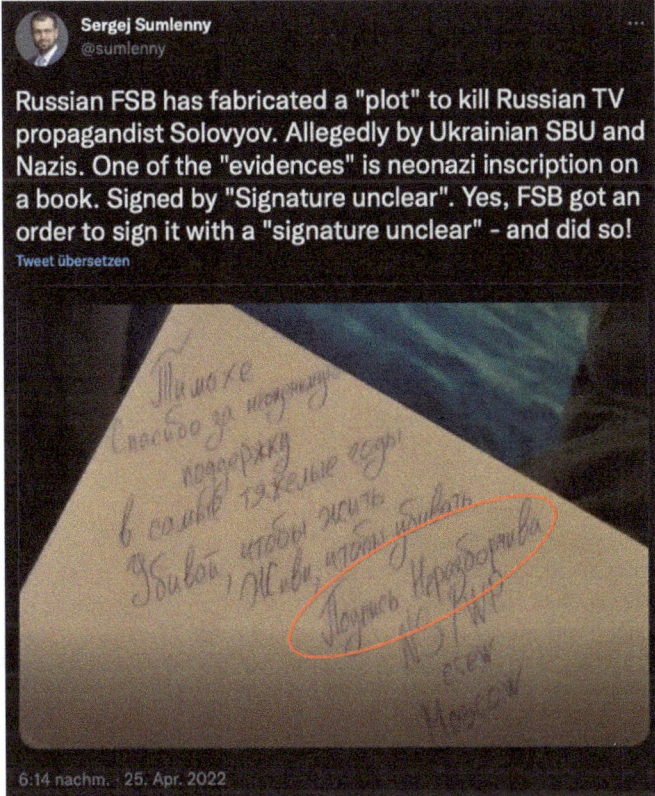

Abb. 5.11 Quelle: Twitter/X

Trotz dieser absurden Zurschaustellung hält der FSB an seiner Darstellung fest und sorgt damit in Russland für eine der höchsten Suchanfragevolumina bei Google zur Person Solowjow (siehe Abb. 5.12).

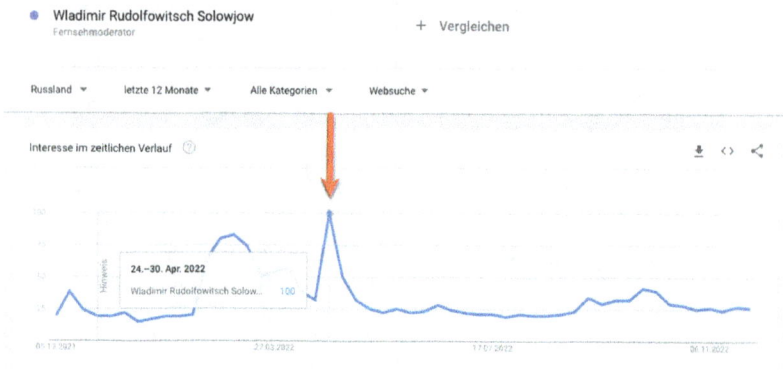

Abb. 5.12 Google Trends „Wladimir Solowjow"

Diesem Ereignis geht eine Reihe von Farbanschlägen[14] auf Solowjows zwischenzeitlich konfiszierten Immobilien in Italien voraus[15]. Es scheint so, als ob der FSB eine Eskalation mittels eines Anschlags als schlüssige Entwicklung erachten würde. Abgesehen davon scheint sich Solowjow schwer mit einem konsistenten Dämonisierungsnarrativ zu tun. Er beschimpft die Italiener als Faschisten, während er gleichzeitig von seinen Villen am Comer See schwärmt. Er vergleicht Olaf Scholz mit Adolf Hitler[16], während er Hitler als „großartigen Strategen" würdigt[17].

---

[14] https://www.spiegel.de/panorama/comer-see-in-italien-farbanschlag-auf-villa-eines-russischen-tv-moderators-a-2e97742c-a3c3-4951-b298-d20529598492

[15] https://www.stern.de/politik/ausland/perlen-der-kreml-propaganda/perlen-der-kreml-propaganda--die-italienischen-villen-des-solowjow-31919576.html

[16] https://www.fr.de/politik/russland-ukraine-krieg-propaganda-wladimir-solowjow-olaf-scholz-nato-news-91892688.html

[17] https://www.br.de/nachrichten/kultur/ns-vergleiche-in-russland-hitler-war-grossartiger-stratege,T9wY17u

Glorifizierung

Der Dämonisierung des Gegners steht die eigene Verherrlichung gegenüber. Deshalb funktioniert diese besonders gut, wenn ein gemeinsames Feindbild existiert und auf diese Weise der Weg der Glorifizierten alternativlos und heilsbringend erscheint.

Gemäß einer Erhebung des Meinungsforschungsinstituts „Levada Center" steigen die Zustimmungswerte für Putin im eigenen Land immer dann, wenn konkrete Maßnahmen gegen einen „äußeren Feind" vollzogen werden[18]. Abb. 5.13 zeigt, dass Putin vor der Annexion der Krim, sowie vor dem Angriffskrieg auf die Ukraine einen deutlich geringeren Zuspruch aus der Bevölkerung erhalten hat, der mit der Intervention dann schlagartig wuchs (Approve).

Abb. 5.13 Quelle: Levada Center

---

[18] https://www.levada.ru/en/ratings/

Aber nicht nur Putin wird von vielen verklärt betrachtet. Auch die russischen Truppen werden glorifiziert – insbesondere vom Kreml[19].

Seit dem 04.03.2022 gilt es in Russland als Straftat, „unwahre Informationen über die Tätigkeit der Streitkräfte der Russischen Föderation" zu verbreiten. Bei Zuwiderhandlung drohen bis zu 15 Jahre Haft. Außerdem werden „öffentliche Handlungen zur Diskreditierung der Tätigkeit der Streitkräfte" mit bis zu 5 Jahren Lagerhaft belegt[20]. Damit gelten die russischen Streitkräfte aus medialer Sicht als unantastbar. Wenn in den einschlägigen Propaganda-Kanälen über die russischen Truppen berichtet wird, dann über deren Überlegenheit und Hilfsbereitschaft.

Die Glorifizierung strahlt auch in die Bewertung, in die zugetraute Leistungsfähigkeit der russischen Arme. Ihr Selbstmarketing führt nicht nur zu einer Selbstüberschätzung. Auch ausländische Medien, wie die Deutschen, gehen zu Kriegsbeginn davon aus, dass die russische Armee der ukrainischen ungleich überlegen ist[21].

Die deutsche pro-russische Bloggerin Alina Lipp, auf die wir später noch etwas genauer eingehen werden, führt zu diesem Thema noch im Januar 2022 ein Interview mit Thomas Stimmel von frischesicht.de[22]. Dort beschreibt sie, wie übermächtig die russische Armee sei. Eine militärische Operation wäre eine Frage von Stunden. Zum damaligen Zeitpunkt ging es nach offizieller Verlautbarung ausschließlich um den Schutz der russischsprachigen Bevölkerung in den Separatistengebieten Donezk und Luhansk.

Nur wenige Monate später ist vom Glanz der russischen Armee nicht mehr viel zu erkennen[23]. Denn nicht nur strategische Defizite offenbaren sich in dieser Zeit. Sondern auch die schlechte Moral, Ausbildung und Versorgung wirken sich negativ auf die Leistung der Armee aus[24].

---

[19] https://euroweeklynews.com/2022/11/15/putin-two-ukrainian-cities-military-glory/
[20] https://www.nzz.ch/international/ukraine-krieg-russland-verschaerft-die-zensur-ld.1673044
[21] https://www.focus.de/politik/ausland/ukraine-krise/modern-zahlenstark-kampferprobt-ukraine-trifft-auf-russische-armee-die-nichts-mehr-mit-der-sowjetzeit-zu-tun-hat_id_58657170.html
[22] https://www.frischesicht.de/nachgefragt-bei-alina-lipp-russland-moechte-keinen-krieg/
[23] https://www.zeit.de/2022/42/russland-armee-wladimir-putin-ramsan-kadyrow-kritik
[24] https://www.telegraph.co.uk/world-news/2022/11/30/desperate-russian-soldiers-calling-ukraines-want-live-hotline/

Die Glorifizierung leidet aber auch unter den Gräueltaten der russischen Armee. Um deren Wirkung umzukehren, werden sie oft in die Gräuelpropaganda eingebettet.

Gräuelpropaganda

Bei der Gräuelpropaganda werden dem Gegner abscheuliche Kriegsverbrechen unterstellt, um diesen zu diffamieren und damit von externen Unterstützern abzuschneiden und zu schwächen. Die Gräuelpropaganda begegnet uns während des Angriffskrieges auf die Ukraine sehr häufig. Beispielsweise in Butscha oder In Kramatorsk. Und weil sie ein so dominantes Mittel ist, werden wir uns mit diesen und anderen Fällen noch im weiteren Verlauf im Detail befassen.

Wiederholung

Die permanente Wiederholung von Sachverhalten sorgt dafür, dass diese irgendwann als Tatsache antizipiert werden, selbst wenn diese frei erfunden sind. Aus der Werbepsychologie kennen wir diesen Effekt unter dem Namen „Mere Exposure". Und er greift ebenso gut bei der Etikettierung von Menschen oder Personengruppen. Wenn der Kreml also immer wieder von der „Nazi-Regierung" in der Ukraine spricht, wird nicht nur die Bezeichnung in den allgemeinen Sprachgebrauchet aufgenommen, sondern auch das damit verbundene imaginäre Bild verinnerlicht. Der Suchvolumenverlauf zum Themenkomplex „Nationalsozialismus" in Abb. 5.14 zeigt: seit Beginn des Angriffskrieges sind die Suchanfragen deutlich angestiegen und zunächst auch nicht wieder auf das Vorkriegsniveau gesunken. Wir können daran erkennen, dass die „Nazi"-Etikettierung nach wie vor in den Medien verwendet wird.

Abb. 5.14 Google Trends „Nationalsozialismus"

Bandwagon (Astroturfing)

Wir haben bereits im Kapitel zu den kognitiven Verzerrungen über „Social Proof" gesprochen. Wenn viele Menschen ein und derselben Meinung sind, dann ist es eher wahrscheinlich, dass wir diese ebenfalls annehmen. Dieser „Herdentrieb" wird massiv zur Manipulation der öffentlichen Meinung ausgenutzt. Dies gelingt, indem glaubhaft vermittelt werden kann, dass viele andere Menschen eben genau der Meinung sind, die für den Kreml vorteilhaft erscheint. Realisiert wird dies über Meldungen in den Social-Media-Kanälen, die über unzähligen Fake-Accounts veröffentlicht werden, sogenannte „Sockenpuppen". Möglich ist aber auch, dass durch gezielte Provokation zu einer Gegenreaktion verleitet wird. So hatte kurz vor dem Brexit-Referendum ein erfundener Deutscher damit begonnen, sich über Briten lustig zu machen[25].

Jewgeni Prigoschin, der Vertraute Putins, finanzierte bis 2023 die in Sankt Petersburg ansässige Troll-Fabrik „Internet Research Agency"[26]. Mehrere hundert Mitarbeiter sind hier täglich damit befasst, über unzählige Fake-Account pro-russische und anti-westliche Kommentare, Falschmeldungen und Hassreden zu verbreiten, Einfluss auf die öffentliche Meinungsbildung zu nehmen.

---

[25] https://www.dailymail.co.uk/news/article-5073643/The-toxic-tweets-Putin-s-pro-Brexit-troll-factory.html

[26] https://www.spiegel.de/netzwelt/netzpolitik/russische-trollfabrik-eine-insiderin-berichtet-a-1036139.html

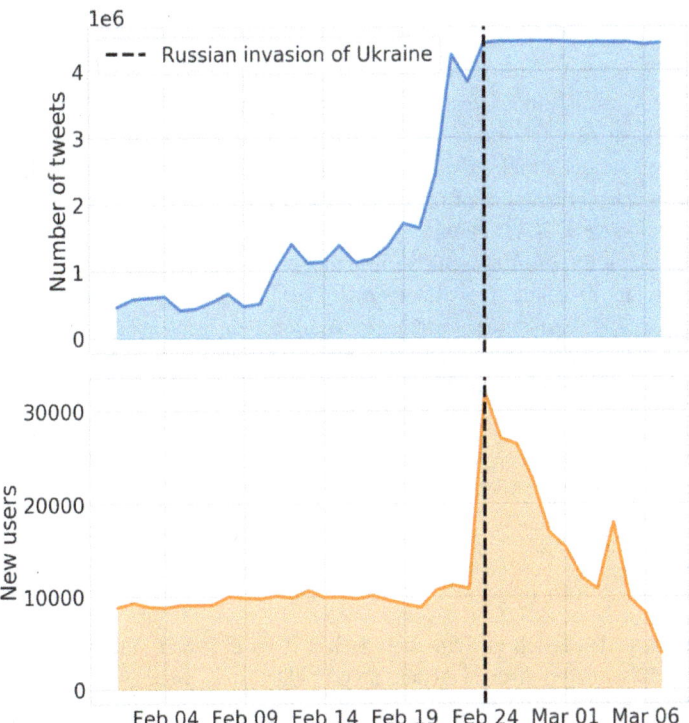

Abb. 5.15 Quelle: https://osome.iu.edu/research/blog/suspicious-twitter-activity-around-the-russian-invasion-of-ukraine/Ukraine_OSoMe_White_Paper_March_2022.pdf

Und wie es scheint werden vergleichbare Vorgehensweisen auch an Putins digitaler Front im Ukrainekrieg angewendet. Einer Studie der Indiana University[27] zufolge steigt die Anzahl neuer Twitter-Nutzer am Tag der Invasion signifikant an (siehe Abb. 5.15).

---

[27] https://osome.iu.edu/research/blog/suspicious-twitter-activity-around-the-russian-invasion-of-ukraine/Ukraine_OSoMe_White_Paper_March_2022.pdf

Auf dieses Thema im ORF-Interview[28] im Juni 2018 angesprochen, erklärt Putin noch, dass die Behauptungen um die Troll-Fabriken falsch seien. Auf den Vorwurf, Russland würde sich in innere Angelegenheiten der USA, wie beispielsweise die Wahlen, einmischen, kontert Putin: es sei doch kaum vorstellbar, dass sich die Amerikaner in ihrem Wahlverhalten durch Russland beeinflussen ließen. Dazu seien sie doch viel zu smart. Im Februar 2023 räumt Prigoschin die Gründung seines Unternehmens offiziell ein und brüstet sich mit den Erfolgen bei der Manipulation im US-Wahlkampf[29].

Aber auch für pro-russische Propagandisten ist es nicht immer leicht, den Überblick zu behalten. Der Telegram-Kanal „DruschbaFM" verweist am 28. November 2022 auf eine Großdemonstration, die sich gegen die „heutige Politik" richtet. Die demonstrierende Gruppierung „Ami go home!" wird als rechtsextremistisch eingestuft[30].

Damit spannt Kanalbetreiber Sergej Filbert einerseits rechtsextreme Vertreter für seine propagandistischen Zwecke ein, während er diese auf der anderen Seite als Hauptgrund für den Angriffskrieg auf die Ukraine verurteilt.

Whataboutism

Hierbei handelt es sich um ein rhetorisches Ausweichmanöver. Abgeleitet wird der Begriff vom englischen „what about" (Deutsch: „was ist denn mit ..."). Die Endung „ism" (Deutsch: „ismus") formt aus dieser Bezeichnung eine Geisteshaltung.

---

[28] https://youtu.be/e763ZA0OC6U
[29] https://www.derstandard.de/story/2000143551565/wagner-chef-prigoschin-raeumt-gruendung-von-russischer-trollfabrik-ein
[30] https://www.t-online.de/region/leipzig/id_100087514/nach-zusammenstoessen-rechte-ami-go-home-demo-in-leipzig-abgebrochen.html

Der Whataboutism ist ein typisches Element der russischen Propagandataktik: auf ein Argument des Gegenübers, welches als Frage verpackt ist, wird nicht mit einer Antwort, sondern mit einem Gegenargument, beziehungsweise mit einem Gegenentwurf gekontert. Dieser lenkt inhaltlich auf andere Personen oder Personengruppen, die ebenso handeln, wie das, was in der Frage zuvor kritisiert wurde. Auf diese Weise lässt sich der verbale Angriff oftmals umkehren und gegen den Angreifer richten. Dies geschieht beispielsweise durch das Aufdecken einer Doppelmoral, die dann den Fragesteller diskreditieren kann. Ziel dieser Technik ist, die Deutungshoheit zu halten und den Angriff inhaltlich zu rationalisieren, sodass der kritisierte Aspekt für Außenstehende relativiert wird und sogar nachvollziehbar erscheint.

Im bereits erwähnten Interview mit dem ORF zeigt Putin, wie sicher er diese Technik anzuwenden weiß[31]. Auf die Frage, warum er den Namen des Oppositionellen „Alexej Nawalny" niemals öffentlich aussprechen würde, kontert er mit einem Vergleich aus den USA und rationalisierte die indirekte Unterstellung, Nawalny sei ein für Putin politisch gefährlicher Gegenspieler. Er stellt ihn in diesem Zusammenhang als Vertreter einer politisch unbedeutenden Minderheit dar.

Alexej Nawalny

Etwa zwei Jahre nach Putins Äußerungen, am 20. August 2020 wird Nawalny mit dem russischen Kampfstoff Nowitschok vergiftet, als er mit dem Flug S7 2614 von Tomsk nach Moskau fliege will. Er fühlt sich bereits wenige Minuten nach dem Start der Maschine unwohl. Journalist und Video-Blogger Ilya Varlamov, der ebenfalls in der Maschine sitzt, hält Teile der rapiden Verschlechterung Nawalnys Gesundheitszustand mit seinem iPhone fest und postet das Video auf Twitter[32].

Der Pilot entscheidet sich für eine Notlandung im Omsk, wo er gehen 04:01 Uhr deutscher Zeit eintrifft. Suchanfragen zu einer möglichen Vergiftung Nawalnys werden kurze Zeit später über google.ru abgesetzt, wie wir in dieser Abbildung (Google Trends Nawalny) erkennen können.

---

[31] https://youtu.be/e763ZA0OC6U
[32] https://x.com/varlamov/status/1296308635556106240?s=20

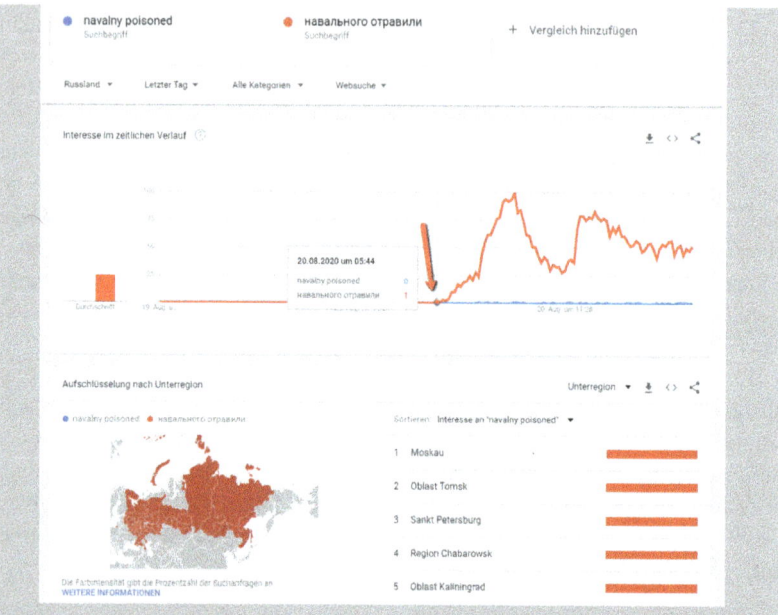

Zunächst wird behauptet, dass es sich nicht um eine Vergiftung handele, sondern – gemäß der Untersuchungen des Klinikums in Omsk – um eine Stoffwechselerkrankung[33]. Später räumt man eine Vergiftung ein, schließt jedoch Nowitschok aus[34]. In einer weiteren Meldung versteht man den „Fall Nawalny" mit seinen Verdächtigungen gegen den Kreml als politischen Hebel zur Verhinderung der Gaspipeline „Nord Stream 2"[35]. Andrej Nawalny wird zu diesem Zeitpunkt bereits in der Charité in Berlin behandelt, wo nach einer labortechnischen Untersuchung eine Vergiftung mittels eines Kampfstoffes der Nowitschok-Gruppe bestätigt wird. Unabhängige Speziallabore in Frankreich und Schweden untermauern diesen Befund[36]. Der Kreml vermutet nun, dass Nawalny erst in Berlin, in der Charité, mit

---

[33] https://www.gazeta.ru/politics/news/2020/09/22/n_14977231.shtml
[34] https://www.vesti.ru/article/2457047
[35] https://www.1tv.ru/news/2020-09-22/393763-zapad_ispolzuet_delo_navalnogo_chtoby_blokirovat_severnyy_potok_2_zayavil_glava_svr
[36] https://web.de/magazine/politik/alexej-nawalny-labore-vergiftung-bestaetigt-35082152

Whataboutism 75

Nowitschok in Berührung kam – also in Deutschland vergiftet wurde. Der weißrussische Präsident Alexander Lukaschenko behauptet, dass Spezialisten der damaligen Bundeskanzlerin Angela Merkel „die Fakten vorbereitet haben"[37].

Betrachten wir in der folgenden Abbildung (Google Trends „Navalny BBC") die Suchvorgänge zu „navalny bbc", so fällt ein gesteigertes Suchvolumen einen Tag vor dem Vorfall auf. Wir beobachten also ein höheres Interesse an Nachrichtenmeldungen der BBC, der „British Broadcasting Corporation", zur Person Nawalny. Würde die Presse von einer potenziellen Gefahr Nawalnys sprechen und ahnen, dass er Opfer eines Vergiftungsanschlages werden könnte, so wäre für die Täter noch genug Zeit, ihre Pläne zu ändern, um mögliche Spuren, die zum Kreml führen könnten, zu verschleiern. Oder aber es sollte in Erfahrung gebracht werden, ob der Anschlag schon stattgefunden hätte?

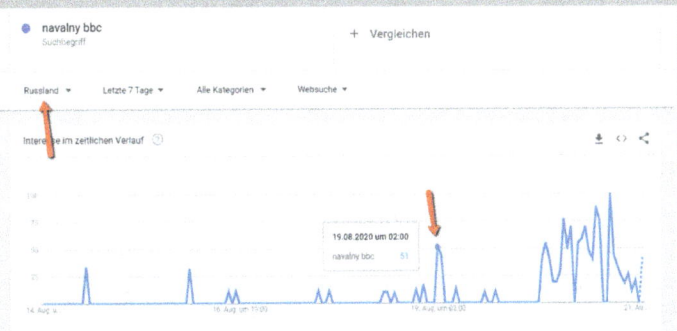

Mögliche Planungsspuren zur Vergiftung Nawalnys reichen aber noch weiter zurück. Bereits 11 Tage zuvor, am 09. August 2020, beobachten wir von Russland aus mehrere Suchvorgänge, die sich mit einer Vergiftung von Alexej Nawalny befassen (siehe folgende Abbildung Google Trends, Vergiftung Nawalny).

---

[37] https://www.bild.de/politik/inland/politik-inland/nawalny-kreml-behauptet-er-soll-in-deutschland-vergiftet-worden-sein-72715708.bild.html

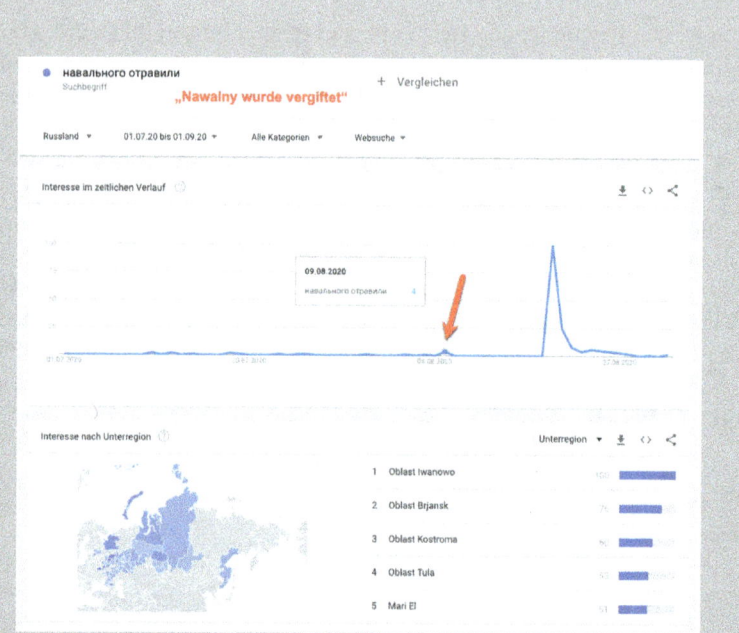

Bei einem Telefonat mit Frankreichs Präsident Macron erwähnt Kreml-Chef Wladimir Putin, Nawalny hätte sich auch selbst vergiften können[38].
Nawalny verlässt Deutschland nach seiner Genesung, kehr direkt nach Russland zurück – und wird verhaftet. Im Januar 2021 demonstrieren etwa 100.000 Menschen in ganz Russland für seine Freilassung[39]. Am 16. Februar 2024 stirbt Nawalny in einer sibirischen Strafkolonie[40] – das berichtet der russische Nachrichtendienst TASS[41]. Erste Gerüchte machen

---

[38] https://www.n-tv.de/ticker/Le-Monde-Putin-spekuliert-ueber-Selbstvergiftung-Nawalnys-article22054900.html
[39] https://www.zeit.de/politik/ausland/2021-01/russland-alexej-nawalny-opposition-chabarowsk-demonstration-verhaftung
[40] https://www.spiegel.de/ausland/russland-kremlkritiker-alexej-nawalny-ist-tot-a-ccb859cf-5301-40da-8f3e-cfe7179471b2
[41] https://tass.com/society/1747485

Whataboutism

die Runde, Nawalny sei an einem Blutgerinnsel verstorben[42]. Interessant scheint auf diesem Hintergrund, dass wir einen Tag vor der offiziellen Todesmeldung vermehrt Suchanfragen in der Google-News-Suche zu „Nawalny erlitt ein Blutgerinnsel" beobachten (siehe folgende Abbildung Google Trends, Nawalny Blutgerinnsel (News)).

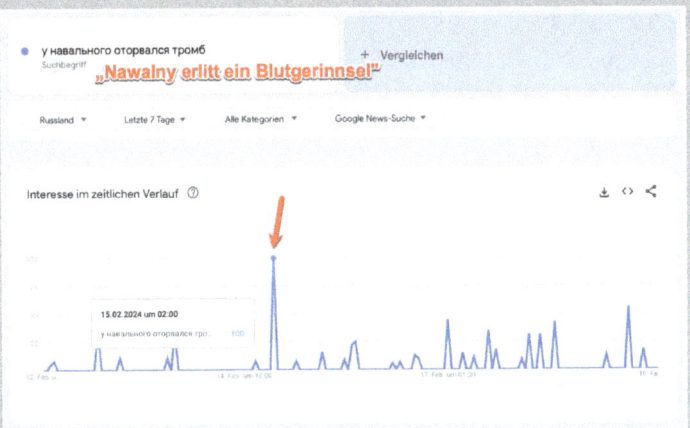

Dies könnte darauf hindeuten, dass Nawalny bereits einen Tag vorher verstarb. Oder aber, dass sein Tod geplant war. Werfen wir einen Blick auf die Suchvorgänge in der Standardsuche von Google, die deutlich häufiger genutzt wird, als die spezifischere News-Suche, so stellen wir fest, dass es scheinbar tatsächlich eine intensivere Auseinandersetzung mit dieser Thematik in den Tagen zuvor gab (siehe folgende Abbildung Google Trends, Nawalny Blutgerinnsel). Wurde der Mord an Nawalny also in Auftrag gegeben?

---

[42] https://www.merkur.de/politik/russland-tot-letzte-worte-alexej-nawalnys-todesursache-putin-zr-92836695.html

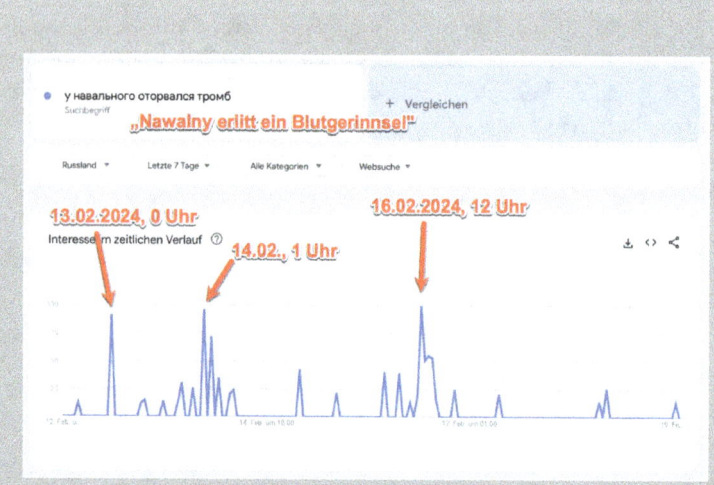

Scheinbar blieben die Geschehnisse um die Person Nawalny auch den deutschen Diensten nicht verborgen. Die nächste Abbildung (Google Trends, Nawalny Thrombose) zeigt vermehrte Suchvorgänge zu „Nawalny Thrombose", die in den frühen Morgenstunden des 15.02.2024, als einen vor dem angegebenen Todesdatum, in Deutschland abgesetzt werden.

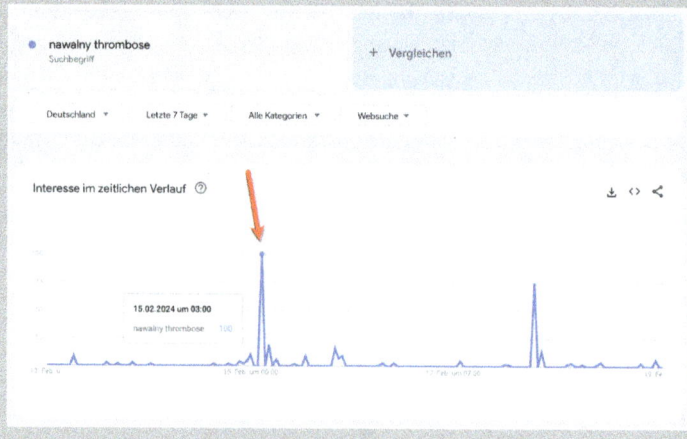

Rufschädigung und Einschüchterung

Die Rufschädigung kommt dann zum Einsatz, wenn spezifische Informationen entwertet werden sollen. Denn wird der Informationsquelle keinen Glauben mehr geschenkt, dann verlieren auch ihre Informationen an offizieller Gültigkeit.

Diskreditierungen und Diffamierungen kommen aber auch zur Schärfung des Feindbildes zum Einsatz. So wurden beispielsweise einige deutsche Politiker im April 2022 Opfer von Diffamierungskampagnen, bei denen angebliche verwandtschaftliche Verhältnisse zu politischen Größen aus dem Dritten Reich nachvollzogen wurden[43].

Welche Wirkungen diese Behauptungen hatten, lässt sich in Abb. 5.16 am Suchvolumen zu den jeweiligen Großvätern erahnen.

Abb. 5.16 Google Trends, Deutsche Politiker

---

[43] https://www.stern.de/politik/deutschland/vermeintliche-entnazifizierung-warum-der-putin-trick-jetzt-auch-nach-deutschland-schwappt-31843398.html

Solche Diffamierungskampagnen sind nicht immer staatlich initiiert. Nicht selten handelt es sich dabei um nationalistische, treue Anhänger der kremelschen Ideologie mit der festen Überzeugung, das Richtige zu tun – um gleichzeitig scheinbar aggressive, zerstörerische und machtobsessive Neigungen auszuleben. Die finnische Journalistin Jessikka Aro hat sich intensiv mit der russischen Einflussnahme durch Trolle beschäftigt – und wurde dabei selbst zu deren Opfer. In ihrem Buch „Putins Armee der Trolle"[44] beschreibt sie ihren eigenen Leidensweg, der sehr bildhaft aufzeigt, wie spürbar und weit der Einfluss Russlands auf persönlicher Ebene vorgedrungen ist.

Es sind aber nicht nur ausländische Kritiker, die sich zur Zielscheibe pro-russischer Stalker machen. Auf dem YouTube-Kanal „Sanctioned Ivan" lässt sich das Leben des Russen Ivan verfolgen, der vor seiner Einberufung zur russischen Armee in die Türkei flieht. Auch er wird Opfer einer öffentlichen Diffamierung[45]. Einige Wochen später entscheidet er sich trotzdem, nach Russland zurückzukehren. Zum Zeitpunkt der Drucklegung lebt er in Asien.

Selbst die Integrität des Papstes wird angezweifelt und ein plötzlicher Sinneswandel unterstellt. Der Telegram-Kanal „Neues aus Russland" berichtet 2022, der Papst würde nun die Donezker Volksrepublik besuchen wollen und damit seine Unterstützung zum Ausdruck bringen.

Neusprech

Die Nutzung spezifischer Begriffe, vielleicht sogar die Erfindung ganz neuer Sprachkonstrukte, ist Bestandteil der propagandistischen Kommunikation. Dabei wird darauf geachtet, dass beim Hören der verwendeten Begriffe die imaginären Bilder in den Köpfen der Zuhörer generiert werden, die im strategischen Sinne des Senders stehen.

Der Kreml hat schon recht früh die Verwendung des Begriffs „Krieg" unterbinden wollen. Denn dieser Begriff schürt nicht nur bei den Verbündeten der Ukraine eine gewisse Unruhe, sondern auch bei der russischen Bevölkerung. Putin spricht deshalb von „Spezialoperation" (Russisch: Специальная Военная Операция, abgekürzt: SWO). Per Definition ist diese zeitlich und von ihrem Umfang her begrenzt. Außerdem wird sie über eine ad hoc zusammengestellte

---

[44] https://www.amazon.de/Putins-Armee-Trolle-Informationskrieg-demokratische/dp/3442316944/

[45] https://www.youtube.com/watch?v=1aHtFhUO74w

militärische Formation durchgeführt[46]. Keine dieser drei Eigenschaften trifft auf den Angriffskrieg auf die Ukraine zu. Die Wirkung dieser Terminologie war offenbar wichtiger als eine korrekte Bezeichnung. Denn mit ihr lassen sich deutlich positivere Assoziationen verknüpfen. Abb. 5.17 zeigt die Suchanfragen zur SWO im zeitlichen Verlauf.

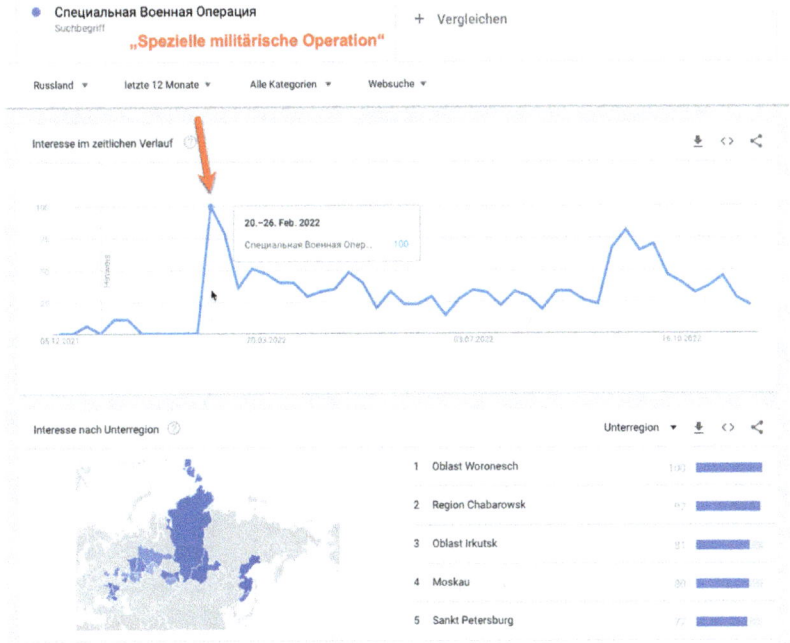

Abb. 5.17 Google Trends, Militärische Spezialoperation

---

[46] https://de.wikipedia.org/wiki/militärische_spezialoperation

Wenn wir in Abb. 5.18 das Suchvolumen von „spezielle militärische operation" mit der von „krieg" vergleichen, dann lässt sich sehr gut erkennen, dass in Russland über Google Informationen hauptsächlich mittels „krieg" gesucht wurden.

Dies mag zum einen daran liegen, dass „krieg" deutlich schneller zu formulieren, zu tippen ist. Aber auch daran, dass das Bild, welches dieser Begriff generiert, näher an den Erwartungen der Suchenden liegt.

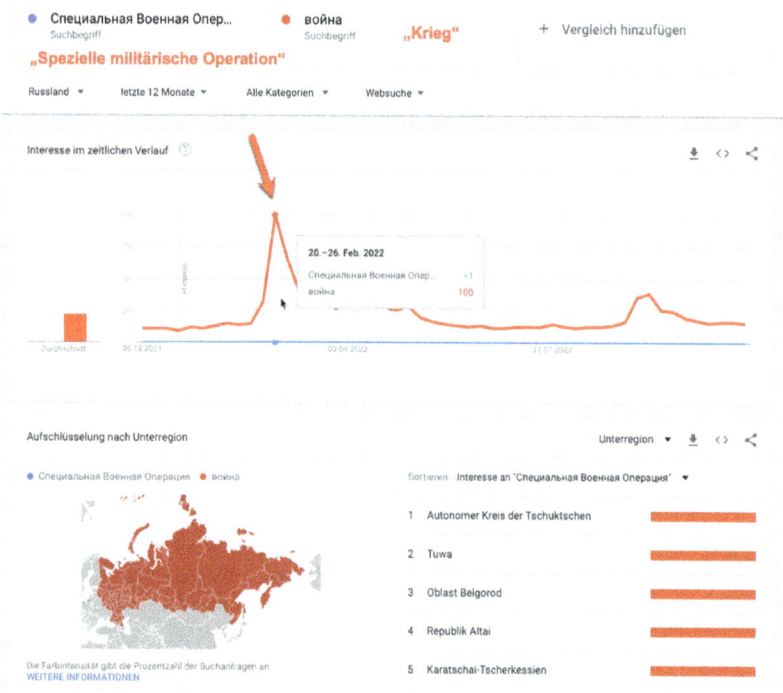

Abb. 5.18 Google Trends, Militärische Spezialoperation

Ablenkungsmanöver

Mittels eines rhetorischen Ablenkungsmanövers kann vom eigentlichen Geschehen abgelenkt werden. Dabei werden oft Daten und Fakten präsentiert, die überzeugend erscheinen, jedoch nicht mit dem eigentlichen Thema in Verbindung stehen. Das Gegenteil wird dann jedoch behauptet.

Wir finden vergleichbare propagandistische Strategien auch bei Telegram. So vermeldet beispielsweise der Telegram-Kanal „DruschbaFM" am 29. November 2022 demokratiefeindliche Strukturen in Kanada. Nicht explizit erwähnt, so wird aber ein aktueller Kontext zum Ukraine-Konflikt suggeriert. In Wahrheit handelt es sich hier jedoch um einen Unfall vom Januar 2020[47] ohne jeglichen Bezug zum Angriffskrieg auf die Ukraine. Ganz offenkundig soll dieser aber emotionalisieren und polarisieren. Und er verfehlt seine Wirkung nicht. Viele kommentieren ihn mit kontra-westlichen Parolen.

Haltet den Dieb

Ein ebenfalls sehr häufiges genutztes propagandistisches Mittel und eine spezifische Form des Ablenkungsmanövers ist dieses: wenn alle den Blick auf den Täter werfen, dann ruft dieser: haltet den Dieb. Damit lenkt er die Aufmerksamkeit auf einen anderen.

Im Ukraine-Krieg sehen wir diese Methodik vor allem in Zusammenhang mit False Flag-Operationen. Hier wird oft im Vorfeld genau das angekündigt, was man selbst gerade im Begriff ist zu unternehmen, sodass man es später dem Gegner unterstellen kann. Im weiteren Verlauf dieses Buches werden wir uns dazu noch ein erschreckendes Beispiel im Detail anschauen.

Daten und Fakten

Während des Krieges sind die Kriegsparteien und ihre Beobachter regelmäßig auf der Suche nach belastbaren und objektiven Daten. Dazu zählen beispielsweise die Anzahl der gefallenen Soldaten. Oder typische Wirtschaftskennzahlen, um die Effektivität der westlichen Sanktionen gegen Russland bewerten zu können.

---

[47] https://www.dailymail.co.uk/news/article-10540447/Arrested-Freedom-Convoy-trucker-says-police-acted-like-Keystone-Kops-silent-movies.html

Es scheint aus russischer Perspektive nachvollziehbar, dass die Anzahl der eigenen gefallenen Soldaten -offiziell- möglichst gering ausfallen soll. Gleiches gilt für eine negative Beeinträchtigung der Wirtschaft. Objektiv überprüfen lassen sich die Zahlen, die von den Konfliktparteien dazu kommuniziert werden, nicht – wenn diese überhaupt veröffentlicht werden. Im September 2022 zählt die Ukraine 50.000 gefallene russische Soldaten, während das britische Verteidigungsministerium die Hälfte annimmt[48]. Im April 2023 geht man von bis zu 43.000 russischen getöteten Soldaten aus[49].

Doch wie sieht es mit der russischen Wirtschaft aus? Neben den wirtschaftlichen Sanktionen verließen auch viele westliche Firmen das Land. Zudem wurde Russland am 27.02.2022 vom internationalen Zahlungssystem SWIFT ausgeschlossen[50].

Um diese Frage zu beantworten, wird oft die Stärke der russischen Währung betrachtet[51]. Denn diese ist unmittelbar an die wirtschaftliche Leistung des Landes gekoppelt.

Zu Beginn des Krieges brach der Rubel kurzzeitig ein, erholte sich dann aber recht schnell wieder – und zeigte sich so stark, wie in den letzten fünf Jahren nicht. Militärökonom Marcus Keupp erklärt jedoch, dass die scheinbar positive Entwicklung des Rubels auf Währungsmanipulation beruht und nicht den tatsächlichen Wert des Rubels widerspiegelt[52]. Die russische Zentralbank habe dazu Devisen aus dem russischen Wohlfahrtsfond veräußert, um damit Rubel zu kaufen. Durch diese künstlich geschaffene Nachfrage sei der Rubelkurs gestiegen. Für den Rohstoffhandel mussten die Devisen vor der Bezahlung in Rubel umgetauscht werden, was ebenfalls zu einer Steigerung der Nachfrage führte. Dauerhaft könne sich der Kurs aber nicht auf diesem Niveau halten, da dazu weiterhin eine stetige Nachfrage generiert werden müsse. Genau diese Prognose sollte sich in den kommenden Monaten bestätigen.

Für Putin war der sich zunächst positiv entwickelnde Rubelkurs ein öffentlichkeitswirksamer Beweis dafür, dass die Sanktionen des Westens wirkungslos seien. Gleichzeitig bemühte er sich aber immer wieder darum, die Sanktionen

---

[48] https://www.tagesschau.de/ausland/europa/ukraine-krieg-203.html
[49] https://www.zdf.de/nachrichten/politik/pentagon-leaks-usa-verluste-ukraine-krieg-russland-100.html
[50] https://www.tagesschau.de/ausland/europa/sanktionen-russland-ukraine-101.html
[51] https://g.co/kgs/Ss2rH8E
[52] https://www.watson.ch/international/wirtschaft/556373124-ukraine-warum-die-sanktionen-gegen-russland-den-krieg-nicht-beeinflussen

Daten und Fakten

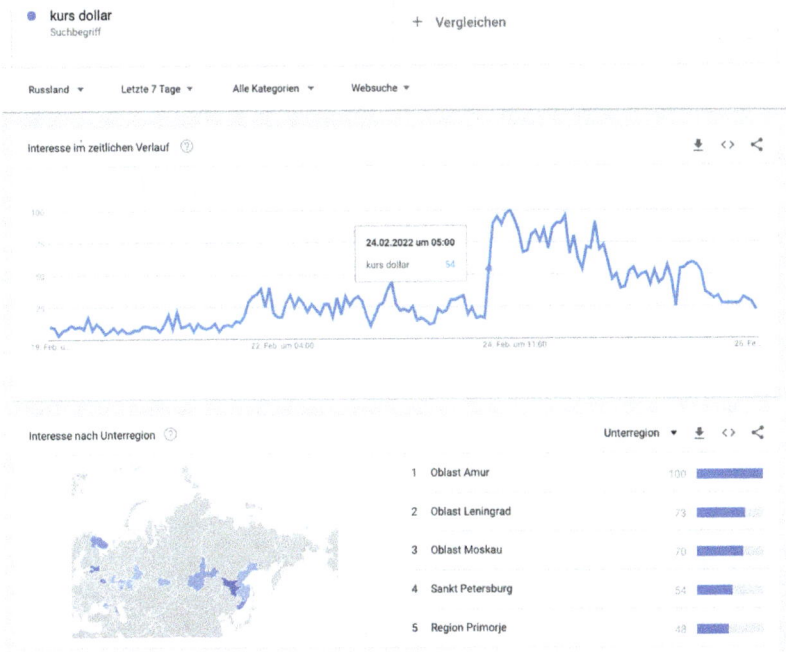

Abb. 5.19 Google Trends, Dollar-Kurs

gegen sein Land aufheben zu lassen[53,54]. Er wusste scheinbar warum, denn die weiteren Entwicklungen zeichnen kein positives Bild.

Mit Kriegsbeginn beobachten wir in Abb. 5.19 auch deutsche Suchanfragen in Russland, die den Wechselkurs zum Dollar in Erfahrung bringen möchten.

Mit den Sanktionen treten in der russischen Bevölkerung auch Ängste zu einer drohenden Arbeitslosigkeit zu Tage (siehe Abb. 5.20).

---

[53] https://de.finance.yahoo.com/nachrichten/russlands-staatsbahn-bittet-um-aufhebung-160358004.html
[54] https://www.focus.de/politik/ausland/nord-stream-lecks-wegen-westlicher-sanktionen-koennten-gesprengte-pipelines-niemals-repariert-werden_id_156024191.html

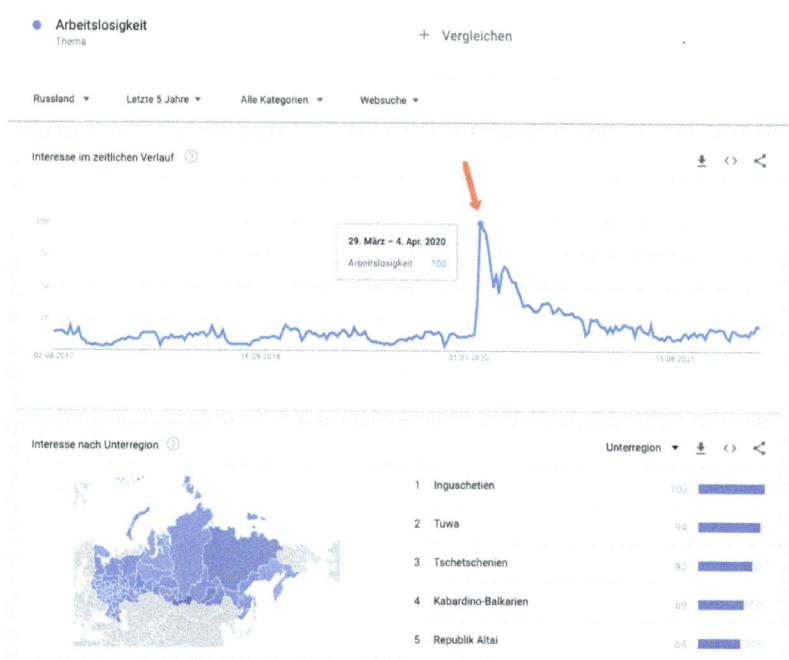

Abb. 5.20 Google Trends „Arbeitslosigkeit"

Untertreibung

Mit Untertreibungen verzerrt der Propagandist die Realitäten zu seinen Gunsten, ohne dabei neue Sachverhalte zu erfinden. Bereits vor dem Angriff auf die Ukraine bezeichnet der russische Außenminister Sergei Lawrow den Westen und seinen Verdacht, Russland könne jederzeit die Ukraine überfallen, als „hysterisch" und damit völlig übertrieben[55,56,57].

Bis kurz vor dem Einmarsch in die Ukraine spielt der Kreml das Offensichtliche herunter und dementiert, was ausländische Geheimdienste schon länger

---

[55] https://www.welt.de/politik/ausland/article236384763/Ukraine-Krise-Lawrow-kritisiert-russlandfeindliche-Hysterie.html

[56] https://brf.be/international/1570681/

[57] https://de.euronews.com/2022/02/17/lawrow-westen-steigert-sich-in-hysterie-hinein

voraussagen. Nur wenige nach der Invasion verkündet der Kreml, man hätte alle gesetzten Aufgaben erfolgreich gelöst[58].

Aber auch innerhalb von Russland ist man bemüht, die für die Bevölkerung spürbaren Auswirkungen des Konfliktes herunterzuspielen. Der Kreml bezeichnet die Massenproteste und die Massenflucht, die mit der Teilmobilmachung aufkommen, als „Hysterie"[59]. Natürlich möchte man die großvolumige Abwanderung von Arbeitskräften und potenziellen Soldaten verhindern. Forbes berichtet, dass mit dem Ausrufen der Teilmobilisierung etwa 700.000 Menschen das Land verlassen hätten[60].

Übertreibung

Aber auch von der Übertreibung wird für die Propaganda intensiver Gebrauch gemacht. So wurde als eines der Hauptziele der Invasion der Ukraine der Sturz des „Nazi-Regimes" angegeben. Wenn wir uns jedoch einmal genauer anschauen, welchen Einfluss rechtsextreme Gruppierungen in der Ukraine haben, so stellen wir fest, dass der Kreml die Realitäten extrem verzerrt.

Rechtsextreme Gruppierungen gibt es in der Ukraine tatsächlich. Eine der größten und bekanntesten Vertreter ist das Asow-Regiment, welches – gegründet 2014 und nach dem Asowschen Meer benannt – zwischen 900 bis 2500 Kämpfer zählen soll. Vereinzelte Quellen gehen auch von 10.000 Kämpfern aus[61].

In den frühen Gründungsjahren fiel das Asow-Regiment immer wieder durch Menschenrechtsverletzungen auf. Als Freiwilligenbataillon kämpfte es gegen die Separatisten in Donezk und Luhansk. Dabei kam es zu Handlungen, zu denen keine rechtliche Befugnis bestand. Inzwischen gehen Beobachter davon aus, dass das Asow-Regiment, für das viele Menschen unterschiedlicher Ideologien kämpfen, nicht mehr eindeutig klassifiziert werden kann und sich zu einer normalen Kampfeinheit entwickelt hat[62].

---

[58] https://www.tagesspiegel.de/politik/putin-verkundet-militarischen-erfolg-und-wirft-der-ukraine-geiselnahme-vor-5136637.html
[59] https://www.tagesspiegel.de/politik/bestimmte-berufe-werden-nicht-eingezogen-kreml-spricht-von-hysterie-nach-teilmobilmachung--bessert-aber-nach-8680066.html
[60] https://www.forbes.ru/society/478827-rossiu-posle-21-sentabra-pokinuli-okolo-700-000-grazdan
[61] https://www.br.de/nachrichten/deutschland-welt/asow-regiment-ukrainische-helden-oder-extremisten,T2nKOyA
[62] https://www.diepresse.com/6127390/neonazis-oder-nationalhelden-was-ist-das-ukrainische-asow-regiment

Das Regiment ist in die Nationalgarde eingegliedert. Bei der russischen Belagerung von Mariupol leistete es massiven Widerstand und wird seitdem von vielen Ukrainern als heldenhaft wahrgenommen. Neben dem Regiment existiert eine politische Bewegung unter demselben Namen, die jedoch entkoppelt agiert. Rechtsnationalistische Parteien spielen für die ukrainische Politik keine tragende Rolle und sind bei den jüngsten Wahlen an der Fünf-Prozent-Hürde gescheitert.

Die pro-russische Propaganda skizziert das Asow-Regiment als eine der zentralen Gefahren für Russland. Aus diesem Grund werden militärische Erfolge gegen Soldaten des Asow-Regiments perfide in Szene gesetzt, um auf diese Weise dem „Bösen" ein Gesicht zu geben und gleichzeitig die übermächtigen Fähigkeiten der russischen Armee zu präsentieren.

Betrachten wir also die Konfiguration der rechtsextremistischen Kräfte in der Ukraine, so lässt sich festhalten, dass diese zwar existieren, aktuell jedoch keinen politischen Einfluss haben. Insbesondere auf dem Hintergrund der Herkunft von Präsident Wolodymyr Selenskyj, der jüdische Vorfahren hat, scheint ein Angriffskrieg mit der Begründung, das „Nazi-Regime" in der Ukraine stürzen zu wollen, absurd. Nicht weniger fragwürdig ist in diesem Zusammenhang der Umstand, dass der Kreml mit der „Wagner Gruppe" auf Hilfe von Söldnern setzt, die aber eindeutig als rechtsnationalistisch einzustufen sind[63].

Mit Übertreibungen kann auch der russischen Schadenfreude entsprochen und Einschaltquoten generiert werden. Schadenfreude darüber, dass die Menschen in Deutschland frieren müssen, weil der Kreml kein Gas mehr liefert. Dafür gibt eine als „Julia Tschernyschowa" bekannte Frau im Pelzmantel aus dem Wohnzimmer ihrer Münchener Wohnung in einer Live-Schaltung ins russische Fernsehen Auskunft darüber, wie kalt es in Deutschland sei. Zum Zeitpunkt der Übertragung, im Oktober 2022, beträgt die Außentemperatur 18 Grad[64].

Neben Deutschland sieht „DruschbaFM" auch andere Länder nicht für den Winter gewappnet, so wie beispielsweise Polen. Wie es wirklich um die Füllstände der jeweiligen europäischen Länder steht, lässt sich bei der Website des Aggregared Gas Storage Inventory einsehen: https://agsi.gie.eu/#/graphs/eu.

---

[63] https://www.spiegel.de/kultur/kino/gruppe-wagner-eu-ehrt-doku-ueber-russische-soeldner-in-afrika-a-92134d8d-3728-4eb9-bf35-e39f3f59ce17

[64] https://www.stern.de/politik/ausland/perlen-der-kreml-propaganda/perlen-der-kreml-propaganda--so-plump-fabriziert-das-staats-tv-fakes-32821952.html

Embedded Journalism

Der größte Teil der russischen Bevölkerung bezieht seine Informationen über das Fernsehen[65]. Die meisten der empfangbaren Kanäle sind einer staatlichen Regulierung unterworfen. Sie stellen damit einen wesentlichen Teil der ausführenden russischen Propaganda dar.

Wie bereits im Fall Wladimir Rudolfowitsch Solowjow zu sehen war, eignet sich hasserfüllte Propaganda tatsächlich zur Gestaltung eines russischen Sonntagabend-Fernsehprogramms. Dabei ist Solowjow bei weitem nicht der Einzige, der als Hardliner im Staatsfernsehen auftritt und menschenverachtende Äußerungen formuliert. Anton Krassowsky, Journalist für RT und Moderator der Sendung „Antonyme", phantasiert öffentlich, man müsse ukrainische Kinder ertränken[66]. Auch wenn er im Anschluss der Sendung suspendiert wird, so zeigt dieser Fall, wie weit Journalisten scheinbar bereit sind zu gehen, um sich in ein günstiges Licht für den Kreml zu stellen. Tatsächlich sorgte sein Auftritt dafür, dass er zeitweise innerhalb Russlands doppelt so häufig bei Google gesucht wurde, wie Wladimir Putin (siehe Abb. 5.21).

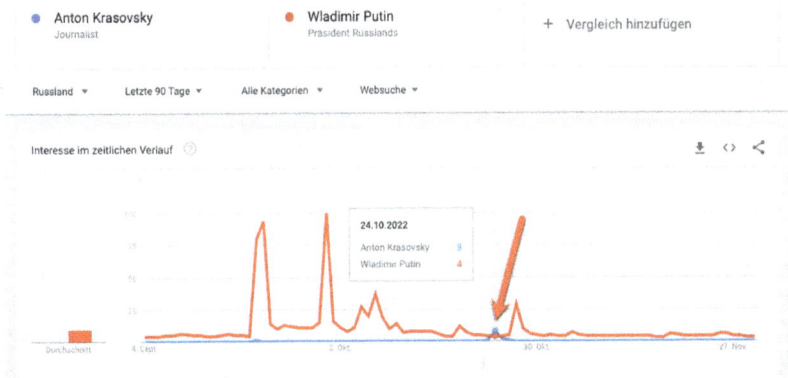

Abb. 5.21 Google Trends „Anton Krasovsky"

---

[65] https://www.levada.ru/en/2022/11/10/the-main-sources-of-information-of-russians/
[66] https://taz.de/Propaganda-in-Russland/!5890059/

Propaganda finden wir aber nicht nur im staatlich kontrollierten Fernsehen oder bei Telegram. Russische Meinungsbildung wird auch über andere sozialen Medien betrieben. Manchmal so subtil, dass sie nicht direkt als solche erkannt wird. Dabei begeben sich staatlich finanzierte Content-Agenturen auf die Flughöhe des sogenannten Graswurzeljournalismus: jeder kann Sender, jeder kann Publizist werden und sich am politischen Diskurs beteiligen.

Die Marke „Soapbox", betrieben von Maffic LLC[67] mit nicht ganz transparenten Verbindungen zu RT[68], versuchte auf diese Weise ein junges Publikum im nicht-russischen Ausland zu erreichen. Inzwischen existiert die Marke nicht mehr. Sie wurde unter neuem Namen fortgesetzt. Eine Entscheidung, die wohl nicht aus Gründen des Marketings getroffen wurde. Vielmehr sind Content-Lieferanten mit Bezügen nach Russland zu einem Rebranding gezwungen, wenn die Marke im Ruf beschädigt ist oder die Plattform-Betreiber sich für eine Verbannung entscheiden, weil die Richtlinien nicht eingehalten wurden.

Die Artikel, die von Soapbox veröffentlicht wurden, zahlten auf einen ganz spezifischen Kernwert ein: auf die Autonomie eines jeden Einzelnen. Dazu wurden kurze Geschichten und emotionalisierende Bilder veröffentlicht, die von Fürsorge, Gespaltenheit, Ungerechtigkeit und der berechtigten Auflehnung und seiner Helden erzählen. Die Leserschaft sollte damit psychologisch zur Auflehnung, zum Widerstand im eigenen Land animiert werden.

In Abb. 5.22 haben wir die Artikel, die innerhalb einer Woche von Soapbox auf Twitter publiziert wurden (oder wie es inzwischen heisst: X), auf Robert Plutchiks Rad der Emotionen[69] aufgetragen. Mithilfe von Plutchiks Modell, welches die menschlichen Emotionen in Form von sich in der Mitte berührender Kegel präsentiert, lässt sich die emotionale Fokussierung einer Veröffentlichung sehr gut visualisieren.

Wie gut zu erkennen ist, führen die Soapbox-Veröffentlichungen über Neugierweckende Inhalte zu sehr negativen und aktivierenden Emotionen. Auch diese subtile Art der Manipulation gehört zur Kriegsführung – zur verdeckten Kriegsführung. Sie zielt auf die Destabilisierung der angesprochenen Gesellschaften. Wir sprechen hier auch von Dysphemismus, eine negative Konnotation, im Einsatz als propagandistisches Mittel.

Wir kennen diese Technik auch aus der Verschwörungstheorie unter dem Namen „New Conspiracism": mittels scheinbar harmloser Fragen, werden erste

---

[67] https://www.maffick.com/

[68] https://en.wikipedia.org/wiki/maffick

[69] https://de.wikipedia.org/wiki/robert_plutchik

Embedded Journalism

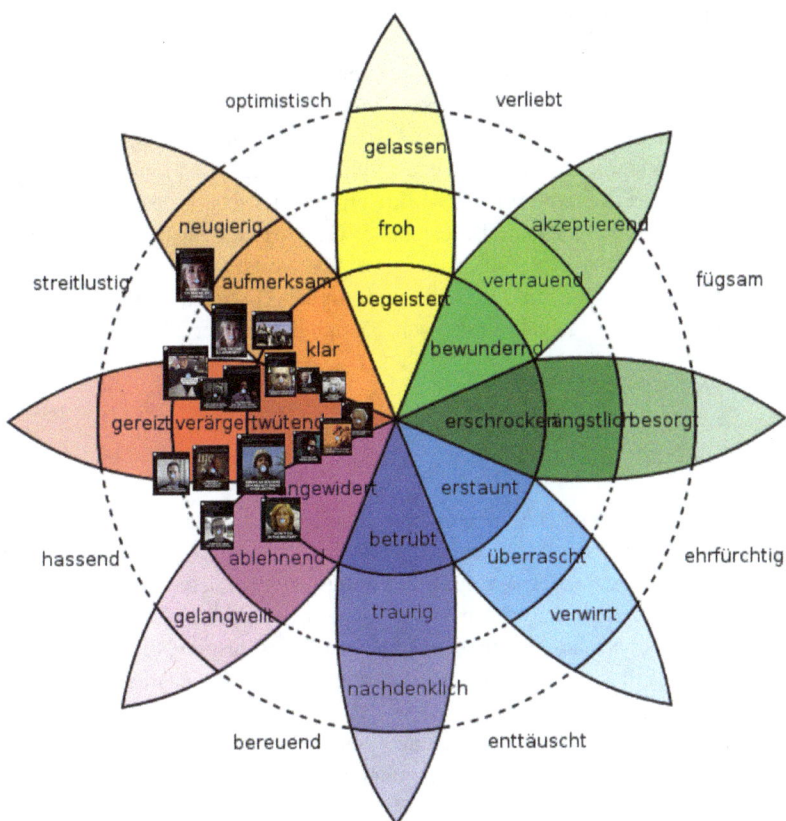

Abb. 5.22 Robert Plutchiks Rad der Emotionen

Impulse gesetzt, die implizit auf eine Verschwörung hindeuten. Ein solches Vorgehen hat eine hohe Anschlussfähigkeit. Wie sich während der Corona-Pandemie gezeigt hat, ließen sich damit auch solche Zielgruppen ansprechen, die man klassischerweise nicht als sonderlich empfänglich beschreiben würde.

Klischeevorstellungen & Stereotypisierung

„Der vermodernde Westen" ist nicht erst seit Beginn des Ukraine-Krieges ein geflügeltes Wort in Russland. Der Kreml wurde in den letzten Jahre nicht müde, auf den Verfall der Sitten in der westlichen Staatengemeinschaft hinzuweisen. Während Wladimir Putin Gesetze zur „Eindämmung" der Homosexualität in seinem Land auf den Weg bringt[70,71], kreiert die russische Propaganda für den verdorbenen Westen eine neue Bezeichnung: Gayropa[72]. Mehr noch: inzwischen hat die Thematik in den russischen Medien eine groteske Dynamik entwickelt. In Fernsehsendungen wird offen über die vermeintliche Einrichtung von Bordellen für Zoophile und die Legalisierung von Pädophilie und der Ehe mit Tieren in Europa phantasiert[73].

Proliferation

Eine spezielle Technik, die insbesondere innerhalb des unterregulierten Messergerdienstes Telegram zu Anwendung kommt, ist die Proliferation. Dabei geht es im die massenhafte Bereitstellung von Informationen, deren Wahrheitsgehalt alleine schon aufgrund der großen Masse kaum noch zu prüfen ist. Bei den Konsumenten solcher Nachrichten führt dies zu einer Überforderung, die aufgrund der Aussichtslosigkeit einer geordneten Erfassung zu einer Gleichgültigkeit führen kann.

Die Proliferation unterstützt aber auch eine „Erstschlag"-Strategie, die den Gegner in eine defensive Situation bringt und ihn zu einer Reaktion zwingt. Seine Versuche, die verzerrte oder gar falsche Darstellung zu entzerren, zu korrigieren, wird vom Propagandisten in der Regel umgehend als gegnerische Propaganda bezeichnet. Und würde eine Reaktion ausbleiben, könnte dies als Schuldeingeständnis gewertet werden. Der Propagandist bringt sich aus strategischer Sicht also so oder so in eine vermeintlich günstige Position.

---

[70] https://www.tagesschau.de/ausland/russland-lgbtq-gesetze-101.html

[71] https://www.bild.de/politik/ausland/politik-ausland/neue-hass-kampagne-putin-will-sch wule-wegsperren-84566040.bild.html

[72] https://www.bpb.de/themen/medien-journalismus/digitale-desinformation/513194/nazis-faschisten-und-gayropa/

[73] https://www.youtube.com/watch?v=4Ja5iJtYOPw&list=PLlQWnS27jXh8H1ej2-Sk0 52ISO-eoHSLG

Zensur

Wir haben bislang über Techniken gesprochen, bei der es um die Formulierung von Aussagen geht – ob erfundene oder verzerrte. Doch nicht immer lassen sich auf diese Weise alle kommunikativen Ziele erreichen. Dann wird zur Zensur gegriffen und Informationen oder gar Terminologien vollständig unterbunden. Bereits am 26.02.2022 kommuniziert die russische Medienaufsichtsbehörde Roskomnadsor[74], dass Falschinformationen zum Krieg von russischen Websites zu entfernen seien, da diese andernfalls gesperrt werden würden[75]. Außerdem sollten Begriffe, wie „Krieg", „Invasion" und „Angriff" nicht verwendet werden.

Auf diesem Hintergrund geraten auch ausländische Medien, wie die Deutsche Welle und BBC News in Bedrängnis. Sie sehen sich dem Vorwurf der Verbreitung von Falschinformationen über den Krieg ausgesetzt[76]. Das Büro der Deutschen Welle in Moskau wurde bereits Anfang Februar 2022 geräumt[77]. Die russische Regierung hatte dem Sender die Sendelizenz entzogen, nachdem die deutschen Behörden die Sendelizenz für RT Deutschland ausgesetzt hatten[78].

Am 04.3.2022 verabschiedet das russischen Parlament ein Gesetz gegen die Verbreitung von „Fake News". Nachrichten, die dem Kreml zuwider sind, können ab sofort mit bis zu 15 Jahren Haft belegt werden[79]. Facebook und Twitter sind ab diesem Abend vorerst nicht mehr über das russische Internet erreichbar. Genauso wie die Websites der Deutschen Welle, BBC und einige mehr[80] (siehe Abb. 5.23). Sie werden als terroristische Vereinigung klassifiziert. Der Kreml hat in Rekordzeit seine Monopolstellung auf „Wahrheit" zementiert.

Die Suchanfragen, die sich an diesem und an den darauf folgenden Tagen zum Thema „Zensur" bei Google beobachten lassen, nehmen gemäß Abb. 5.24 zwar zu, jedoch kaum in dem Maße, wie man es bei so gravierenden Einschränkungen der Meinungsfreiheit erwarten würde.

---

[74] https://www.reporter-ohne-grenzen.de/aktivitaeten/feinde-des-internets/roskomnadsor
[75] https://www.deutschlandfunkkultur.de/russische-medienaufsichtsbehoerde-zensiert-ganz-unverhohlen-100.html
[76] https://www.hrw.org/de/news/2022/02/28/russland-zensur-erreicht-im-krieg-neue-dimensionen
[77] https://www.dw.com/de/das-b%C3%BCro-der-deutschen-welle-in-moskau-ist-geschlossen/a-60658573
[78] https://www.tagesschau.de/inland/rt-de-rundfunklizenz-101.html
[79] https://www.tagesschau.de/ausland/russland-gesetz-fakenews-strafen-101.html
[80] https://www.dw.com/de/russland-sperrt-seiten-der-deutsche-welle/a-61014826

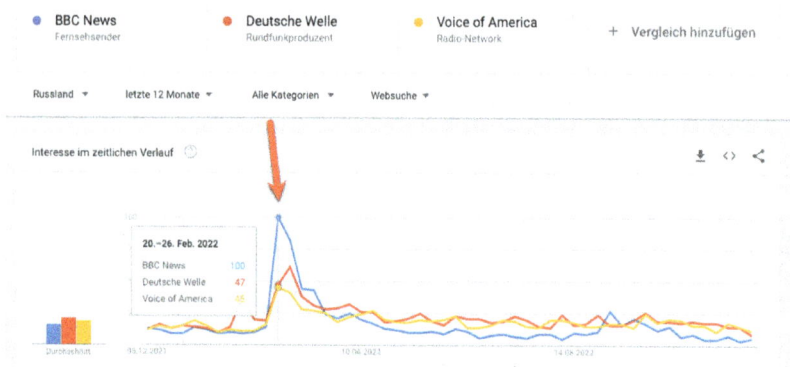

Abb. 5.23 Google Trends, internationale Nachrichtensender

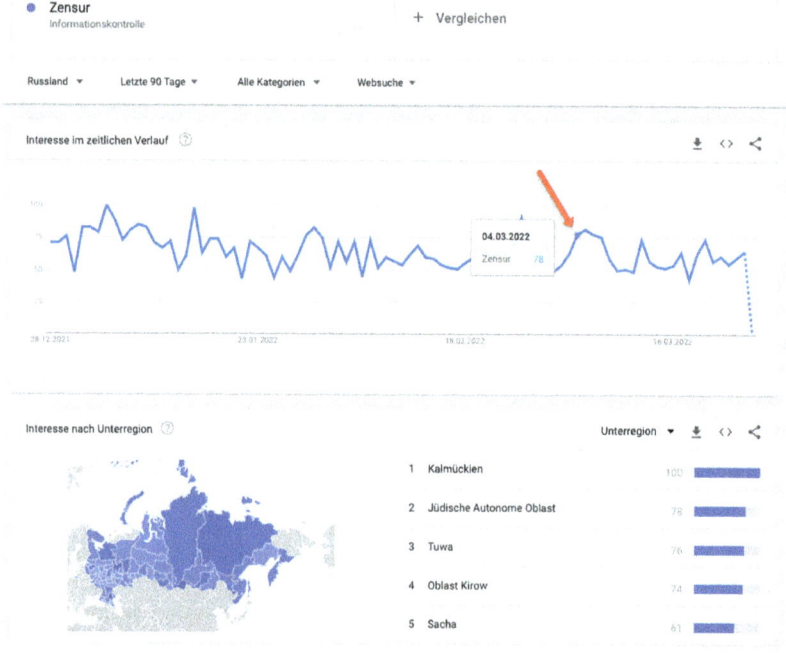

Abb. 5.24 Google Trends „Zensur"

Zensur

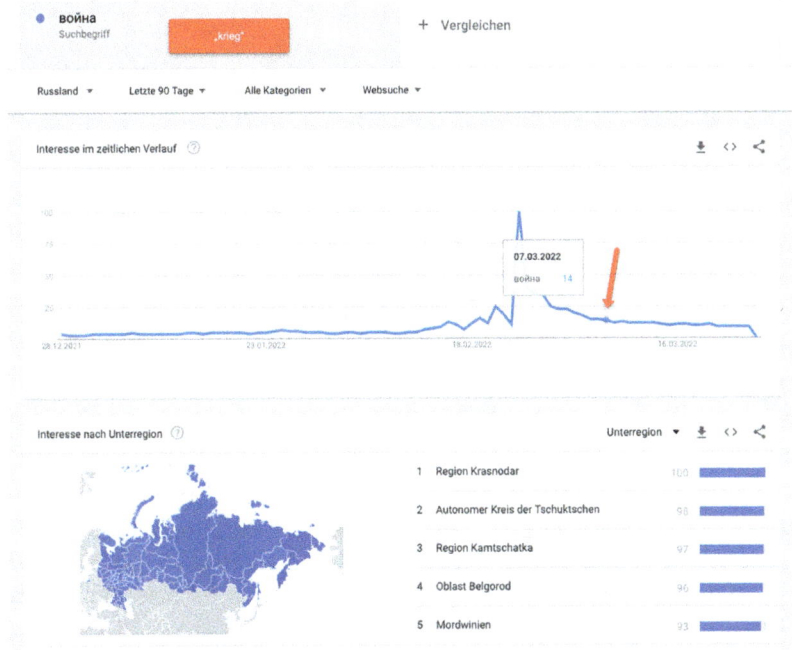

Abb. 5.25 Google Trends „Krieg"

Außerdem dürfen die Begriffe „Krieg", „Invasion" und „Angriff" nun per Gesetz nicht mehr verwendet werden[81]. Der Krieg muss als „militärische Spezialoperation" bezeichnet werden. Das Gesetz tritt am darauffolgenden Montag, am 07.3.2022, in Kraft.

Was wir hier beobachten können: die russische Bevölkerung unterscheidet offenbar ganz genau zwischen dem, was sie sagt und was sie denkt. Denn wir finden in Bezug auf die verwendete Terminologie keinerlei plötzliche Veränderungen im Suchverhalten. Wie wir im Abb. 5.25 sehen können, wird bei Google weiterhin nach „Krieg" gesucht.

Am 11.03.2022 informiert Roskomnadsor darüber, dass auch Instagram in Kürze abgeschaltet werden würde. Das soziale Netzwerk hätte solche Posts nicht gelöscht, die zur Gewalt gegen russische Bürger aufrufen würden.

---

[81] https://web.de/magazine/politik/russland-krieg-ukraine/15-jahre-knast-wort-krieg-putins-mediengesetz-wirkt-36664304

Abb. 5.26 Google Trends, Verschlüsselungstechnologien

Auch der staatliche Auslandssender der Vereinigten Staaten, Voice of America (VOA)[82], wird von den russischen Behörden im April 2022 abgeschaltet[83].

Die massive Beschneidung beim Zugriff auf beliebige Inhalte führt in Abb. 5.26 gut erkennbar in kürzester Zeit zu einer enormen Nachfrage von Umgehungstechniken, so wie die bereits kurz beschriebenen virtuellen privaten Netzwerke, kurz: VPN.

Allerdings funktionieren die Dienste nicht immer stabil (siehe Abb. 5.27). Die russischen Behörden sind bemüht, alle Umgehungsmöglichkeiten zu unterbinden.

Zudem ist die Nutzung eines VPN in Russland ohnehin ein zweischneidiges Schwert. Die digitalen Schlüssel, die für eine sichere Verbindung im Internet erforderlich sind, müssen den Behörden per Gesetz von den VPN-Anbietern vorgelegt werden. Eine sichere Verbindung über einen VPN-Dienst ist damit unmöglich[84].

Russland arbeitet seit Jahren an der Verwirklichung seines eigenen, vom Rest der Welt abgekoppelten Internet. Das sogenannte Runet (kurz für „russisches

---

[82] https://www.voanews.com/

[83] https://www.welt.de/newsticker/news2/article126768167/Russland-schaltet-Voice-of-America-ab.html

[84] https://www.spiegel.de/netzwelt/apps/russland-im-krieg-gegen-die-ukraine-zensur-in-rekordzeit-wie-buerger-die-sperren-umgehen-koennen-a-787402a3-b78c-41ba-b502-7d209cd7a4f1

Zensur

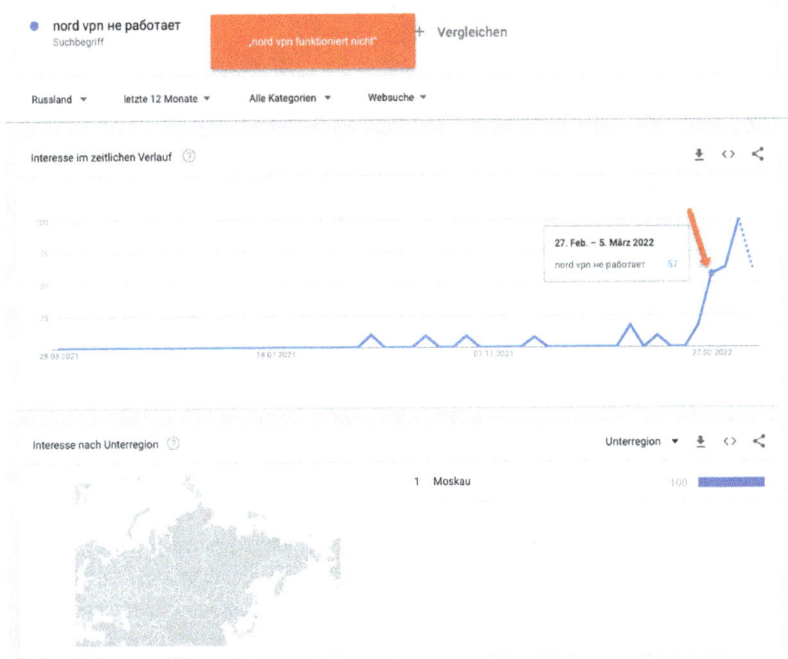

Abb. 5.27 Google Trends, VPN Dienstleister

Internet") würde noch bessere Voraussetzungen für eine tiefgreifende Regulierung und Kontrolle bieten[85].

Neben den digitalen Inhalten reglementieren die russischen Behörden auch den klassischen Buchmarkt[86]. Wie wir in Abb. 5.28 sehen können, erfreut sich in der letzten Septemberwoche 2022, also unmittelbar nach der Teilmobilmachung, das im Jahr 2018 erschienene Buch von Viktor E. Frankl „… Trotzdem ja zum Leben sagen" neuer Beliebtheit. Ein emotionaler Spiegel des russischen Zeitgeistes?

---

[85] https://www.stern.de/digital/online/mit-dem-abgekoppelten--runet--koennte-russland-zum-digitalen-nordkorea-werden-31680324.html

[86] https://www.spiegel.de/ausland/zensur-in-russland-wie-wladimir-putin-die-literatur-bekaempft-a-2a807a44-de60-4c6f-9888-3be91fde1b39

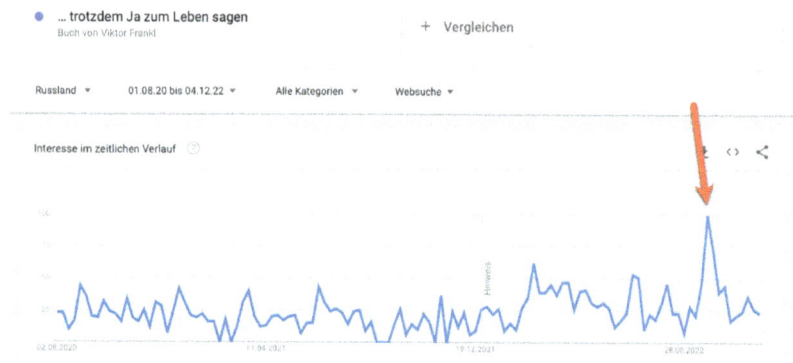

Abb. 5.28 Google Trends, Buch von Viktor Frankl

Anfang 2023 verschärft Wladimir Putin die Gesetzgebung zu den „verbotenen Wörtern" weiter[87]. Nicht nur die Haftstrafen für Diskreditierung der russischen Armee werden von 5 auf 7 Jahre angehoben, sondern auch der Umfang der verbotenen Wörter. Dazu wurden genaue Vorgaben für sprachlichen Ersatz erarbeitet. So darf nicht mehr von „Rückzug" der russischen Armee gesprochen werden, sondern dieser soll als „Geste des guten Willens" bezeichnet werden. Gebiete in der Ukraine werden auch nicht „erobert", sondern „befreit". Und die „Front" ist die „Kontaktlinie". Russischen Regierungsbeamten ist darüber hinaus die Verwendung ausländischer Begriffe verboten.

Wladimir Putin selbst scheint hier über dem Gesetz zu stehen. In einer Rede von 21.02.2023 behauptet er, dass der Westen „den Krieg" begonnen hätte[88].

Die Vereinigung „Reporter ohne Grenzen" verortet Russland noch vor dem Krieg, im August 2021, im Ranking der Pressefreiheit[89] nach Ländern auf Platz

---

[87] https://www.rnd.de/politik/russland-putin-verschaerft-gesetz-gegen-verbotene-woerter-HH2AOJ4CSNFWLCV3EOPZI6Y4HY.html

[88] https://www.rnd.de/politik/russland-putin-verschaerft-gesetz-gegen-verbotene-woerter-HH2AOJ4CSNFWLCV3EOPZI6Y4HY.html

[89] https://www.reporter-ohne-grenzen.de/fileadmin/Redaktion/Downloads/Ranglisten/Rangliste_2023/RSF_Rangliste_der_Pressefreiheit_2023.pdf

150 von insgesamt 180 Plätzen[90]. Im Juni 2023 ist das Land auf den 164. Platz abgerutscht[91].

Ästhetisierung

Durch geschickte Ästhetisierung[92] kann der Schrecken des Krieges in der öffentlichen Wahrnehmung reduziert werden und sogar romantische Vorstellungen wecken.

Betrachtern wir uns die Rekrutierungskampagnen der Wagner Gruppe[93], so lässt sich kaum nachvollziehen, wie die dort vermittelten Ideale glaubhaft kommuniziert werden sollten. Die Wagner Gruppe positioniert sich als Unternehmen mit ehrenhaften Absichten. Natürlich wird im Hinblick auf ein effektives Marketing darauf verzichtet zu erwähnen, dass die Söldner der Wagner Gruppe scheinbar zu Gräueltaten angehalten wurden[94] und selbst ein Bildnis des Terrors darstellen.

Gaslighting

Unter „Gaslighting" versteht man ein perfides psychologisches Spiel zerstörerischer Schuldzuweisung, die das Gegenüber irgendwann selbst glaubt. Meist beginnt diese Form der Manipulation mit der Präsentation von Lügen. Später wird dann aber behauptet, nie davon gesprochen zu haben. Das gesprochene Wort stimmt dabei nie mit den zu beobachtenden Taten überein. Gleichzeitig wird mit positiven Verstärkern gearbeitet, die das Gegenüber verwirren sollen. Es ist weder eine klare emotionale Linie erkennbar, noch ist sich der Angegriffene mehr zur Faktenlage sicher.

---

[90] https://web.archive.org/web/20210805180106/https://www.reporter-ohne-grenzen.de/russland

[91] https://web.archive.org/web/20230602150634/https://www.reporter-ohne-grenzen.de/russland/

[92] https://wallpapercave.com/russian-army-wallpaper

[93] https://adf-magazine.com/2022/04/recruitment-rallies-are-signs-of-russias-information-war/

[94] https://www.fr.de/politik/prigoschin-news-ukraine-konflikt-krieg-wagner-gruppe-russland-news-92218359.html

Die russische Regierung versuchte sich mit diesem Spiel insbesondere zu Beginn der kriegerischen Auseinandersetzung mit der Ukraine. Putin und Lawrow drohten immer wieder mit dem Einsatz von Atomwaffen, während sie kurze Zeit später dem Westen unterstellten, einen Atomkrieg herbeizureden (siehe auch Abschnitt „Angst").

Alternativlosigkeit

Die Alternativlosigkeit ist ein häufig eingesetztes Mittel der putinschen Propaganda, die insbesondere im Kombination mit der Dämonisierung und der Schuldzuweisung sehr gut funktioniert. Sie ist zudem eines der prominentesten, um die Verantwortung des eigenen Handelns auf andere zu übertragen.

Die russische Regierung hatte demnach gar keine andere Wahl, als sich für einen Angriff der Ukraine zu entscheiden. Dieser war alternativlos. Die Folgen bei einem Verzicht ungleich dramatischer. Putin formulierte den Angriff auf die Ukraine deshalb alternativlos, weil er gezwungen war, die ukrainische Regierung, die ausschließe aus Nazis bestehen würde, zu entfernen.

Vereinfachung

Durch die Simplifizierung von Sachverhalten, durch eine Verallgemeinerung, können im Sinne der Propaganda unliebsame Details, kaschiert werden. Insbesondere in den täglichen Talkshows des russischen Staatsfernsehens, deren Sendezeit seit der Annexion der Krim massiv zugenommen hat, wird intensiver Gebrauch dieser Technik gemacht[95].

---

[95] https://www.tagesschau.de/faktenfinder/russische-propaganda-100.html

Die Vereinfachung funktioniert deshalb so gut, weil sie auf die begrenzte Bewertungskapazität des menschlichen Gehirns zielt. Wir haben dies bereits im Kapitel zur kognitiven Verzerrung besprochen. Viele Russen bewerten den Westen, die NATO als aggressiv. Eine einfache Erklärung ist hier oftmals, dass man es auf die Ressourcen des Landes abgesehen hat[96]. Dass Europa in der Vergangenheit günstiges Öl aus Russland bezogen hat, scheint ein schlüssiges Indiz zu sein.

Lüge und Täuschung

Allen beschriebenen Propagandatechniken ist eines gemein: bei allen geht es um die Vermittlung von Unwahrheit. Angefangen bei Ungenauigkeiten, über Halbwahrheiten bis hin zu Falschinformationen. Dazu werden Tatsachenbehauptungen aufgestellt, die oft mit Referenzmaterial ergänzt werden. Dabei stehen beide Informationselemente in einem stark verzerrten oder gar völlig entfremdeten Kontext (Reframing).

In einem konkreten Beispiel wird behauptet, ein Video zeige die Vorbereitungen einer Inszenierung durch die ukrainischen Armee. Wenige Tage zuvor gingen die Bilder getöteter Zivilisten in der Stadt Butscha um die Welt. Moskau sprach damals von einer Inszenierung durch die Ukraine. Die Vorbereitung solcher Inszenierungen will man den Ukrainern nun gesichert unterstellen können. Tatsächlich handelte es sich beim präsentierten Video um eine Aufnahme vom Set der Regisseurin Nadezhda Kolobaeva[97], die für eine russische TV-Serie in Sankt Petersburg den Sturz aus einem Fenster mit einem Dummy drehte[98].

In Abb. 5.29 behauptet der Telegram-Kanal „Bürgerinitiative für Frieden", dass auf dem gezeigten Bild Ukrainer versuchen, die Stadt Kiew mit dem Auto zu verlassen. Dabei müssten sie die von der ukrainischen Armee gelegten Panzerminen umfahren.

---

[96] https://www.youtube.com/watch?v=LYxE13H4XL4
[97] https://www.stopfake.org/ru/fejk-tela-ubityh-rossijskimi-soldatami-mirnyh-zhitelej-man ekeny-ili-statisty/
[98] https://www.stern.de/digital/webvideo/fake-or-no-fake/butscha--russisches-tv-will-kreml-propaganda-stuetzen-video-ist-ein-fake-31776210.html

Abb. 5.29 Telegram

Auch t-online.de berichtet von dieser Situation (siehe Abb. 5.30). Allerdings wurden die Minen hier nicht von der ukrainischen Armee, sondern von der russischen gelegt. Für den Außenstehenden ist nicht sofort zu erkennen, was tatsächlich auf den Bildern zu sehen ist. Da sich die ukrainische Hauptstadt vor einer Invasion der russischen Truppen schützen wollte, scheint die Auslegung von Panzerminen durch die ukrainische Armee durchaus plausibel. Viel wahrscheinlicher ist aber, dass russische Verbände die Minen bei ihrem Rückzug zurückgelassen haben[99].

Nach Angaben des Telegram-Kanals „Bürgerinitiative für Frieden" sollen die Aufnahmen bei Borodjanka entstanden sein. Bei Borodjanka handelt es sich um eine Siedlung, die vor Kriegsbeginn etwa 13.000 Einwohner zählte und etwa 20 km nord-westlich von Butscha, welches wir später noch im Detail besprechen werden, entfernt liegt. Die Region erfährt mit dem 24.02.2022 schwerste Zerstörungen und ist bis Anfang April unter russischer Besatzung[100]. Die hier gezeigten Aufnahmen müssten demnach unter russischer Besatzung entstanden sein. Nach

---

[99] https://de.wikipedia.org/wiki/Schlacht_um_Kiew_(2022)

[100] https://www.dw.com/de/ukraine-hoffentlich-nie-wieder-krieg-in-borodjanka/a-61438543

Lüge und Täuschung

Nervenaufreibendes Video
Hier müssen Autofahrer durch ein russisches Minenfeld
31.03.2022, 16:48 Uhr | t-online, mk, loe

Lebensgefahr in der Ukraine: Zurückgelassene Landminen machen das Autofahren zu einer höchst gefährlichen Angelegenheit. (Quelle: t-online)

Abb. 5.30 Quelle: https://www.t-online.de/nachrichten/ausland/id_91936688/ukraine-hier-muessen-autofahrer-durch-ein-russisches-minenfeld.html

dem Abzug der russischen Armee werden unzählige Leichen, ausschließlich zivile Opfer gefunden[101].

Anhand der Google-Daten können wir in Abb. 5.31 erkennen, dass das russische Militär den Überfall auf Borodjanka auch mithilfe der Suchmaschine vorbereitet hat. Bereits am 16.02.2022 scheint man sich intensiv für die Siedlung zu interessieren.

Und scheinbar möchte man in Russland in den darauf folgenden Wochen wissen, ob es Neuigkeiten aus der Region gibt (siehe Abb. 5.32). Wir könnten davon

---

[101] https://www.zdf.de/nachrichten/politik/borodjanka-eigendorf-verbrechen-ukraine-krieg-russland-100.html

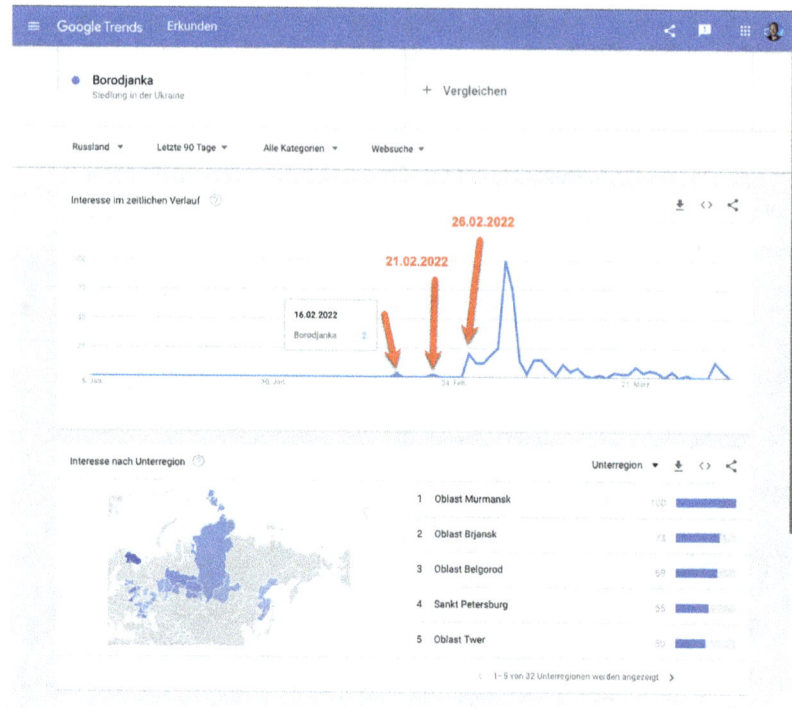

Abb. 5.31 Google Trends „Borodjanka"

ausgehen, dass es hier darum ging, Berichte von möglichen Kriegsverbrechen aufzuspüren.

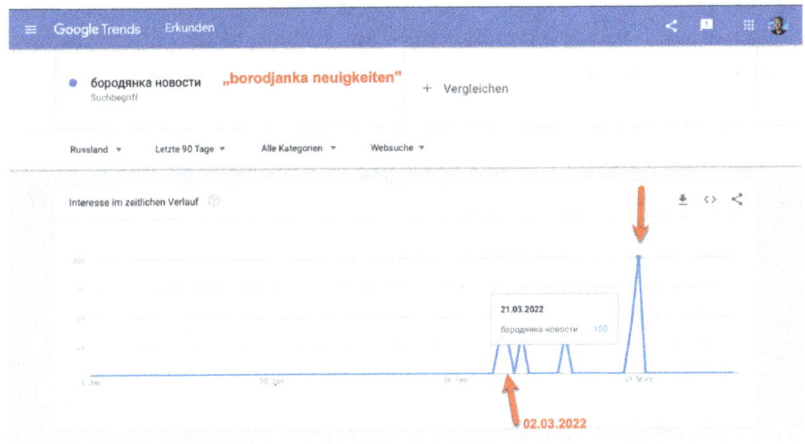

Abb. 5.32 Google Trends, neue Meldungen aus Borodjanka

Von der digitalen Frontlinie zur Wahrheit dahinter

Im Angriffskrieg auf die Ukraine verschmelzen die Verschwörungserzählungen mit den Mitteln der Propaganda nahtlos miteinander. Psychologische Verzerrungen werden ausgenutzt. Und insbesondere durch die Kommunikation im digitalen Raum ist man dieser in den meisten Fällen schutzlos und damit nicht selten wirkungsvoll ausgesetzt.

Ohne Zweifel nimmt Telegram eine besondere Rolle bei der Verbreitung propagandistischer Meldungen ein. In subtilerer Form finden wir aber auch auf anderen sozialen Medien Versuche der Einflussnahme durch die russische Seite. Putin wusste schon immer um das große Potenzial der digitalen Beeinflussung. Die Ansammlung unzähliger polarisierter Menschen im Ausland, die gegen den eigenen Staat aufbegehren wollten, die Empfangsbereitschaft für Verschwörungsnarrative war nie größer. Die Möglichkeit für eine ferninduzierte Radikalisierung der Gesellschaften nie günstiger. Jetzt musste einfach nur noch das Narrativ im Sinne des Kremls weitergesponnen werden.

In seiner Rede am 16.03.2022 behauptet Putin[102], der Westen kenne nur ein Ziel: Russland zu zerstören. Und auch, dass die Vereinigten Staaten und die

---

[102] https://www.focus.de/politik/ausland/ukraine-krise/experimente-mit-corona-zerstoerung-russlands-der-faktencheck-zur-putin-rede_id_69363064.html

Ukraine „Experimente" mit dem Coronavirus durchführen würden. Wenn darüber hinaus Aussagen, wie die von Prigoschin zutreffen, der russische Verteidigungsminister hätte Putin über die Ukraine getäuscht, dann stellt sich erst recht die Frage, auf welcher Basis Putin seine Entscheidungen trifft. Aus aktueller Sicht scheint der Angriffskrieg auf die Ukraine auf einem groß angelegten Verschwörungsnarrativ zu basieren, welches über digitale Kanäle ausgetragen, aber im Kreml gelebt und gesteuert wird.

Wir wollen uns im zweiten Teil dieses Buches anschauen, wie wir mithilfe von Daten zum Suchverhalten die Täuschungs- und Manipulationsversuche des Kremls aufdecken und entlarven können. Es sei an dieser Stelle ausdrücklich darauf hingewiesen, dass die von Google bereitgestellten Daten niemals einen Beweis im klassischen Sinne darstellen. Vielmehr lassen sich mit ihrer Hilfe Indizienketten aufbauen und statistisch absichern, um spezifische Hypothesen zu stützen oder zu entkräften.

Teil II
Googles Meta-Daten – Die Wahrheit hinter die Frontlinie

Der Vorabend des Krieges 6

> **Zusammenfassung**
>
> Wir beschäftigen uns in diesem Kapitel mit den konkreten Vorboten des Krieges, die sich im Suchverhalten ablesen lassen und untersuchen, welche Rückschlüsse sich auf die Planung ziehen lassen können.

„Wir haben die Ukraine nicht attackiert."[1] (Sergej Lawrow, russischer Außenminister, März 2022)

Wie bereits beschrieben entwickelten sich während der Corona-Pandemie neue, parallele Informationsstrukturen, die orientierungslose Menschen, populistische und extremistische Ansichten miteinander verschmelzen konnten. Die verschwörungstheoretischen Erzählungen sorgten für eine der Regierung gegenüber skeptischen und auch feindlichen Grundhaltung, in der es nicht mehr um eine objektive Bewertung der Sachlage, sondern um die Identifizierung scheinbar Schuldiger ging.

Auf diesem Hintergrund wurden und werden nicht geprüfte oder gar kritisch hinterfragte Informationen über Social Media-Dienste weitergeleitet oder in Gruppen verteilt. Falschmeldungen erreichen auf diesem Wege eine große Leserschaft.

---

[1] https://www.tagesspiegel.de/politik/ein-lawrow-auftritt-der-falschen-behauptungen-5137513.html

© Der/die Autor(en), exklusiv lizenziert an Springer Fachmedien Wiesbaden GmbH, ein Teil von Springer Nature 2024
S. Broschart, *Putins digitale Front und die Wahrheit dahinter*,
https://doi.org/10.1007/978-3-658-44577-5_6

Die Pandemie hatte einen für die russische Propaganda stark katalysierenden Effekt. Noch nie waren so viele regierungskritische Menschen so leicht erreichbar, wie jetzt. Eingebettet in einem Narrativ, welches den russischen Präsidenten als Lösung für die Probleme betrachtet.

Der niederländische Politiker Thierry Baudet geht noch einen Schritt weiter. Er ist fest davon überzeugt, dass bösartige Reptilienwesen die Welt regieren[2]. Er sieht Putin als einzige Rettung.

Am 27.12.2021 hält der inzwischen verstorbene Duma-Abgeordnete, Wladimir Schirinowski, eine Rede[3], in der er den Beginn des Krieges mit der Ukraine ankündigt. Schirinowski, studierter Rechtsanwalt und Vorsitzender der Liberal-Demokratischen Partei Russlands, fällt immer wieder durch seine rechtspopulistische und aggressive Haltung der westlichen Staatengemeinschaft gegenüber auf. Schon Jahre zuvor spricht er von Angriffen mit Kernwaffen auf Europa und einem Angriff auf die Ukraine[4]. Mit seiner Rede wird nun erstmals ein konkretes Datum formuliert, welches uns im weiteren Verlauf dieses Buches tatsächlich noch beschäftigen soll: der 22.02.2022.

Wladimir Putin wird ein Fable für Zahlen nachgesagt[5]. Bei einem leicht zu merkenden Datum scheint eine Bedeutungsaufladung einfach. Außerdem vermittelt es den Eindruck der Vorherbestimmung, Schicksal und Kontrolle. Es handelt sich also nicht um einen Zufall, sondern um ein rechtmäßiges Ereignis und Vorgehen. Diese Sichtweise greift erstaunlich gut in die Ankündigung Schirinowskis. Beim „22.02.2022" handelt es sich zudem um ein sogenanntes Zahlenpalindrom, also eine Zahlenfolge, die sich vorwärts wie rückwärts lesen lässt (22.022.022) und dabei den selben Wert beschreibt.

Noch kurz vor der Invasion der Ukraine beteuern viele pro-russischen Akteure, Russland würde nicht auf eine direkte Konfrontation mit der Ukraine, auf einen Krieg hinarbeiten. So auch Alina Lipp, einer insbesondere auf Telegram bekannten pro-russische Bloggerin. Als Tochter einer deutschen Mutter und eines russischen Vaters, war sie bis Ende 2020 Mitglied der Partei Bündnis 90/Die

---

[2] https://www.faz.net/aktuell/politik/ausland/niederlaendischer-politiker-nur-putin-trotzt-den-boesen-reptilien-18398685.html

[3] https://www.telegraph.co.uk/world-news/2022/02/22/kremlins-jester-appeared-predict-date-russia-entering-ukraine/

[4] https://www.t-online.de/nachrichten/ausland/id_91711084/8-8-08-und-22-022022-wladimir-putin-und-die-zahlen.html

[5] https://www.waz.de/politik/putin-ukraine-konflikt-krieg-zahlen-2-2-2022-id234642061.html

6 Der Vorabend des Krieges

Grünen. In einem Interview vom 27.01.2022[6] unterstrich sie: „Putin will keinen Krieg".

Kurze Zeit später vermeldete der gut informierte US-Geheimdienst CIA (Central Intelligence Agency) eine mögliche russische Invasion für den 16.02.2022[7]. Diese öffentlich kommunizierte Annahme sorgte auch in der Ukraine für entsprechende Suchanfragen bei Google (siehe Abb. 6.1).

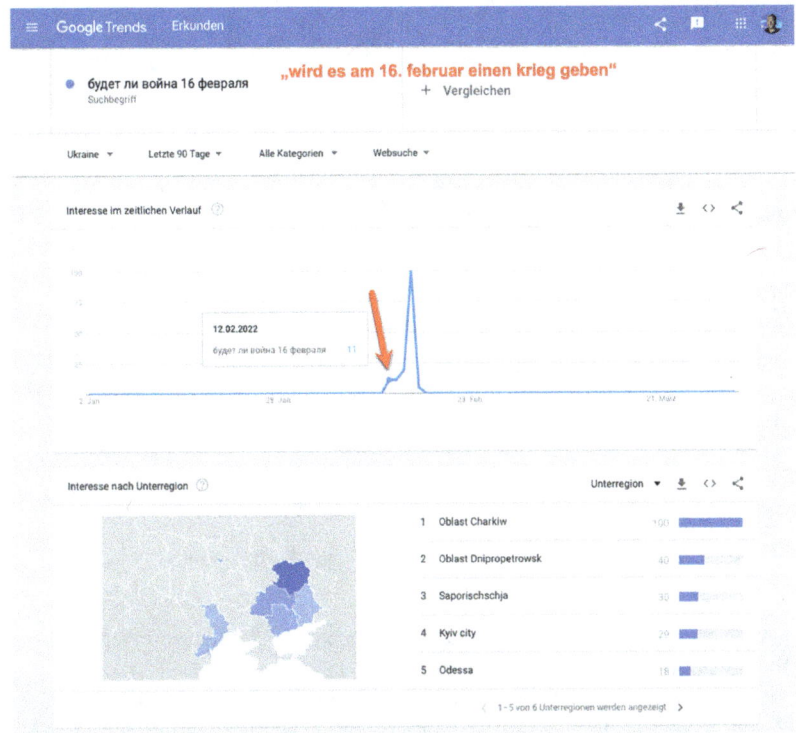

Abb. 6.1 Google Trends, Krieg am 16. Februar (Ukraine)

---

[6] https://tube.frischesicht.de/w/4e3779b0-04c7-4d92-be41-00609e95f3fd
[7] https://www.spiegel.de/politik/deutschland/krise-in-osteuropa-cia-rechnet-mit-russischem-angriff-kommende-woche-a-2e10a45f-b6eb-4b1a-b692-2edc64c04adf

Abb. 6.2 Google Trends, Krieg am 16. Februar (Russland)

14.02.2022		15.02.2022		16.02.2022	
война 15 февраля	3	война 15 февраля	12	война 15 февраля	0
война 16 февраля	18	война 16 февраля	69	война 16 февраля	19
война 20 февраля	1	война 20 февраля	0	война 20 февраля	1
война 22 февраля	9	война 22 февраля	12	война 22 февраля	1
война 24 февраля	0	война 24 февраля	1	война 24 февраля	0

Abb. 6.3 Google Trends, Spekulationen zum Datum des Kriegsausbruchs

Aber auch in Russland beobachten wir entsprechende Suchanfragen, wie wir Abb. 6.2 entnehmen können.

Auch wenn der 16. Februar durch die Pressemeldungen im Volumen der Suchanfragen zunächst klar dominiert, so werden über Google noch weitere mögliche Termine für eine russische Invasion bei Google erfragt. Die folgenden Zusammenstellungen in Abb. 6.3 zeigen prozentuale Suchvolumina für den 14., 15. Und 16. Februar 2023. Für diese Zeitpunkte wurde die Suche nach (übersetzt) „krieg 15. februar", „krieg 16. februar", „krieg 20. februar", „krieg 22. februar" und „krieg „24. februar" geprüft.

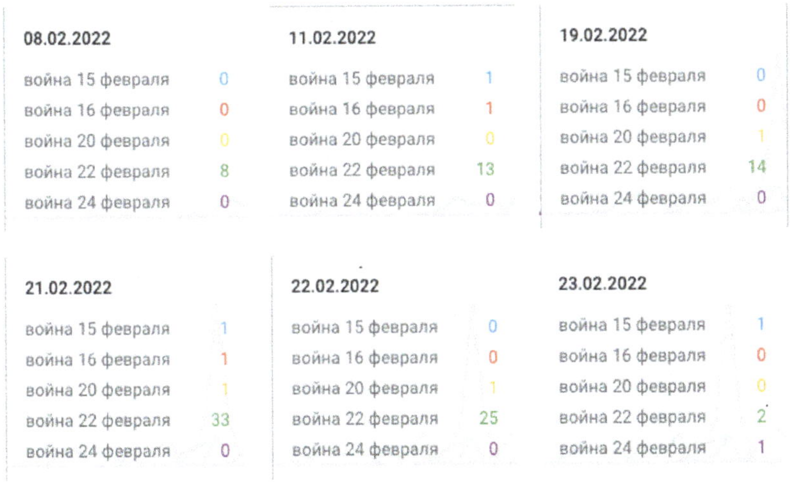

6 Der Vorabend des Krieges

08.02.2022		11.02.2022		19.02.2022	
война 15 февраля	0	война 15 февраля	1	война 15 февраля	0
война 16 февраля	0	война 16 февраля	1	война 16 февраля	0
война 20 февраля	0	война 20 февраля	0	война 20 февраля	1
война 22 февраля	8	война 22 февраля	13	война 22 февраля	14
война 24 февраля	0	война 24 февраля	0	война 24 февраля	0

21.02.2022		22.02.2022		23.02.2022	
война 15 февраля	1	война 15 февраля	0	война 15 февраля	1
война 16 февраля	1	война 16 февраля	0	война 16 февраля	0
война 20 февраля	1	война 20 февраля	1	война 20 февраля	0
война 22 февраля	33	война 22 февраля	25	война 22 февраля	2
война 24 февраля	0	война 24 февраля	0	война 24 февраля	1

Abb. 6.4 Google Trends, Spekulationen zum Datum des Kriegsausbruchs

Wie nicht anders zu erwarten, wird nach „krieg 16. februar" im Vorfeld am häufigsten gesucht.

Wie eben beschrieben gab es aber auch immer wieder Vermutungen, der Kriegsbeginn könnte der 22.0.2.2022 sein. Insbesondere nach dem Verstreichen des 16.02. ging man zunehmend von diesem Datum aus (siehe Abb. 6.4).

Nach dem Verstreichen des 16.02.2023 wurde die Zuverlässigkeit der Informationen der US-Geheimdienste infrage gestellt. Auszuschließen ist allerdings nicht, dass sich der Kreml genau aufgrund dieser Vorhersagen dazu genötigt sah, die Angriffspläne zu modifizieren. Hätte Russland am 16. Februar die Ukraine angegriffen, hätte dies nicht nur die westlichen Dienste aufgewertet, sondern auch das lang geplante Vorgehen gegen die Ukraine unterstrichen. In Abb. 6.5 beobachten wir in Russland für den 18.02.2022 einen starken Anstieg zu Suchvorgängen rund um „Reservisten".

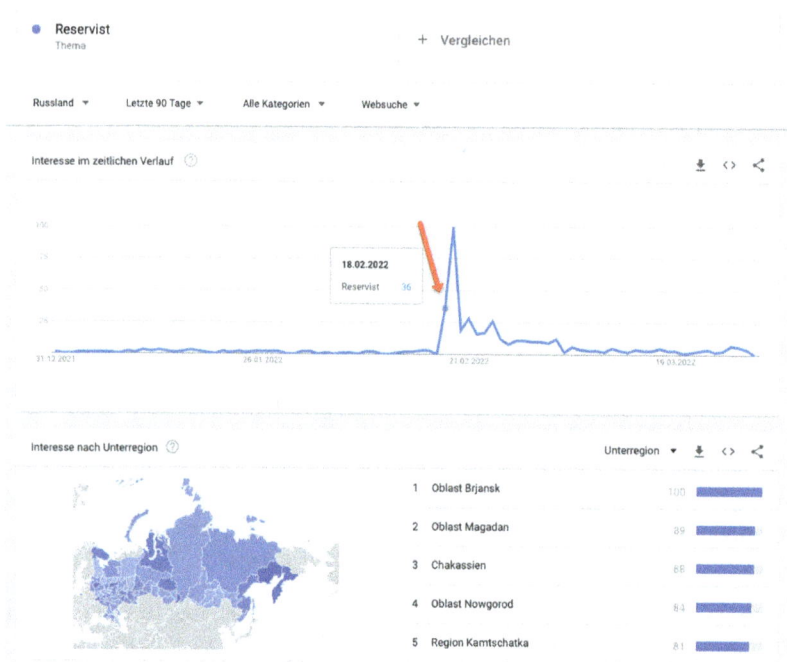

Abb. 6.5 Google Trends „Reservist"

Evakuierung der Regionen Donezk und Luhansk

Am 18.02.2022 rufen die Separatistenführer der Regionen Luhansk und Donezk die Zivilbevölkerung zur Evakuierung nach Russland auf. Begründet wird dies mit einem angeblichen bevorstehenden Angriff durch das ukrainische Militär auf diese Regionen.

Was in diesem Augenblick noch niemand ahnt: die Ansprache, in der die Evakuierungspläne verkündet werden, wurde höchstwahrscheinlich schon zwei Tage zuvor, also am 16.02.2023, aufgezeichnet (siehe Abb. 6.6) – der Tag, für den die Geheimdienste den russischen Angriff auf die Ukraine vorhergesagt hatten.

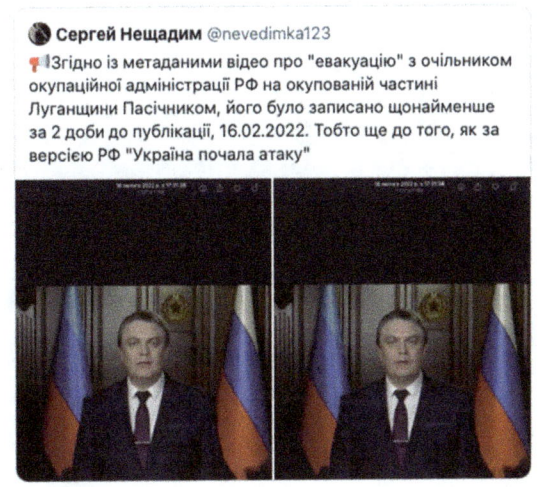

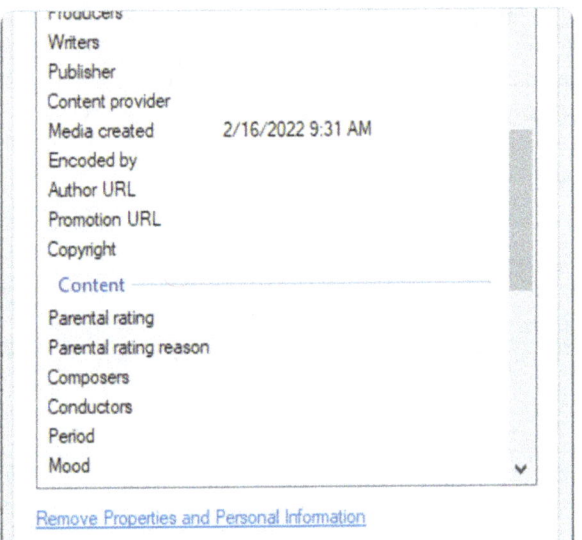

Abb. 6.6 Quelle: Twitter/X

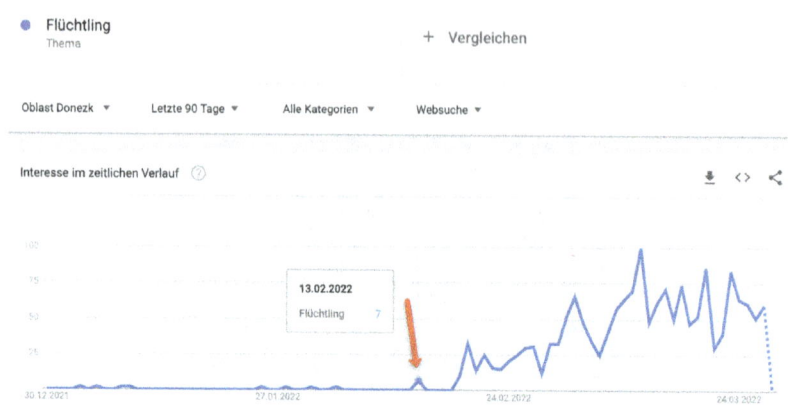

Abb. 6.7 Google Trends „Flüchtling"

Werfen wir in Abb. 6.7 einen Blick auf die assoziierten Suchvorgänge bei Google, so stellen wir fest, dass In Donezk bereits am 13.02.2022, also nochmals drei Tage zuvor, intensiv Informationen gesucht wurden, die im Kontext von Flüchtlingen stehen. Dies lässt auf mögliche Planungsaktivitäten schließen.

Ziel der Flüchtlinge soll die benachbarte russische Region Rostow sein, weshalb wir auch aus dieser Region ein Anstieg der Suchvorgänge beobachten, die sich thematisch mit Flüchtlingen befassen (siehe Abb. 6.8).

Aber auch für andere angrenzende Regionen der russischen Föderation, wie beispielsweise Belgorod oder Kursk, beobachten wir eine Zunahme vergleichbarer Suchvorgänge am 18.02.2022.

Abb. 6.8 Google Trends „Flüchtling"

Bemühung um rechtzeitige Eskalation

Die westlichen Geheimdienste melden, Russland sei logistisch nun jederzeit in der Lage für einen Angriff auf die Ukraine. Doch es scheint so, als ob die russische Armee auf etwas warten würde. Auf einen Auslöser, einen Grund, der einen gewaltsamen Vorstoß auf ukrainisches Territorium rechtfertigen würde. Insbesondere für die russische Bevölkerung muss das Vorgehen schlüssig begründet werden können.

Bereits am 17.02.2022 wird der Kindergarten „Kazka" in der Nähe der Stadt Luhansk beschossen[8]. Russische Medien beschuldigen umgehend die ukrainischen Streitkräfte[9]. Es lässt sich vermuten, dass bereits an diesem Donnerstag eine Eskalation vorangetrieben werden soll, um die Region Donezk als Opfer in einer schutzbedürftigen Rolle zu präsentieren.

Wenn wir uns in Abb. 6.9 die Suchanfragen zur Siedlung anschauen, in der sich der Kindergarten befindet, so stellen wir eine Zunahme bereits am

---

[8] https://www.google.de/maps/place/Kazka/@48.8308927,39.6348542,3049m/data=!3m1!1e3!4m15!1m8!3m7!1s0x411fc794bee164cb:0x944e4c8f18f2ff8a!2sStanyzja+Luhanska,+Luhansk,+Ukraine!3b1!8m2!3d48.6798458!4d39.4672507!16s%2Fm%2F011q8c18!3m5!1s0x411fa4b94a1c810b:0x7e1d8a7b7590733f!8m2!3d48.8290599!4d39.6396053!16s%2Fg%2F11cn5ncqgf

[9] https://www.luzernerzeitung.ch/international/ukraine-kindergarten-beschossen-russland-attackiert-unter-falscher-flagge-ld.2253078

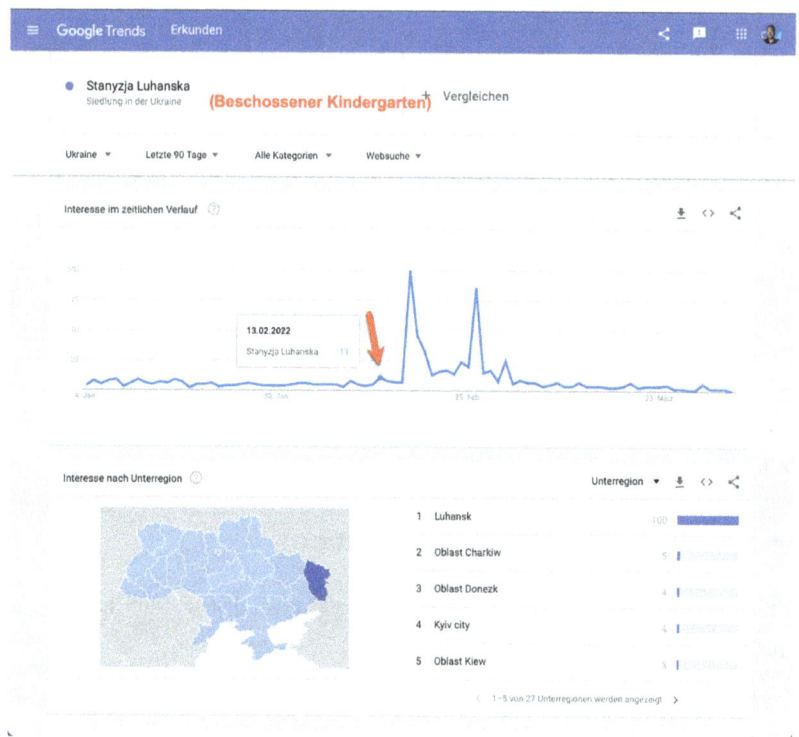

Abb. 6.9 Google Trends, Kindergarten

13.02.2022 fest. Wurden die Örtlichkeiten von Luhansk aus ausgekundschaftet? Dies würde für ein gezieltes Vorgehen durch die Separatisten sprechen.

Auch wenn das getroffene Gebäude leer war und niemand zu Schaden kommt, so bietet der Kindergarten einen intensiven emotionalen Nährboden, der eine militärische Eskalation rechtfertigen könnte. Schnell stößt die Berichterstattung jedoch auf zahlreiche Ungereimtheiten[10]. Eine glaubwürdige weitere Eskalation ist damit nicht mehr möglich. Es muss schnell eine Alternative gefunden werden.

Diese lässt nicht lange auf sich warten. Am Folgetag, den 18.02.2023, kommt es am Abend im Zentrum von Donezk zu einer Explosion. Eine Bombe, die unter dem Fahrzeug des Chefs der Separatisten-Miliz montiert ist, detoniert – kurz

---

[10] https://correctiv.org/faktencheck/2022/02/25/ukraine-desinformation-rund-um-bombardierung-eines-kindergartens-in-luhansk/

nachdem die Evakuierung der bedrohten Zivilbevölkerung in einer Ansprache verkündet wird (siehe Abb. 6.10).

Nicht nur die auffällige Taktung der Vorfälle und Videobotschaft zur Evakuierung der Zivilbevölkerung, die Tage vorher aufgezeichnet wurde, spricht für eine Inszenierung, sondern auch die Suchvorgänge in Abb. 6.11.

Wir beobachten bereits gegen 13:24 Uhr deutscher Zeit (14:24 Uhr Ortszeit, 15:24 moskauer Zeit) erstmals Suchvorgänge aus Moskau, die sich nach einer Explosion in Donezk erkundigen. Es lässt sich also der Eindruck gewinnen, in Moskau hätte man die Detonation in Donezk bereits erwartet. Und dies spricht stark für ein geplantes Vorgehen.

Die russischen Behörden vermeldeten bereits einen Tag später, am 19.02.2023, dass sie den Attentäter gefunden hätten. Dabei soll es sich um den Ukrainer Anton

Abb. 6.10 Quelle: Twitter/X

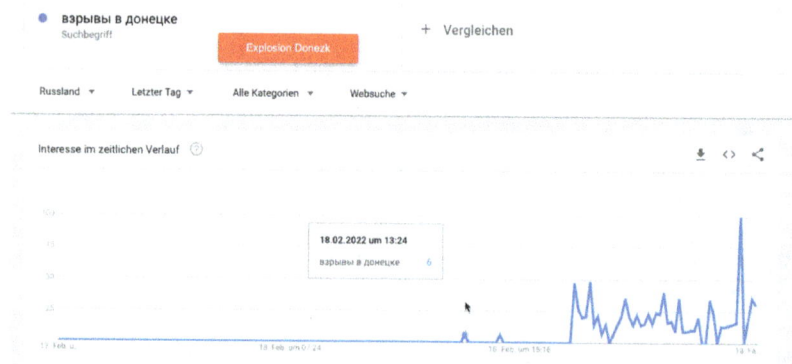

Abb. 6.11 Google Trends, Explosion in Donezk

Matsanyuk handeln, der ebenfalls die Pläne offenbarte, die ukrainische Regierung plane die Eroberung der Separatistengebiete.

Bei der Berichterstattung zeigen sich jedoch abermals Unstimmigkeiten. So berichten russische Medien, die Festnahme des ukrainischen „Spions" habe sich am 17.02.2023 zugetragen, also 2 Tage vor dem vermeintlichen Attentat-Versuch. Auch hier stellen wir also einen zweitägigen Versatz fest. Es scheint so, als ob die detaillierte Planung der Inszenierung nicht mehr ausreichend und umfassend an aktuelle Gegebenheiten angepasst werden konnte.

Neben dem vermeintlichen Anschlag in Donezk wurde am selben Abend auch von einem Angriff auf ein Ölfeld in Luhansk berichtet. Putin wird dieses offenkundig aggressive Verhalten der ukrainischen Führung auch in Gesprächen mit dem französischen Präsidenten Emmanuel Macron, sowie dem deutschen Bundeskanzler Olaf als Rechtfertigung für die Anerkennung der Separatistenregionen anführen.

Zeitgleich zur Organisation der Evakuierung der Zivilbevölkerung nach Russland rufen die Regionen Luhansk und Donezk zur Generalmobilmachung auf, um die angeblich angreifende ukrainische Armee abwehren zu können. Erste passende Suchvorgänge lassen sich in Abb. 6.12 bereits am 18.02.2022 bei Google beobachten.

3 Tage vor Kriegsbeginn

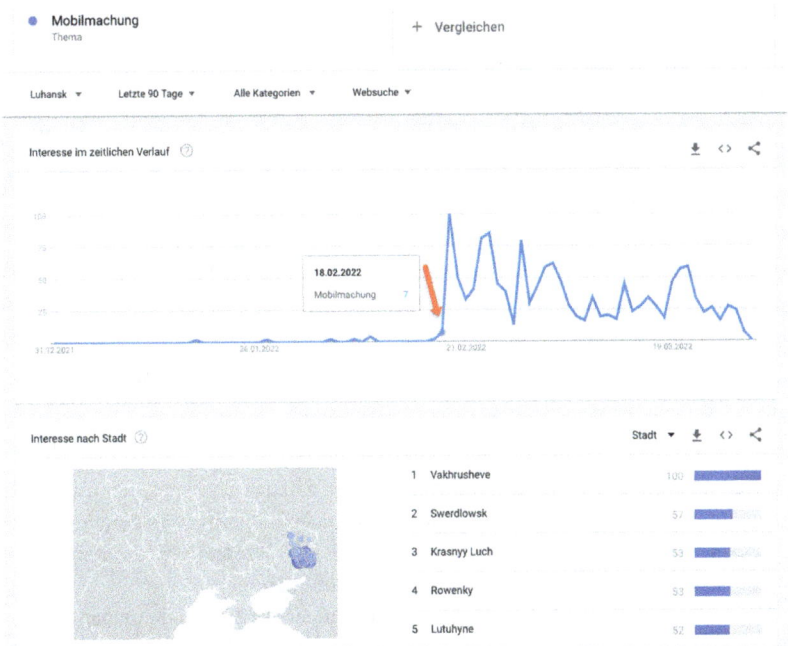

Abb. 6.12 Google Trends „Mobilmachung"

3 Tage vor Kriegsbeginn

Am 21.02.2022 wird von den Separatistenführern der besetzen Regionen Luhansk und Donezk die Bitte ausgesprochen, diese von russischer Seite als unabhängige und souveräne Regionen anzuerkennen. Bereits zwei Stunden später tagt der Nationale Sicherheitsrat und beschließt der Bitte zu entsprechen.

Abb. 6.13 Google Trends, Bedrohung durch Ukraine

Die zunächst scheinbare Liveübertragung der Sitzung entpuppt sich jedoch als Aufzeichnung. Erkennbare Videoschnitte und nicht schlüssige Uhrzeiten auf den Uhren der Anwesenden entlarvten die Sitzung als Inszenierung, die bereits vor der offiziellen Einreichung der Anträge aufgenommen wurde[11].

Am Abend präsentiert Wladimir Putin den Beschluss des Nationalen Sicherheitsrates in einer etwa einstündigen Fernsehansprache[12,13]: der Bitte der „Volksrepubliken" Donezk und Luhansk würde zum Schutz der Bevölkerung vor dem ukrainischen Regime entsprochen. Dabei wird er nicht Müde, den geschichtlichen Entstehungskontext der Ukraine zu interpretieren und als Grundlage für seine Entscheidung anzuführen. Insbesondere die westliche Einflussnahme und die damit einhergehende Gefahr für Russland legitimiere nun zu adäquaten Mitteln.

Putin beschwört dabei eine unmittelbare Gefahr durch in der Ukraine entwickelten Atomwaffen herauf, die ein unverzügliches Handeln notwendig werden lassen. Wenn wir uns in Abb. 6.13 aber die Suchvorgänge bei Google anschauen, so scheint an diesem Abend kaum einer der Zuschauer von einer realen Gefahr durch die Ukraine auszugehen.

Zwar soll es in Putins Ansprache vom 21.02.2022 in erster Linie um die Anerkennung der Regionen Donezk und Luhansk gehen. Putin vermeldet darüber hinaus aber auch die Entsendung von unterstützenden russischen Truppen in diese

---

[11] https://www.welt.de/politik/ausland/article237070289/Ukraine-Die-Ungereimtheiten-der-Putin-Propaganda.html

[12] https://zeitschrift-osteuropa.de/blog/putin-rede-21.2.2022/

[13] https://www.deutschlandfunk.de/presseschau-zu-putin-rede-100.html

Regionen. Der Weg zu einem in Russland schlüssig erklärbaren Militärschlag in der Ukraine ist damit gesichert.

Interessant scheint auf diesem Hintergrund auch, dass wir bereits einen Tag zuvor, am 20.02.2022, eine zunehmende Anzahl an Suchvorgängen beobachten, die sich thematisch mit der Fahnenflucht, also dem Desertieren befassen. Wurden die russischen Truppen also bereits am 20.02.2022 über den bevorstehenden Einsatz informiert? Wollten viele der Soldaten nicht freiwillig ins Gefecht ziehen und nun nach Möglichkeiten bei Google suchen, alle dem zu entgehen? (Siehe Abb. 6.14).

Auch wenn der 21.02.2022 nicht als der Tag in die Geschichtsbücher eingehen sollte, an dem Russland die Ukraine angreifen würde, so hat er eine besondere Bedeutung für die weiteren Geschehnisse. Die Anerkennung der Regionen

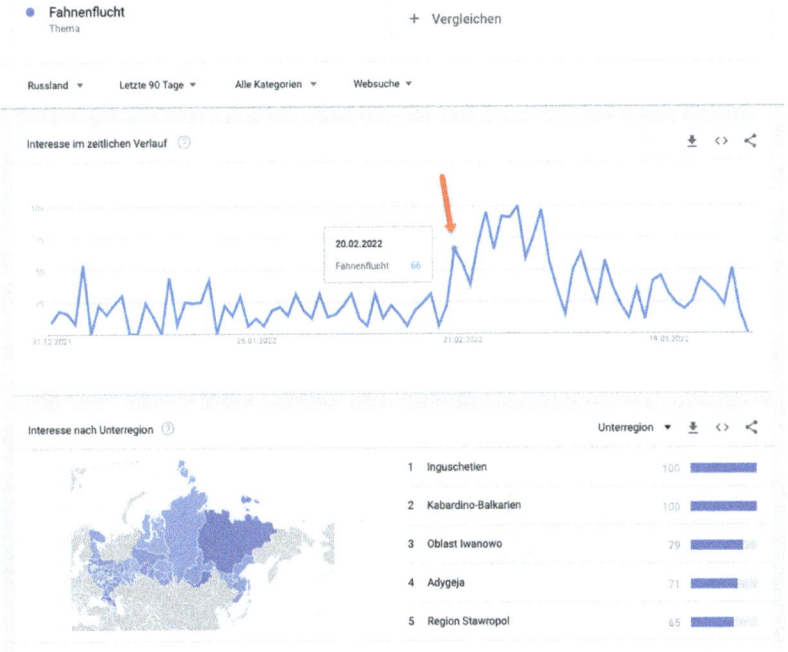

Abb. 6.14 Google Trends „Fahnenflucht"

Donezk und Luhansk präsentiert sich aus politischer Sicht als die Möglichkeit für eine Art „Generalprobe" für den eigentlichen Kriegseintritt. Denn viele westliche Staaten sehen die Ereignisse dieses Tages als eindeutigen Vorboten für den kommenden Krieg, positionieren sich und treffen erste Vorbereitungen. Der Kreml beobachtet deshalb das Verhalten der Staaten weltweit bereits jetzt ganz genau, um die Reaktion für den Tag des Kriegseintritts bestmöglich abschätzen zu können.

Dabei spielt auch die persönliche Sicherheit des Präsidenten eine wichtige Rolle. Wie wir in Abb. 6.15 erkennen können, wurde am 21.02.2022 auf Russisch intensiv nach der Privatadresse Wladimir Putins gesucht – und zwar deutlich häufiger, als am Tag des Kriegseintritts. Wollte man prüfen, ob diese vielleicht doch irgendwo im Internet zu finden sei?

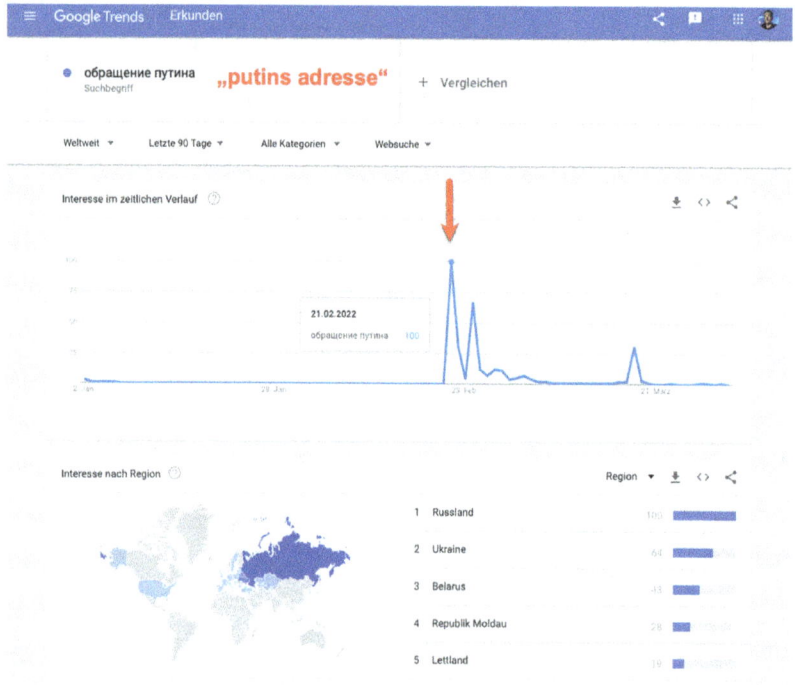

Abb. 6.15 Google Trends, „Putins Adresse"

3 Tage vor Kriegsbeginn   125

Abb. 6.16 Google Trends, Putins Ermordung

Putin fürchtet wohl nicht erst seit der Aufforderung von US-Senator Lindsey Graham zu einem Attentat auf Putin um sein Leben[14]. Irgendjemand in Russland müsse Putin nun aus dem Spiel nehmen, sagte Graham am 03.03.2022 im Sender Fox News[15]. Natürlich erreichte diese Meldung auch Russland, wie wir Abb. 6.16 entnehmen können.

In Deutschland führte diese Aussage zu Suchanfragen zu einem möglichen Kopfgeld auf Putin (siehe Abb. 6.17).

Etwa ein Jahr nach beginn des Angriffskrieges auf die Ukraine berichtet die Russland-Expertin Catherine Belton, dass sich Putin auch innerhalb des Kremls immer weiter abschottet – wahrscheinlich aus Angst vor einem Mordanschlag[16].

---

[14] https://www.news.de/politik/856165362/wladimir-putin-hat-paranoia-und-todes-panik-so-schuetzt-sich-russlands-praesident-vor-einem-mordanschlag/1/

[15] https://www.spiegel.de/ausland/ukraine-krieg-us-senator-lindsey-graham-fordert-russen-zur-ermordung-putins-auf-a-d183e099-2ff9-453a-9694-773d08bdbc54

[16] https://www.hna.de/politik/ukraine-krieg-wladimir-putin-praesident-russland-kabinett-catherine-belton-abschottung-angst-news-92117451.html

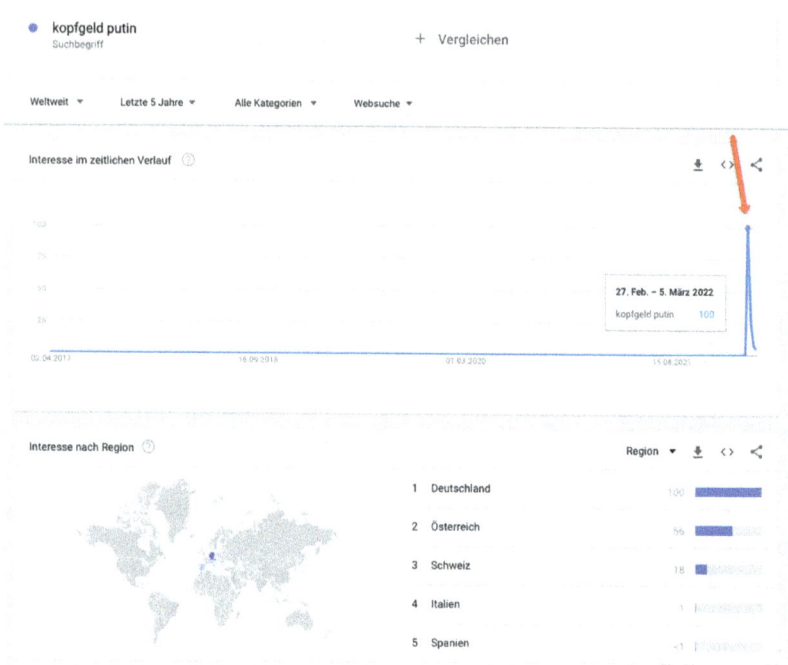

Abb. 6.17 Google Trends „Kopfgeld Putin"

Der deutsche Bundeskanzler Olaf Scholz ist erst wenige Tage zuvor, am 15.02.2022[17], zum Gespräch mit Wladimir Putin im Kreml. Auch wenn beide kaum vereinbare Positionen vertreten, so scheint zunächst eine Deeskalation möglich[18]. Putin spricht von einem Abzug von Teilen der Armee. Wie sich später beweisen lässt, geschieht dies lediglich zur Täuschung. Nach den Beschlüssen des nationalen Sicherheitsrates nimmt Putin Scholz nur wenige Tage später jegliche Illusion auf eine Beruhigung des Konfliktes.

---

[17] https://www.tagesschau.de/ausland/europa/scholz-putin-moskau-101.html

[18] https://www.bundesregierung.de/breg-de/suche/pressekonferenz-von-bundeskanzler-scholz-und-praesident-putin-zum-besuch-des-bundeskanzlers-in-der-russischen-foederation-am-15-februar-2022-2005530

3 Tage vor Kriegsbeginn

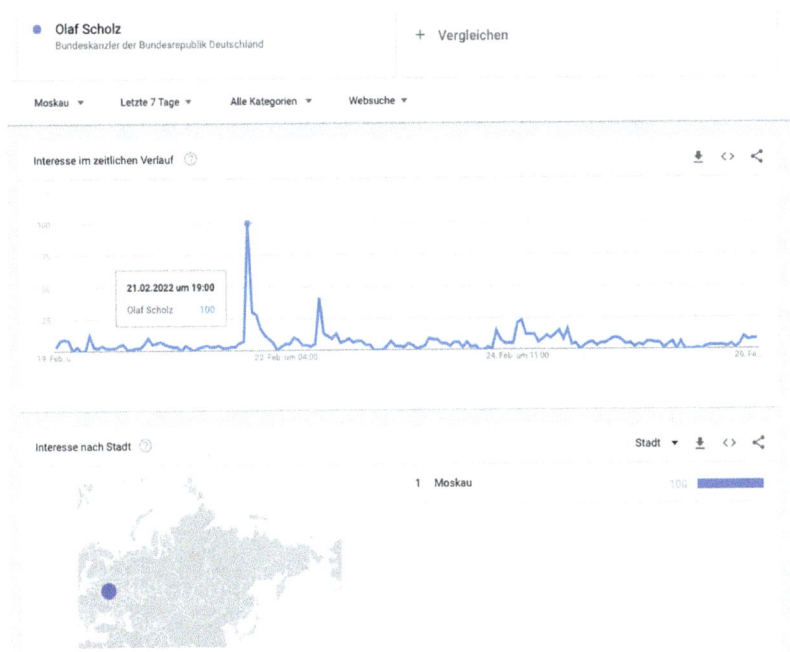

Abb. 6.18 Google Trends „Olaf Scholz"

Welche Bedeutung die Reaktion des Kanzlers für den Kreml hat, lässt sich in Abb. 6.18 anhand der Menge an Suchvorgängen zu seiner Person erkennen, die von Moskau aus am 21.02.2022 bei Google formuliert werden.

Während zu Beginn des Krieges natürlich die Reaktionen der regierenden Parteien der Länder für die russische Führung von Bedeutung sind, so sind es im weiteren Verlauf aber auch die oppositionellen Kräfte. In Deutschland spielt in erster Linie die AfD als pro-russische Stimme eine wesentliche Rolle. Sie ist aus russischer Sicht der Schlüssel zur Destabilisierung etablierter Regierungsstrukturen (siehe Abb. 6.19).

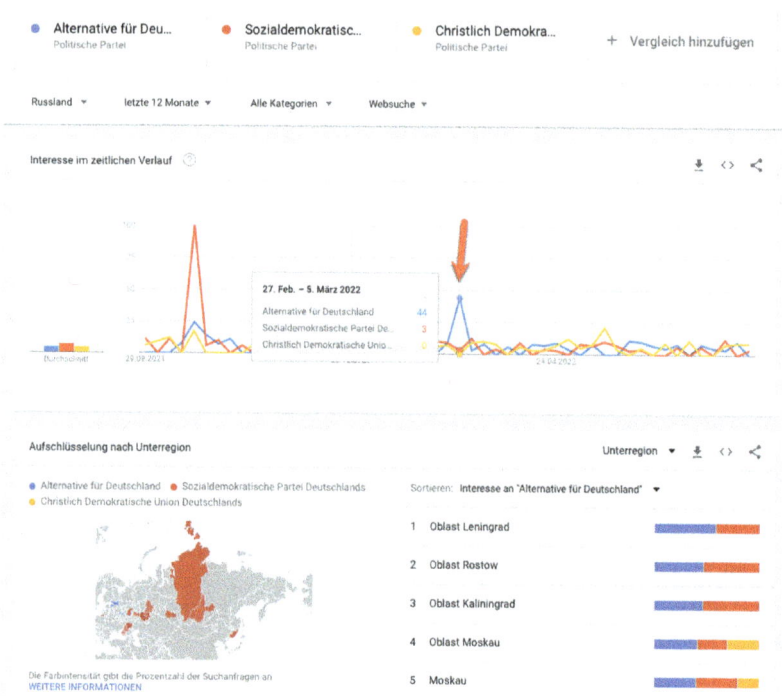

Abb. 6.19 Google Trends, Parteien in Deutschland

Neben aktuellen Meldungen zu den Reaktionen der Staatschefs weltweit scheint aber auch eine weitere Frage für den Kreml von besonderer Bedeutung: wie reagiert die NATO auf die russischen Entscheidungen? Abb. 6.20 zeigt eine gesteigerte Nachfrage kurz vor der Invasion.

3 Tage vor Kriegsbeginn

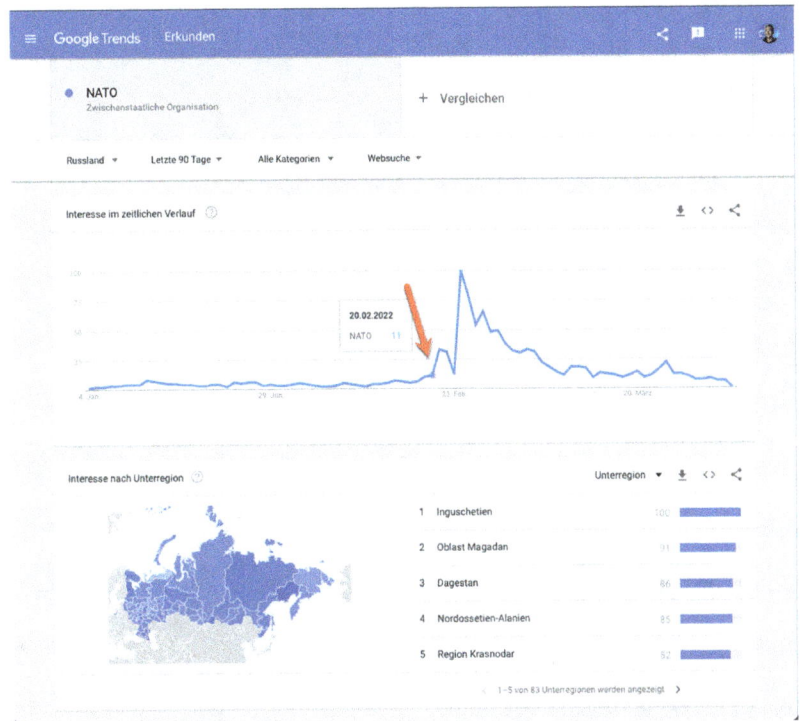

Abb. 6.20 Google Trends „NATO"

Und: wie gehen die Länder mit der Aussage zu einer vermeintlichen atomaren Bedrohung durch ukrainische, durch westliche Kernwaffen um? Die Suchvorgänge rund um diese Waffen steigen gemäß Abb. 6.21 am 21.02.2022, und weiter dann noch einen Tag später, am 22.02.2022, ebenfalls signifikant an.

Putins Kriegserklärung, die am 24.02.2022 ausgestrahlt wird und mit allerlei aggressiven atomaren Drohungen gespickt ist, könnte einen solchen Anstieg allerdings deutlich besser erklären. Tatsächlich beobachten wir ja für den 24.02.2022 auch weiterhin eine intensive Nachfrage bei Google zu diesem Themenkomplex. Zu erwarten wäre aber doch nicht, dass vor der eigentlichen Verlesung häufiger danach gesucht wird, als davor. Genau dies ist aber der Fall. Die Datenlage

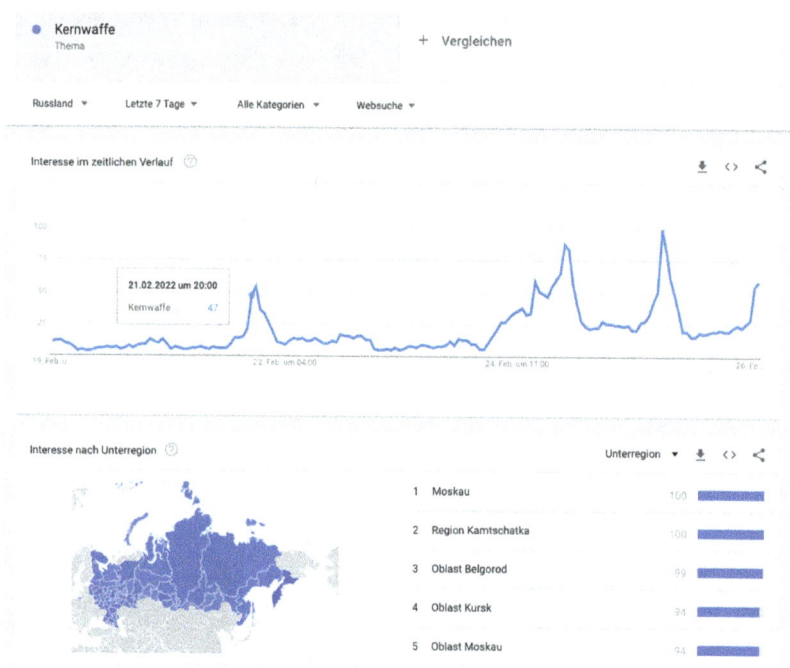

Abb. 6.21 Google Trends „Kernwaffe"

erweckt den Eindruck, dass nicht die Anerkennung der Regionen Donezk und Luhansk für die Zunahme kriegsspezifischer Suchvorgänge führte. Es stellt sich vielmehr die Frage, ob der Kriegsbeginn einschließlich der zugehörigen und verlesenen Kriegserklärung, die auf Kernwaffen Bezug nimmt, nicht bereits für den 22.02.2022 geplant waren. Wir stellen also abermals einen möglichen zeitlichen Versatz von zwei Tagen fest.

Dafür spricht auch, dass wir am 19.02. und am 21.02.2022 einen punktuellen Zuwachs an Suchvorgängen in Russland zum amerikanischen Geheimdienst NSA finden (siehe Abb. 6.22).

3 Tage vor Kriegsbeginn

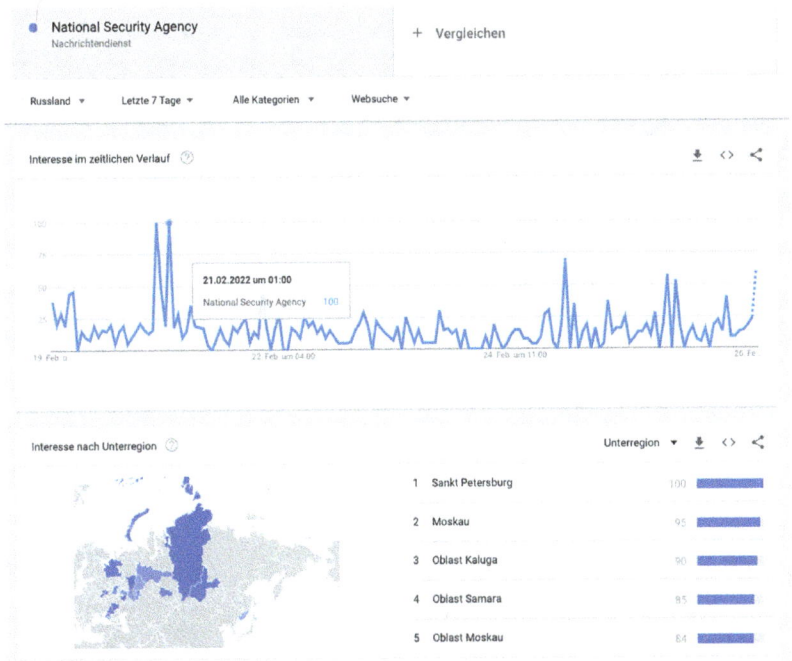

Abb. 6.22 Google Trends „NSA"

Und auch die Berichterstattung der ausländischen Presse, wie beispielsweise die der BBC, wird insbesondere am 21.02. und am 22.02.2022 unter die Lupe genommen – und das deutlich intensiver als zwei Tage später zu Kriegsbeginn (siehe Abb. 6.23). Das beobachtete Suchverhalten scheint sich damit nicht schlüssig in die Geschehnisse einzufügen, die in der Öffentlichkeit wahrgenommen wurden.

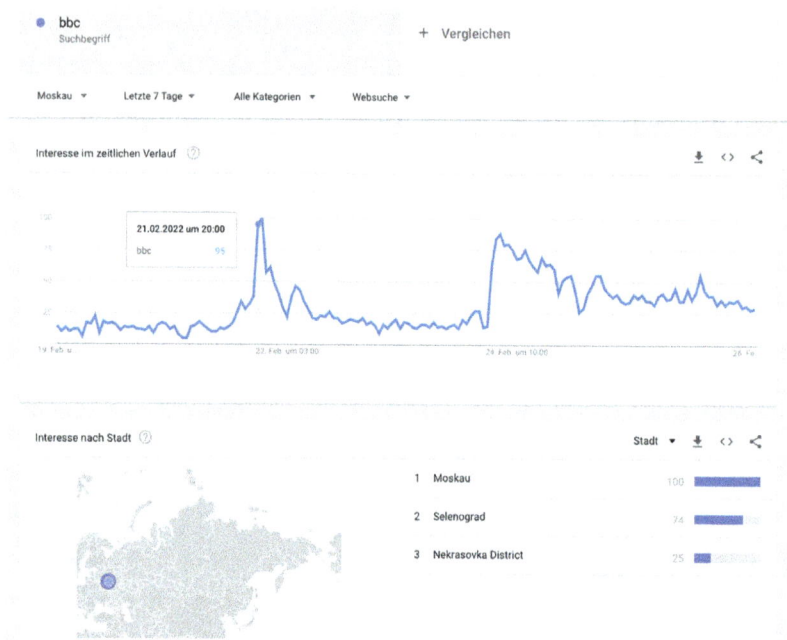

Abb. 6.23 Google Trends „BBC"

Für den 21.02.2022 lässt sich aber in Abb. 6.24 noch eine weitere Besonderheit beobachten. Bereits an diesem Tag wird auf Russisch nach „putins rede am 24 Februar" bei Google gesucht. Dies erweckt den Anschein, dass der 24.02.2022 als Termin für den Kriegseintritt spätestens am 21.02. feststand.

Da ist aber noch mehr: die explizite Suche nach einer künftigen Rede kann nur aus einem schlüssigen Grund bei Google gesucht werden. Wollte man im Kreml prüfen, ob Inhalte der Rede Putins, also der Kriegserklärung, bereits an die Geheimdienste oder gar die Presse durchgesickert waren? Dieser Aspekt ist für den Kreml besonders brisant, wenn seine Rede aufgezeichnet wurde und das Videomaterial frühzeitig in „falsche Hände" gerät.

3 Tage vor Kriegsbeginn

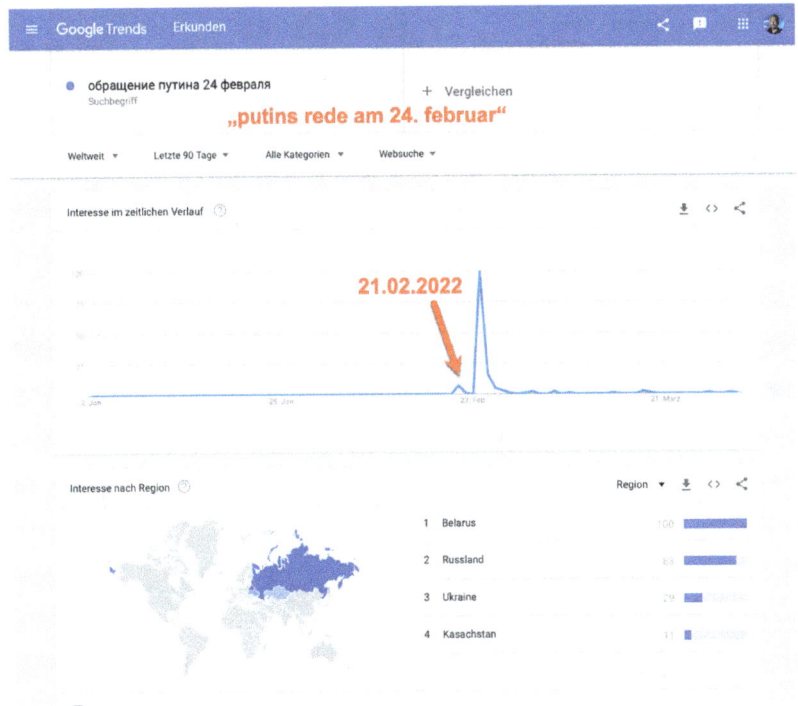

Abb. 6.24 Google Trends „Putins Rede am 24. Februar"

Dafür sprechen auch Suchanfragen vom 21.02., die einen direkten Bezug auf Putin und die Ukraine für den 24.02. nehmen (siehe Abb. 6.25).

Und in der Tat zeigen sich beim Betrachten der Ansprache am 24.02.2022 einige Auffälligkeiten[19]. Wladimir Putin scheint an diesem Tag die gleiche Kleidung zu tragen wie in der Ansprache am 21.02.2022 zur Anerkennung der Regionen Donezk und Luhansk.

Es stellt sich damit die Frage, ob die Kriegserklärung Putins nicht bereits am 21.02.2022 aufgezeichnet wurde.

---

[19] https://www.tagesspiegel.de/politik/putins-kriegserklarung-gegen-die-ukraine-im-wortlaut-5420614.html

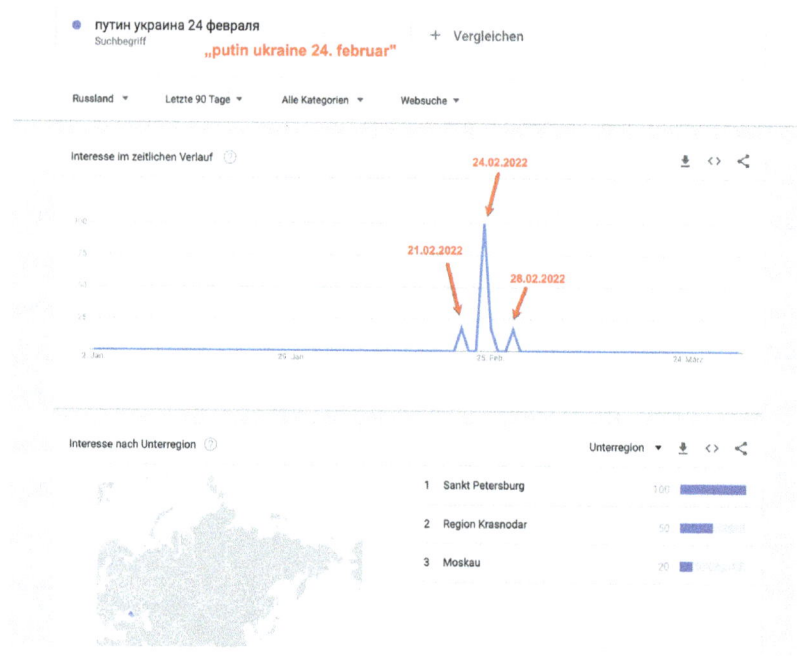

Abb. 6.25 Google Trends „Putin Ukraine 24. Februar"

Beginnend mit dem 23.02.2022 beobachten wir in den Abb. 6.26 und 6.27 einen Anstieg an Suchanfragen, die sich mit der Auswanderung aus Russland befassen. Die aktuellen Entwicklungen in Russland machen vor allem der jungen Bevölkerung Angst und konkrete Pläne zur Auswanderung werden angegangen.

Die Beobachtungen der letzten Seiten führen zu der Annahme, dass der Kriegseintritt seitens des Kremls tatsächlich für den 22.02.2022 geplant war. Es scheint so, dass dieses Ziel aus organisatorischen, möglicherweise auch strategischen Gründen nicht eingehalten werden konnte. Immer wieder finden wir Hinweise auf zeitliche Verzögerungen von etwa zwei Tagen. Fehlerhafte Absprachen bei einer derart umfangreichen Inszenierung sorgten aber offenbar auch dafür, dass nicht jeder rechtzeitig darüber informiert war, dass sich der Zeitplan verschieben würde. Nötige Korrekturen blieben aus und hinterließen bei den Beobachtern ein inkonsistentes Bild.

3 Tage vor Kriegsbeginn

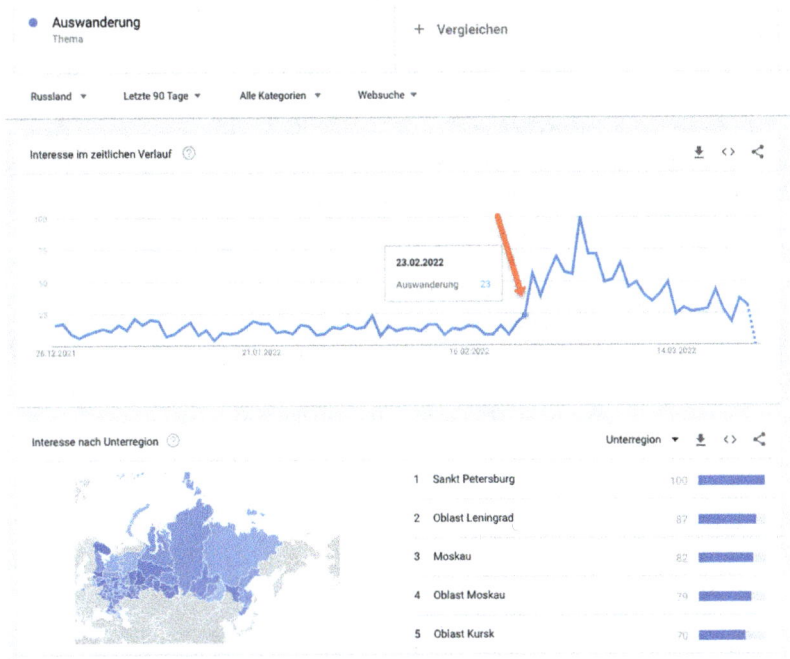

Abb. 6.26 Google Trends „Auswanderung"

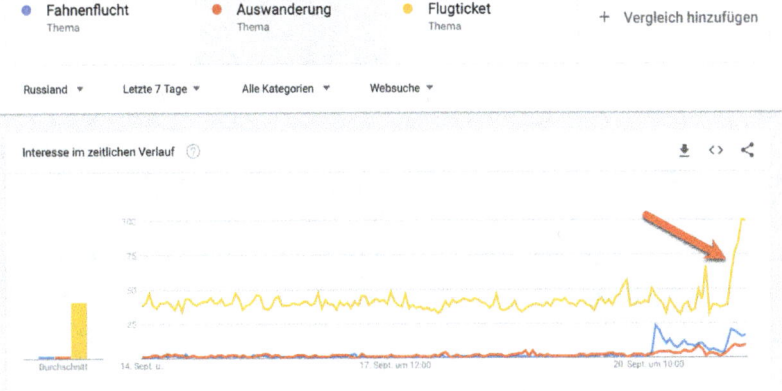

Abb. 6.27 Google Trends, Fluchtbewegungen

Auch wenn es für westliche Beobachter mit dem 21.02.2022 keine Zweifel mehr bezüglich der Absichten des Kreml gibt, so scheint man in Moskau doch recht nervös. Dies erklärt die ungewöhnlichen und intensiven Suchvorgänge, die eher zu Kriegsausbruch, nicht aber zwei Tage zuvor zu erwarten gewesen wären.

Möglicherweise setzte der Kreml auch darauf, die Erklärung zur Anerkennung der Regionen Donezk und Luhansk zeitlich deutlich näher an die eigentliche Verlesung der Kriegserklärung zu binden. Die ukrainische Regierung nutzte die Zeit zur Teilmobilmachung. Und obwohl der Ukraine eine Kriegserklärung noch nicht offiziell ausgesprochen wurde, stoppt der deutsche Bundeskanzler das Zertifizierungsverfahren für Nord Stream 2.

Den Einmarsch der russischen Truppen in den frühen Morgenstunden des 24.02.2022 bekommen viele russische Staatsbürger erst mit, als sie morgens aufstehen. Für die Nacht beobachten wir lediglich eine überschaubare Anzahl an Suchvorgängen zu „russischer Einmarsch in die Ukraine" (siehe Abb. 6.28).

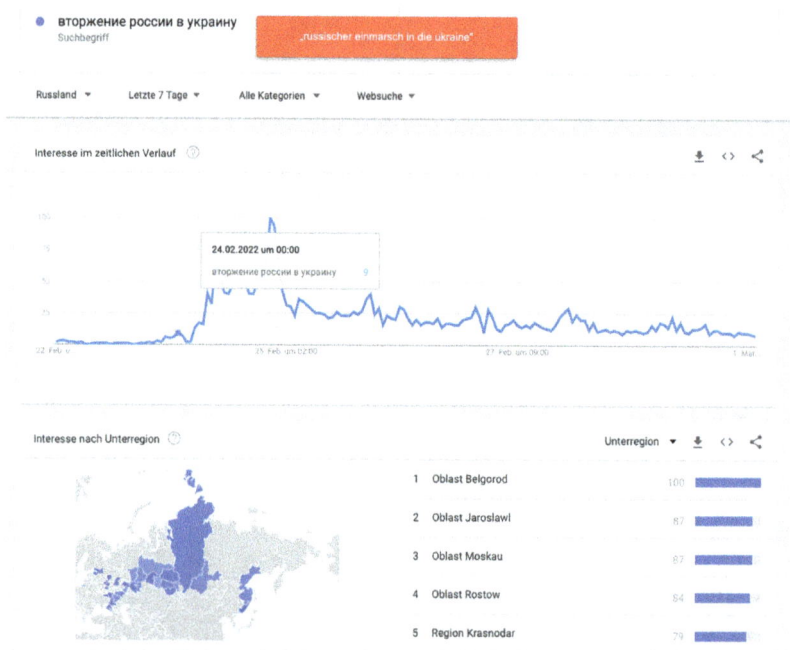

Abb. 6.28 Google Trends, Russischer Einmarsch

Die Partnerschaft mit China

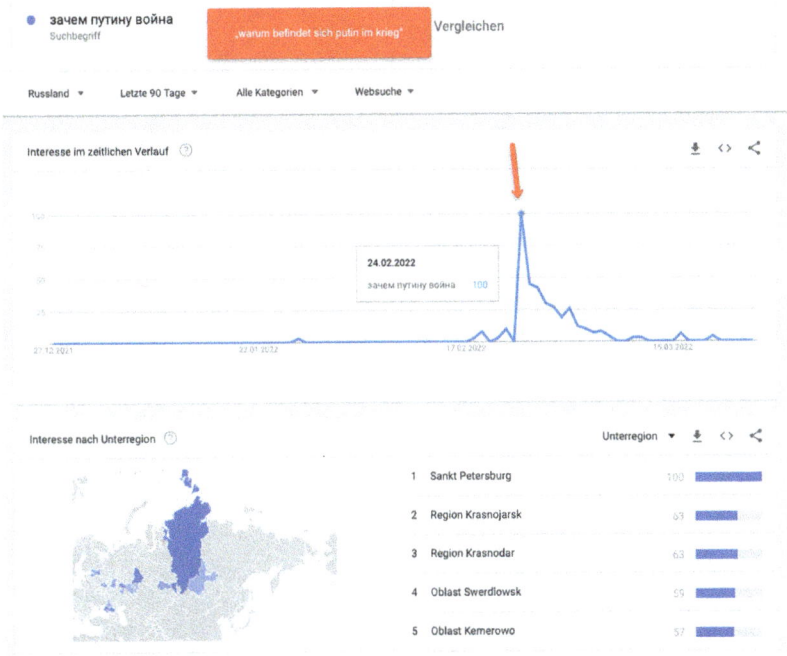

Abb. 6.29 Google Trends, Warum Krieg?

In Russland stellt man sich bei Google die Frage, warum „Putin" im Krieg mit der Ukraine sei (siehe Abb. 6.29).

Die Partnerschaft mit China

Mit dem Einmarsch der russischen Truppen in die Ukraine lässt sich noch eine weitere interessante Beobachten machen: mit dem 24.02.2022 steigt in Abb. 6.30 die Anzahl der Suchvorgänge bei Google an, die sich mit der chinesischen Sprache beschäftigen. Der kommunikative Austausch mit dem strategische Partner China gewinnt schlagartig an Bedeutung. Die asiatische Unterstützung: ein stabilisierender Eckpfeiler der russischen Wirtschaft.

Trotz der Partnerschaft zwischen beiden Ländern, die sich zu Beginn des Krieges noch nicht in expliziter Form zeigt, beobachtet man von Russland aus

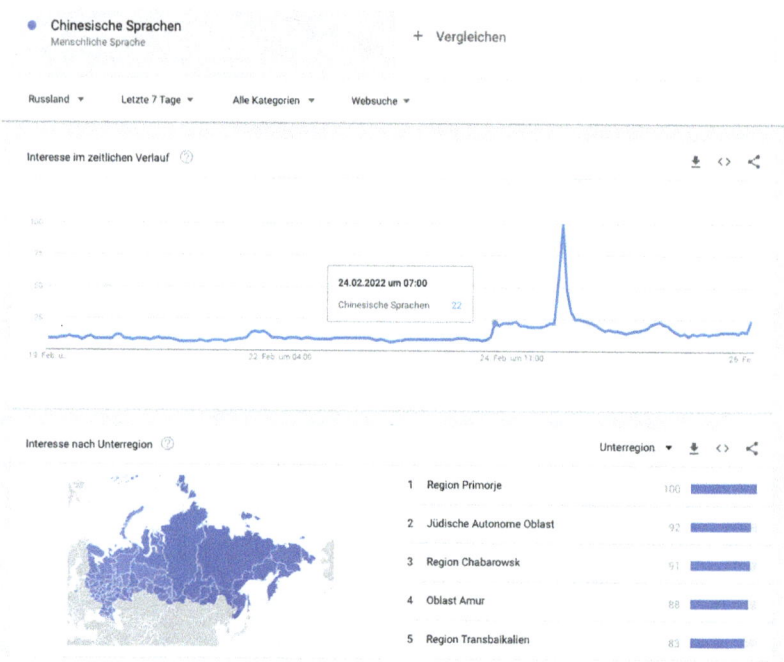

Abb. 6.30 Google Trends, China

die Reaktionen in Peking genau. So finden wir in Abb. 6.31 beispielsweise einen deutlichen Anstieg an Suchvorgängen zu Kriegsbeginn zu Meldungen des chinesischen Auslandssenders CGTN[20].

In Taiwan hatte man zeitgleich zur russischen Invasion der Ukraine die Befürchtung, China könne im Schatten der europäischen Ereignisse den Inselstaat überfallen. Peking hatte immer wieder angekündigt, das „abtrünnige" Taiwan, welches seit 1971 nicht mehr zu China gehört, wieder in die Volksrepublik China zu integrieren – wenn nötig auch mit militärischer Hilfe.

Die Anzahl der Suchvorgänge zu einer chinesischen Invasion steigen in Taiwan am Tag des russischen Angriffskrieges signifikant an (siehe Abb. 6.32).

---

[20] https://www.cgtn.com/

Die Partnerschaft mit China

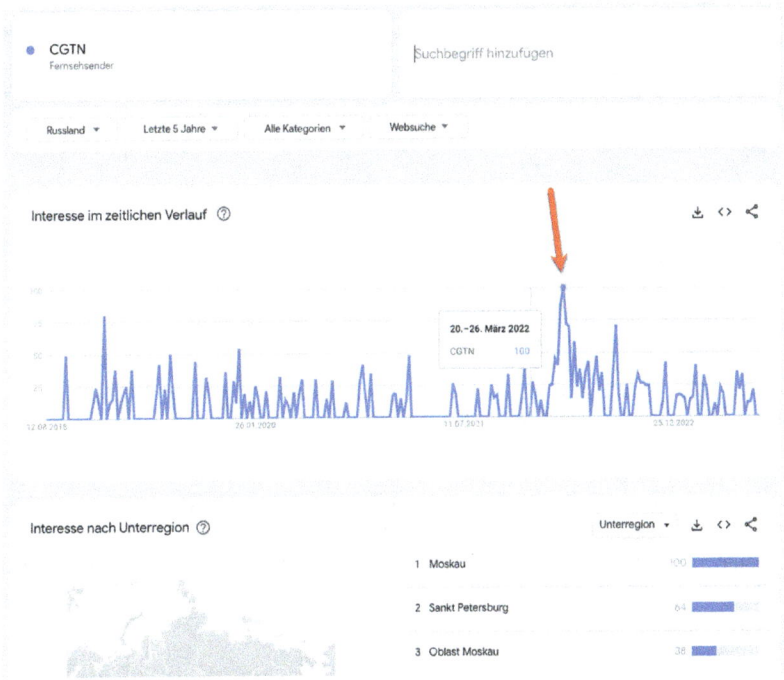

Abb. 6.31 Google Trends, „CGTN"

Abb. 6.32 Google Trends, Taiwan

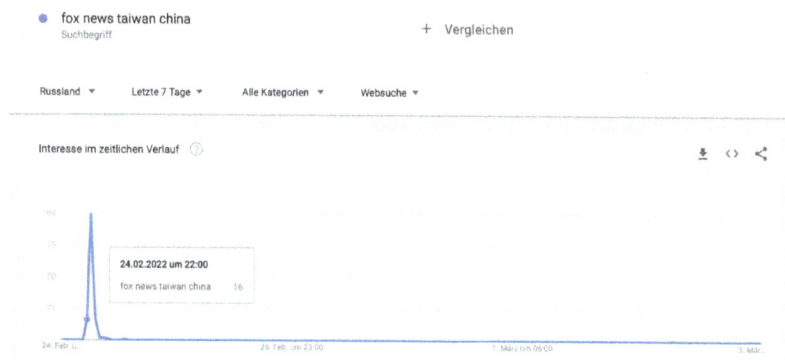

Abb. 6.33 Google Trends, Fox News

Auch in Russland beobachtet man die Entwicklung in Taiwan genau. Informationen zu den Geschehnissen werden insbesondere über Fox News bezogen[21]. Am späten Abend des 24.02.2022 und am Morgen des folgenden Tages finden wir in Abb. 6.33 viele Suchanfragen aus Russland, die konkreten Bezug auf diesen Bericht nehmen.

> Es deutet vieles darauf hin, dass die Invasion von langer Hand geplant war. Anders wäre eine so große logistische Herausforderung auch nicht zu realisieren gewesen. Es scheint dabei jedoch erstaunlich, wie fragil der ganze Planungsprozess war, welche Unzulänglichkeiten in der praktischen Durchführung zu Tage kamen und wie improvisiert wurde. Eines scheint jedoch ganz klar: das Ziel, in die Ukraine einzumarschieren, stand von Beginn im beobachteten Zeitraum fest. Russland inszenierte den Grund für seine militärische Aggression.

---

[21] https://www.foxnews.com/world/taiwan-chinese-aircraft-air-defense-zone

Ukrainische Flüchtlinge töten Russlanddeutschen 7

Zusammenfassung

In diesem Kapitel wollen wir untersuchen, ob es Anzeichen dafür gibt, dass die russische Führung Einflussversuche auf die Stimmung gegenüber ukrainischen Flüchtlingen in Deutschland unternimmt.

„Sie haben die totale Russophobia zu ihrer Waffe gemacht."[1] (Wladimir Putin, 21. September 2022)

Am 20.03.2022 verbreitet sich über diverse Social Media Kanäle das Video einer Frau, die weinend davon berichtet, dass ukrainische Flüchtlinge einen 16-jährigen Flüchtlingshelfer erschlagen hätten, weil dieser Russisch gesprochen hätte (siehe Abb. 7.1).

Welchen Effekt dieses sich schnell verbreitende Video hatte, lässt sich in Abb. 7.2 an der plötzlich ansteigenden Menge an Suchanfragen zu „Flüchtlinge Euskirchen" erkennen.

---

[1] https://www.sueddeutsche.de/politik/putin-russland-krieg-ukraine-1.5661350

© Der/die Autor(en), exklusiv lizenziert an Springer Fachmedien Wiesbaden GmbH, ein Teil von Springer Nature 2024
S. Broschart, *Putins digitale Front und die Wahrheit dahinter*,
https://doi.org/10.1007/978-3-658-44577-5_7

142 7 Ukrainische Flüchtlinge töten Russlanddeutschen

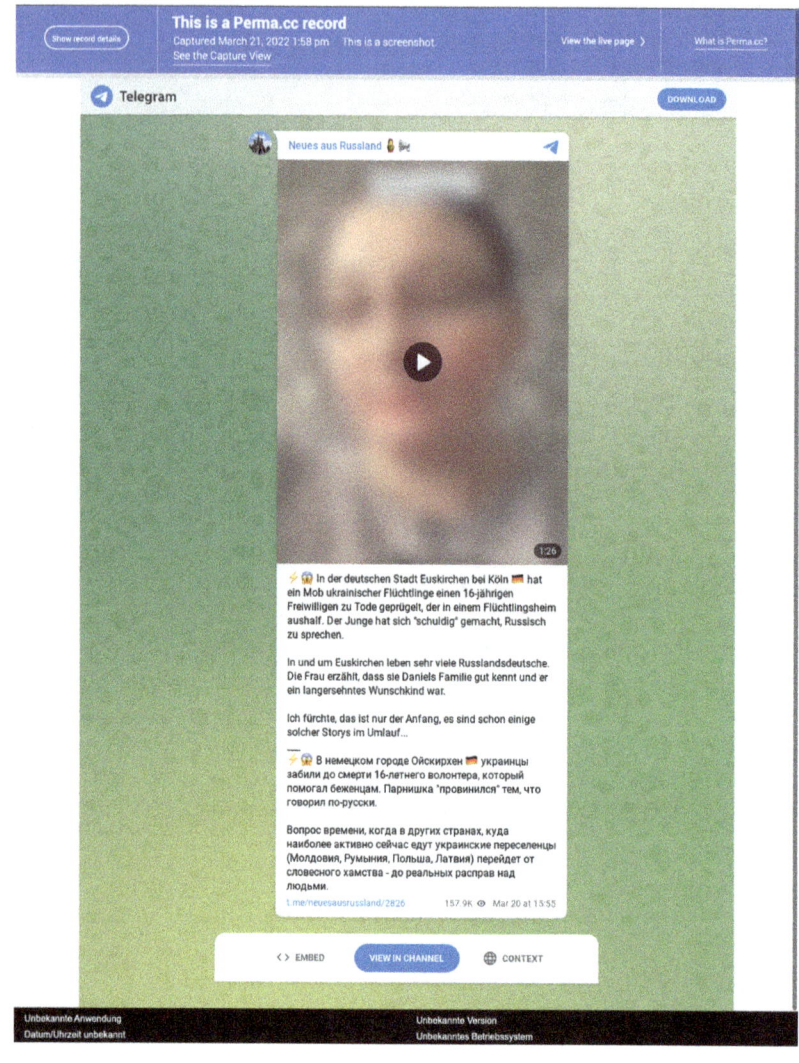

Abb. 7.1 Telegram

7 Ukrainische Flüchtlinge töten Russlanddeutschen

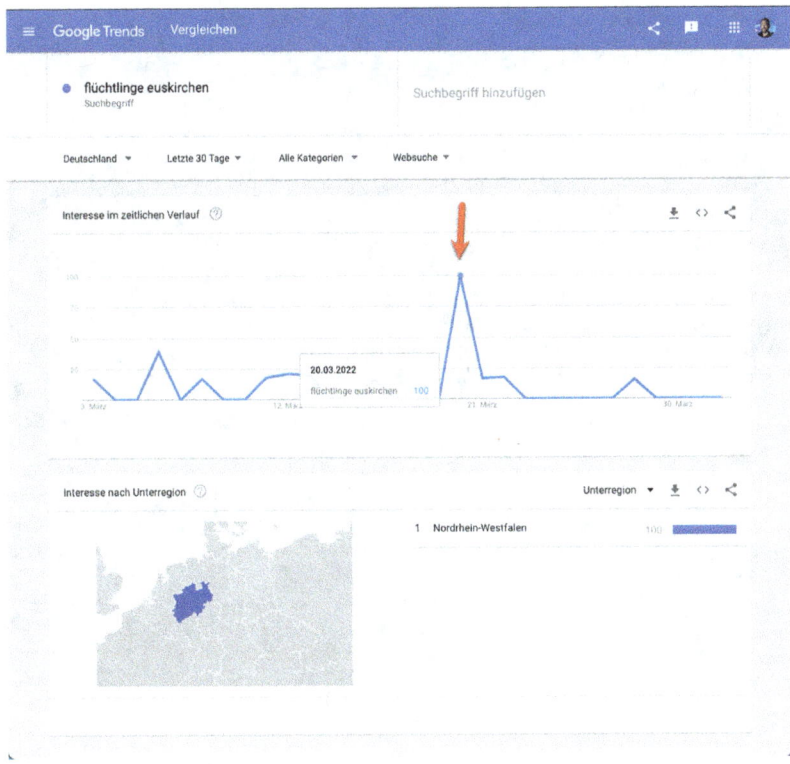

Abb. 7.2 Google Trends „Flüchtlinge Euskirchen"

Auch Alina Lipp teilt das Video auf ihrem Kanal „Neues aus Russland" umgehend und sorgt somit ebenfalls für eine gesteigerte Reichweite. Doch wie sich kurze Zeit später herausstellt, ist der Tod des Jungen frei erfunden. Die zuständige Polizei in Bonn erklärt im einem Tweet die Situation (siehe Abb. 7.3).

Kurze Zeit später entschuldigt sich die Verfasserin. Sie gibt an, hereingelegt worden zu sein. Offenbar hatte sie sich durch die Erzählungen eines Mannes, „der Ukrainer hasst", emotionalisieren lassen und darauf verzichtet zu prüfen, ob das Vorgegebene wirklich geschehen war[2].

---

[2] https://www.t-online.de/region/koeln/news/id_91873958/junge-in-euskirchen-getoetet-frau-entschuldigt-sich-fuer-tiktok-video.html

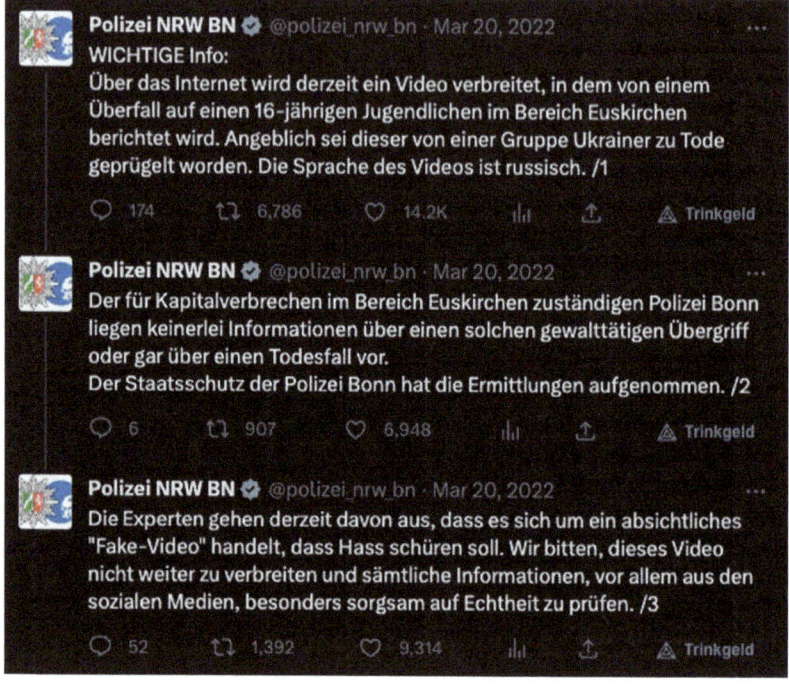

Abb. 7.3 Quelle: Twitter/X

Auch wenn im Nachhinein klargestellt wurde, dass es sich um eine Falschmeldung gehandelt hat, so ist es nicht unwahrscheinlich, dass sich das stark emotionalisierende Video als Erstmeldung in den Köpfen der Rezipienten verfestigt und die Entschärfung wirkungslos bleibt. Es stellt sich die Frage: handelt es sich um die Tat eines Einzelnen, der aus einem emotionalen Affekt heraus gehandelt hat? Oder steckt mehr dahinter? Möglicherweise ein Manipulationsversuch, der von Moskau aus vorbereitet wurde?

Auffällig erscheint, dass wir in Abb. 7.4 bereits gegen Mittag deutscher Zeit Suchanfragen aus Russland finden, die sich auf aktuellen Meldungen aus dem deutschen Euskirchen beziehen. Diese gab es in den Tagen davor tatsächlich nicht.

7 Ukrainische Flüchtlinge töten Russlanddeutschen

Abb. 7.4 Google Trends, Euskirchen

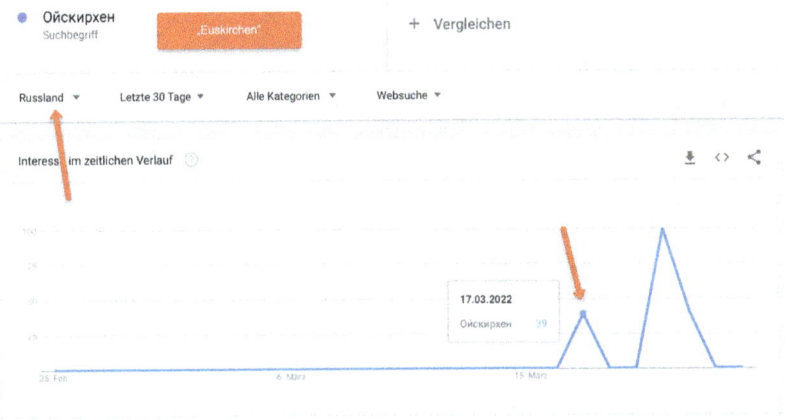

Abb. 7.5 Google Trends, Euskirchen

Blicken wir in Abb. 7.5 noch ein paar weitere Tage zurück, so finden wir bereits am 17.03.2022 einen Anstieg von Suchanfragen aus Russland zur Stadt Euskirchen. Hatte man von Russland aus damals bereits konkrete Pläne zur Stimmungsmanipulation vorbereitet?

7 Ukrainische Flüchtlinge töten Russlanddeutschen

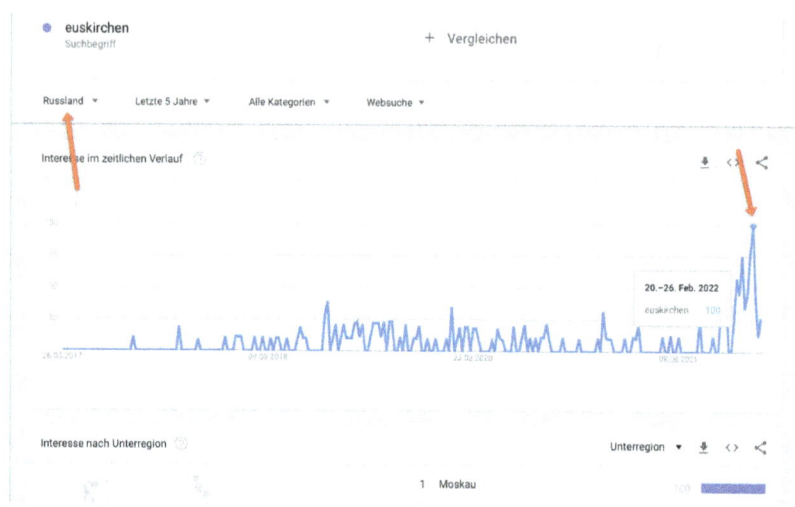

Abb. 7.6 Google Trends „Euskirchen" (Russland)

Neben der russischen Schreibweise von „Euskirchen" finden wir noch deutlich mehr Suchanfragen in der deutschen Schreibweise. Und dies deutet darauf hin, dass Personen, die des deutschen mächtig waren, nach Informationen auf deutschsprachigen Websites gesucht haben, die sich später verwerten lassen würden. Schauen wir uns in Abb. 7.6 die Suchvolumina in einem Zeitfenster von fünf Jahren an, so lässt sich gut erkennen, dass noch nie zuvor so intensiv nach der Stadt Euskirchen in Nordrhein-Westfalen gesucht wurde. Die Zunahme der Suchanfragen begann etwa vier Wochen vor der Veröffentlichung des Videos. Bei dieser zeitlichen Nähe scheint ein kausaler Zusammenhang nicht unwahrscheinlich.

Die anschließenden Ermittlungen des deutschen Staatsschutzes scheinen also nicht ganz unbegründet. Die Daten lassen vermuten, dass eine zielgerichtete Manipulation der Stimmung in Deutschland nicht nur wenige Tage, sondern bereits Wochen zuvor in Russland vorbereitet wurde. Unmittelbar nachdem das Video in den sozialen Netzwerken erschien, wurde dieses von der russischen „Federal News Agency" aufgegriffen, die zur von Jewgeni Prigoschin gegründeten „Troll-Fabrik" „Internet Research Agency"[3] gehört.

Die Geschehnisse in Euskirchen erinnern ein wenig an den Fall „Lisa" in Berlin[4]. Anfang 2016 wirft der russische Außenminister Lawrow den deutschen Behörden vor, den Vergewaltigungsvorwürfen an einem russischen Mädchen nicht nachgehen zu wollen. Und auch als die Polizei herausfindet, dass sich das Mädchen die Vergewaltigung nur ausgedacht hatte, spricht er von Vertuschung[5]. Der politisch aufgeladene Fall wird auch im russischen Fernsehen diskutiert. Aufgrund von Falschdarstellungen leitet die Staatsanwaltschaft Berlin in Folge ein Ermittlungsverfahren wegen Volksverhetzung ein. Als Bundeskanzlerin Angela Merkel Putin auf die falschen Behauptungen anspricht, gibt dieser vor, den Fall nicht zu kennen[6].

Aus dem Fall aus Euskirchen konnte sich keine politische Eskalation entwickeln. Der Fall „Lisa" zeigt aber, dass scheinbar ein grundsätzlicher „Wille" existiert, Russophobie zu unterstellen und politisch zum Einsatz zu bringen. Und wenn sich „geeignete" Situationen nicht auf natürlich Wege, so wie 2016 in Berlin ergeben, so könnte man ja in Euskirchen ein wenig nachhelfen. Genau dieser Eindruck mag entstehen.

Schauen wir uns in Abb. 7.7 doch einmal die Menge an Suchanfragen an, die Google in einem russophobischen Kontext in Deutschland sieht.

---

[3] https://en.wikipedia.org/wiki/internet_research_agency
[4] https://www.tagesschau.de/ausland/russland-vorwuerfe-bundesregierung-103.html
[5] https://www.spiegel.de/politik/ausland/berlin-lawrow-zu-angeblicher-vergewaltigung-von-13-jaehriger-a-1073933.html
[6] https://de.wikipedia.org/wiki/fall_lisa

Abb. 7.7 Google Trends „Russophobie"

Hier lässt sich sehr gut erkennen, dass nach ein paar Wochen nach Kriegsbeginn der Anteil zugehöriger Suchvorgänge beinahe wieder auf Vorkriegsniveau zurückgegangen ist.

Anders sieht das Eugen Schmidt, der seit 2021 für die AfD im deutschen Bundestag vertreten ist. Schmidt, selbst russischer Spätaussiedler, wählt selbst im Bundestag immer wieder Formulierung, die man aus der russischen Propaganda kennt[7] („Es gibt keine Demokratie in Deutschland"). Im Februar 2023 tritt er mit NATO-kritischen Tönen sogar im russischen Staatsfernsehen auf[8]. Auf diesem Hintergrund hat er sich auch der von ihm wahrgenommenen russophobischen Stimmung in Deutschland angenommen (siehe Abb. 7.8).

---

[7] https://www.tagesschau.de/investigativ/kontraste/afd-ukraine-russland-101.html
[8] https://www.merkur.de/politik/russland-propaganda-afd-eugen-schmidt-staatsfernsehen-ukraine-krieg-news-92075286.html

Abb. 7.8 Telegram

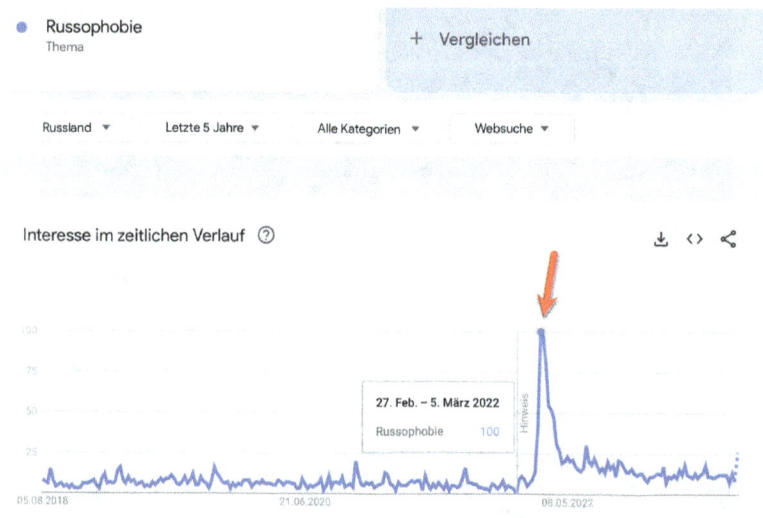

Abb. 7.9 Google Trends „Russophobie" (Russland)

Wenn wir uns die Suchvorgänge zu russophob-konnotierten Suchvorgängen für Russland in Abb. 7.9 anschauen, so finden wir zwar einen ähnlichen Verlauf wie in Deutschland, allerdings ist die Menge der zugehörigen Suchanfragen nicht so stark rückläufig, wie das in Deutschland der Fall ist.

Dies mag insbesondere daran liegen, dass Wladimir Putin, dass der Kreml, dass die Presse nicht müde wird zu betonen, dass Russland von der westlichen Staatengemeinschaft gehasst wird.

> Wenn wir den Daten von Google glauben schenken, dann ist die Russophobie in der vermittelten Größe in Deutschland also mehr ein unterstelltes, als ein reales Problem. Aus propagandistischer Sicht also eine Übertreibung. Und weil das so ist, muss Russland manchmal offenbar mit einer geeigneten Inszenierung nachhelfen. Beispielsweise in Euskirchen.

Das Massaker von Butscha

8

Zusammenfassung

Das Massaker von Butscha ist als eines der schrecklichsten Kriegsverbrechen in die Geschichte der Ukraine-Invasion eingegangen. Wir untersuchen im folgenden Kapitel die digitale Spurenlage und prüfen, wie plausibel die Argumentation der russischen Führung ist.

> „Ich bin überzeugt, dass ihr Soldaten und Offiziere Gardisten seid, weiter dem Eid die Treue halten werdet, der Heimat mit Ehre dient und verlässlich die Sicherheit und das friedliche Leben unserer Bürger schützt."[1] (Wladimir Putin bei der Auszeichnung der Brigade aus Butscha, 18. April 2022)

Als eines der ersten großen Kriegsverbrechen des Ukraine-Krieges lässt sich das Massaker von Butscha nennen. Butscha, eine Kleinstadt mit damals etwa 35.000 Einwohnern, liegt 25 km nordwestlich von Kiew. Ende Februar 2022 rücken russische Truppen auf die Stadt vor und töten bis zu ihrem Rückzug ende März 419 Zivilisten[2]. Bis heute bestreitet die russische Regierung die Verantwortlichkeit der eigenen Soldaten. Vielmehr handele es sich um eine „Provokation des ukrainischen Regimes", eine Formulierung, die im weitere Verlauf des Krieges noch

---

[1] https://www.fr.de/politik/kiew-ukraine-krieg-news-russland-konflikt-butscha-massaker-wladimir-putin-soldaten-moskau-zr-91486019.html

[2] https://www.watson.ch/international/russland/675500196-neue-zahlen-aus-butscha-verdeutlichen-russische-brutalitaet

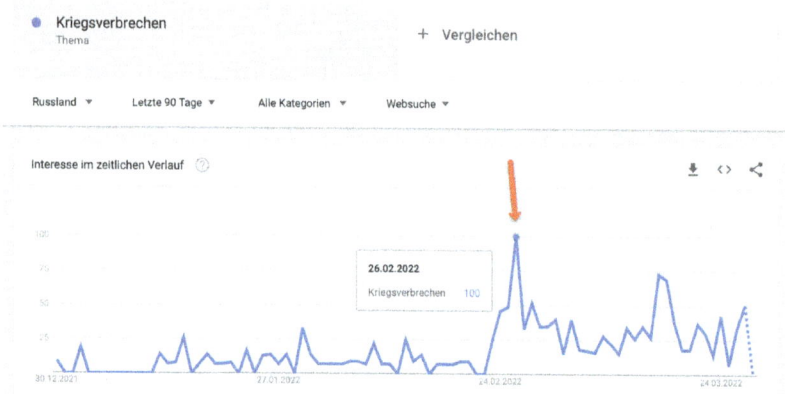

Abb. 8.1 Google Trends „Kriegsverbrechen"

unzählige Male vom russischen Außenminister Lawrow zu hören sein wird. Kiew wolle dem russischen Militär zur Diskreditierung Gräueltaten unterstellen. Die ukrainische Armee hätte unter „falscher Flagge" (englisch: False Flag) Zivilisten in Butscha hingerichtet.

Während innerhalb er ersten Kriegstage die ersten Bilder der Grausamkeiten über die sozialen Netzwerke verteilt werden, beschäftigt sich die russische Bevölkerung mit der Frage nach möglichen Kriegsverbrechen (siehe Abb. 8.1).

Zu diesem Zeitpunkt befinden sich bereits erste Soldaten in Butscha – und morden[3]. Zeitgleich möchte man in Russland wissen, wie weit Kiew und Butscha voneinander entfernt liegen (siehe Abb. 8.2).

---

[3] https://www.nytimes.com/interactive/2022/04/11/world/europe/bucha-terror.html

8 Das Massaker von Butscha

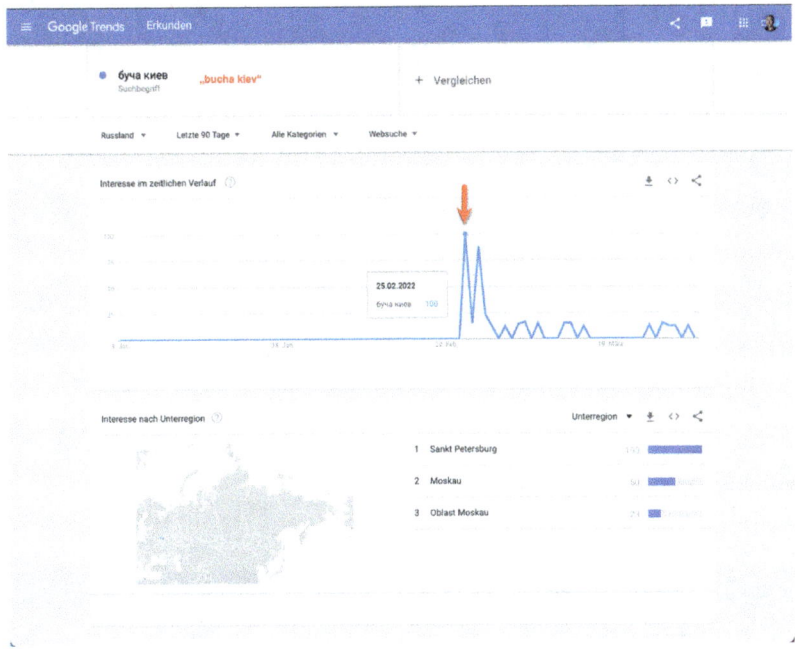

Abb. 8.2 Google Trends „Butscha Kiew"

Eine umfängliche Besetzung durch die russische Armee lässt sich schließlich ab dem 27.02.2022 beobachten[4]. Angesichts der Bilder, die auch über Twitter verbreitet werden[5], fragen sich weitere Beobachter in Russland, wie weit Butscha von Kiew entfernt ist (siehe Abb. 8.3). Denn ist Kiew erreicht, ist Kiew bezwungen, so wird der Krieg bald beendet sein. Das ist die Annahme und auch die Hoffnung.

Für die russische Kriegsführung präsentiert sich Butscha mit seinem Bahnhof als wichtige logistische und strategische Brücke nach Kiew. Die Hauptstadt soll so schnell wie möglich eingekesselt werden. Am 27. und 28.02.2022 finden wir in Abb. 8.4 einige Suchanfragen aus Russland, die sich nach diesen Örtlichkeiten in Butscha erkundigen. Google wird offenbar für die logistische Planung der russischen Streitkräfte genutzt.

---

[4] https://faktencheck.afp.com/doc.afp.com.32878AY
[5] https://twitter.com/JulianRoepcke/status/1497849665563332610?lang=de

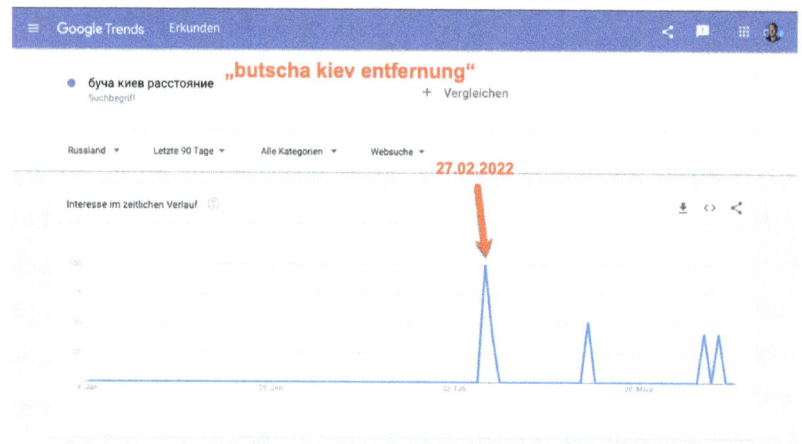

Abb. 8.3 Google Trends, „Butscha Kiew Entfernung"

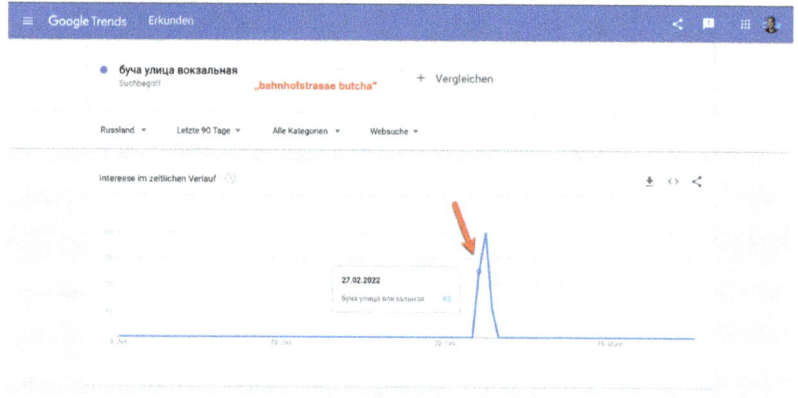

Abb. 8.4 Google Trends „Bahnhofstraße Butscha"

Alexander Fomin, stellvertretender russischer Verteidigungsminister, verkündet am 29.03.2022 dann, dass sich die russischen Truppen aus Butscha bis zum 31.03.2022 zurückziehen würden. Das durch die ukrainische Armee zerstörte russische Kriegsgerät, insbesondere das auf der Bahnhofstraße in Butscha, wird zum Sinnbild der unfassbaren Zerstörung dieses Krieges. Bis zu diesem Zeitpunkt

8 Das Massaker von Butscha

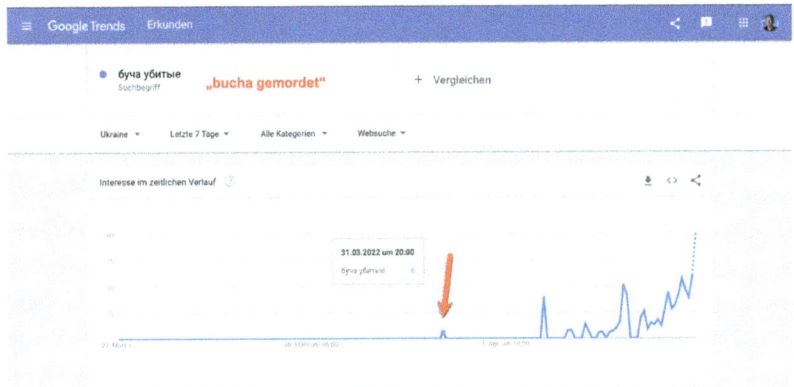

Abb. 8.5 Google Trends „Butscha gemordet"

ahnt die Weltöffentlichkeit jedoch noch nicht, welche Gräueltaten sich in der Stadt zugetragen haben. Butscha war in den letzten Wochen von der Außenwelt vollkommen abgeschnitten[6].

Am 31.03.2022 vermeldet das ukrainische Militär, Butscha befände sich wieder unter ukrainischer Kontrolle. Es ist der Tag, an dem wir die ersten Suchanfragen bei Google zu den Morden in Butscha finden. Zwischen 21 und 22 Uhr Ortszeit sucht man in der Ukraine nach „Butscha gemordet" (siehe Abb. 8.5).

Laut Gemeinderätin gab es spätestens ab dem 08.03.2022 keinen Zugang mehr zu Strom und Wasser[7]. Kommunikationsantennen wurden von den Besatzern gezielt zerstört. Ein russischer Deserteur, der in Butscha war, beschrieb, dass jeder mit einem Smartphone in der Hand getötet werden sollte, weil dieser die Position der Einheit hätte verraten können[8]. Auf diesem Hintergrund wundert es nicht, dass keine Informationen zur Lage in Butscha an die Öffentlichkeit gelangt sind. Und auch, dass wir vor dem 31.03. keine auffälligen Suchanfragen zur Zerstörung und möglichen Gräueltaten finden – zumindest nicht aus der Ukraine.

---

[6] https://www.n-tv.de/politik/Buergermeister-von-Butscha-bittet-um-Hilfe-article23246978.html

[7] https://de.wikipedia.org/wiki/massaker_von_butscha

[8] https://www.tagesspiegel.de/internationales/es-gibt-wahnsinnige-die-spass-am-toten-haben-ein-russischer-deserteur-spricht-uber-das-massaker-von-butscha-9033016.html

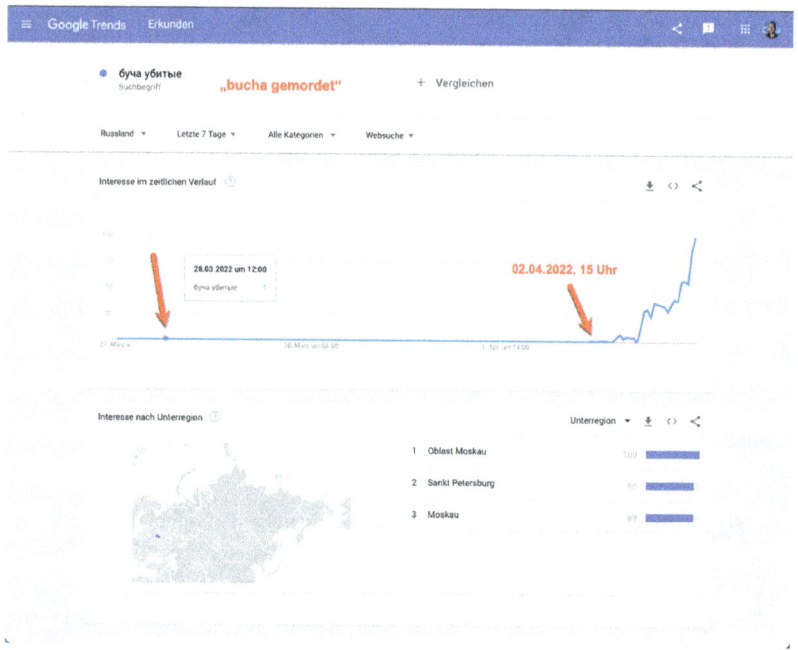

Abb. 8.6 Google Trends „Butscha gemordet"

Wenn wir uns mit der Frage beschäftigen, wer für die massenhaften Morde verantwortlich ist und ob sich dafür Belege finden lassen, so müssen wir einen Blick auf Suchanfragen werfen, die zum Zeitpunkt der Besetzung von Butscha in Russland formuliert werden.

Und tatsächlich finden wir hier Suchvorgänge (siehe Abb. 8.6), die sich auf Morde in Butscha beziehen: am 28.03.2022, also kurz vor der Verkündung der Entscheidung des Rückzuges der russischen Armee. Es scheint so, als ob man von russischer Seite prüfen wollte, ob zur Lage in Butscha bereits konkrete Informationen an die Öffentlichkeit durchgedrungen waren. Dann wäre die Erklärung der unzähligen Leichen schwierig und nicht plausibel der ukrainischen Armee anzulasten.

8 Das Massaker von Butscha

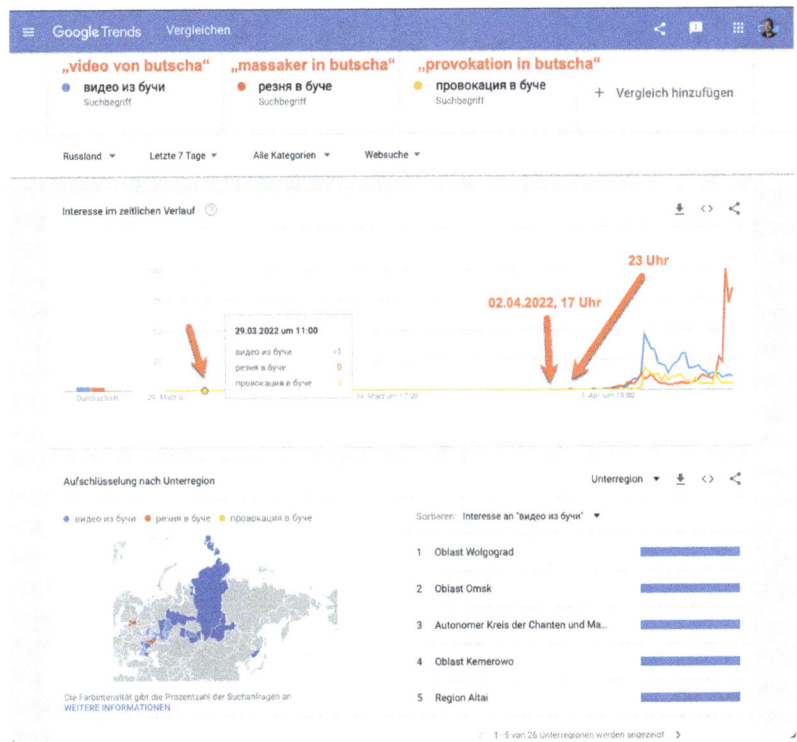

Abb. 8.7 Google Trends, Video aus Butscha

Für etwa die gleiche Zeit beobachten wir in Abb. 8.7 noch weitere Suchvorgänge, die darauf hindeuten, dass man sich von russischer Seite intensiver mit Butscha befassen wollte. Scheinbar geht man von der Existenz von Filmaufnahmen aus, die in der Stadt entstanden sind.

Kurz vor Abzug der russischen Armee gab es also mindestens eine ein- bis zweistündige Internetrecherche zu Butscha, die sich auf „Morden" und „Video" bezieht. Diese Beobachtung würde nicht nur den Verdacht stützen, dass die russischen Truppen für die massenhafte Tötung verantwortlich wären, sondern auch, dass einzelne Personen, wahrscheinlich Regierungsangehörige, davon Kenntnis hatten.

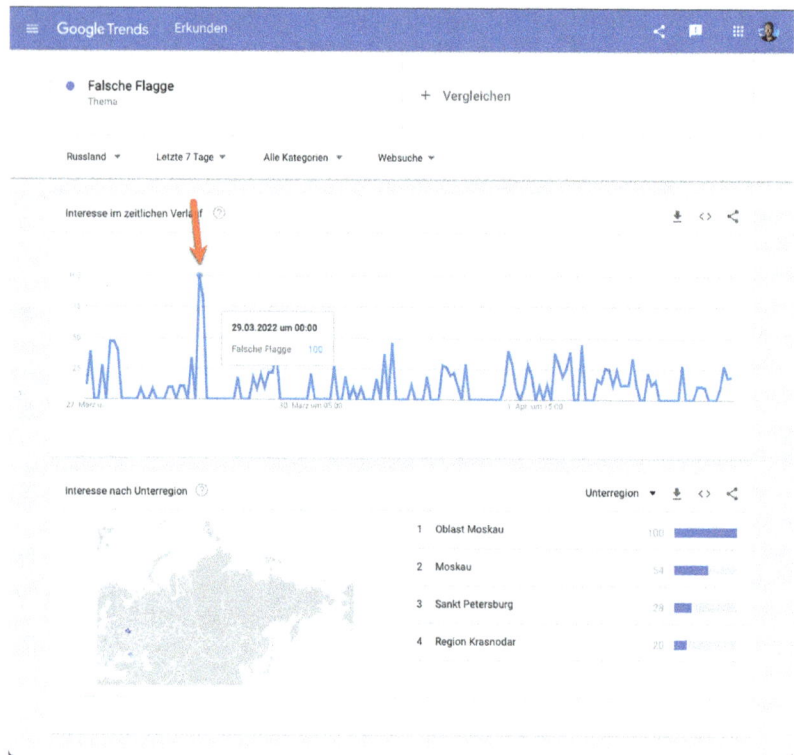

Abb. 8.8 Google Trends „Falsche Flagge"

Offenbar war man sich auf russischer Seite absolut bewusst, dass die Leichenfunde in Butscha die Reputation der eigenen Streitkräfte massiv schädigen würden. Es musste also glaubhaft vermittelt werden, dass die ukrainische Armee für den Tod der Zivilisten verantwortlich ist. In der Nacht zum 29.03.2022 beobachten wir in Abb. 8.8 so auch einen deutlichen Anstieg an Suchanfragen, bei denen es um „False Flag"-Meldungen bei Google geht. Scheinbar wollte man wissen, ob es schon Berichte zu den Vorkommnissen in Butscha gab und ob diese dann auch als Inszenierung deklassiert worden sind.

8 Das Massaker von Butscha

Am 02.04.2022 wird ein Video auf den YouTube-Kanal des ukrainischen Senders Espresso.TV hochgeladen[9]. Zu sehen ist die Fahrt eines Militärkovoys durch die Yablunskastraße in Butscha. Die Kamera zeigt mehrere auf der Straße liegende Leichen.

Noch bevor sich der Kreml zum Vorwurf, die russische Armee sei für das Massaker verantwortlich, äußern kann, melden sich unzählige Stimmen, die die Aufnahmen als „False Flag"-Inszenierung der Ukrainer zu identifizieren meinen. Auf dem Video sei zu erkennen, wie sich die vermeintlichen Leichen bewegen würden. Oder aber: die Leichen seien noch nicht erstarrt.

Das russische Außenministerium nimmt erst am 03.04.2022 Stellung zu den Vorwürfen und nennt die Aufnahmen „von den USA bestellt"[10]. Die rasche Reaktion der westlichen Medien wäre der Beleg einer geplanten Provokation, einer Inszenierung. Das Video sei eine Fälschung[11]. Entsprechende Suchvorgänge lassen sich in Abb. 8.9 beobachten.

Wie AFP-Journalisten bestätigen, die am 02.04.2022 vor Ort sind, handelt es sich jedoch keineswegs um ein Schauspiel. Satellitenaufnahmen des US-Unternehmens Maxar Technologies zeigen zudem, dass die gefundenen Leichen bereits Tage zuvor an den Orten lagen, an denen sie später auch aufgefunden wurden[12,13].

Nur wenige Kilometer entfernt, im Dorf Motyschyn mit etwa 1200 Einwohnern, werden am 23.03.2022 die Bürgermeisterin Olga Suchenko, ihr Mann und ihr Sohn von der russischen Armee verschleppt. Ihre Leichen findet man am 02.04.2022 mit Folterspuren in einem Massengrab.

---

[9] https://faktencheck.afp.com/doc.afp.com.327Q4CR
[10] https://www.spiegel.de/ausland/butscha-russland-bezichtigt-usa-aufnahmen-von-graueltaten-gestellt-zu-haben-a-50527027-c24b-4af1-b8b2-207a53439578
[11] https://www.youtube.com/watch?v=y8Y1TwhAZ3s
[12] https://www.zeit.de/politik/ausland/2022-04/butscha-leichen-satellitenbilder-maxar-technologies
[13] https://www.nytimes.com/2022/04/04/world/europe/bucha-ukraine-bodies.html

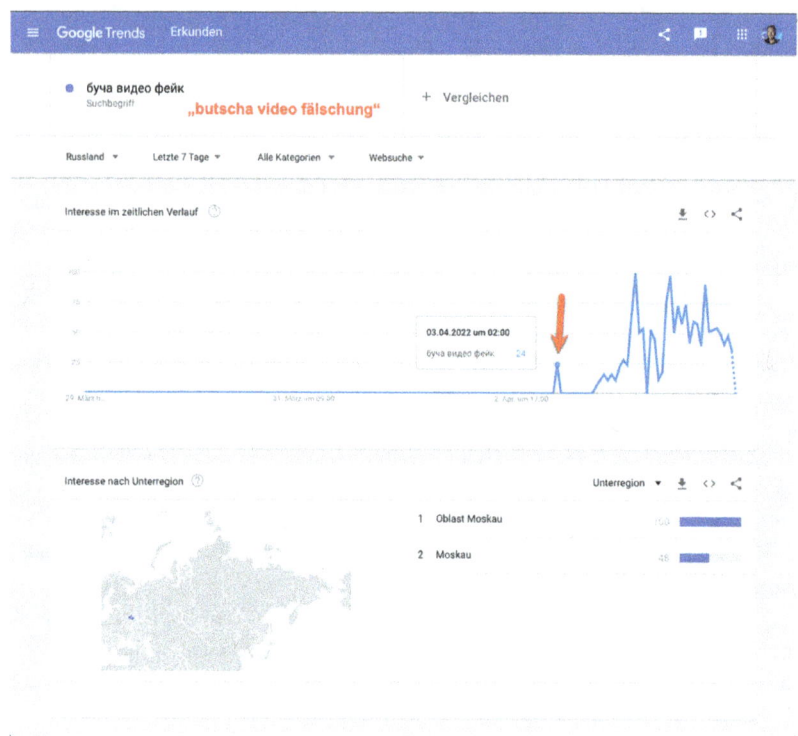

Abb. 8.9 Google Trends „Butscha Video Fälschung"

Bereits in der Nacht zum 29.02.2022 scheint man sich in Russland für Olga Suchenko zu interessieren (siehe Abb. 8.10). Zu diesem Zeitpunkt ist sie und ihre Familie wahrscheinlich nicht mehr am leben. Und auch hier drängt sich der Verdacht auf, man wolle aktuelle Nachrichtenmeldungen prüfen. Wurde Olga Suchenko bereits gefunden? Steht die russische Armee im Verdacht für ihren Tot verantwortlich zu sein? Welche Beweise liegen vor? Dann müsste man schnell reagieren.

8 Das Massaker von Butscha

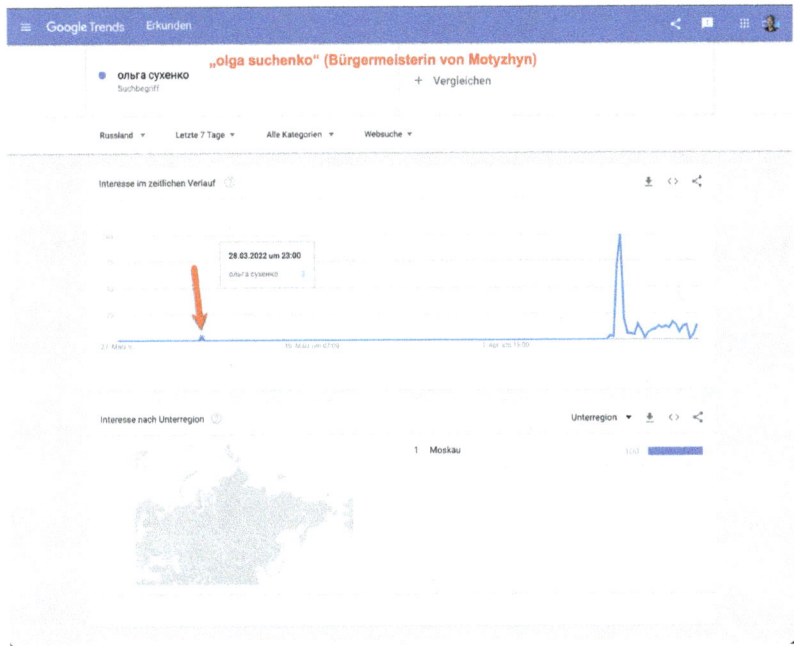

Abb. 8.10 Google Trends „Olga Suchenko"

> Wir gewinnen hier zunehmend den Eindruck, dass die russische Armee im Vorfeld genau über die Amts- und Entscheidungsträger informiert war. Und wie wir sehen, kam scheinbar auch Google zur Informationsbeschaffung zum Einsatz. Auch wenn sich der Kreml als Opfer westlicher Lügen und einer russophoben Inszenierung sieht[14], so zeichnen die beobachteten Suchvorgänge ein anderes Bild. Diese lassen sich kaum ohne russische Einflussnahme erklären.

---

[14] https://www.puls24.at/news/politik/westliche-aussagen-ueber-butscha-laut-moskau-luegen/261267

Angriff auf den Bahnhof von Kramatorsk

9

Zusammenfassung

Beim Angriff auf den Bahnhof von Kramatorsk kamen im April 2022 57 flüchtende Zivilisten ums Leben. Die russische Regierung weist jede Verantwortlichkeit von sich. Mithilfe der hinterlassenen digitalen Spuren können wir ein wenig Licht in das Dickicht der widersprüchlichen Behauptungen bringen.

„Für die Kinder"[1] (Inschrift auf einem Raketentrümmer am Bahnhof von Kramatorsk, 8. April 2022)

Kramatorsk, eine Großstadt mit 160.000 Einwohnern im Osten der Ukraine, etwa 150 km von der russischen Grenze entfernt. Es ist nur wenige Tage her, dass sich die Weltöffentlichkeit mit den Massenhinrichtungen in Butscha beschäftigen musste. Als sich am Morgen gegen 10:32 Uhr[2] Ortszeit des 08.04.2022 mindestens 1000 Menschen am Bahnhof befinden, um in Richtung Westen des Landes zu flüchten, schlagen zwei Kurzstreckenraketen mit Streumunition in das Gebäude ein. Dabei sterben 57 Zivilisten, 109 werden verletzt[3].

Der Kreml dementiert umgehend, für diesen Angriff verantwortlich zu sein. Über die genutzten Totschka-U-Raketen würde die russische Armee gar nicht

---

[1] https://www.merkur.de/politik/raketenangriff-kramatorsk-fuer-die-kinder-bedeutung-ukraine-krieg-konflikt-tote-91468620.html
[2] https://www.spiegel.de/ausland/ukraine-krieg-kramatorsk-bahnhof-mit-raketen-bombardiert-a-721c5458-7e29-4653-96ec-e92d8aa53ea4
[3] https://www.reuters.com/world/europe/death-toll-kramatorsk-missile-strike-rises-57-ukraine-official-says-2022-04-10/

© Der/die Autor(en), exklusiv lizenziert an Springer Fachmedien Wiesbaden GmbH, ein Teil von Springer Nature 2024
S. Broschart, *Putins digitale Front und die Wahrheit dahinter*,
https://doi.org/10.1007/978-3-658-44577-5_9

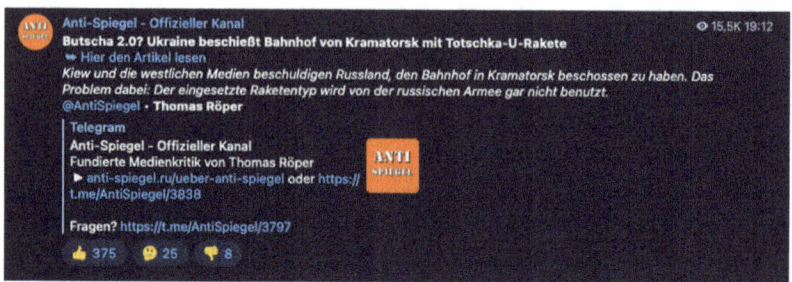

Abb. 9.1 Telegram

verfügen. Der in Sankt Petersburg lebende Deutsche Thomas Röper greift in seinem Kanal „Anti-Spiegel" genau diese Argumentation auf (siehe Abb. 9.1).

Die Abb. 9.2 zeigt erste Reaktionen bei Google zum Geschehen vor Ort. Gegen 10:33 Uhr (Ortszeit) werden erste Suchvorgänge zu „explosion in kramatorsk heute" – wahrscheinlich aus dem Oblast Donezk, in dem sich auch Kramatorsk befindet – abgesetzt.

Dabei handelt es sich um eine passive, recht distanzierte Umschreibung von dem, was wirklich geschehen ist. Auch die Anzahl der Suchvorgänge scheint in Anbetracht der Heftigkeit des Anschlages doch zu gering. Darüber hinaus vermittelt der Zusatz „heute" den Eindruck, dass die suchenden Personen nicht unmittelbar vor Ort waren, aber über einen Anschlag informiert waren. Ein erstes Anzeichen, dass die Raketen von ukrainischem Boden aus gestartet sein könnten.

Der pro-russische Telegram-Kanal „Veteranennotizen" warnt einen Tag zuvor, Zivilisten sollten den Bahnhof am 08.04. nicht nutzen.

> **Übersetzter Wortlaut:** „Den Bürgern, die jetzt aus Slowjansk, Kramatorsk und den umliegenden Ortschaften evakuiert werden, wird empfohlen, die Städte nicht mit der Bahn zu verlassen."

9 Angriff auf den Bahnhof von Kramatorsk 165

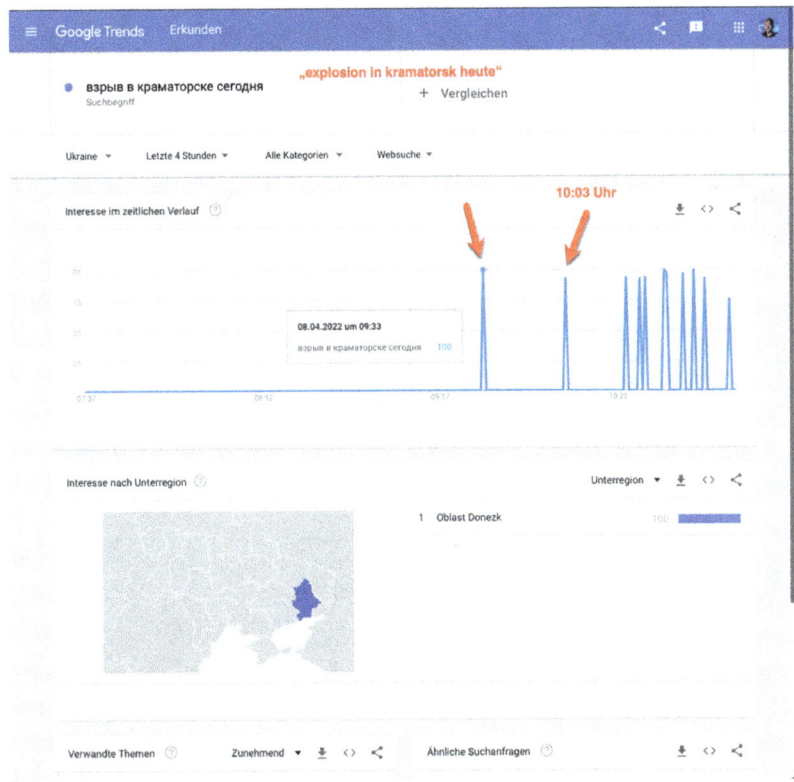

Abb. 9.2 Google Trends „Explosion in Kramatorsk heute"

Dieser Umstand konnte auch dazu führen, dass Leser des Kanals in Erwartung eines Anschlages ebenfalls im Vorfeld anschlagsbezogene Suchanfragen formulieren. Mit anderen Worten: Suchanfragen nach dem Bahnhof setzen kein Insiderwissen voraus und müssen nicht zwingen von den Tätern formuliert worden sein.

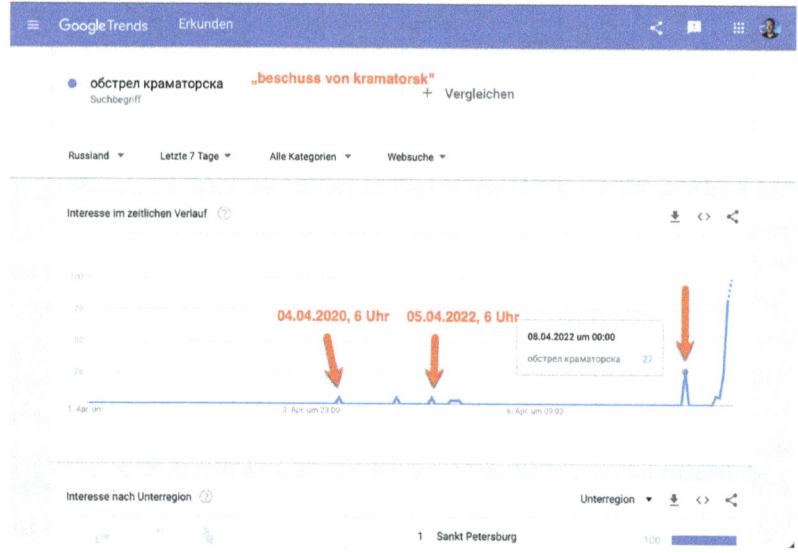

Abb. 9.3 Google Trends „Beschuss von Kramatorsk"

Wir müssen hier auf die genaue Publikationszeit achten: die Nachricht wird erst am späten Abend um 22:09 Uhr (Deutsche Zeit), also mehr als 11 h vor dem Beschuss, veröffentlicht. Die Suchvorgänge zu „Beschuss von kramatorsk", die gegen 0 Uhr deutscher Zeit wahrscheinlich in Sankt Petersburg abgesetzt und in Abb. 9.3 gezeigt werden, könnten aufgrund eben dieser Telegram-Meldung abgesetzt worden sein.

Für die YouTube-Suchvorgänge in Abb. 9.4 am 07.04.2022 gegen 12 Uhr deutscher Zeit gilt dies sicher nicht.

9 Angriff auf den Bahnhof von Kramatorsk

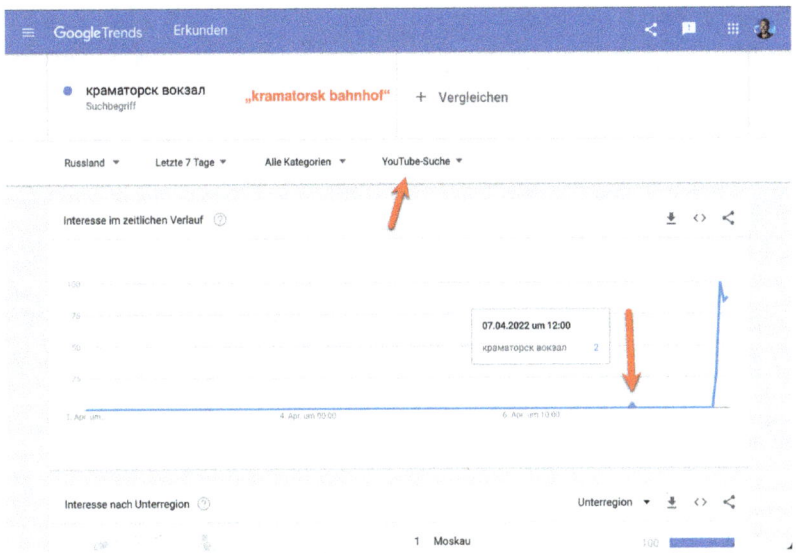

Abb. 9.4 Google Trends „Kramatorsk Bahnhof"

Zwar muss die Suche nach Videomaterial zum in wenigen Stunden bombardierten Bahnhof nicht zwingend in einem kausalen Zusammenhang stehen, zumindest ist diese aber auffällig. Insbesondere dann, wenn wir in der gleichen Stunde weitere Suchvorgänge beobachten (siehe Abb. 9.5), bei denen es eindeutig um die Auskundschaftung der Örtlichkeiten geht – und die die Tage zuvor so auch nicht nachgefragt wurden.

9 Angriff auf den Bahnhof von Kramatorsk

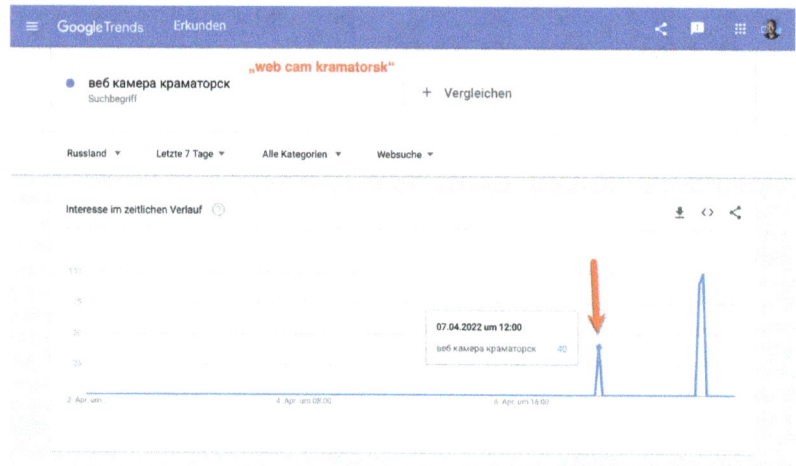

Abb. 9.5 Google Trends „Webcam Kramatorsk"

Die Totschka-U

Eines der Hauptargumente, die Russland in der Frage der Täterschaft entlasten sollte, war das scheinbar fehlende Trägersystem Totschka-U. Auch die Separatisten in Donezk und Luhansk würden über dieses System nicht verfügen. Nur wenige Tage später konnten Analysten jedoch nachweisen, dass die russischen Streitkräfte sehr wohl über ein solches Waffensystem verfügen[4].

Auf russischer Seite ging man aber offenbar davon aus, dass die westlichen Aufklärungsdienste diesen Kenntnisstand nicht hatten. Es scheint so, als hätte man sich in dieser Frage kurz vor dem Angriff trotzdem absichern wollen. Wir beobachten in Abb. 9.6 etwa 1,5 h vor den Einschlägen Suchvorgänge zu „verfügt russland über die totschka", die wahrscheinlich in Moskau abgesetzt wurden.

---

[4] https://www.t-online.de/nachrichten/ausland/id_91988964/raketenangriff-in-kramatorsk-analysten-belasten-russland.html

Die Totschka-U

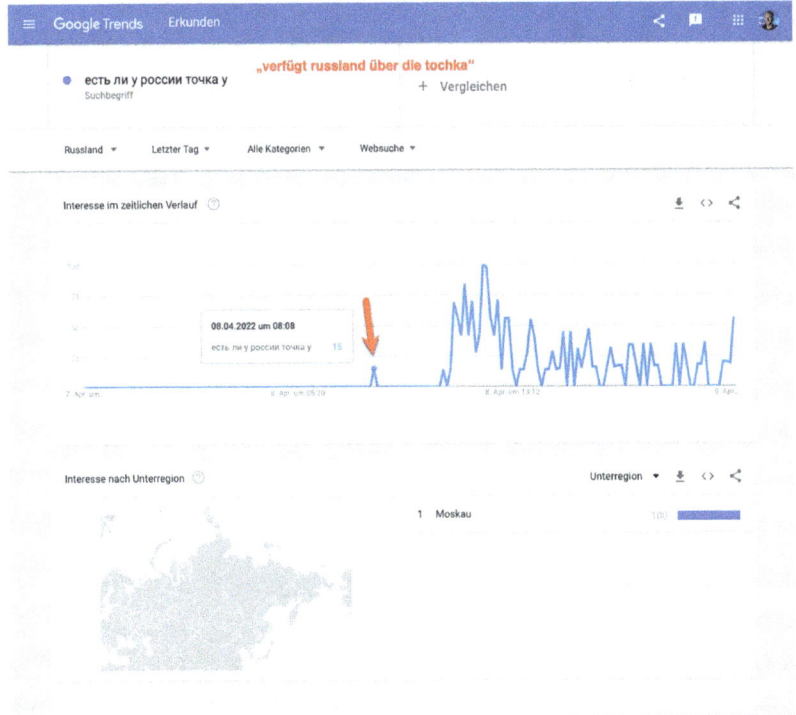

Abb. 9.6 Google Trends „Verfügt Russland über die Totschka"

Wäre man bei dieser Suche auf Hinweise gestoßen, die belegt hätten, dass Russland doch über ein solches System verfügt, so hätte man sich für ein alternatives Vorgehen, beziehungsweise für eine andere Argumentation entscheiden müssen.

Neben den Suchanfragen aus Russland finden wir aber auch für das Oblast Donezk, also aus unmittelbarer Nähe, in Abb. 9.7 auffällige Suchanfragen. Am Nachmittag des 07.04.2022 wurde hier explizit nach einer „russischen Totschka" gesucht. Es scheint auch hier so, als ob in die Tat eingeweihte oder involvierte Personen vor Ort die aktuelle Nachrichtenlage prüfen wollten.

Wir beobachten also verwandte Suchvorgänge, die sich in zeitlicher Nähe befinden und einen ebenso passenden geographischen Bezug aufweisen. Dabei formulieren sie auch noch eines der Hauptargumente zur russischen Entlastung.

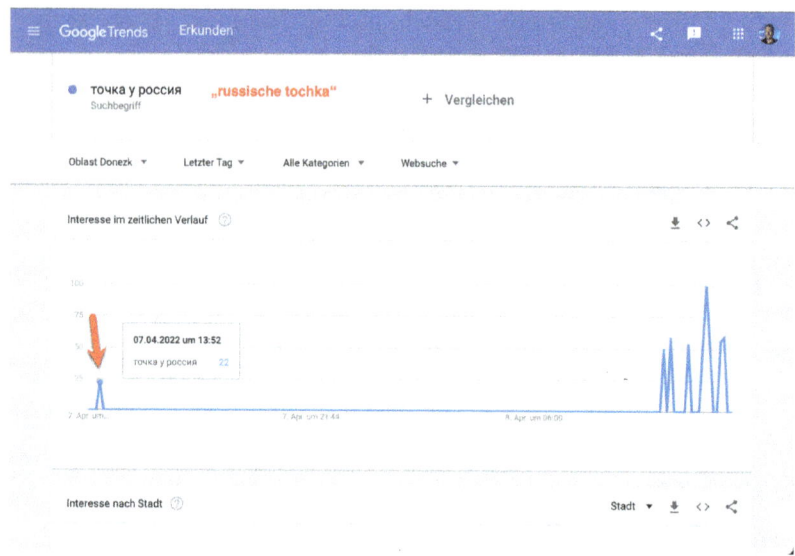

Abb. 9.7 Google Trends „Russische Totschka"

Es lässt sich schwer vorstellen, dass es sich bei einer solchen Konstellation um einen Zufall handelt. Dennoch lässt sich ein solcher nie völlig ausschließen. Aus Sicht der Suchvorgänge spricht sehr vieles dafür, dass Russland, möglicherweise in Zusammenarbeit mit den Separatisten der Region, verantwortlich für den Tod von 57 Frauen, Kindern und Männern sind.

Evakuierung nach Russland

Die Falschmeldungen hören an dieser Stelle jedoch nicht auf. Die bereits erwähnte pro-russische Bloggerin, Alina Lipp, erklärt am 12.04.2022[5], die Menschen hätten am 08.04.2022 das Gebiet Richtung Russland verlassen wollen. Der Bahnhof sei deshalb vom ukrainischen Militär angegriffen worden, weil man dies nicht zulassen wollte.

---

[5] https://www.facebook.com/deutschlandblatt/posts/5009840019099245

Evakuierung nach Russland

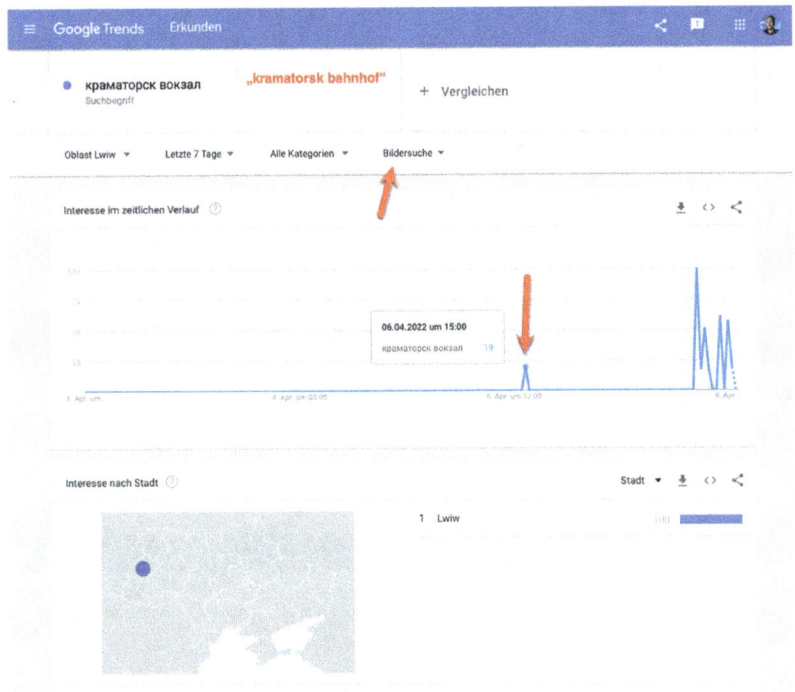

Abb. 9.8 Google Trends „Kramatorsk Bahnhof"

Dabei war das eigentliche Ziel der Flüchtenden der Westen des Landes: Lwiw. Dies lässt sich auch an den Suchvorgängen erkennen, die wir aus dieser Region beobachten. Zwei Tage vor der geplanten Evakuierung finden wir Suchanfragen aus Lwiw, die den Bahnhof in Kramatorsk betreffen (siehe Abb. 9.8). Scheinbar haben sich die Gastgeber der Flüchtlinge zu den Bedingungen vor Ort informieren wollen.

Wie der „The Kyiv Independent" noch am Abend des 08.04.2022 berichtet, seien die Flüchtlinge aus Kramatorsk angekommen[6]. Hier spricht man von insgesamt 2500 Personen.

---

[6] https://kyivindependent.com/evacuation-train-with-victims-of-russian-missile-attack-in-kramatorsk-arrives-in-lviv/

172   9 Angriff auf den Bahnhof von Kramatorsk

Die Fluchtbewegung von Kramatorsk nach Lwiw lässt sich in Abb. 9.9 auch an den Suchvorgängen zum Wetter in Lwiw bestätigen. Bereits am 05.04.2022 scheinen viele Flüchtlinge ihre Reise zu planen und möchten sich darüber informieren, welche Kleidung sie idealerweise am Zielort tragen sollen.

Die Argumentation von Alina Tipp, warum die ukrainischen Streitkräfte ein Interesse an einem Raketenangriff gehabt hätten, hat keinen Bestand. Die Daten sprechen nicht für eine Fluchtbewegung nach Russland, sondern in den Westen des Landes.

In der Gesamtbetrachtung gewinnen wir den Grund zu Annahme, dass der Angriff auf den Bahnhof von Kramatorsk mit Hilfe von russischen Waffen und unter russischer Beteiligung durchgeführt wurde.

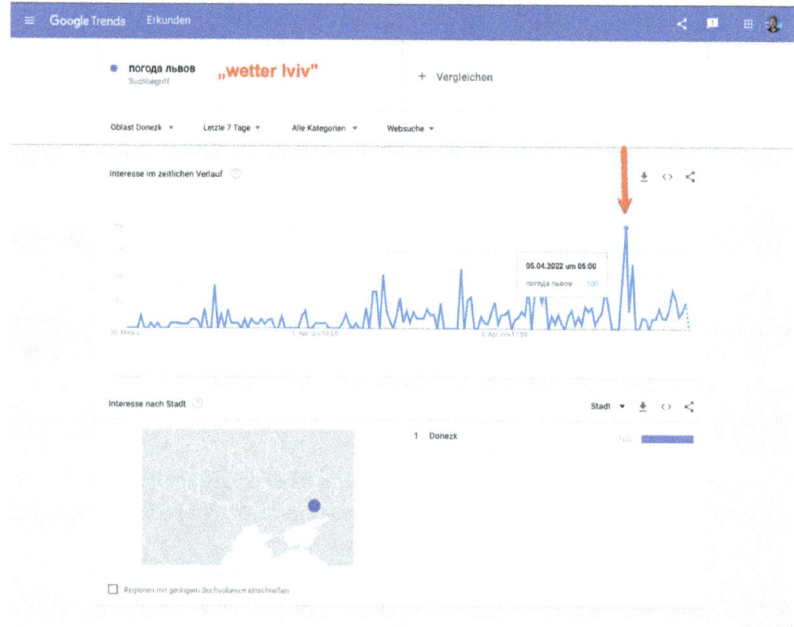

Abb. 9.9   Google Trends „Wetter Lviv"

Das Einkaufszentrum in Krementschuk 10

> **Zusammenfassung**
>
> Im Sommer beschießt Russland ein frequentiertes Einkaufszentrum, etwa 100 km von der Frontlinie entfernt. Die hinterlassenen digitalen Daten lassen interessante Rückschlüsse auf die Planungs- und Aufklärungskapazitäten des Verteidigungsministeriums zu.

„Bei uns schießt niemand so einfach aufs Feld."[1] (Wladimir Putin, 29. Juni 2022)

Am 27.06.2022 liegt Krementschuk, eine Stadt mit 220.000 Einwohnern, etwa 100 km von der Front entfernt, als gegen 14:52 Uhr deutscher Zeit neben dem Einkaufszentrum „Amstor" eine russische Rakete einschlägt. Es ist ein Montag, und im Gebäude befinden sich etwa 300 Menschen[2].

Wenige Augenblicke später schon erreichen die Meldungen zum Raketeneinschlag auch die russische Bevölkerung. Zunächst sind einige damit beschäftigt, Krementschuk auf der Karte zu finden (siehe Abb. 10.1).

Ab 15:04 Uhr scheint zudem klar, dass es einen Vorfall im Einkaufszentrum namens „Amstor" gab (siehe Abb. 10.2).

Kurz darauf meldet sich Moskau zu Wort: die Meldungen zum Einkaufszentrum seien „Fake News", die gezeigten Leichen nicht echt. Es handele sich um eine Provokation des Westens im Stil von Butscha.

---

[1] https://www.faz.net/aktuell/politik/ausland/putin-verteidigt-raketenangriff-auf-einkaufsz entrum-in-der-ukraine-18139429.html

[2] https://www.reuters.com/world/europe/russian-missiles-hit-crowded-shopping-mall-cen tral-ukraine-zelenskiy-2022-06-27/

© Der/die Autor(en), exklusiv lizenziert an Springer Fachmedien Wiesbaden GmbH, ein Teil von Springer Nature 2024
S. Broschart, *Putins digitale Front und die Wahrheit dahinter*,
https://doi.org/10.1007/978-3-658-44577-5_10

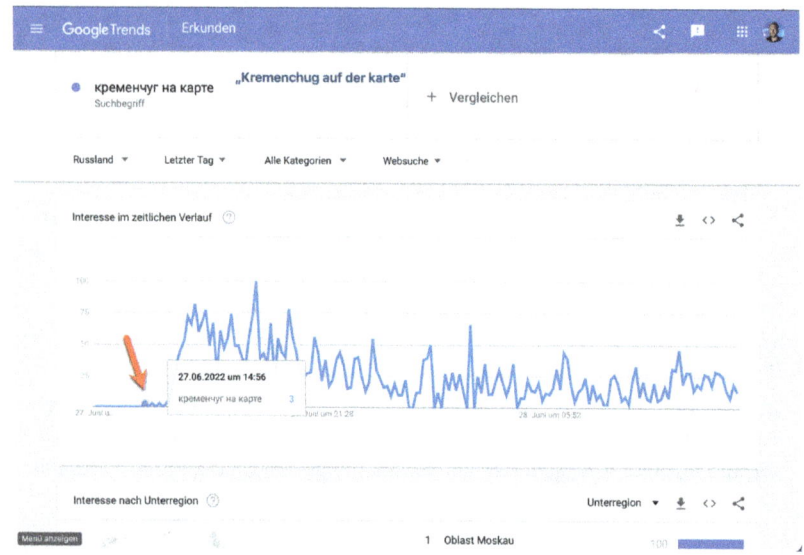

Abb. 10.1 Google Trends „Krementschuk auf der Karte"

Auch Alina Lipp meldet sich über ihren Telegram-Kanal gleich mehrfach und über mehrere Stunden hinweg. Dabei liegt ihr besonders daran, die Geschehnisse als eine ukrainische Inszenierung zu diffamieren. Eine russische Beteiligung schließt sie aus. Dafür stellt sie die Glaubwürdigkeit der ukrainischen Angaben mehrfach infrage.

Erst als das russische Verteidigungsministerium einen Tag später, am 28.06.2022, eine Beteiligung einräumt, ist die Unterstellung einer Inszenierung nicht mehr haltbar. Allerdings wird von russischer Seite behauptet, man habe ein nahegelegenes Waffendepot getroffen. Das Einkaufszentrum sei durch die in Feuer geratenen westlichen Waffen und Mution in Brand geraten. Trotz mehrfacher Erklärung der Ukraine, dass es kein Waffendepot in der Nähe gegeben hätte, adaptiert Lipp die Erklärung des Verteidigungsministeriums für ihre Meldungen in Abb. 10.3.

Doch was ist hier genau geschehen? Zeigen die Geschehnisse in Krementschuk einfach, wie uninformiert, unabgestimmt und unpräzise die russische Armee vorgeht? Offenbar hatten das Außenministerium und das Verteidigungsministerium zu Beginn unterschiedliche Informationen zur Sachlage, die dazu führen, dass Außenminister Lawrow vorschnell von einer Inszenierung der

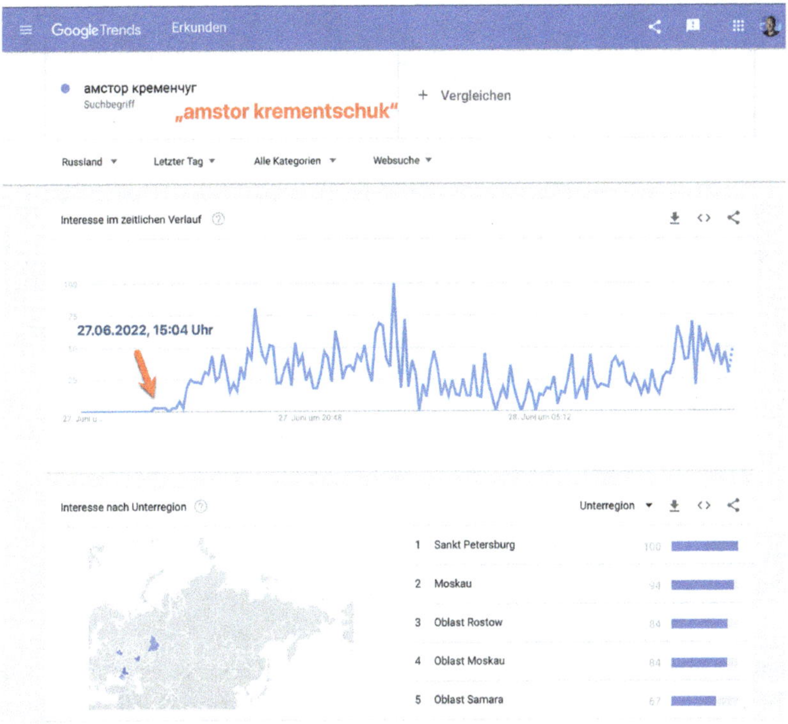

10   Das Einkaufszentrum in Krementschuk

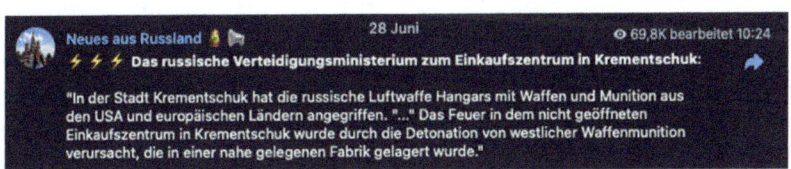

Abb. 10.2   Google Trends „Amstor Krementschuk"

Abb. 10.3   Telegram

Gegenseite spricht. Interessant ist dieser Sachverhalt insofern, weil wir das Außenministerium in einer unvorhergesehenen Situation und Defizite bei der internen Kommunikation beobachten können. Könnte es sein, dass auch im Fall

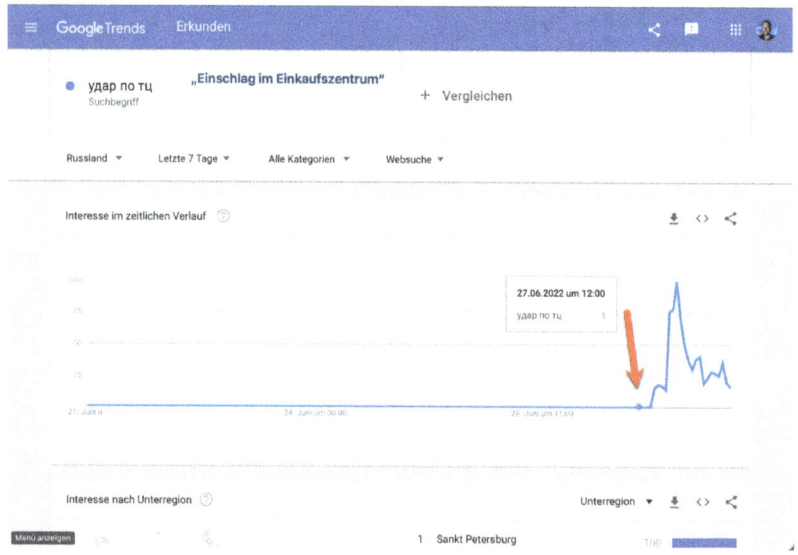

Abb. 10.4 Google Trends „Einschlag im Einkaufszentrum"

Butscha nicht alle Schlüsselpersonen der russischen Führung über die wahren Vorgänge informiert waren? Oder handelt es sich in Krementschuk doch nicht um Dilettantismus, sondern um Vorsatz?

Vielleicht war beides der Fall. Denn fast drei Stunden vor dem Einschlag finden wir Suchvorgänge aus Russland, die sich konkret mit Einschlägen in einem Einkaufszentrum befassen (siehe Abb. 10.4).

Dies wäre ein Hinweis darauf, dass tatsächlich das Einkaufszentrum und nicht eine andere Örtlichkeit Ziel des Angriffes war. Wollte die russische Führung in Erfahrung bringen, ob die Medien schon über einen Einschlag berichten würden? Da die Raketen aber neben dem Gebäude eingeschlagen sind, kann man ironischerweise nicht wirklich von einem präzisen Vorgehen sprechen.

Das Amstor ist nicht das erste Einkaufszentrum, welches von der russischen Armee zerstört wird. Am 20.03.2022, es ist ein Sonntagabend, wird das Einkaufszentrum „Retroville" in Kiew bombardiert[3]. Auch in diesem Fall finden wir kurz vor der Bombardierung Suchanfragen aus Russland, die sich auf die Einrichtung

---

[3] https://www.watson.ch/international/ukraine/532597834-russland-ukraine-konflikt-shopping-mall-in-kiew-zerbombt

10 Das Einkaufszentrum in Krementschuk

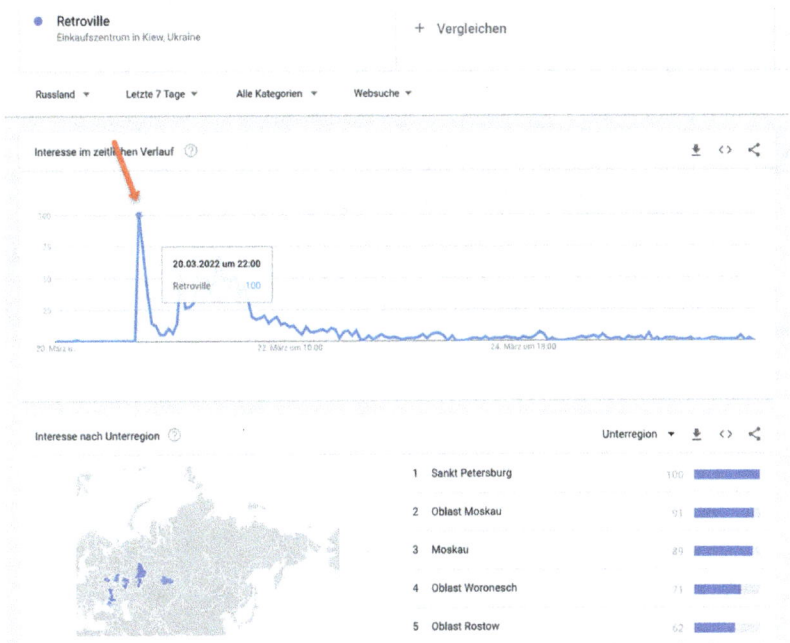

Abb. 10.5 Google Trends „Retroville"

beziehen (siehe Abb. 10.5). Im Gegensatz zum Angriff in Krementschuk wurde die Zeit so gewählt, dass davon auszugehen war, dass sich keine Personen im Gebäude aufhalten würden.

In Anbetracht der Sachlage scheint es wahrscheinlich, dass die russische Digitalaufklärungen im Fall von Krementschuk einfach fehlerhafte Informationen zusammengetragen hat. Möglicherweise hat man sich zu leichtfertig auf die Hinweise in den Google-Suchergebnissen verlassen, die ja auch Auskunft über Öffnungszeiten und die Menge der Menschen vor Ort liefern. Damit erhalten die Suchergebnisse von Google eine nicht zu unterschätzende schicksalshafte Bedeutung.

Diese Unternehmensprofil-Daten waren für das Amstor-Einkaufszentrum scheinbar deutlich schlechter gepflegt und unvollständiger, als für das Retroville, welches sogar ein LinkedIn-Profil mit weiteren Informationen anbietet.

Kurz nach dem Raketenangriff in Krementschuk zeigen einige Käufer ihre Kassenbons auf Telegram[4], die belegen sollen, dass kurz zuvor noch im Einkaufszentrum eingekauft wurde und es demnach auch geöffnet sein musste.

Es scheint sehr wahrscheinlich, dass das Einkaufszentrum in Krementschuk tatsächlich getroffen werden sollte. Und zwar in der Annahme, dass es leer stehen würde. So wie das Retroville-Einkaufszentrum in Kiew. Das angebliche Waffendepot? Möglicherweise eine Schutzbehauptung, um das eigene Versagen innerrussisch zu kaschieren.

---

[4] https://correctiv.org/faktencheck/2022/07/21/russischer-raketenangriff-in-der-ukraine-doch-das-einkaufszentrum-in-krementschuk-war-geoeffnet/

Nord Stream 11

Zusammenfassung

Die Sprengung der Gaspipelines „Nord Stream 1" und „Nord Stream 2" sorgte aufgrund ihrer nicht minderer politischen Sprengkraft weltweit für Schlagzeilen. Im folgenden Kapitel wollen wir uns auf die Suche nach Motiven und mögliche Täter begeben.

„Wenn Russland in die Ukraine einmarschiert … dann wird es kein Nord Stream 2 mehr geben."[1] (Joe Biden, 7. Februar 2022)

Für Wladimir Putin war die Abhängigkeit der Europäer vom russischen Gas eine wichtige Planungsgröße zur Festigung der russischen Machtverhältnisse in Europa. Die von Russland gelieferte günstige Energie entschied aus seiner Sicht über die Wirtschaftlichkeit des westlichen Europas und damit auch über den Wohlstand seiner Bürger.

Ende 2011 und 2012 werden die Stränge der Gaspipeline Nord Stream 1 in Betrieb genommen – eine direkte Verbindung vom russischen Wyborg durch die Baltische See bis nach Lubmin in der Nähe von Greifswald in Deutschland. Und als Ende 2021 die nahezu parallel laufenden Stränge von Nord Stream 2 fertiggestellt sind, steht die Invasion der Ukraine kurz bevor. Der Hebel, mit dem die Europäer bei Bedarf unter Druck gesetzt werden können, ist einsatzbereit. Putin fühlt sich zunächst gut vorbereitet. Ob er die Drohung des deutschen Bundeskanzlers etwa eine Woche vor Kriegsbeginn, Nord Stream 2 im Falle eines Angriffskrieges nicht ans europäische Netz anzuschließen, wirklich ernst nimmt,

---

[1] https://www.nzz.ch/wirtschaft/nord-stream-lecks-kaum-fakten-dafuer-umso-wildere-spe kulationen-ld.1706600

© Der/die Autor(en), exklusiv lizenziert an Springer Fachmedien Wiesbaden GmbH, ein Teil von Springer Nature 2024
S. Broschart, *Putins digitale Front und die Wahrheit dahinter*,
https://doi.org/10.1007/978-3-658-44577-5_11

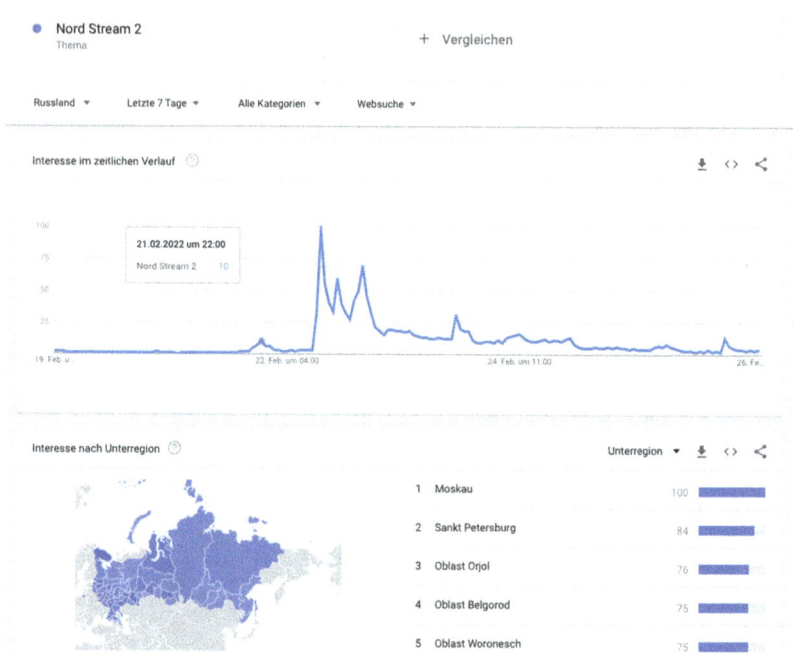

Abb. 11.1 Google Trends „Nord Stream 2"

bleibt fraglich. Denn in der Vergangenheit hatten sich die Deutschen in dieser Frage von der kritischen amerikanischen Sichtweise doch eher emanzipiert. Offenbar geht Putin davon aus, dass Olaf Scholz eine leere Drohung ausspricht. Trotzdem: kurz vor Kriegsbeginn untersucht der Kreml ganz genau, welche Entwicklungen sich in dieser Frage ergeben. Denn hätte ein Ausfall russischer Gaslieferungen seinen schrecken verloren, dann könnte sich eine für Russland nachteilige Kriegsdynamik entwickeln, denn ein Europa wäre dann nicht mehr so leicht gefügig zu machen, nicht mehr erpressbar.

Abb. 11.1 gibt Aufschluss über das allgemeine Interesse zum Pipeline-Projekt „Nord Stream 2".

Wie bereits erwähnt, betreibt der Kreml zwischen dem 21. und dem 24.02.2022 intensive Recherchen bei Google. Dabei werden auch aktuelle Meldungen zu Nord Stream abgefragt. Und genau jetzt setzt Olaf Scholz das

Genehmigungsverfahren für Nord Stream 2 aus. Gaslieferungen sind damit nach wie vor ausschließlich über Nord Stream 1 möglich.

Angst und Schrecken – ein Versuch

In den kommenden Monaten fahren die westlichen Staaten die Wirtschaftssanktionen gegen Russland hoch. Die russischen Föderation liefert zunächst weiterhin Gas über Nord Stream 1, denn sie möchte sich – im Gegensatz zum Westen – als „zuverlässiger Partner" positionieren, der seine Verträge einhält. Dennoch reduziert Russland im weiteren Verlauf die Fördermengen sukzessive, bis Ende August 2022 kein Gas mehr geliefert wird[2]. Schuld seien technische Probleme, die Aufgrund der Sanktionen nicht so schnell gelöst werden könnten. Oder aber es fehle eine Turbine, die von Deutschland nicht geliefert werden würde[3].

Zur Stützung der russischen Währung entscheidet Putin noch im März 2022, dass alle Gaslieferungen von westlichen Abnehmerländern ab dem 01.04.2022 in Rubel bezahlt werden müssen. Würde man dieser Forderung nicht nachkommen, dann würde auch kein Gas mehr ausgeliefert werden. Putins Dekret führte im weiteren Verlauf immer wieder zu Verwirrungen in der praktischen Anwendung[4].

Der russische Energiekonzern Gazprom hatte am 01.04.2022 vermeldet, sich von seiner deutschen Unternehmenstochter zu trennen[5]. Nicht ganz klar war zunächst, welche Strategie die russische Seite mit diesem Vorgehen verfolgen würde. Möglicherweise sollte auf diese Weise eine Neuverhandlung der Gasverträge möglich werden.

Am 04.04.2022 übernimmt die Bundesnetzagentur als Treuhandgesellschaft die deutsche Tochtergesellschaft. Nach Informationen des deutschen Wirtschaftsministers Robert Habeck sei dieser Schritt zwingend notwendig, um die Energieversorgung weiterhin garantieren zu können[6]. Die Gazprom Germania GmbH ist in Deutschland für etwa 40 % der Energieversorgung verantwortlich[7].

---

[2] https://www.tagesschau.de/wirtschaft/gazprom-nord-stream-gaslieferstopp-103.html
[3] https://www.tagesschau.de/inland/nord-stream-turbine-scholz-103.html
[4] https://www.tagesschau.de/wirtschaft/weltwirtschaft/energielieferungen-gas-zahlung-rubel-faq-101.html.
[5] https://www.tagesschau.de/wirtschaft/unternehmen/gazprom-germania-103.html
[6] https://www.tagesschau.de/wirtschaft/unternehmen/gazprom-germania-107.html
[7] https://www.tagesschau.de/wirtschaft/unternehmen/gazprom-germania-bundesnetzagentur-faq-101.html

Abb. 11.2 liefert einen Überblick zu den dynamischen Geschehnissen rund um „Gazprom Deutschland" in der betreffenden Woche.

Die pro-russische Propaganda nimmt in dieser Zeit deutlich an Fahrt auf. In dramatischen Bildern wird der wirtschaftliche und soziale Zerfall Europas gezeichnet. Insbesondere die deutschen sollen Angst vor einer ungewissen Zukunft entwickeln. Putin hofft auf eine Spaltung der geeinten Haltung gegen den Angriffskrieg Russlands und damit auf eine Aufhebung der Sanktionen (siehe Abb. 11.3).

Zudem finden wir immer wieder Meldungen, die aufzeigen sollen, dass sich nicht alle westlichen Partner an die Sanktionen halten und bereit sind, den Forderungen des russischen Präsidenten nachzukommen (Social Proof). So behauptet

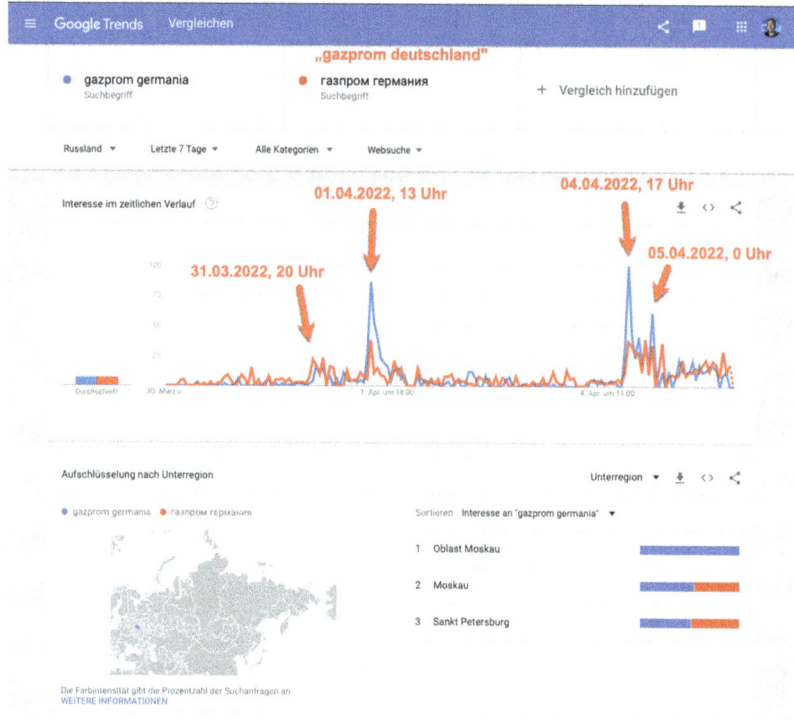

Abb. 11.2 Google Trends, Gazprom Deutschland

Angst und Schrecken – ein Versuch 183

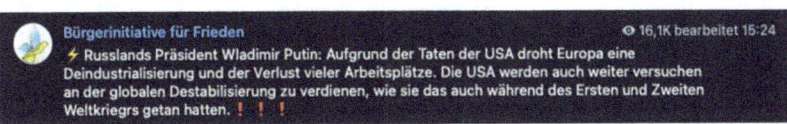

Abb. 11.3 Telegram

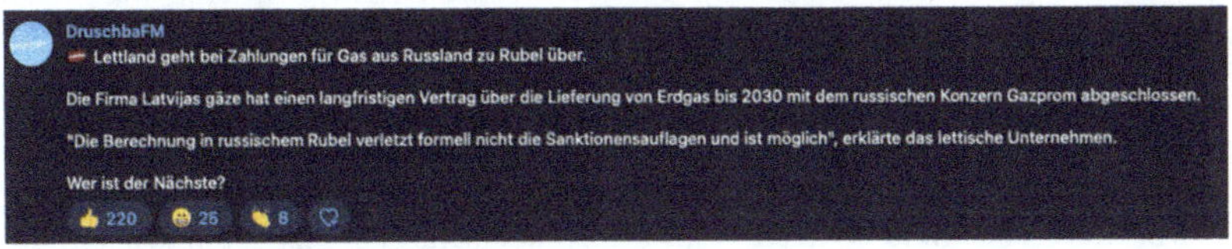

Abb. 11.4 Telegram

Abb. 11.5 Telegram

der deutschsprachige, pro-russische Telegram-Kanal DruschbaFM in Abb. 11.4, Lettland würde Gazprom in russischen Rubeln bezahlen.

Diese Behauptung stellte sich jedoch als unzutreffend heraus[8].

Anfang April 2022 behauptet Thomas Röper auf seinem Telegram-Kanal, dass die amerikanischen Ölimporte um 40 % gestiegen seien (siehe Abb. 11.5). Auch hier soll vermittelt werden, dass sich ein wichtiger Partner des westlichen Bündnisses nicht an vereinbarte Sanktionen gegen Russland halten würde.

In der Tat ist es so, dass die Ölimporte zu diesem Zeitpunkt kurzfristig ansteigen. Allerdings nur deshalb, weil die vertraglich vereinbarten Lieferungen noch

---

[8] https://taz.de/Gasversorgung/!5867741/

vor dem Inkrafttreten der Sanktionen abgewickelt werden sollen. Kurze Zeit später sinkt der Anteil russischen Öls auf nahezu Null[9].

Im Laufe der folgenden Monate werden pro-russische Propagandisten nicht müde, auf die vermeintlich schlechte Entwicklung in Deutschland hinzuweisen. Insbesondere scheinbar politische Fehlentscheidungen sollen die Reputation der Regierung öffentlich infrage stellen[10].

DruschbaFM vermittelt, dass sich das Leben, so wie es die Europäer kennen würden, gravierend verändern würde. Selbst die Grundversorgung wäre nicht mehr gewährleistet. Ganz Europa hätte sich demnach auf schlimme Konsequenzen insbesondere im Winter einzustellen. Mehr noch: es wird impliziert, dass es zu Unruhen in Europa kommen würde – ähnlich wie im August 2022 in Sierra Leone[11].

Von russischer Seite versteht man die europäische Sanktionspolitik als völlig überzeichnet, ja gerade zu lächerlich[12] und selbstzerstörerisch. Auf diesem Hintergrund geht man offenbar davon aus, dass die Sanktionen auch nicht konsequent fortgesetzt werden.

Der Kanal „Bürgerinitiative für Frieden" meint, in der aktuellen Energiepolitik ein Ablenkungsmanöver von verfehlter Politik und einer Geiselnahme durch das „Kiewer Regimes" festzustellen (siehe Abb. 11.6).

Die pro-russische Propaganda spielt aber auch mit der militärischen Angst und vermittelt, dass Deutschland durch in Kaliningrad stationierte Raketen erreichbar wäre, wenn Gas nicht in Rubel beglichen werden würden.

Zunächst scheint es so, als ob Putin mit seinem Vorgehen erfolg haben könnte. Am 01.09.2022 erreicht der Gaspreis ein Rekordniveau von mehr als 40 Cent[13] pro Kilowattstunde. Doch: das war es. Teurer wird es nicht mehr. In den darauffolgenden Tagen sinkt der Preis rapide. Im Jahr 2023 ist er sogar wieder auf das Vorkriegsniveau abgesunken (siehe Abb. 11.7).

Natürlich vernimmt man diese Entwicklung auch im Kreml. Für Wladimir Putin bedeutet sie nichts Gutes. Er hat nicht nur die Einkünfte durch die Gasverkäufe an westliche Länder verloren, sondern auch ein ganz entscheidendes Druckmittel für die weitere Verhandlungsführung. Alle Bemühungen, Europa mit

---

[9] https://correctiv.org/faktencheck/2022/04/14/us-oelimporte-aus-russland-stiegen-kurzfristig-gehen-aber-seit-april-gegen-null/
[10] Im Laufe der folgenden Monate werden prorussische Propagandisten nicht müde, auf die vermeintlich schlechte Entwicklung im Land hinzuweisen.
[11] https://en.wikipedia.org/wiki/2022_Sierra_Leone_protests
[12] https://9gag.com/gag/arnjOOK
[13] https://www.ndr.de/nachrichten/info/Gaspreis-aktuell-wie-viel-kostet-Kilowattstunde,gaspreis142.html

Angst und Schrecken – ein Versuch

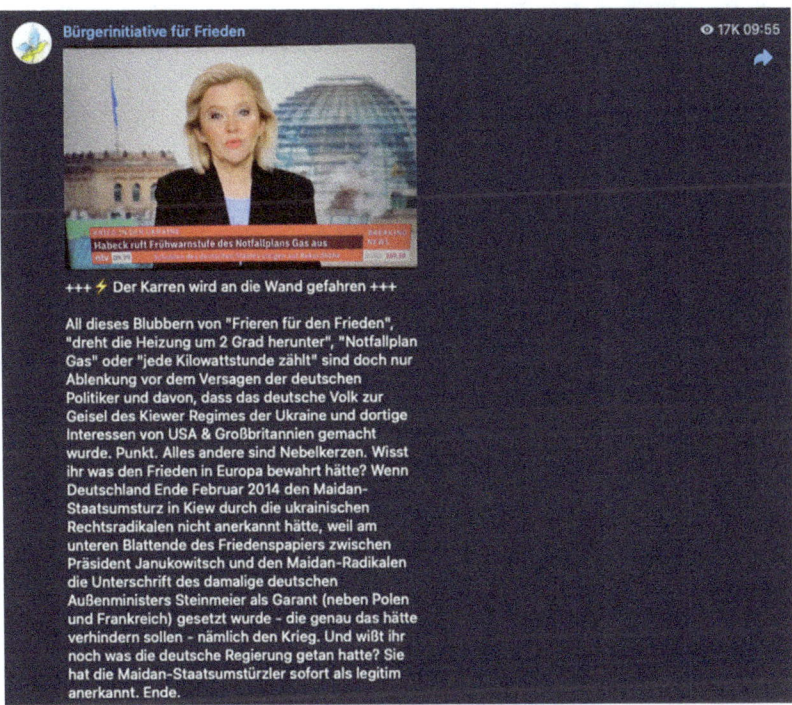

Abb. 11.6 Telegram

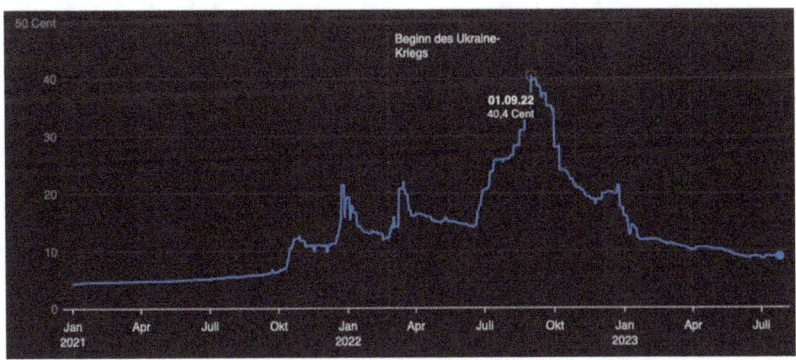

Abb. 11.7 Quelle: Verivox

dem Vorenthält von Energie gefügig zu machen – sie sind gescheitert. Nord Stream hat zu diesem Zeitpunkt seinen strategischen Wert für Russland verloren.

Die Sprengung

Anfang Februar 2022 formuliert der amerikanische Präsident im Beisein von Olaf Scholz auf einer Pressekonferenz: wenn Russland in die Ukraine einmarschiert, dann wird es kein Nord Stream 2 mehr geben[14]. Auf die Frage, wie er das bei einem ausländischen Projekt garantieren wolle, entgegnete er: ich verspreche Ihnen, dass wir das schaffen werden.

Am 26.09.2022, mehr als 7 Monate später, detonieren drei der vier Nord Stream Stränge in der Baltischen See. Seismographische Aufzeichnungen[15] belegen, dass zunächst ein Strang von Nord Stream 2 gegen 2:03 Uhr gesprengt wurde. Später, gegen 19:03 Uhr, detonierten beide Stränge von Nord Stream 1.

Nach den ersten Untersuchungen wird klar: es handelt sich nicht um einen technischen Defekt, der zur Detonation führte, sondern um Sabotage. Die Pipelines sind vorsätzlich und unter großem Aufwand gesprengt worden. Doch von wem und warum?

Die westliche Staatengemeinschaft blickt argwöhnisch auf Russland. Kurz nach dem Anschlag auf die Pipelines meldet sich Putin zu Wort und weist jegliche Verantwortung von sich, denn schließlich würde Russland den größten Schaden durch die Sprengung davontragen und spricht von „internationalem Terrorismus"[16]. Im Oktober 2022 nimmt die deutsche Bundesanwaltschaft in Karlsruhe die Ermittlungen auf[17].

Es ist Februar 2023, als Russland vor dem UN-Sicherheitsrat eine Untersuchung der Geschehnisse rund um die Sprengungen von Nord Stream fordert[18]. Dabei wird insbesondere Bezug auf einen Artikel des US-Journalisten Seymour Hersh[19] genommen, der sich auf eine anonyme Quelle beruft, die besagt, dass

---

[14] https://www.rnd.de/politik/joe-biden-nach-gespraech-mit-olaf-scholz-wenn-russland-ein marschiert-wird-es-kein-nord-stream-2-mehr-GVVGRO45QCOX3JBVL7W6IECPBY.html

[15] https://www.reuters.com/world/europe/seismograph-spiked-twice-day-baltic-pipeline-leaks-germanys-gfz-2022-09-27/

[16] https://www.tagesschau.de/inland/nord-stream-explosionen-ermittlungen-103.html

[17] https://www.tagesschau.de/inland/ermittlungen-pipelines-101.html

[18] https://www.n-tv.de/politik/Russland-befasst-UN-Sicherheitsrat-mit-Nord-Stream-Explosionen-Deutschland-nicht-geladen-article23934338.html

[19] https://seymourhersh.substack.com/p/how-america-took-out-the-nord-stream

US-Marinetaucher die Sprengsätze an den Pipelines platziert hätten. Das russische Aussenministerium greift auf diesem Hintergrund auch die Aussage von Biden aus dem Februar 2022 auf und versteht diese als Drohung, die dann in die Tat umgesetzt wurde. Aus russischer Sicht ist also Joe Biden für die Sprengung verantwortlich. Und so stellt der russische Duma-Präsident Wolodin Schadensersatzansprüche an die USA[20]. Im UN-Sicherheitsrat wird die russische Forderung nach Aufklärung per Abstimmung abgelehnt. Nur Russland, China und Brasilien hatten für eine Untersuchung gestimmt[21].

Nun stellt sich die Frage, welchen Vorteil die Vereinigten Staaten im September 2022 durch eine Zerstörung der Nord Stream Pipelines gewonnen hätten. Seit Ende August förderten sie kein Gas mehr. Der Gaspreis war bereits im Sinkflug und die Abhängigkeit von russischem Energieimport mehr oder weniger überwunden, zumindest aber handhabbar. Zwar nutzte die russische Propaganda den anstehenden Winter, um die Europäer vom Gegenteil zu überzeugen, wirklich gelungen ist dies aber nicht. Auf russischer Seite sah man das möglicherweise anders. Die russische Bevölkerung erlebte im Fernsehen nahezu täglich, wie schlecht das Leben im westlichen Europa sein musste. So ganz ohne russische Energie. Sicher würden die Europäer bald, wenn es kalt werden würde, „zur Vernunft" kommen und dann wieder Gas über Nord Stream beziehen. Und das konnte der US-Präsident auf keinen Fall zulassen. Darüber hinaus: wenn die Vereinigten Staaten mit der Sprengung nichts zu tun hätten, warum haben sie dann im UN-Sicherheitsrat dem russischen Antrag nicht stattgegeben?

Die Vereinigten Staaten standen Nord Stream immer skeptisch gegenüber. Zu groß schien die russische Abhängigkeit und die damit verbundene politische Erpressbarkeit. Aber auch die baltischen Staaten[22], sowie Dänemark und Schweden sahen die Zusammenarbeit mit Russland kritisch[23].

Mit dem Bau von Nord Stream 2 wollte sich Russland unabhängig von der Ukraine machen, die bislang als Transitland für russisches Gas zur Versorgung der westlichen Länder fungierte. Durch die Inbetriebnahme von Nord Stream 2 wären der Ukraine jährlich Einnahmen durch Transitkosten in Höhe

---

[20] https://www.n-tv.de/politik/Duma-Chef-will-Nord-Stream-Schaeden-verguetet-haben-article23923671.html.
[21] https://press.un.org/en/2023/sc15243.doc.htm
[22] https://www.handelsblatt.com/unternehmen/energie/erdgas-pipeline-osteuropaeer-geben-kampf-gegen-nord-stream-2-nicht-auf/23097330.html
[23] https://energypost.eu/nordic-countries-nord-stream-2-scepticism-neutrality/

von bis zu 2 Mrd. € entgangen. Es scheint nachvollziehbar, dass die ukrainische Regierung das Projekt gerne gekippt hätte[24]. Aber auch Polen, ebenfalls ein Transitland für russisches Gas, sieht Nord Stream 2 als Belastungsprobe für die deutsch-polnischen Beziehungen[25]. Wäre es auf diesem Hintergrund denkbar, dass polnische oder ukrainische Kräfte als Täter infrage kommen? Oder haben wir es hier ganz einfach mit einer False Flag-Operation zu tun? Sitzen die eigentlichen Drahtzieher im Kreml?

Bevor wir über die Motivlagen sprechen, sei noch folgender wichtiger Aspekt erwähnt: bereits 3 Monate vor der Explosion der Pipelines lagen den westlichen Geheimdiensten Hinweise auf einen vom ukrainischen Militär für Juni geplanten Anschlag auf Nord Stream vor. Zu diesem Zeitpunkt förderte Nord Stream 1 noch bis zu 170 Mio. Kubikmeter Gas pro Tag[26]. Das ist teilweise mehr, als noch vor der Invasion der Ukraine. Auch wenn das Vorhaben nach eindringlicher Warnungen der CIA[27] verworfen wurde, so liefern die Ermittlungen der Bundesanwaltschaft teilweise erstaunliche Übereinstimmungen zu den damaligen Plänen. Dieser Umstand erklärt auch, warum die westlichen Staaten im UN-Sicherheitsrat nicht für eine eingehende Untersuchung stimmten. Denn wäre eine ukrainische Beteiligung nicht mehr abzustreiten gewesen, hätte dies möglicherweise massive Auswirkungen auf die Bereitschaft der europäischen Bevölkerung zur weiteren Unterstützung der Ukraine.

Welche der genannten Parteien hätte den größten Nutzen durch die Zerstörung von Nord Stream gehabt? Diese Frage ist eine elementare, denn der Aufwand zur Realisierung ist enorm und muss einen entsprechend großen Gegenwert aufweisen.

Aus amerikanischer Sicht scheint die Sprengung der Pipelines im September 2022 nur wenige strategische Vorteile zu bieten, denn die Europäer hatten die Energiekrise weitestgehend im Griff. Im Gegenteil: könnte eine amerikanische Beteiligung nachgewiesen werden, würde dies zu einer Destabilisierung des Zusammenhaltes der NATO-Staaten führen. Dies konnte nicht im Interesse der Vereinigten Staaten liegen. Und aus dieser Perspektive scheint es schlüssig, dass die CIA das ukrainische Militär vor einer Durchführung der Pläne abhalten wollte.

---

[24] https://www.deutschlandfunk.de/nord-stream-2-die-ukraine-kaempft-um-ihre-kunden-100.html
[25] https://www.deutschlandfunk.de/deutsch-russische-gaspipeline-nordstream-ii-entzweit-polen-100.html
[26] https://de.statista.com/statistik/daten/studie/1315481/umfrage/russische-gaslieferungen-ueber-nord-stream/
[27] https://www.spiegel.de/politik/deutschland/nordstream-cia-warnte-ukraine-vor-anschlagsplaenen-a-c944da91-3138-42e8-b6f1-fdd2bf127e05

Und genau hier liegt das Motiv für Russland: die Destabilisierung des Verbundes der NATO-Länder. Nur eine geschwächte, eine uneinige NATO würde in der Unterstützung der Ukraine nachlassen. Eine geschwächte Ukraine wäre so deutlich leichter zu besiegen.

Welche Möglichkeit scheint realistischer: die Verhinderung einer vielleicht erneuten Annäherung Deutschlands an Russland? Oder die Schwächung der NATO?

Für die Länder Schweden und Finnland, letzteres teilt sich eine gemeinsame Grenze mit Russland, war ihre neutrale politische Haltung eine zentrale Komponente ihrer Außenpolitik. Nach der russischen Invasion der Ukraine bewertet man die Sicherheitslage jedoch neu und entschließt sich für etwas, was kurz zuvor noch als undenkbar galt: für einen NATO-Beitritt. Für den Kreml eine alarmierende Entwicklung, stand mit einem Beitritt dieser Länder die NATO im Norden Russlands direkt „vor der Haustüre". Wladimir Putin begleitete deshalb die öffentlichen Diskussionen zu einem Beitritt immer wieder mit Drohungen, Russland werde auf die Osterweiterung mit Gegenmaßnahmen reagieren[28].

Für den NATO-Beitritt ist eine Zustimmung aller NATO-Staaten erforderlich. Diese zeichnet sich zunächst aber nicht ab, denn der türkische Präsident sieht Schweden und Finnland als Unterstützer der in der Türkei verbotenen kurdischen Arbeiterpartei PKK, die dort als Terrororganisationen eingestuft wird[29]. Auch der Kreml weiß um die besondere Stellung der Türkei und deren Bedeutung für den Zusammenhalt der NATO. Während der Beitrittsgespräche wird dann am 21.01.2023 im schwedischen Stockholm ein Koran vor der türkischen Botschaft verbrannt. Die türkische Zustimmung für einen NATO-Betritt scheint nun in weite Ferne gerückt[30]. Aufgrund der politischen Brisanz und dem gewählten Zeitpunkt stellt sich die Frage: wurde die Koranverbrennung aus dem Kreml gesteuert um die weiteren Beitrittsgespräche zu stören und die NATO-Erweiterung zu verhindern?

Wenn wir uns in Abb. 11.8 das Suchverhalten über Google in Russland ansehen, dann fällt auf: bereits am 17.01.2023 wurde offenbar nach Meldungen zu einer Koranverbrennung in Schweden gesucht. Innerhalb einer Stunde beobachten wir mitten in der Nacht eine höhere Anzahl an Suchanfragen, als am 21.01.2023, dem Tag der Verbrennung.

---

[28] https://www.kreiszeitung.de/politik/putin-news-russland-ukraine-krieg-deutschland-drohung-atom-waffen-finnland-nato-beitritt-eskalation-92199592.html

[29] https://www.fr.de/politik/nato-beitritt-warum-erdogan-finnland-und-schweden-blockiert-tuerkei-russland-usa-91556083.html

[30] https://www.sueddeutsche.de/politik/schweden-tuerkei-koran-karikaturen-nato-1.5737659

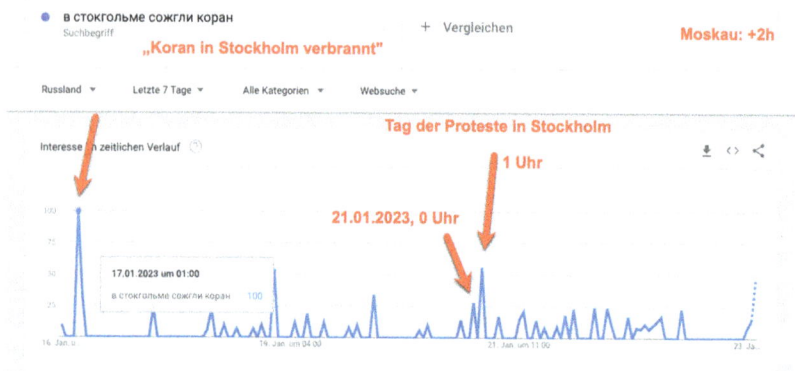

Abb. 11.8 Google Trends „Koran in Stockholm verbrannt"

Für Moskau beobachten wir in Abb. 11.9 vermehrte Suchvorgänge zu „Koranverbrennung in Schweden" noch einen Tag vorher, in den frühen Morgenstunden des 20.01.2023.

Wusste man in Russland also im Vorfeld, was geschehen würde? Eine aktive Steuerung, eine Inszenierung der Provokation in Stockholm durch den Kreml scheint tatsächlich denkbar. Und auch wenn es sich bei der Sprengung von Nord Stream um eine ganz andere Größenordnung der Inszenierung handeln würde, so scheint diese politisch und strategisch aus genannten Gründen durchaus plausibel.

Es gibt noch ein weiteres Detail, welches gegen die Vereinigten Staaten, aber auch gegen das ukrainische Militär als Saboteure spricht. Anders als zunächst angenommen, wurde zur Sprengung von Nord Stream 2 deutlich weniger Sprengstoff verwendet, als für Nord Stream 1[31]. Es scheint also so, als ob die vollständige Zerstörung von Nord Stream 1 sichergestellt werden sollte. Anders als bei Nord Stream 2: hier wurde lediglich ein Strang zerstört. Der zweite Strang wäre nach wie vor nutzbar. Handelt es sich dabei wirklich um ein Versehen? Wenn nicht, dann stellt das die Frage nach der Täterschaft in ein neues Licht. Denn wäre es um die Verhinderung einer möglichen neuen russischen Abhängigkeit gegangen, dann hätte man mit einer solchen Teilzerstörung der Pipelines das Ziel verfehlt. Gehen wir von russischen Tätern aus, so ergäben sich in

---

[31] https://www.merkur.de/politik/nord-stream-2-explosion-aufnahmen-pipeline-wenig-sprengstoff-zr-92358360.html

Die Sprengung

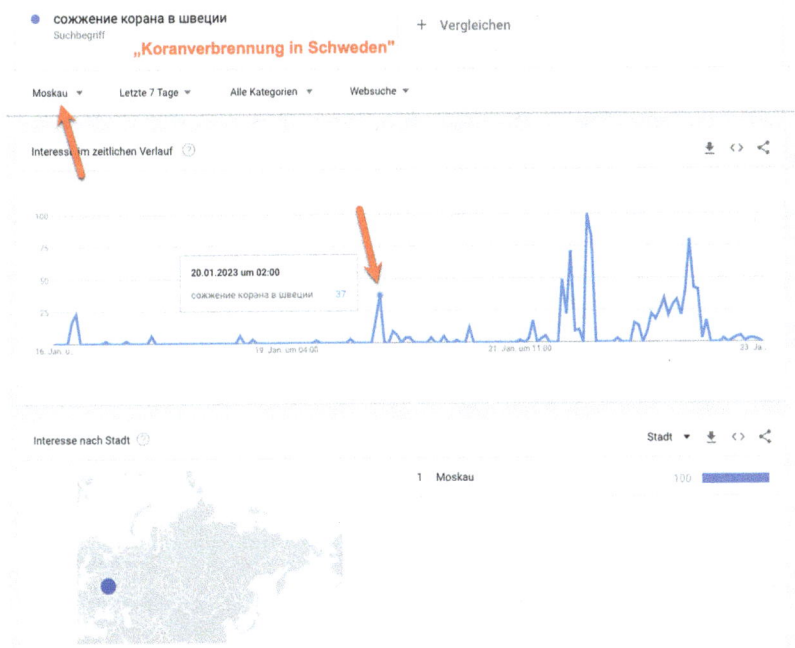

Abb. 11.9 Google Trends „Koranverbrennung in Schweden"

der Zukunft möglicherweise neue Verhandlungsoptionen: Russland könnte aufgrund einer Notlage und nach Bitten der deutschen Regierung sich doch noch dazu entschließen, russisches Gas zu fördern. Dazu müsste Olaf Scholz aber aus den verabschiedeten Sanktionierungsbeschlüssen ausscheren und das Genehmigungsverfahren für Nord Stream 2 wieder aufnehmen. Das würde zu massiven Zerwürfnissen mit den europäischen Partnern und NATO-Partnern führen – und wäre damit ganz im Sinne des Kremls.

Wir wollen uns im Folgenden einmal ansehen, welche der beschriebenen Umstände wir in Suchvorgängen bei Google finden und ob wir darüber hinaus den Beleg für eine der beschriebenen Täterhypothesen ableiten können.

Zunächst lässt sich feststellen, dass nach einer möglichen Explosion von Nord Stream bereits vor den eigentlichen Detonationen bei Google gesucht wurde (siehe Abb. 11.10).

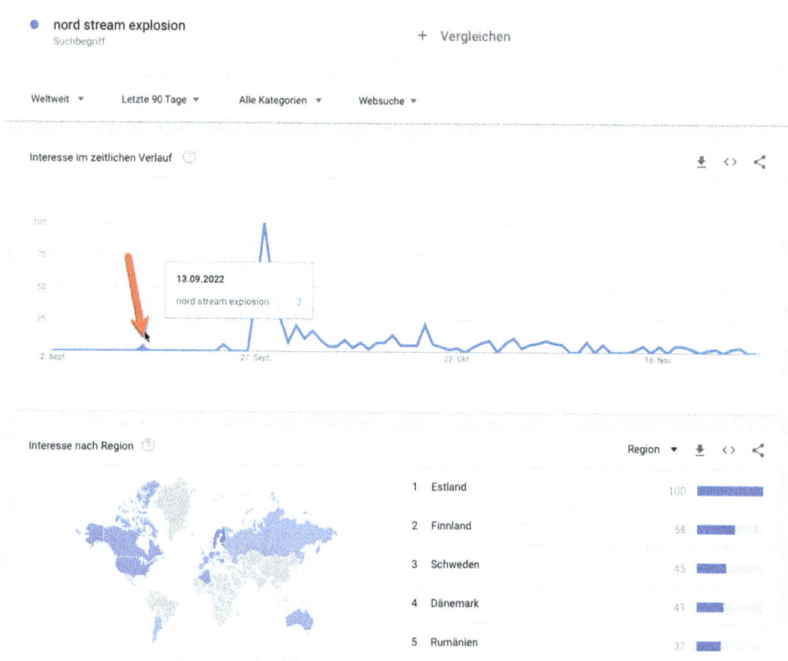

Abb. 11.10 Google Trends „Nord Stream Explosion"

Mit den Abb. 11.11 und 11.12 lässt sich feststellen, dass nur Stunden vorher Suchanfragen zu einer Explosion, aber auch einem möglichen Sabotage-Akt abgesetzt wurden.

Noch gegen 20 Uhr am Vorabend deutscher Zeit wurde in diesem Kontext auch die Google-News-Suche genutzt. Dies ist ein starkes Indiz darauf, dass es tatsächlich um aktuelle Geschehnisse rund um die Pipeline ging (siehe Abb. 11.13).

Die Sprengung

Abb. 11.11 Google Trends „Explosion Nord Stream"

Abb. 11.12 Google Trends „Nord Stream Sabotage"

Abb. 11.13 Google Trends „Nord Stream Sabotage"

Die Vereinigten Staaten als Saboteure

Blicken wir zunächst einmal auf die Vereinigten Staaten. Wie Seymour Hersh behauptet, sollen die Nord Stream Pipelines in einer Geheimoperation der Amerikaner, zu der der Kongress nicht informiert werden muss, gesprengt worden sein[32]. Es wäre also sicherzustellen gewesen, dass möglichst wenig Menschen von dem Vorhaben erführen. Würde eine solche Operation auf die US-Administration zurückzuführen sein, würde dies das Vertrauen innerhalb der NATO essentiell erschüttern. Die amerikanische Seite hingegen berichtet von einem ursprünglich durch das ukrainischen Militär geplanten Anschlag, der aber verworfen wurde. Die Informationen hierzu seien aber mit allen westlichen Geheimdiensten geteilt worden. Seymour Hersh sieht diese Behauptung der amerikanischen Administration als Vertuschungsversuch und beharrt auf seiner Darstellung. Selbst der deutsche Bundeskanzler sei eingeweiht gewesen und würde nun die amerikanische Regierung decken[33].

Wenn wir mit Abb. 11.14 nun einen Blick auf die Vereinigten Staaten im Kontext der Nord Stream Pipelines werfen, so stellen wir fest, dass tatsächlich erstaunlich häufig nach einer möglichen Explosion bei Google gesucht wurde.

---

[32] https://seymourhersh.substack.com/p/how-america-took-out-the-nord-stream

[33] https://www.fr.de/kultur/gesellschaft/seymour-hersh-ueber-nord-stream-sprengung-gehen-sie-zum-therapeuten-92311656.html

Die Vereinigten Staaten als Saboteure 195

Am Abend des 25.09.2022 gegen 20 Uhr deutscher Zeit finden wir Suchvorgänge zu „nord stream destroyed".

Wenn es sich nun um eine Geheimoperation gehandelt hätte, würden wir wahrscheinlich ausschließlich Suchanfragen aus den Vereinigten Staaten finden. In der Tat finden wir aber unzählige weitere. So wird in Australien ebenfalls am Vorabend nach „who blew up nord stream" gesucht (siehe Abb. 11.15).

Abb. 11.14 Google Trends „Nord Stream Destroyed"

Abb. 11.15 Google Trends „Who blew up Nord Stream"

Schweden

Einen nicht unerheblichen Anteil an Suchvorgängen zur Pipeline finden wir im Vorfeld vor allem aus den skandinavischen Staaten. Es scheint so, als ob man in Schweden einen Sabotageakt geradezu erwartet hätte. Am 25.09.2022 gegen 22 Uhr finden wir vermehrt Suchvorgänge zu einem möglichen Gasleck bei Bornholm (siehe Abb. 11.16). Die in schwedischer Sprache formulierte Suchanfrage impliziert, dass hier schwedische Staatsbürger gesucht haben.

Gleiches gilt für Suchvorgänge zu „Nord Stream 1 und 2" in Abb. 11.17, ebenfalls in Schwedisch formuliert, zwischen 1 und 3 Uhr – also auch unmittelbar kurz vor der Detonation. Die Intensität lässt vermuten, dass der oder die Suchenden mehr Informationen zu einem konkret anstehenden Ereignis hatten und möglicherweise der schwedischen Sprache mächtig waren.

Wir finden in Abb. 11.18 aber auch Suchvorgänge in englischer Sprache, die sich auf ein Leck in den Pipelines beziehen.

Aus der Provinz Hollands län finden wir für den 25.09.2022 Suchvorgänge zu einer möglichen Sabotage von Nord Stream über die Google News-Suche (siehe Abb. 11.19).

Abb. 11.16 Google Trends „Gasläcka Bornholm"

Schweden

Abb. 11.17 Google Trends „Nord Stream 1 och 2"

Abb. 11.18 Google Trends „Nord Stream Leak"

Abb. 11.19 Google Trends „Nord Stream Sabotage"

Dänemark

Wenn wir mit Abb. 11.20 einen Blick auf die Suchvorgänge in Dänemark werfen, dann finden wir hier ähnliche Suchvorgänge, wie in Schweden.

Abb. 11.20 Google Trends „Gas Leak Bornholm"

Abb. 11.21 Google Trends „Gas Leak Nord Stream"

Auch hier werden konkrete Hinweise zum Ort und auch zur Art der Sabotage bei Google erfragt. Sowohl in Schweden, als auch in Dänemark erwartet man offenbar ein Gasleck in der Nähe von Bornholm (siehe Abb. 11.21).

Handelt es sich nach dem Briefing zu den ukrainischen, aber verworfenen Anschlagsplänen um routinemäßige Prüfungen der Nachrichtenlage? Oder hatten die Skandinavier weitere konkrete Hinweise zu einem Sabotage-Anschlag?

Ukraine

Die deutsche Bundesanwaltschaft berichtet im März 2023 von ersten Ermittlungsergebnissen. So konnte eine Jacht ausfindig gemacht werden, die möglicherweise für den Transport von Sprengstoff zur fraglichen Zeit genutzt wurde. Scheinbar konnten in der Jacht mit dem Namen „Andromeda" Spuren von Sprengstoff nachgewiesen werden. Die „Andromeda" sei im September – wahrscheinlich am 07. – in Rostock ausgelaufen, zwischen dem 16. und 18. September an der dänischen Insel Christiansø gewesen[34] und zwischen dem 19. und 26. September wieder in Rostock eingelaufen[35]. Zwischen dem 09. und 10., sowie zwischen

---

[34] https://www.zdf.de/nachrichten/politik/nord-stream-andromeda-segeljacht-anschlag-sabotage-ukraine-krieg-102.html

[35] https://www.tagesschau.de/investigativ/nord-stream-pipeline-anschlag-ukraine-sabotage-101.html

dem 21. und dem 25. September war der Wellengang in der Region so gemäßigt, dass ein Tauchgang in die etwa 80 m tief liegenden Pipelines möglich gewesen wäre.

Inhaber der betreffenden Jacht sei eine deutsche Charterfirma, die von einer polnischen Firma, einem Reisebüro namens „Feeria Lwowa"[36] für einen ganzen Monat angemietet worden sei[37]. Die Inhaber dieser Firma seien zwei ukrainische Staatsbürger[38]. Damit stellen die deutschen Ermittler ebenfalls einen Bezug in die Ukraine fest. Viele Details scheinen sich mit den Hinweisen zu decken, die den Amerikanern zum durch das ukrainische Militär geplanten Anschlag vorlagen.

In der Tat scheint es so, dass man in der Ukraine am Vorabend der Detonationen auf Meldungen zu einer Zerstörung der Pipelines gewartet hat. Am 25.09.2022 wird zwischen 19 und 20 Uhr über die Google-News-Suche nach „nord stream explosion" gesucht (siehe Abb. 11.22). Sitzen die Drahtzieher also in der Ukraine? Hat sich das ukrainische Militär umentschieden und nicht auf die Warnung der Amerikaner gehört?

Abb. 11.22 Google Trends „Nord Stream Explosion"

---

[36] https://www.blick.ch/ausland/neue-enthuellungen-heisse-spuren-zu-nord-stream-sabotage-fuehren-in-die-ukraine-id18596641.html

[37] https://www.n-tv.de/politik/Besuch-auf-der-Nord-Stream-Jacht-Andromeda-Sprengstoff-Boot-liegt-in-Hafen-auf-Ruegen-article23984099.html

[38] https://www.tagesschau.de/inland/innenpolitik/nord-stream-schiff-durchsuchung-101.html

Das scheint schwer vorstellbar, wenn man bedenkt, dass die Unterstützung der Ukraine durch die Vereinigten Staaten von besonderer Bedeutung ist. Diese Sichtweise würde man selbst im Kreml vertreten, der die Ukraine als Marionetten-Regime der US-Administration beschreibt.

Polen

Doch was hat es mit der Firma in Polen auf sich, die die deutsche Jacht charterte? Handelt es sich hier lediglich um eine Briefkastenfirma?

Wenn wir uns in Abb. 11.23 die Suchvorgänge aus Polen anschauen, so stellen wir fest: Meldungen zur Sabotage der Nord Stream Pipelines wurden auch hier im Vorfeld erwartet. Zwischen 1 und 2 Uhr, also unmittelbar vor der Detonation von Nord Stream 1, finden wir bei Google Suchanfragen zu „sabotage nord stream".

Die beobachteten Suchvorgänge untermauern damit die Erkenntnisse der Generalbundesanwaltschaft. Gleichzeitig könnte der Verdacht aufkommen, Polen und die Ukraine seien Opfer einer Inszenierung geworden. Wie beschrieben stehen beide Länder den Nord Stream Pipelines äußerst kritisch gegenüber. Sollte dieser Umstand eine Täterschaft plausibler erscheinen lassen? Sollten die Akteure als staatlich geförderte Täter gefunden werden und die Stabilität der NATO erschüttern?

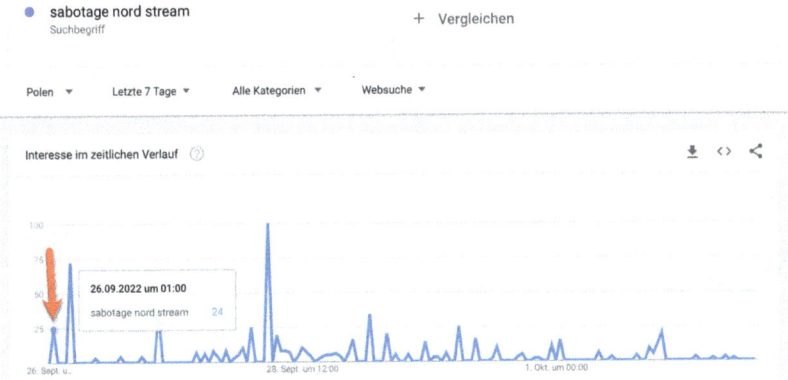

Abb. 11.23 Google Trends „Sabotage Nord Stream"

China

Die Informationen zu den ukrainischen Anschlagsplänen für Juni 2022 wurden mit den Geheimdiensten der Verbündeten geteilt. Wir können aber davon ausgehen, das die chinesische Regierung nicht informiert wurde. Als Verbündeter Russlands hätte sie diese Erkenntnisse wahrscheinlich weitergereicht. Für den Kreml wären entsprechende Informationen von großem Wert gewesen. Beweise hätten auf diese Weise gesichert werden können, um die ukrainische Führung vor der NATO zu demontieren.

Und trotzdem scheint China etwas gewusst zu haben. Am 26.09.2022 zwischen 0 und 1 Uhr, also kurz vor der ersten Detonation, wird von China aus vermehrt nach „explosion nord stream" gesucht (siehe Abb. 11.24). Wie ist das schlüssig zu erklären?

Entweder ist dies auf eigene Aufklärungskapazitäten zurückzuführen. Oder aber, China war durch Russland informiert. In jedem Fall ist anzunehmen, dass dann auch Russland informiert gewesen sein musste.

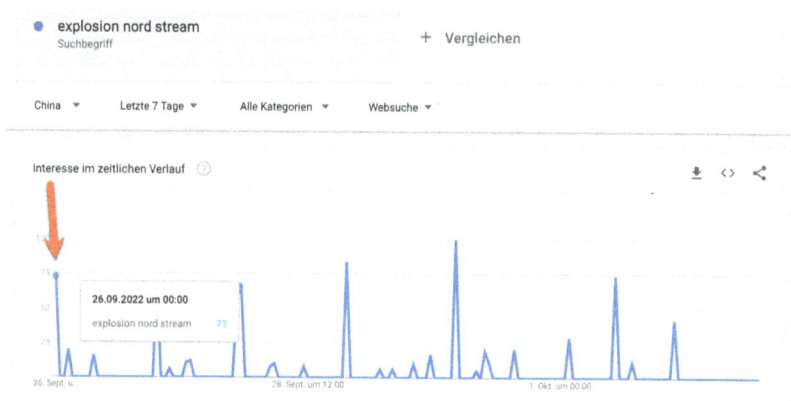

Abb. 11.24 Google Trends „Explosion Nord Stream"

Russland

In Russland nimmt die breite Öffentlichkeit die Geschehnisse ab 21 Uhr des 26.09.2022 deutsche Zeit wahr, die meisten jedoch erst am Folgetag (siehe Abb. 11.25). Zu diesem Zeitpunkt ist auch einer der beiden Stränge von Nord Stream 2 zerstört.

Bei genauer Betrachtung fallen in Abb. 11.26 folgende Suchvorgänge auf: bereits am 23.09.2022 erkundigt man sich von Russland aus zur Tiefe von Nord Stream 2 in der Baltischen See.

Am 24.09.2022 zwischen 1 und 2 Uhr deutscher Zeit wird von Russland aus intensiv nach einem Gasleck in der Pipeline gefragt (siehe Abb. 11.27).

Wenige Minuten später folgen Suchanfragen zu einem möglichen Unfall, der im Zusammenhang mit der Pipeline stehen könnte (siehe Abb. 11.28).

Abb. 11.25 Google Trends „Nord Stream"

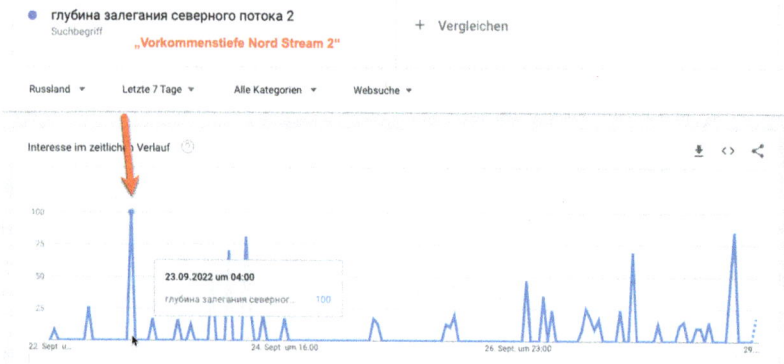

Abb. 11.26 Google Trends „Vorkommenstiefe Nord Stream 2"

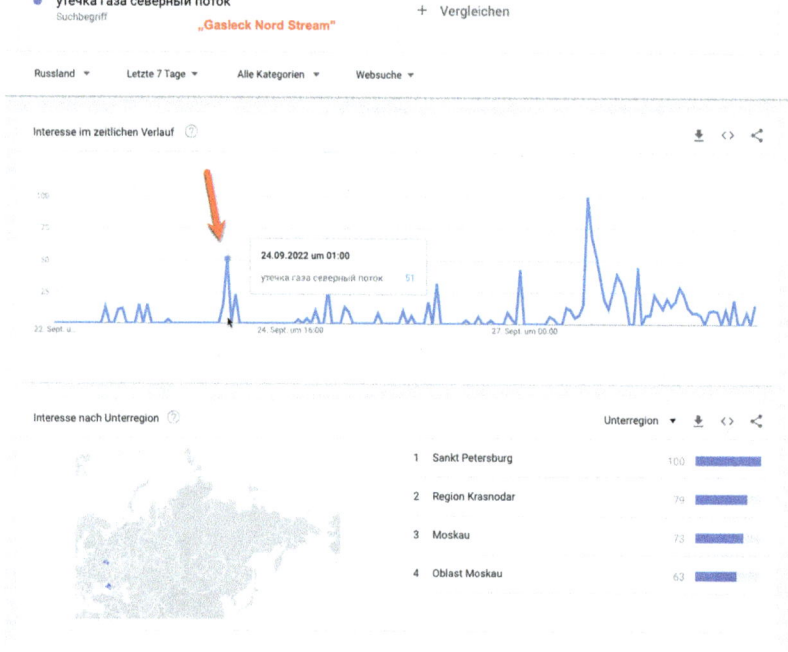

Abb. 11.27 Google Trends „Gasleck Nord Stream"

Russland

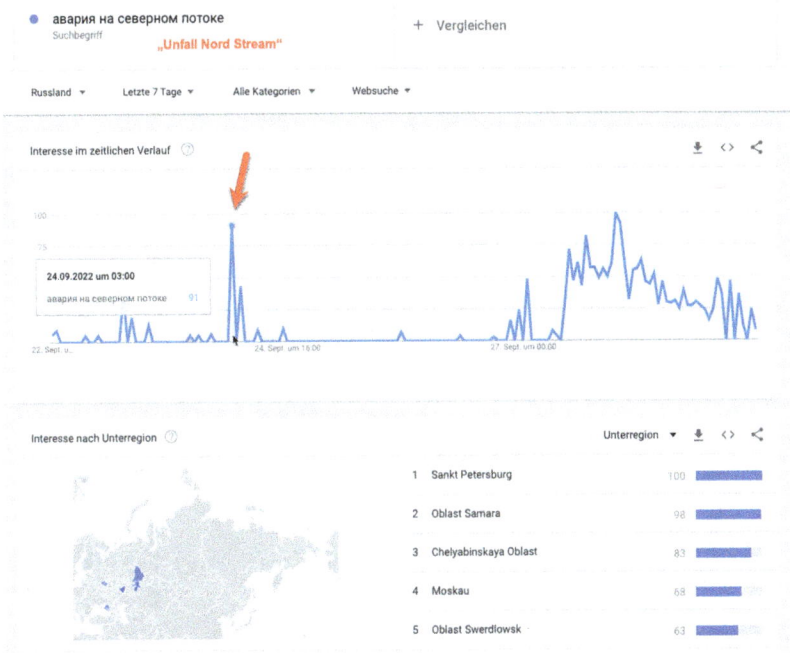

Abb. 11.28 Google Trends „Unfall Nord Stream"

Einen Tag später – um die gleiche Zeit – beobachten wir in Abb. 11.29 Suchanfragen zu einer gesprengten Nord Stream Pipeline.

Innerhalb der selben Stunde wird auch nach möglichen Nord Stream Sabotage-Meldungen bei Google gesucht (siehe Abb. 11.30).

Wir beobachten also eine Vielzahl an Suchvorgängen, die von Russland aus alle innerhalb eines kleinen Zeitfensters abgesetzt wurden. Hier scheint sich

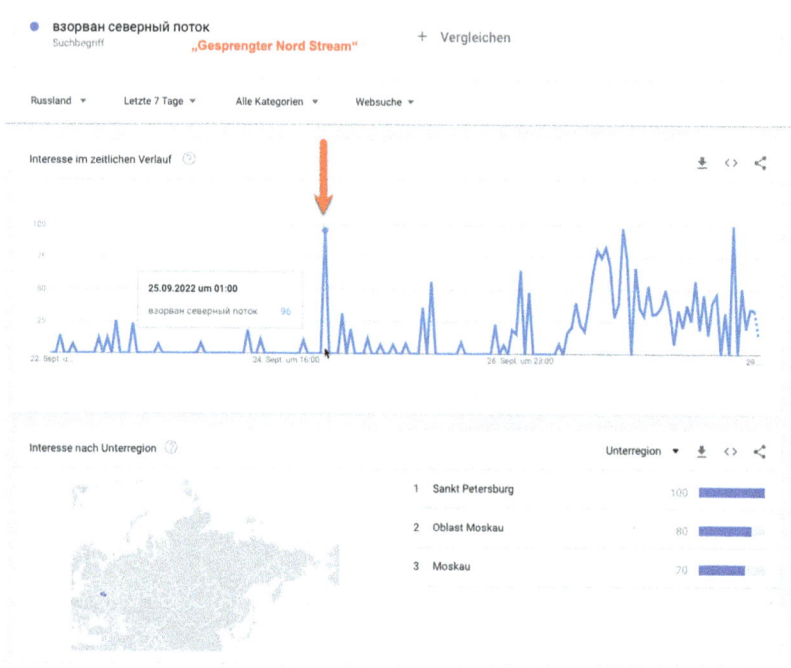

Abb. 11.29 Google Trends „Gesprengter Nord Steam"

jemand in Russland sehr konzentriert und konkret mit der Explosion von Nord Stream zu befassen, bevor die Pipelines dann tatsächlich gesprengt werden.

Von Interesse ist nun auch die folgende Beobachtung in Abb. 11.31: zwischen 2 und 3 Uhr, also in der gleichen Stunde, in der es auch zur ersten Detonation kommt, steigen die Suchvorgänge aus Russland zur Frage an, ob die USA Nord Stream gesprengt haben. Diese sehr zeitnahe Reaktion zielt wahrscheinlich auf

Russland

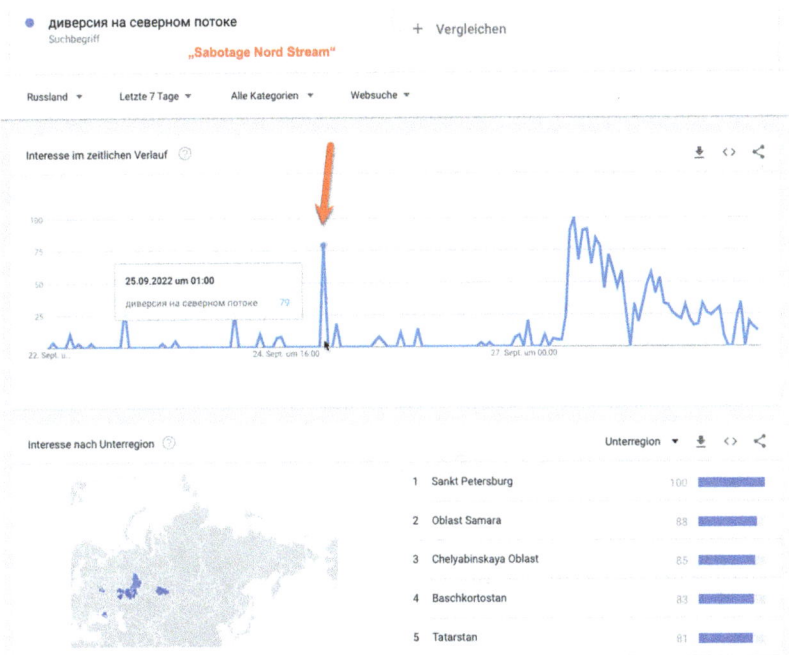

Abb. 11.30 Google Trends „Sabotage Nord Stream"

die Überprüfung von zu erwartenden Nachrichten ab. Hatte man also von russischer Seite auf die Sprengung gewartet und wollte nun prüfen, ob die Presse schon einen Täter ausfindig gemacht hatte? Zu diesem Zeitpunkt wussten nur wenige Menschen von der Detonation. Und auch Stunden später ist eigentlich noch nicht klar, ob es sich hier um einen Anschlag handelt oder nicht. Dies konnte nur der Täter wissen. Und der wollte nun möglicherweise in Erfahrung bringen, ob sein Plan aufgegangen war.

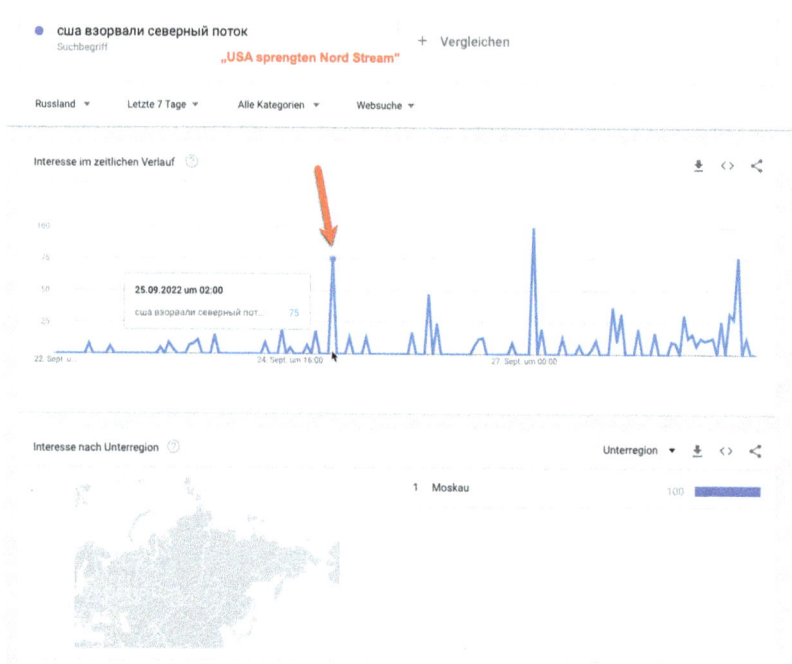

Abb. 11.31 Google Trends „USA sprengten Nord Stream"

Deutschland

Wie bereits beschrieben hatte die Generalbundesanwaltschaft in ihren Ermittlungen eine Jacht bestimmen können, die möglicherweise für den Transport von Sprengstoff und Tauchern genutzt wurde. Da sie von Rostock aus auslief, wäre es denkbar, dass wir auch Suchvorgänge aus Deutschland finden, die im Zusammenhang mit den Geschehnissen stehen.

Und in der Tat lassen sich einige interessante Auffälligkeiten beobachten. Bereits am 25.09.2022 zwischen 20 und 21 Uhr finden wir in englischer Sprache formulierte Suchvorgänge, die darauf schließen lassen, dass man von einer künftigen Sabotage wusste, beziehungsweise ausging (siehe Abb. 11.32). Gleichzeit lässt sich ableiten, dass sich die Verantwortlichen oder Helfer zu diesem Zeitpunkt auf deutschem Boden befunden haben müssen. Die Formulierung lässt eher darauf schließen, dass eine eingeweihte Person, die sich nicht auf der Jacht

Deutschland

gefunden hat, nach einschlägigen Meldungen in der englischsprachigen Presse gesucht hat.

Unmittelbar nach der Detonation beobachten wir zwischen 3 und 4 Uhr einen massiven Anstieg an Suchanfragen zu „nord stream sabotage usa", die aus Mecklenburg-Vorpommern kommen (siehe Abb. 11.33).

Abb. 11.32 Google Trends „Nord Stream Sabotage USA"

Abb. 11.33 Google Trends „Nord Stream Sabotage USA"

Der Kreml bezeichnete die Ermittlungsergebnisse als unglaubwürdig. Die Durchführung einer Pipeline-Sprengung könne nur die Tat eines staatlichen Akteurs sein. Eine kleine Gruppe wäre dazu wohl nicht in der Lage[39]. Es liegt auf der Hand: der Kreml wünscht sich die Beteiligung eines Staates, denn nur so könnte der Zusammenhalt in der Ukrainefrage nachhaltig gestört werden.

Zur Drucklegung dieses Buches bestehen immer noch Zweifel, ob nicht noch weitere Akteure bei der Sprengung beteiligt waren. So fiel im Rahmen von Recherchen der griechische Öltanker Minerva Julie auf, der sich zur passenden Zeit vor Ort befand. Wurden über dieses Schiff die erforderlichen 500 kg TNT-Sprengstoff transportiert? Denn tatsächlich scheint nicht ganz klar, ob eine Jacht mit 15 m Länge eine solche Menge hätte transportieren können. Einigen Überlegungen zufolge könnte es sich beim verwendeten Sprengstoff nicht um TNT gehandelt haben, sondern um Octogen[40]. Dann wäre lediglich eine Menge von etwa 30 bis 50 kg zu bewegen gewesen.

Schlussfolgerungen

Die Ermittler sind sicherlich auf viele Nebelkerzen gestoßen, die eine eindeutige Bestimmung der Täterschaft erschweren sollen. Betrachten wir die Situation aber alleine vom Risiko-Nutzen-Verhältnis, so scheint sich eine Zerstörung der Gaspipelines im September 2022 für die Vereinigten Staaten nicht zu rechnen. Zu groß wäre das Risiko, die Europäer beim Bekanntwerden der Täterschaft wieder in russische Arme zu treiben, die dann mit einem funktionierenden Strang von Nord Stream 2 wieder hätten Gas liefern können. Aber auch die Datenlage widerspricht den Annahmen von Seymour Hersh einer Geheimoperation, von der nur wenige wissen. Vielmehr scheint es so, dass es im Vorfeld tatsächlich einen Tipp gegeben gegeben hat, den die westlichen Geheimdienste besprochen haben. Anders ist das hohe Aufkommen an Suchanfragen im Vorfeld kaum sinnvoll zu erklären.

Die Suchanfragen, die wir in der Ukraine, in Polen, aber auch in Deutschland finden, bestätigen die Befunde der deutschen Ermittler: es scheint Mitwisser in der Ukraine und in Polen zu geben. Auffällig sind

---

[39] https://www.focus.de/politik/ausland/nord-stream-sabotage-im-fall-nord-stream-fuehrt-spur-nach-ruegen-neue-details-zur-sabotage-jacht_id_187888245.html

[40] https://www.agenzianova.com/de/news/lo-yacht-andromeda-potrebbe-essere-stato-impiegato-nel-sabotaggio-dei-nord-stream-1-e-2/

die vermehrten Suchanfragen aus Mecklenburg-Vorpommern. Handelt es sich hier um die Besatzung der Andromeda, die von Rostock aus sucht?

Besonders markant ist aber folgender Umstand: wir finden kurz vor der ersten Sprengung, sowie unmittelbar danach eindeutige Suchanfragen zu einer US-Sabotage von Nord Stream. Und zwar mehr oder weniger zeitgleich in Deutschland und in Russland.

Wäre es denkbar, dass Russland von den Anschlagsplänen des ukrainischen Militärs erfahren hatte? Wollte man nun den Plan unter der Flagge der Ukrainer zu Ende führen? Sollte es die perfekte False Flag-Operation werden, um den Zusammenhalt zwischen NATO und der Ukraine unwiderruflich zu schädigen? Es spricht einiges dafür.

Ramsan Kadyrow und Wladimir Putin 12

Zusammenfassung

Ramsan Kadyrow gilt als einer der loyalsten Vertrauen von Wladimir Putin. Die Datenanalyse in diesem Kapitel kann erklären, wie Kadyrow von dieser Zusammenarbeit für seine privaten Belange profitiert.

„Ich bin absolut friedfertig und gutmütig. Man will mich als finsteren Typen hinstellen. Anscheinend hat jemand etwas davon, wenn Kadyrow als Monster rüberkommt."[1] (Ramsan Kadyrow im Tass-Interview, 2021)

Der Tschetschene Ramsan Achmatowitsch Kadyrow, Mitglied der Partei „Einiges Russland", ist seit Mai 2007 Präsident der Teilrepublik Tschetschenien. Nachdem er 2004 von Wladimir Putin den Orden „Held der russischen Föderation" erhalten hatte, schlug er ihn dem tschetschenischen Parlament zur Wahl des Präsidenten vor. Im Oktober 2022 wurde „Putins Bluthund", so wie er auch genannt wird, zum Generaloberst der russischen Streitkräfte ernannt. Im Einsatz mit seiner Armee im russischen Krieg fällt er immer wieder mit verbalen Entgleisungen auf, fordert unter anderem den Einsatz von Atomwaffen.

Kadyrows Amtszeit ist geprägt von einem diktatorischen und unbarmherzigen Führungsstil. Mehrfach wurden ihm Menschenrechtsverletzungen und Morde an politischen Kritikern vorgeworfen.

Tumso Abdurakhmanow ist einer der Kritiker, der Kadyrow ein Dorn im Auge ist. Auf seinem YouTube-Kanal[2] spricht er sich offen gegen Kadyrow aus. Abdurakhmanow war bereits 2015 aus Tschetschenien nach Schweden geflohen, wo er

---

[1] https://mdz-moskau.eu/abteilung-attacke-kadyrow-ueber-den-westen-und-andere-feinde/
[2] https://www.youtube.com/@AbuSaddamShishani

© Der/die Autor(en), exklusiv lizenziert an Springer Fachmedien Wiesbaden GmbH, ein Teil von Springer Nature 2024
S. Broschart, *Putins digitale Front und die Wahrheit dahinter*,
https://doi.org/10.1007/978-3-658-44577-5_12

politisches Asyl erhalten hatte. Im Jahr 2020 überlebt er einen Mordanschlag, als ihn ein Angreifer in der Nacht mit einem Hammer töten will. Wie der Täter später bei seiner Festsetzung zugibt, kam der Auftrag zum Mord aus Tschetschenien.

Verwirrung um toten Abdurakhmanow

Anfang Dezember 2022 gab es erneut Verwirrung um eine mögliche Ermordung Abdurakhmanows[3,4]. Wie der Telegram-Kanal „ichkeriainfo" am 01. Dezember berichtete, würden Gerüchte zu seinem Tod kursieren.

Andere Medien berichteten, Abdurakhmanow sei in der Nacht vom 01. auf den 02. Dezember erschossen worden[5].

Wenn wir in Abb. 12.1 und 12.2 einen Blick auf den russischen Wikipedia-Eintrag zu seiner Person werfen, so stellen wir fest, dass am Nachmittag des 01.12.2022 bereits sein Todesdatum für den gleichen Tag notiert wurde[6].

Abb. 12.1 Quelle: Wikipedia

---

[3] https://istories.media/news/2022/12/05/odin-iz-samikh-yarikh-kritikov-kadirovskoi-vlasti-v-shvetsii-vozmozhno-ubit-oppozitsionnii-chechenskii-bloger-tumso-abdurakhmanov/

[4] https://novayagazeta.eu/articles/2023/02/21/ia-zhiv-I-zdorov-chechenskii-oppozitsioner-tumso-abdurakhmanov-opublikoval-pervoe-video-spustia-bolee-dvukh-mesiatsev-posle-svoei-propazhi-news

[5] https://www.bild.de/politik/inland/wirtschaft/von-russischem-killerkommando-kadyrow-kritiker-in-schweden-erschossen-82155562.bild.html

[6] https://ru.wikipedia.org/w/index.php?title=Абдурахманов,_Тумсо_Умалтович&action=history&offset=&limit=250

Verwirrung um toten Abdurakhmanow

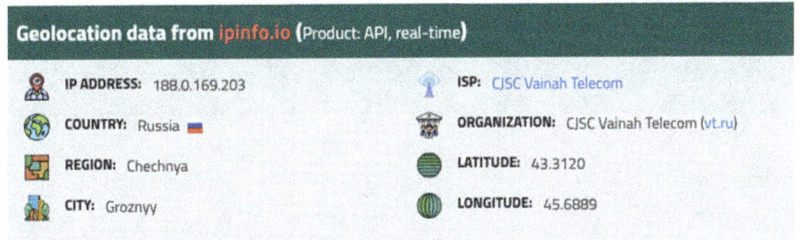

Abb. 12.2 Quelle: Wikipedia

Geolocation data from ipinfo.io (Product: API, real-time)

IP ADDRESS: 188.0.169.203

ISP: CJSC Vainah Telecom

COUNTRY: Russia

ORGANIZATION: CJSC Vainah Telecom (vt.ru)

REGION: Chechnya

LATITUDE: 43.3120

CITY: Groznyy

LONGITUDE: 45.6889

Abb. 12.3 Herkunftsort der Wikipediaänderungen

Laut der vermerkten IP-Adresse scheint der Eintrag durch eine Person in Grozny in Tschetschenien vorgenommen worden zu sein (siehe Abb. 12.3).

Am 09.02.2023 wurde das Datum seines Todes von Yakutsk aus, aus der Hauptstadt der russischen Teilrepublik Sacha, etwa 4900 km von Moskau entfernt, auf den 02.12.2023 korrigiert (siehe Abb. 12.4 und 12.5).

Dabei gab es bereits am 11.12.2023 Hinweise darauf, dass Abdurakhmanow noch lebte[7] und unter Schutz der schwedischen Polizei stand. Diese wollte sich zu den genauen Umständen jedoch nicht weiter äußern.

Das letzte Video hatte Abdurakhmanow auf seinem YouTube-Kanal am 07.11.2022 hochgeladen. Nun meldete er sich am 21.02.2023 erstmals nach den Gerüchten persönlich wieder zurück[8]. Er erklärte allerdings nur kryptisch, was sich in den Wochen zuvor zugetragen hatte.

---

[7] https://www.t-online.de/nachrichten/panorama/kriminalitaet/id_100092624/totgeglaubter-kadyrow-kritiker-lebt-offenbar-doch-noch-berichte-ueber-muenchen-reise.html

[8] https://www.youtube.com/watch?v=B8ilD8Ps8kQ

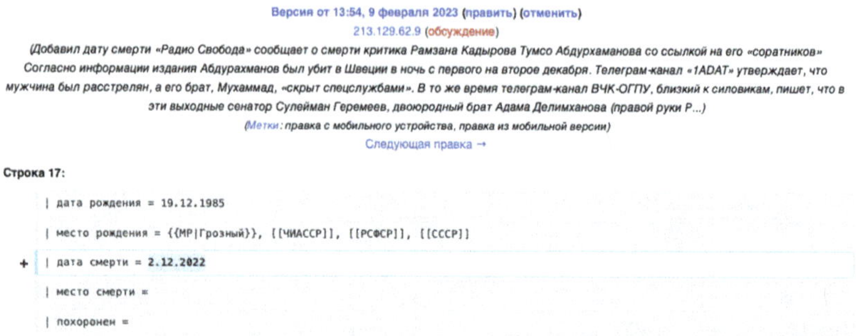

Abb. 12.4 Quelle: Wikipedia

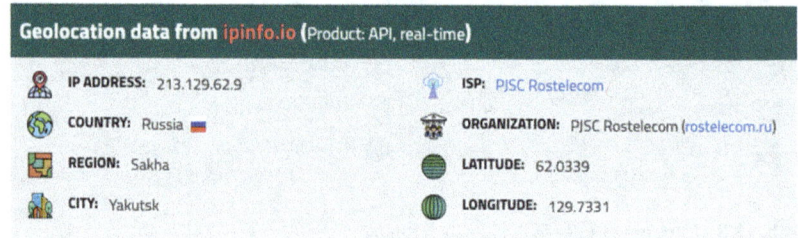

Abb. 12.5 Herkunftsort der Wikipediaänderungen

Was war genau geschehen? Gab es tatsächlich einen Mordanschlag auf Abdurakhmanow? Wenn wir uns in Abb. 12.6 die Suchergebnisse vom 01.12.2022 anschauen, so stellen wir fest, dass es an diesem Tag noch keine Berichterstattung zu Abdurakhmanow über die frei zugänglichen Medien gab.

Dennoch gab es an diesem Tag Suchanfragen bei Google zu seiner Person, die wahrscheinlich auf die Meldungen in den sozialen Netzwerken zurückzuführen sind (siehe Abb. 12.7).

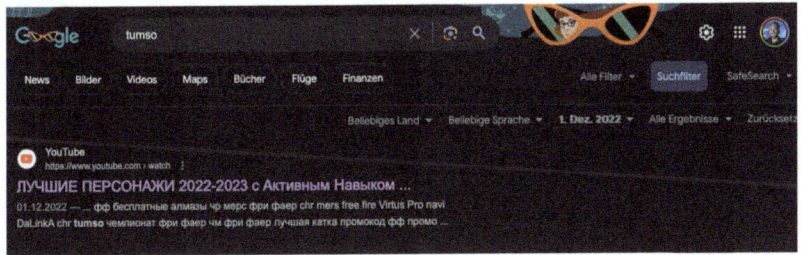

Abb. 12.6 Google Suchergebnis

Abb. 12.7 Google Trends „Tumso getötet"

Suchvorgänge in Schweden

Die Frage lautet: finden wir vermehrte Suchvorgänge, die vor den verbreiteten Gerüchten um seinen Tot abgesetzt werden? Ja, die finden wir (siehe Abb. 12.8). Und zwar in dem Land, in dem er scheinbar Opfer eines Mordanschlages wurde: in Schweden.

Wie wir in Abb. 12.9 sehen, wurde auch die Bildersuche in den frühen Morgenstunden des 30.11.2022 genutzt.

Sollten diese Suchvorgänge vom Täter zur Vorbereitung formuliert worden sein, so könnte dies ein Hinweis darauf sein, dass sich Täter und Opfer zuvor

Abb. 12.8 Google Trends „Tumso Abdurakhmanov"

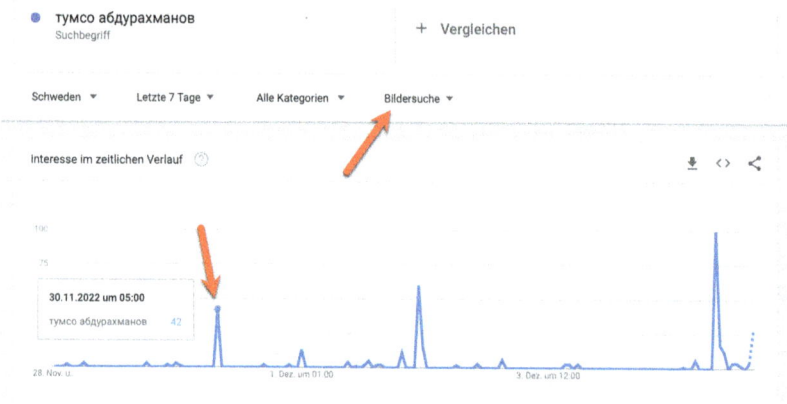

Abb. 12.9 Google Trends „Tumso Abdurakhmanov"

noch nie begegnet sind. Schließlich musste er sein Opfer erkennen können, wenn es vor ihm stand. Genau dies sollte sich später bewahrheiten.

Anzeichen aus dem Ausland

Eine weitere zentrale Frage lautet: hat der Täter tschetschenische Auftraggeber? Werfen wir in Abb. 12.10 einen Blick auf die Suchanfragen in Tschetschenien. Die Anzahl der Suchvorgänge um Tumso Abdurakhmanow steigt mit der Veröffentlichung der Gerüchte über die Social Media-Kanäle an.

Eindeutige Belege dafür, dass man in Tschetschenien auf die Todesnachricht von Tumso Abdurakhmanow gewartet hat, finden wir an dieser Stelle also nicht. Wir wollen deshalb nach Suchanfragen Ausschau halten, die in ganz Russland formuliert wurden. Tschetschenien ist ja als Teilrepublik ein Bestandteil der Russischen Föderation. Wenn wir also auf ganz Russland blicken, schließen wir mögliche Suchvorgänge aus Tschetschenien ein.

Tatsächlich werden wir hier fündig: es gibt konkrete Suchvorgänge zur Tötung von Tumso Abdurakhmanow – und zwar schon vor dem 01.12.2022 (siehe Abb. 12.11).

Dies trifft auch für die Suchvorgänge mit ausformuliertem Namen zu (siehe Abb. 12.12).

Geographisch können wir dies in Abb. 12.13 auch für Suchanfragen annehmen, die aus Moskau abgesetzt wurden. Damit können wir feststellen, dass der Kreml scheinbar von Kadyrows Plänen wusste.

Abb. 12.10 Google Trends „Tumso Abdurakhmanov"

Abb. 12.11 Google Trends „Tumso getötet"

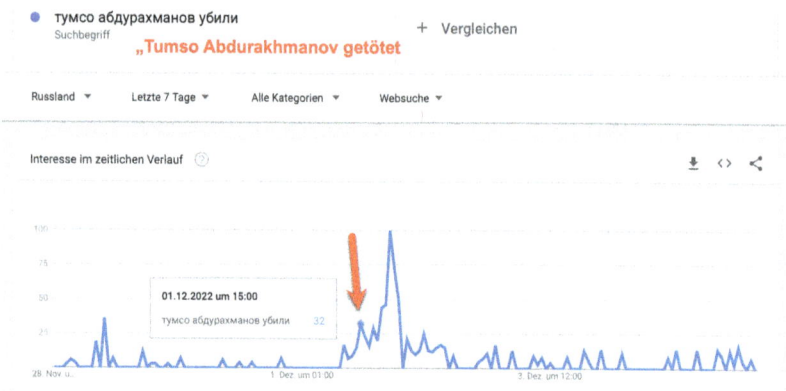

Abb. 12.12 Google Trends „Tumso Abdurakhmanov getötet"

Darüber hinaus scheint es in Russland von Bedeutung zu sein, ob die aktuelle Nachrichtenlage eine Verbindung zwischen Putin und Abdurakhmanow darlegen kann. Hier finden wir in Abb. 12.14 auffällige Suchanfragen bereits in den frühen Morgenstunden des 30.11.2022, sowie am 01.12.2022.

Anzeichen aus dem Ausland

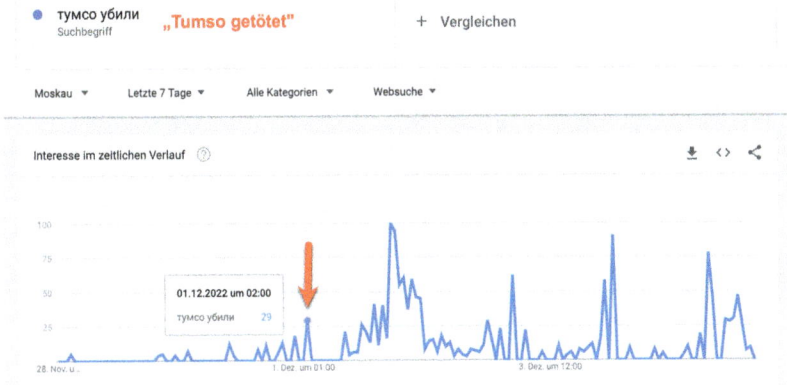

Abb. 12.13 Google Trends „Tumso getötet"

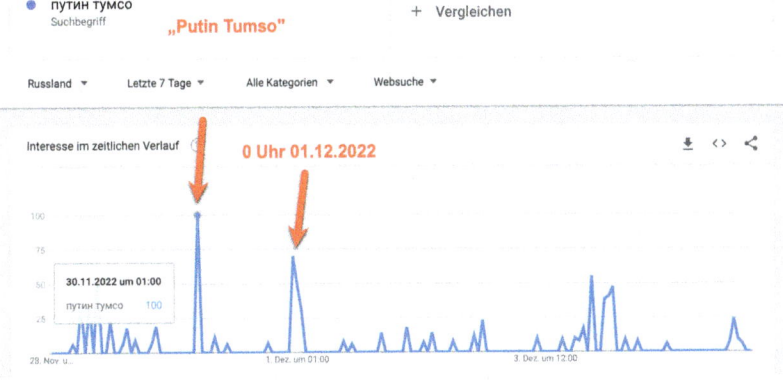

Abb. 12.14 Google Trends „Putin Tumso"

Übersicht

Hat der Kreml etwa eine aktive Rolle bei den Vorbereitungen eines Mordanschlages gespielt? Beispielsweise mit der Bereitstellung von Geheimdienstinformationen?

Wir finden in jedem Fall konkrete Hinweise, die auf einen Mordanschlag auf Tumso Abdurakhmanow hindeuten. Ein Anschlag, bei dem Kadyrow und Putin dem Anschein nach zusammenarbeiten.

Die Sprengung des Kachowka-Staudamms

13

Zusammenfassung

Wie plausibel scheint die vorsätzliche Sprengung des Kachowka-Staudammes? Konkrete Daten zu diesem Fall können erklären, ob es sich um eine gezielte Sprengung gehandelt hat – und vielleicht auch vom wem eine so unvorstellbare Tat vorsätzlich herbeigeführt werden konnte.

„Wenn Russland davon profitiert, was ist schlimm daran?"[1] (Wiktor Olewitsch, Politik-Analyst, Juni 2023)

Der Kachowka-Stausee liegt im Süden der Ukraine, am unteren Ende des etwa 2200 kilometerlangen Stromes Dnepr. Insgesamt fasst er 18 Mrd. Kubikmeter Wasser. Das entspricht dem Volumen eines Würfels mit einer Kantenlänge von mehr als 2,6 Kilometern. Aufgrund der Größe wird er auch als „Meer" bezeichnet.

Am 06.06.2023 werden die Staumauer sowie das angeschlossene Wasserkraftwerk Kachowka zerstört. Die massive Überschwemmung fordert viele Tote, macht 10.000 Hektar Ackerland unbrauchbar, sorgt für die Verteilung von Schadstoffen und Landminen, zerstört Existenzen und führt zu massiven Problemen bei der Trinkwasserversorgung[2].

Es handelt sich um eine Umweltkatastrophe – der ukrainische Präsident Wolodymyr Selenskyj spricht von der größten seit Jahrzehnten, mit Ankündigung. Laut ukrainischer Regierung hatten die russischen Besatzer bereits im Oktober 2022

---

[1] https://www.nzz.ch/wirtschaft/nord-stream-lecks-kaum-fakten-dafuer-umso-wildere-spekulationen-ld.1706600

[2] https://www.tagesschau.de/ausland/europa/ukraine-staudamm-folgen-100.html

den Staudamm vermint. Der Kreml bestreit das[3]. Dies alles geschieht zu einem Zeitpunkt, als sich die ukrainischen Truppen auf die Rückeroberung der nahegelegenen Stadt Cherson vorbereiten[4]. Bei einer Sprengung des Staudamms würden auch Teile von Cherson überschwemmt werden und einen Vorstoß ukrainischer Truppen erschweren. Die US-Denkfabrik „Institute for the Study of War" geht davon aus, dass auf diese Weise ein russischer Truppenabzug kaschiert werden könnte.

Als in den frühen Morgenstunden des 06.06.2023 der Staudamm gegen 2:54 Uhr Ortszeit (1:54 Uhr deutsche Zeit) bricht[5], ist für Selenskyj klar, dass Russland ein Kriegsverbrechen[6] begangen hat[7]. Kremlsprecher Dmitri Peskow hingegen behauptet, die ukrainische Armee hätte den Damm beschossen[8].

Die ukrainische Armee hatte nach eigenen Angaben tatsächlich zuletzt im August 2022 Zufahrten am Damm bombardiert[9]. Seit dem ist auch in den russischen Medien von der Bedrohung durch die ukrainische Armee die Rede, die den Damm sprengen könnte, um die russische Armee beim weiteren Vormarsch aufzuhalten[10]. Wäre also ein Bersten der Dammmauer durch einen erneuten Beschuss möglich?

Experten halten dies für unwahrscheinlich, die Zerstörung wäre kaum durch externen Beschuss zu erklären. Der Damm sei so konzipiert, dass er selbst einem Kernwaffenangriff standhalten würde[11]. Eine Zerstörung sei nur durch eine Explosion von innen denkbar[12].

---

[3] https://www.tagesspiegel.de/politik/experten-sehen-vorbereitungen-russland-konnte-ruc kzug-mithilfe-eines-false-flag-angriffs-tarnen-8776597.html

[4] https://www.rnd.de/politik/ukraine-sprengung-des-kachowka-staudamms-haette-katastrop hale-folgen-4X4CY6I2ZJGMPF5G4NEIBINEDY.html

[5] https://www.watson.ch/international/russland/692643313-der-kachowka-damm-wurde-wohl-gesprengt-sagen-diese-indizien

[6] https://www.berliner-zeitung.de/news/ukraine-krieg-kiew-bestaetigt-offensive-aktionen-in-frontabschnitten-li.355945

[7] https://www.spiegel.de/ausland/ukraine-russland-news-heute-zerstoerter-kachowka-sta udamm-ukraine-spricht-von-bis-zu-80-bedrohten-ortschaften-a-7cf9e8ea-0acc-4711-9a05-bb650489af84

[8] https://www.spiegel.de/ausland/zerstoerter-kachowka-staudamm-in-der-ukraine-das-ist-eine-ungeheuerliche-tat-a-8cc6d258-5302-49a0-9e28-38685b0ad81c

[9] https://www.bbc.com/news/world-europe-62533670

[10] https://de.topwar.ru/203660-podryv-kahovskoj-gjes-scenarii-razvitija-katastrofy.html

[11] https://www.theguardian.com/world/2023/jun/09/seismic-data-adds-evidence-ukraine-kakhovka-dam-blown-up

[12] https://www.zdf.de/nachrichten/politik/kachowka-dammzerstoerung-ukraine-krieg-rus sland-100.html

13 Die Sprengung des Kachowka-Staudamms

Abb. 13.1 Telegram

Alina Lipp sieht den Nutzen durch die Katastrophe vor allem aufseiten der Ukraine (siehe Abb. 13.1).

Lässt sich über das Suchverhalten bei Google nun ableiten, wie es zum Bersten der Dammmauer kam und wer dafür verantwortlich ist? Handelt es sich vielleicht doch um Materialermüdung, hervorgerufen durch Beschädigungen durch ukrainischen Beschuss? Oder vielleicht um eine versehentliche Sprengung? Auch das wird für möglich gehalten.

Warnung in der Nacht

Wir können über die Google-Daten in Abb. 13.2 ableiten, wie groß eine Gefahrenzone einzustufen ist. Es scheint nachvollziehbar: sobald der Alarmton einer Sirene vernommen wird, möchten die Menschen wissen, was sie genau bedroht und wie sie sich schützen können. Eine Suche über Google soll hier die nötigen Informationen liefern. Je mehr Menschen gewarnt werden, desto mehr Suchanfragen zur Warnmeldung werden auch abgesetzt. Wenn wir uns dazu den starken Anstieg der Suchvolumina zwischen 2 und 3 Uhr Ortszeit anschauen, dann lässt sich erahnen, dass eine große Region vor der Überschwemmung gewarnt worden sein muss. In einem Zeitfenster von einer Woche lassen sich in der betreffenden Nacht beinahe viermal so viele Suchanfragen finden, wie bei anderen Warnungen im Land.

Dass es sich hier um den geborstenen Kachowka-Staudamm handelt, wird landesweit erst etwa 20 Minuten nach der Zerstörung wahrgenommen (siehe Abb. 13.3).

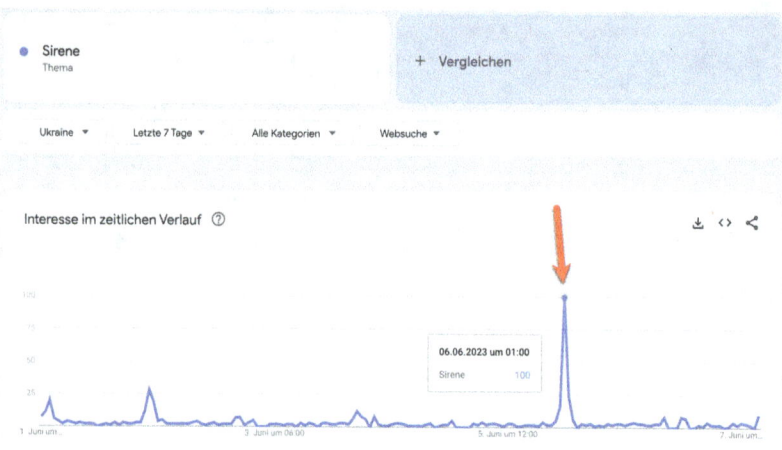

Abb. 13.2 Google Trends „Sirene"

Warnung in der Nacht 227

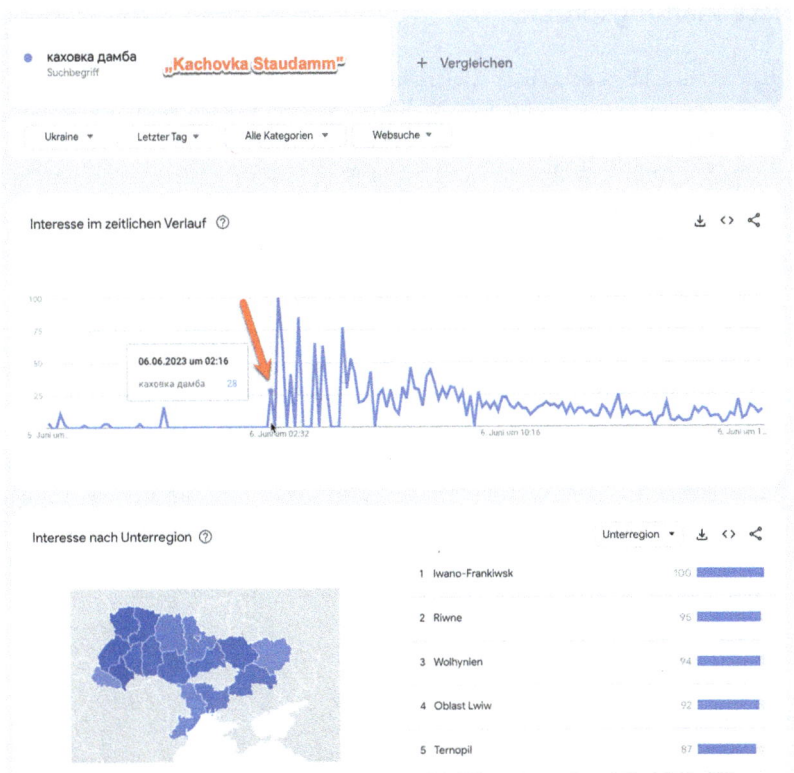

Abb. 13.3 Google Trends „Kachowka Staudamm"

Hier fällt aus geographischer Perspektive zunächst auf, dass die durch Russland besetzten Gebiete keine nennenswerten Suchvorgänge zum Staudamm aufweisen. Das sind neben Luhansk und Donezk seit dem 27. September 2022 und einem Scheinreferendum auch Saporischschja und Cherson[13].

---

[13] https://www.dw.com/de/ukraine-aktuell-russland-kennt-bereits-den-ausgang-der-referenden/a-63247811

Erste Planungspuren

Kann es tatsächlich sein, dass Materialermüdung oder ein Versehen zum Bersten der Dammmauer geführt hat? Wenn das so wäre, dann dürften wir keine spezifischen Planungsspuren für eine Sprengung finden.

Kurz vor dem Dammbruch finden wir in Abb. 13.4 Suchanfragen, die sich mit der Frage beschäftigen, welche Gebiete überflutet werden, wenn das Wasserkraftwerk bricht. Gegen 1:24 Uhr Ortszeit beobachten wir einen ersten Anstieg dieser Suchvorgänge, deren Ursprung wir zunächst nur für die ganze Ukraine bestimmen können. Handelt es sich hier um einen Zufall? Wollten sich eingeweihte Personen eine Übersicht zur drohenden Entwicklung machen?

Noch geht aus diesen Daten nicht klar hervor, wer hier etwas wusste. Die Daten berücksichtigen Suchvorgänge aus den besetzten Gebieten ebenso, wie aus dem Rest des Landes. Schauen wir deshalb einmal nach Russland.

Und tatsächlich finden wir Suchanfragen zu „Detonation von Kachowka", die erstmals gegen 1:24 Uhr ukrainischer Zeit, also etwa eineinhalb Stunden vor der Detonation, deutlich ansteigen (siehe Abb. 13.5). Es scheint als so: Russland hat auf die Meldung zum Dammbruch gewartet. Mit dieser Beobachtung wird eine Materialermüdung, aber auch eine versehentliche Sprengung unwahrscheinlicher.

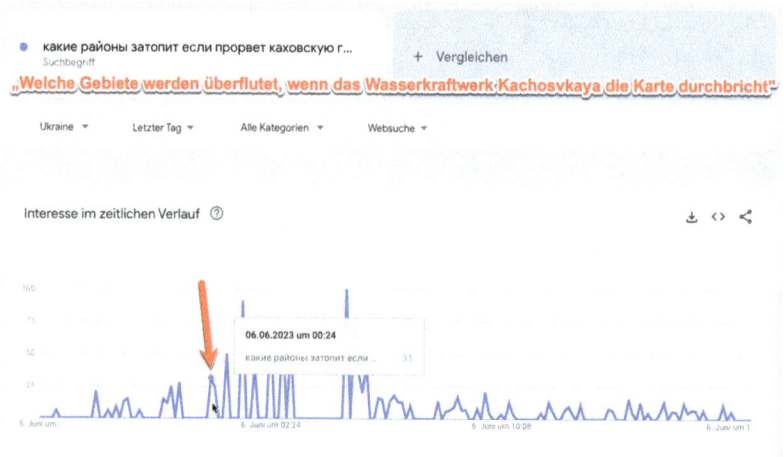

Abb. 13.4 Google Trends, Schadensabschätzung

Erste Planungspuren

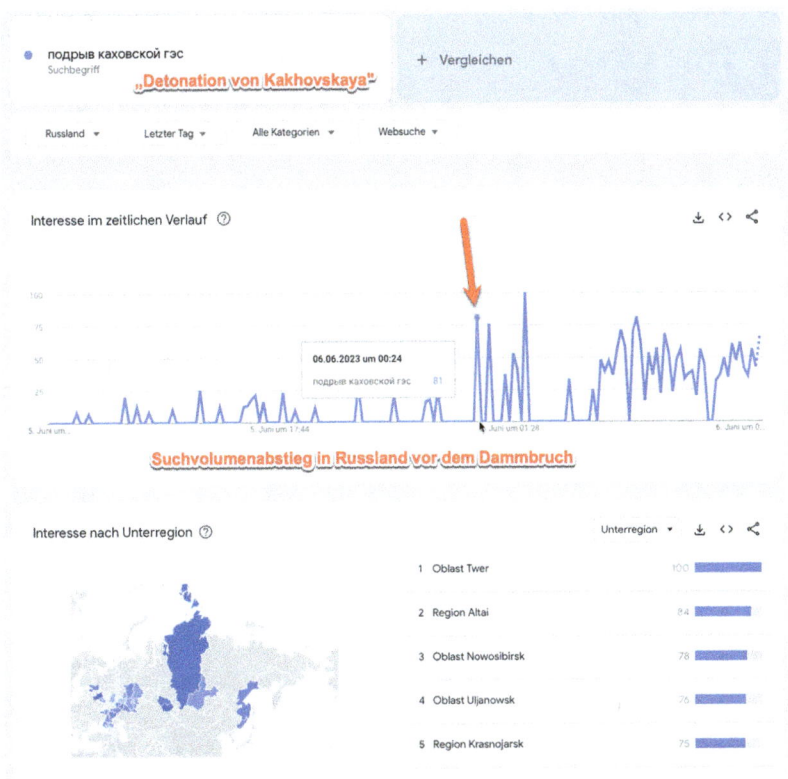

Abb. 13.5 Google Trends, Detonation

Um diese Beobachtung abzusichern stellen wir weitere Suchvorgänge fest, die eine gezielte Planung bestätigen können. Etwa eine halbe Stunde vor der Zerstörung des Staudamms finden wir ein gesteigertes Suchvolumen zu „Wasserkraftwerk Kachowka zerstört" (siehe Abb. 13.6). Die Menge der Suchvorgänge erreicht innerhalb von 8 Minuten beinahe das Niveau, welches später nach der öffentlichen Vermeidung durch die russische Presse erreicht wird.

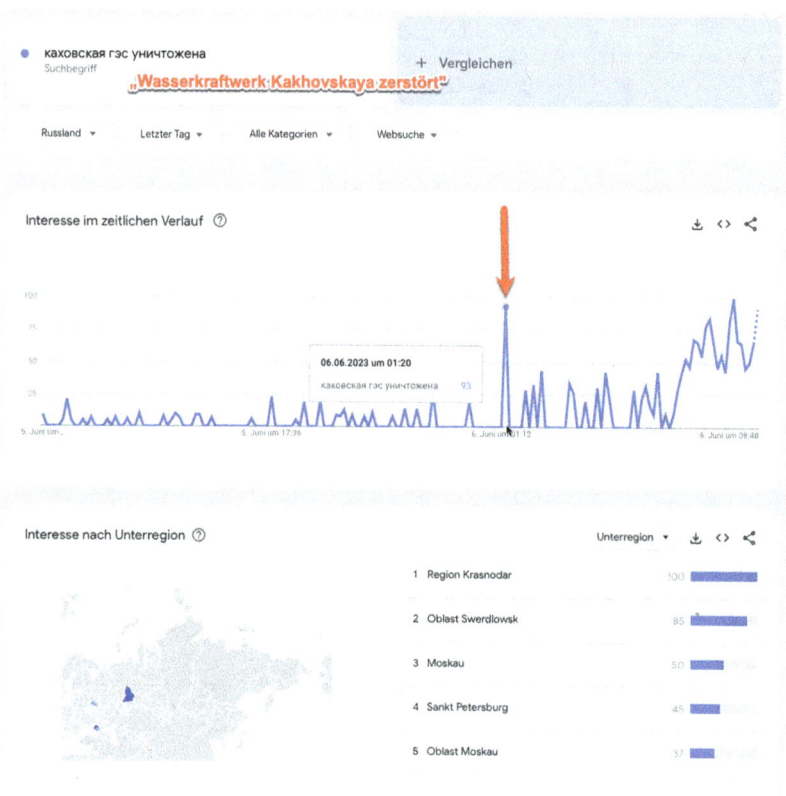

Abb. 13.6 Google Trends, Wasserkraftwerk zerstört

Für Moskau lässt sich in Abb. 13.7 ein plötzlicher Anstieg gegen 1:40 Uhr, also etwas mehr als eine Stunde vor der Zerstörung des Dammes, finden.

Erste Planungspuren

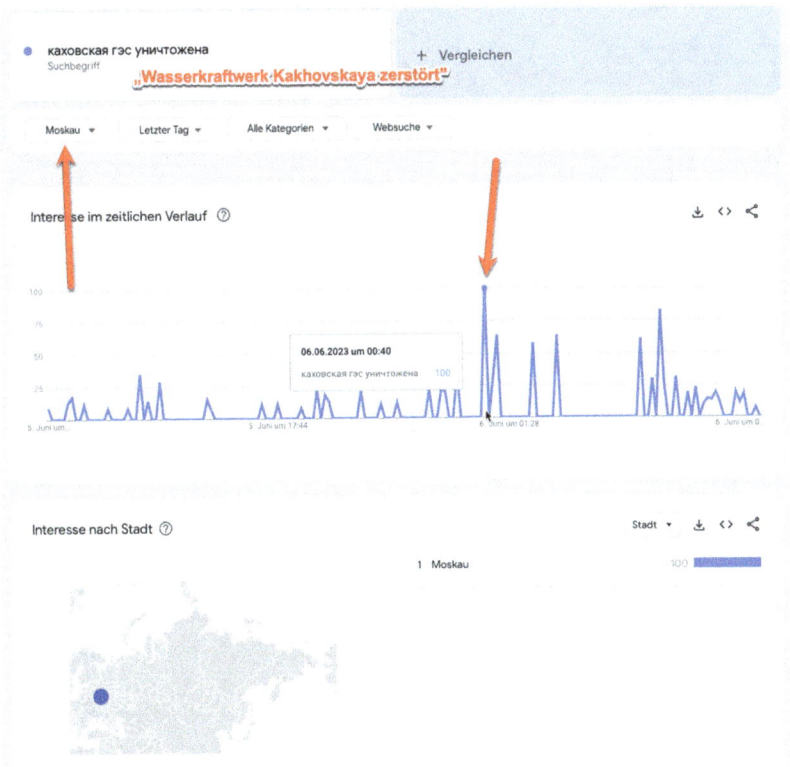

Abb. 13.7 Google Trends, Wasserkraftwerk zerstört

Und auch zu „Untergrabung des Wasserkraftwerks", also der Sprengung durch Minen, lässt sich in Abb. 13.8 bereits gegen 2:04 Uhr ukrainischer Zeit ein plötzlicher Anstieg an Suchanfragen beobachten. Dies ist insofern interessant, weil die Sprengung durch (russische) Minen von Experten ja als wahrscheinliche Ursache angenommen wird. Scheinbar will man nicht nur prüfen, ob der Damm schon geborsten sei, sondern auch, ob die Presse die Minen am Staudamm erwähnt.

13 Die Sprengung des Kachowka-Staudamms

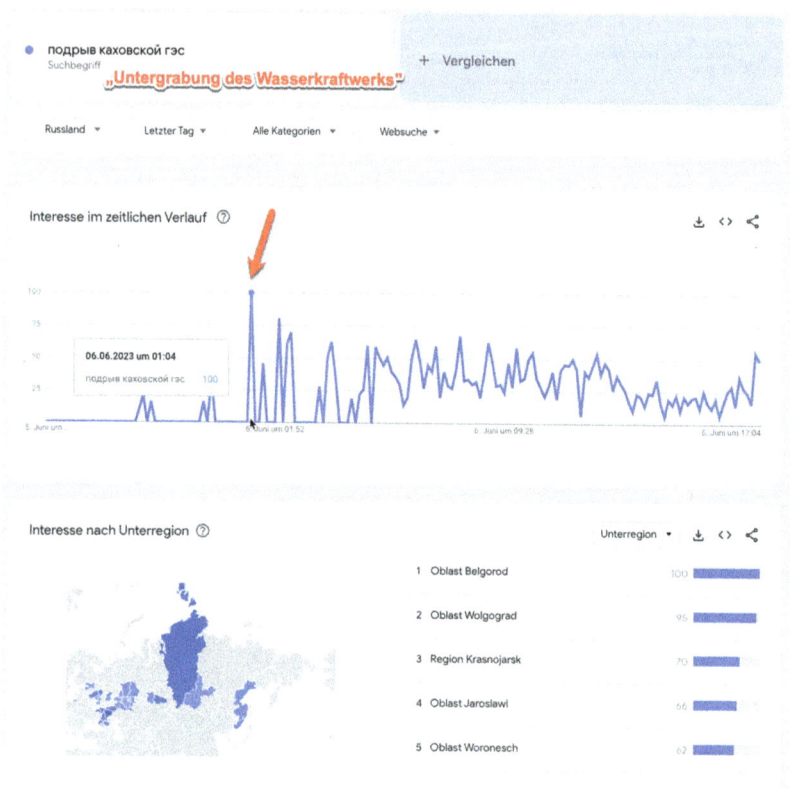

Abb. 13.8 Google Trends, Sprengung des Kraftwerkes

Wenn wir einen Blick auf die Tage zuvor werfen, so lässt sich erkennen, dass recht konkrete Informationen zum Staudamm über Google erfragt wurden (siehe Abb. 13.9). Vier Tage vor dem Dammbruch beschäftigte man sich offenbar besonders intensiv mit den geographischen Gegebenheiten des Stausees.

Erste Planungspuren

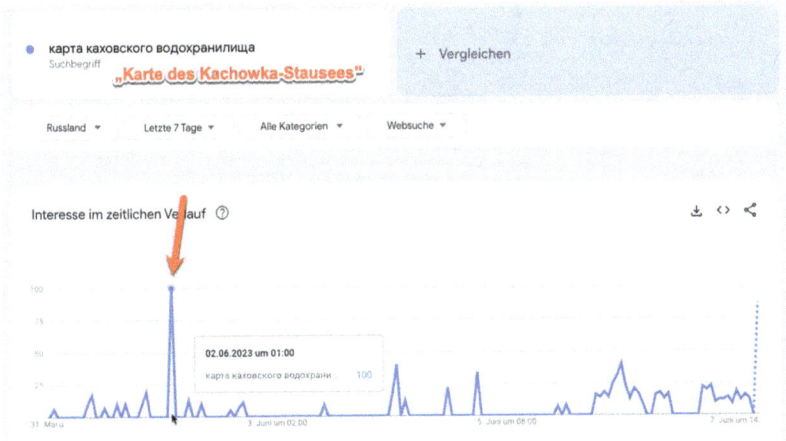

Abb. 13.9 Google Trends „Karte des Kachowka-Stausees"

Konkret aus Moskau beobachten wir in Abb. 13.10 in dieser Zeit mehr oder weniger regelmäßige Suchvorgänge zum Stausee. Diese erwecken tatsächlich den Eindruck, als wären sie im Rahmen der Informationsbeschaffung für konkrete Planungszwecke abgesetzt worden.

Auch wenn die Sprengung des Kachowka-Dammes bereits über mehrere Monate in den Medien diskutiert wurde, also in den Medien präsent war und deshalb auch bei Google nachgefragt wurde: die signifikanten und zeitnahen Anstiege relevanter Suchvorgänge lassen tatsächlich eine Planung vermuten, die von Russland ausging. Dazu gehören auch Suchvorgänge zu „warum Cherson überflutet wurde", die vor dem Dammbruch verstärkt in Russland abgesetzt wurden (siehe Abb. 13.11).

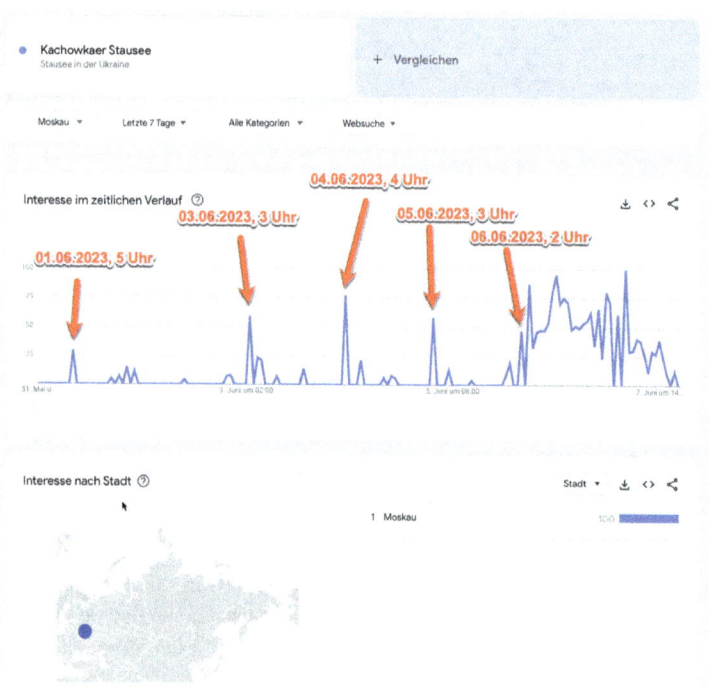

Abb. 13.10 Google Trends „Kachowkaer Stausee"

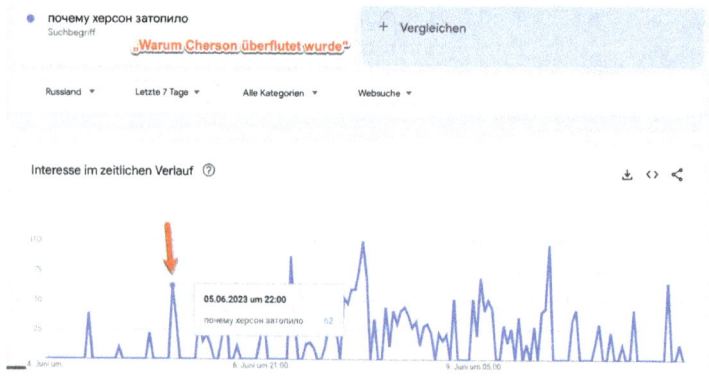

Abb. 13.11 Google Trends „Warum Cherson überflutet wurde"

Kontrolle des Wasserkraftwerkes

Bei den folgenden Suchvorgängen lässt sich der Eindruck gewinnen, der Kreml wollte eine Kontrolle der Kraftwerksanlage durch das ukrainische Militär inszenieren. Denn dann wäre eine Schuldzuweisung ein leichtes Unterfangen. Wenn das russische Militär keinen Zugang zur Anlage hätte, dann hätte es auch nicht die Möglichkeit gehabt, den Damm zu sprengen. Auf der anderen Seite könnte man die Einnahme des Dammes durch die Ukraine mit dem Ziel erklären, den Damm dann auch sprengen zu wollen.

In Abb. 13.12 sehen wir, dass zwischen 1 und 2 Uhr ukrainischer Zeit in Russland vermehrt nach „Wasserkraftwerk Kachowka unter dessen Kontrolle" gesucht wird.

Oder ging es hier nicht um eine Inszenierung? Sollte tatsächlich überprüft werden, ob die Ukrainer das Kraftwerk haben einnehmen können? Sahen sich die Russen soweit in der Defensive? Auch diese Betrachtung würde ein Motiv für eine Sprengung liefern: die ukrainische Armee soll aufgehalten werden.

Russische Warnungen

Es stellt sich die Frage, ob der Kreml bei einem solchen Anschlag Vorkehrungen treffen würde, zumindest um das eigene Militär zu schützen. Lassen sich irgendwelche Spuren finden, die auf eine Risikominimierung hindeuten können?

Tatsächlich beschäftigt man sich in Russland drei Tage vor dem Bersten des Kachowka-Dammes besonders intensiv mit der ukrainischen Überschwemmungskarte (siehe Abb. 13.13).

Ein Blick auf das Höhenrelief in Abb. 13.14 zeigt, dass bei einer Flut insbesondere der Teil der Stadt Cherson betroffen wäre, der südlich des Dnepr liegt. Diese Region ist im Juli 2023 von russischen Truppen besetzt.

Um die Verluste auf russischer Seite durch eine Flut nicht unnötig zu vergrößern, wäre eine rechtzeitige Warnung erforderlich.

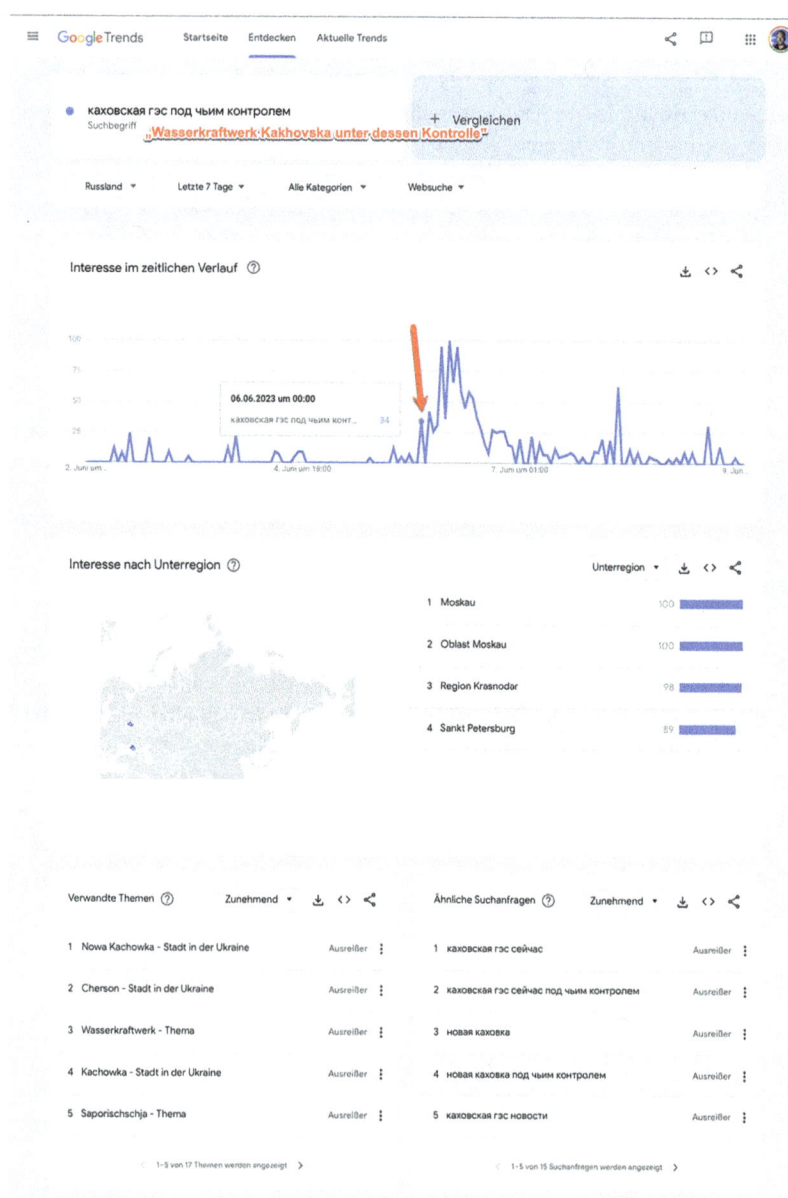

Abb. 13.12 Google Trends, Kontrolle des Kraftwerkes

Russische Warnungen

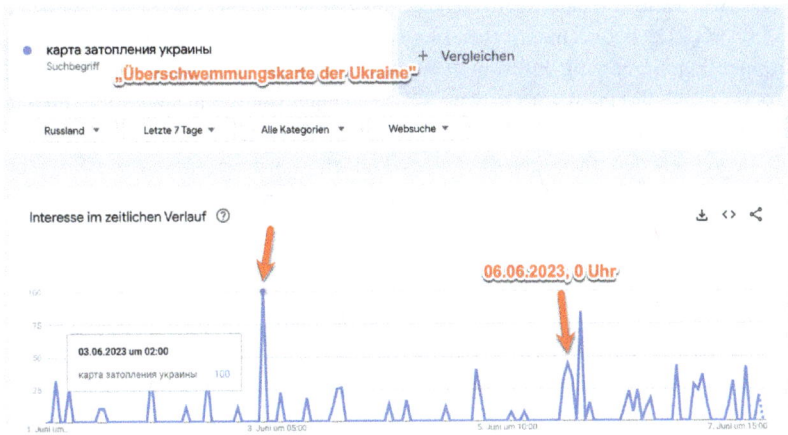

Abb. 13.13 Google Trends, Überschwemmungskarte

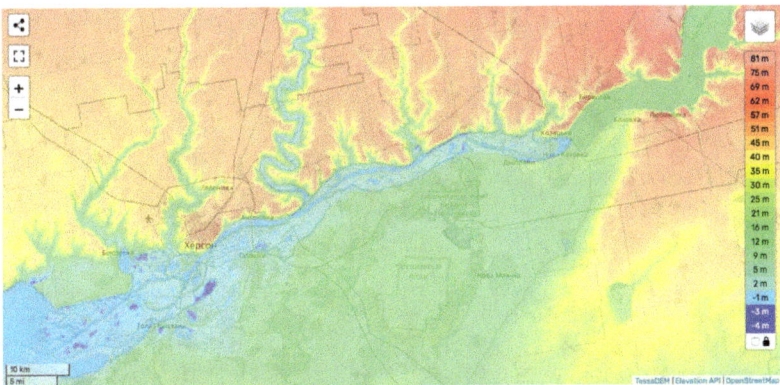

Abb. 13.14 Quelle: https://www.reddit.com/r/ukraine/comments/yro3mu/topographic_map_of_kherson_around_dnipro_river/

Da wir viele Suchanfragen zum Staudamm auf russischer Seite bereits für den 03.06.2023 beobachten, scheint es denkbar, dass an diesem Tag die eigenen Truppen zur Sprengung informiert wurden. Das mag auch dazu geführt haben, dass russische Soldaten vor Ort davon ausgegangen sind, es handele sich um eine aktuelle Meldung. Abb. 13.15 zeigt Suchanfragen zur Explosion des Staudamms mit Bezug auf den „heutigen Tag". Wir können annehmen, dass diese Suchvorgänge vom russischen Militär und damit aus dem besetzten Teil von Cherson formuliert wurden.

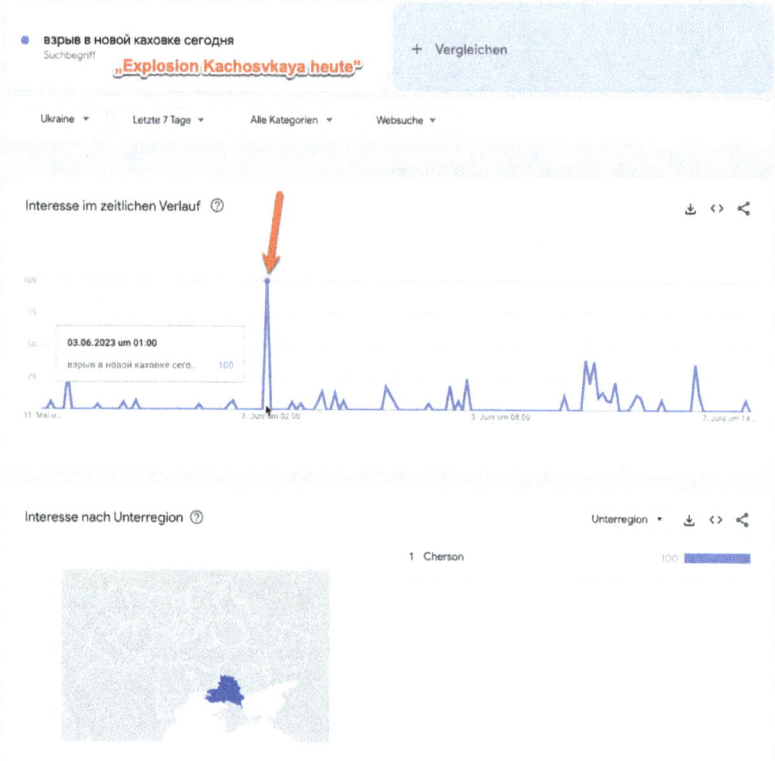

Abb. 13.15 Google Trends, Explosion heute

Russische Warnungen

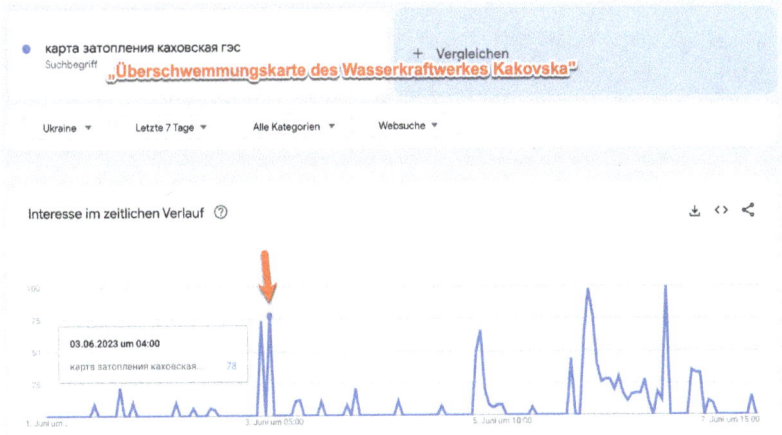

Abb. 13.16 Google Trends, Überschwemmungskarte

Auch die intensive Suche zur Überschwemmungskarte zum Wasserkraftwerk Kachowka, die aus der Ukraine nachgefragt wird, lässt sich auf diesem Hintergrund erklären (siehe Abb. 13.16).

Das russische Militär in Cherson schien also vorbereitet. So verwundert es auch nicht, dass wir in Abb. 13.17 Suchanfragen zu „Detonation von Kachowka" von Cherson auch bereits gegen 1:32 Uhr Ortszeit, also mehr als eine Stunde vor dem Dammbruch, beobachten.

Zwischen dem 03.06. und dem 06.06.2023 finden wir in Abb. 13.18 regelmäßige nächtliche Suchvorgänge aus Cherson, die nach aktuellen Entwicklungen und Meldungen zum Wasserkraftwerk forschen. Wollte man in Erfahrung bringen, ob die Pläne, ob die Vorbereitungen am Kraftwerk inzwischen bekannt geworden waren?

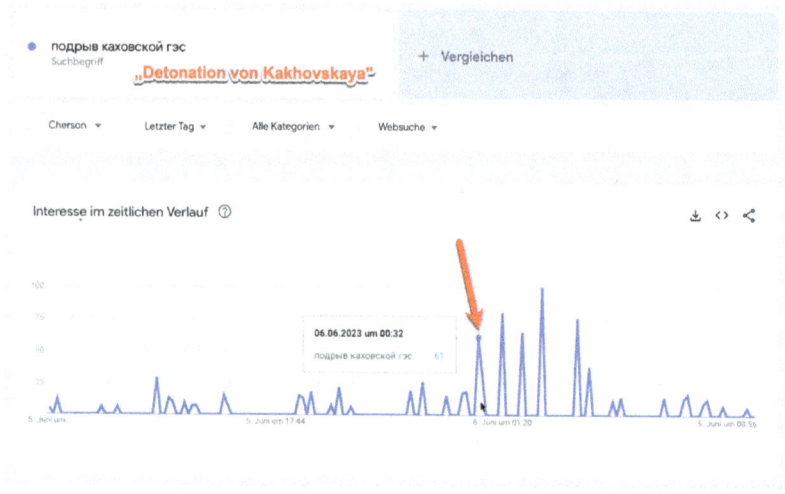

Abb. 13.17 Google Trends, Detonationen

Neben dem direkt durch die Flut betroffenen Cherson könnte ein leer gelaufener Stausee aber auch an anderer Stelle zu verheerenden Konsequenzen führen. Das Atomkraftwerk Saporischschja, welches sich etwa 180 km nordöstlich von Cherson entfernt befindet, speist sein Kühlwasser über den Kachowka-Stausee. Vor einer Sprengung sollte man auf russischer Seite also unbedingt klären, ob ein leergelaufener Stausee durch mangelnde Kühlung zu einer Kernschmelze in Europas größtem und von Russen besetzten Kernkraftwerk führen würde.

Und in der Tat scheint es so, als ob man auch in Saporischschja zur Sprengung des Dammes informiert war. In den frühen Morgenstunden des 05.06.2023 finden wir in Abb. 13.19 vermehrte Suchanfragen zur Sprengung des Wasserkraftwerkes.

Selbst auf der Krim, deren Wasserversorgung zumindest teilweise vom Kachowka-Stausee abhängig ist[14], scheint man im Vorfeld informiert gewesen zu sein (siehe Abb. 13.20).

---

[14] https://www.n-tv.de/politik/Laesst-Moskau-die-Krim-verdursten-article24175715.html

Russische Warnungen

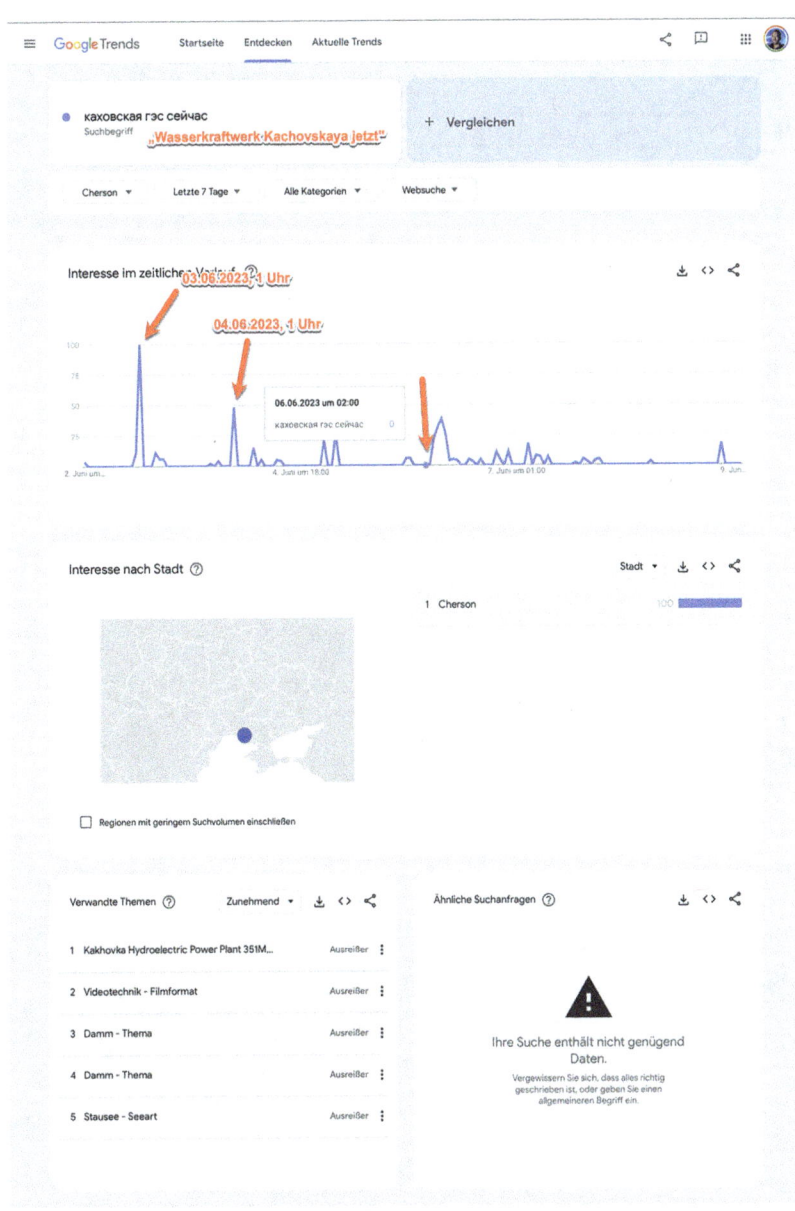

Abb. 13.18 Google Trends, aktuelle Meldungen zum Wasserkraftwerk

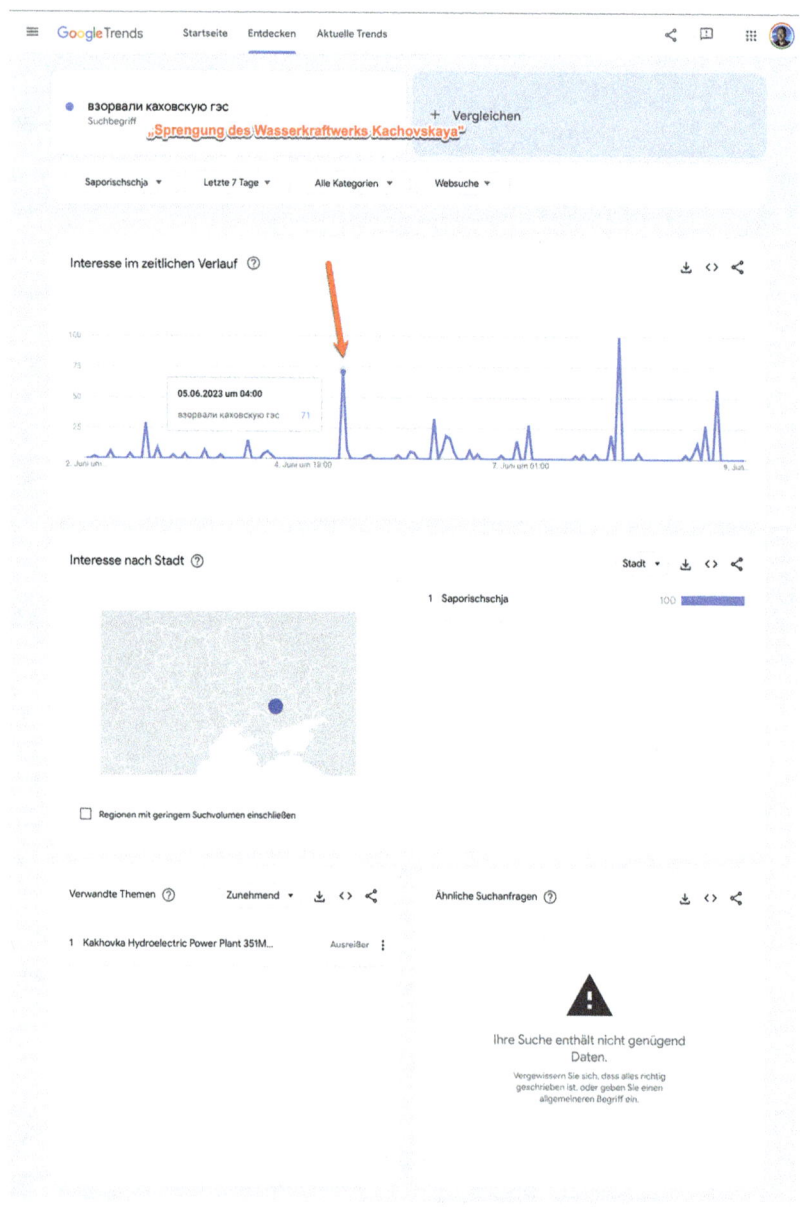

Abb. 13.19 Google Trends, Sprengung des Wasserkraftwerkes

Russische Warnungen

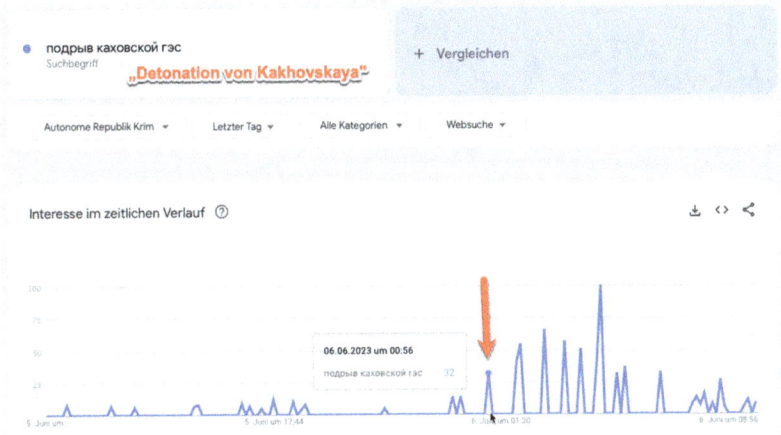

Abb. 13.20 Google Trends, Detonation

Schlussfolgerungen
Im beschriebenen, sehr dramatischen Fall der Sprengung des Kachowka-Staudamms lässt sich erkennen, wie skrupellos bei der Kriegsführung vorgegangen wird. Und auch, wie stark in der Berichterstattung verzerrt und gelogen wird.

Die Datenlage untermauert die Bewertung durch die Experten: der Staudamm konnte nur aus dem Inneren gesprengt und so zerstört werden. Dies war nur durch die russischen Besatzer möglich. Dabei handelte es sich nicht um ein Versehen, sondern um Vorsatz, Tage zuvor geplant. Eine Warnung der Zivilbevölkerung lässt sich hier nicht erkennen. In einem solchen Fall hätten wir aus den besetzten Gebieten eine deutlich stärkere Nachfrage beobachten müssen. Aus russischer Sicht wäre eine umfassende Warnung auch mit dem Risiko verbunden gewesen, dass die eigenen Absichten im Vorfeld aufgeflogen wären.

Jewgeni Prigoschin und die Wagner Gruppe 14

Zusammenfassung

Die Meuterei der Söldnergruppe Wagner um Jewgeni Prigoschin hat weltweit für Aufsehen gesorgt. Die in diesem Fall hinterlassenen digitalen Daten können erklären, was im Vorfeld, während und nach dem Aufbegehren der Söldner geschehen ist – und vielleicht auch, wie Prigoschin am Ende zu Tode kam.

„Schoigu, Gerassimow, wo, verdammte Scheiße, ist die Munition?"[1] (Jewgeni Prigoschin, März 2023)

Zwischen dem 23. und dem 24.06.2023 kommt es in Russland zu einem militärischen Aufstand der paramilitärischen Wagner Gruppe, deren Ziel offenbar die Absetzung des amtierenden russischen Verteidigungsministers Sergei Schoigu und Generalstabschef Walerie Gerassimov ist. Angeführt wird er von Wagner-Chef Jewgeni Prigoschin, der mit seinen Söldnern zuvor im Fronteinsatz über fehlende Munition und die Inkompetenz des Verteidigungsministers geklagt hatte. Einer vertraglichen Eingliederung in die russische Armee bis spätestens zum 10.06.2023 will sich Prigoschin nicht beugen[2].

---

[1] https://www.welt.de/politik/ausland/video245175636/Wagner-Chef-Prigoschin-Schoigu-Gerassimow-wo-verdammte-Scheisse-ist-die-Munition.html
[2] https://www.themoscowtimes.com/2023/06/12/wagner-chief-defies-russian-militarys-orders-to-formalize-hierarchy-a81479

© Der/die Autor(en), exklusiv lizenziert an Springer Fachmedien Wiesbaden GmbH, ein Teil von Springer Nature 2024
S. Broschart, *Putins digitale Front und die Wahrheit dahinter*,
https://doi.org/10.1007/978-3-658-44577-5_14

Am Abend des 23.06.2023 wirft er dem russische Verteidigungsministerium vor, die Feldlager der Wagner-Söldner mit Raketen beschossen zu haben[3]. Tatsächlich finden wir in Abb. 14.1 seit dem 19.06.2023 in der Nacht immer wieder Suchvorgänge zu „Schlägen" auf die Wagner Gruppe. Ob sich diese auf mögliche Angriffe durch die russischen Truppen beziehen, lässt sich nicht eindeutig klären. Der Kreml weist Prigoschins Vorwürfe entschieden zurück.

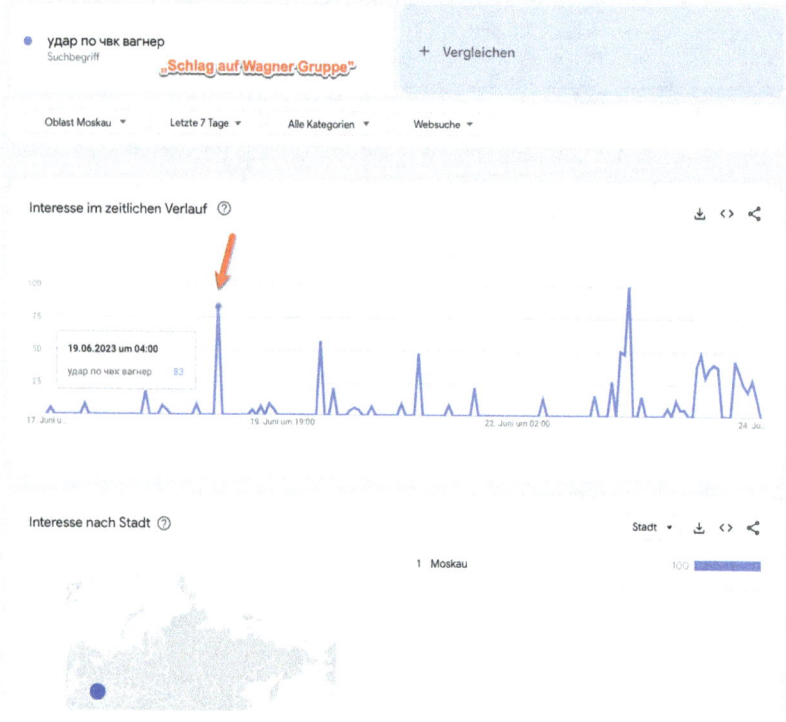

Abb. 14.1 Google Trends „Schlag auf Wagner Gruppe"

---

[3] https://www.tagesschau.de/ausland/europa/ukraine-krieg-prigoschin-102.html

Prigoschin kündigt an, auf Moskau mit etwa 25.000 Mann vorzurücken und ruft zum Widerstand auf[4]. Es würde nicht um den Sturz von Wladimir Putin gehen, sondern er wolle die russische Militärführung stoppen. Noch gegen 23 Uhr Ortszeit leitet der russische Geheimdienst FSB Ermittlungen gegen Prigoschin wegen versuchten bewaffneten Aufstands ein[5].

Von besonderer Bedeutung an diesem Tag ist jedoch, dass Prigoschin den offiziellen Kriegsgrund infrage stellt. Es seien zu keinem Zeitpunkt Aggressionen von der Ukraine oder aber von der NATO ausgegangen. Das Verteidigungsministerium würde den Präsidenten und die Öffentlichkeit täuschen. Schoigu wolle lediglich den Titel eines Marschalls erwerben. Darüber hinaus hätte sich die Oligarchie Vorteile vom Krieg versprochen.

In den Morgenstunden des 24.06.2023, 2:03 Uhr Ortszeit, vermeldet er, dass er mit seinen Truppen von ukrainischem Gebiet ohne Widerstand am russischen Grenzposten in die Stadt Rostow am Don vorgedrungen sei. Dort besetzt er das russische Hauptquartier. Die Stadt beherbergt ein Basislager der Wagner Gruppe[6]. Es ist die Stunde, in der in Russland bereits vermehrt nach Themen rund um den „Verrat" gesucht wird (siehe Abb. 14.2).

In einer Fernsehansprache um 10 Uhr Ortszeit bezeichnet Putin Prigoschin – ohne ihn namentlich zu nennen – als einen Verräter und kündigt harte Strafen an[7]. Zwischenzeitlich haben sich die Söldner der Wagner Gruppe über die Fernstraße M4 auf den Weg nach Moskau gemacht (siehe Abb. 14.3). Um 11:42 Uhr geraten sie bei Woronesch in Kampfhandlungen mit dem russischen Militär. Gegen 18:45 Uhr berichten russische Behörden dann, die Wagner-Söldner seien bis in die Region Lipezk etwa 400 km vor Moskau vorgedrungen.

Es ist 20:15 Uhr, als der Weißrussische Präsident, Alexander Lukaschenko, überraschend mitteilt, Prigoschin hätte zur Aufgabe seines Vormarsches auf Moskau überredet werden können. Wie Prigoschin kurz später mitteilt, seien seine Männer bis auf 200 km vor Moskau vorgerückt. Das noch am Vormittag von Putin zugesicherte Strafverfahren würde eingestellt, so der Kreml. Prigoschin werde nach Weißrussland gehen.

Der von Prigoschin betitelte „Marsch der Gerechtigkeit" offenbart eklatante Schwächen der inneren Sicherheit Russlands. Die Wagner Gruppe kann

---

[4] https://www.stern.de/news/wagner-chef-ruft-russen-zu-widerstand-gegen-militaerfuehrung-auf-33588180.html
[5] https://www.zdf.de/nachrichten/politik/wagner-aufstand-russland-chronologie-100.html
[6] https://www.tagesschau.de/ausland/europa/prigoschin-rostow-machtkampf-100.html
[7] https://www.tagesschau.de/ausland/europa/russland-putin-wagnergruppe-100.html

Abb. 14.2 Google Trends „Verrat"

mit schwerem Kriegsgerät ohne nennenswerte Gegenwehr auf die russische Hauptstadt vorrücken.

Und nach wie vor ist nicht abschließend geklärt, was in den beschriebenen knapp 24 Stunden genau geschehen ist und warum Prigoschin die Revolte kurz vor Moskau beendet. Sollte er nicht ausreichend vorbereitet gewesen sein? Das ist nicht anzunehmen. Wie CNN berichtet[8], wurden im Vorfeld Waffen gesammelt, um diese später für die Revolte nutzen zu können. Aber auch die Unterstützung hochrangiger Militärs spielt eine entscheidende Rolle. Vor seiner Abreise aus Rostow am Don zeigt sich Prigoschin mit Vize-Verteidigungsminister Junus-bek Jewkurow, während die Wagner-Söldner ohne Gegenwehr das russische Hauptquartier besetzen[9]. Auf diesem Hintergrund stellt sich die Frage, wer über die geplante Revolte informiert ist und wer sie vielleicht sogar unterstützt.

---

[8] https://edition.cnn.com/2023/06/24/politics/us-western-officials-russia-prigozhin-putin/index.html

[9] https://www.merkur.de/politik/wagner-putsch-prigoschin-putin-russland-surowikin-aufstand-ukraine-krieg-92384794.html

Was wusste man wann in Moskau?

Suchanfragen, die wir in Abb. 14.3 aus der Oblast Moskau beobachten, lassen darauf schließen, dass es einige Personen gibt, die im Vorfeld informiert waren. In der Nacht vom 17. auf den 18.06.2023 lassen sich erste Suchvorgänge zur Frage finden, ob Prigoschin Rostow erobert hätte. Am 18.06.2023 zwischen 4 und 5 Uhr Ortszeit verzeichnen wir eine höhere Anfrage, als zu dem Zeitpunkt, als Prigoschin später die Stadt einnimmt.

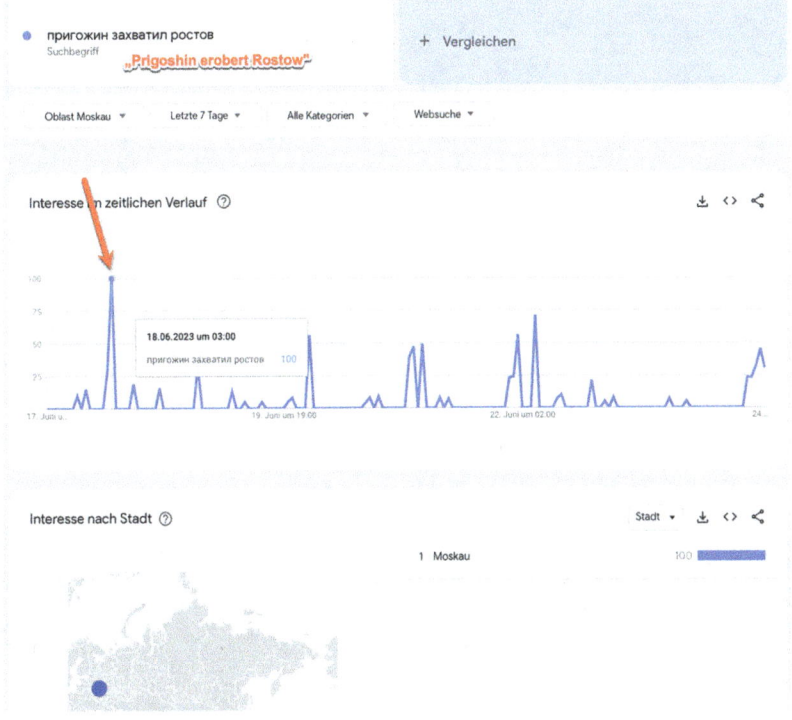

Abb. 14.3 Google Trends „Prigoschin erobert Rostow"

Am 23.06.2023 zwischen 3 und 4 Uhr Ortszeit beobachten wir zur Frage, ob Prigoschin Verrat begangen hätte, ebenfalls unverhältnismäßig viele Suchanfragen (siehe Abb. 14.4).

Die verhältnismäßig große Menge an Suchanfragen, die vor dem eigentlichen Ereignis am 23.06.2023 abgesetzt wurden, lassen erahnen, dass es sich um eine größere Gruppe von Personen gehandelt haben muss, die eingeweiht waren. Die Frage ist, ob Wladimir Putin informiert war? Wurde er gewarnt oder lag die Planung gar in seinen Händen?

Zunächst scheint es recht unwahrscheinlich, das er über die Vorgänge Bescheid wusste. Wäre er informiert gewesen, hätte er alle Maßnahmen ergriffen, um das Bild einer geschwächten Staatsmacht abzuwenden.

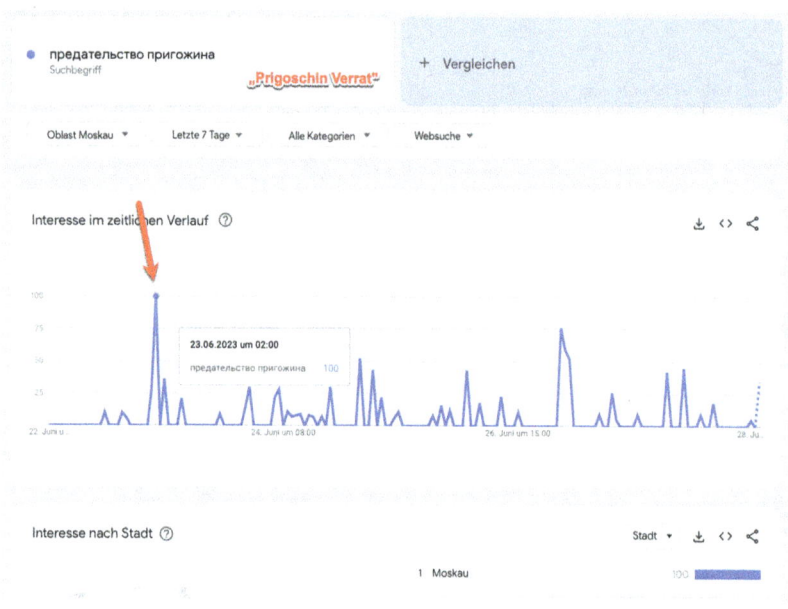

Abb. 14.4 Google Trends „Prigoschin Verrat"

Die Suchvorgänge in Abb. 14.5 zeigen, dass man wahrscheinlich in Erfahrung bringen wollte, ob Prigoschins Pläne bereits an die Presse durchgestochen wurden?

Wie wir heute wissen, war dies nicht der Fall. Von Bedeutung ist hier aber, dass tatsächlich von „Putsch" und von „Moskau" die Rede ist. War Prigoschins ursprünglicher Plan tatsächlich bis Moskau vorzustoßen? Möglicherweise schon. Zumindest lassen sich vor in Abb. 14.6 dem 23.06.2023 immer wieder Suchanfragen zu „Wagner nach Moskau" finden.

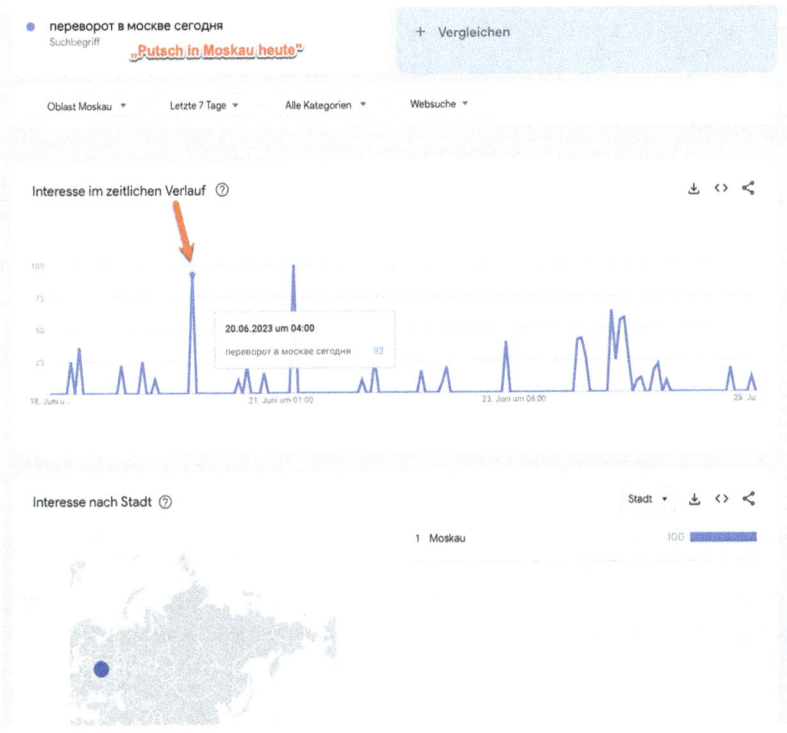

Abb. 14.5 Google Trends „Putsch in Moskau heute"

14 Jewgeni Prigoschin und die Wagner Gruppe

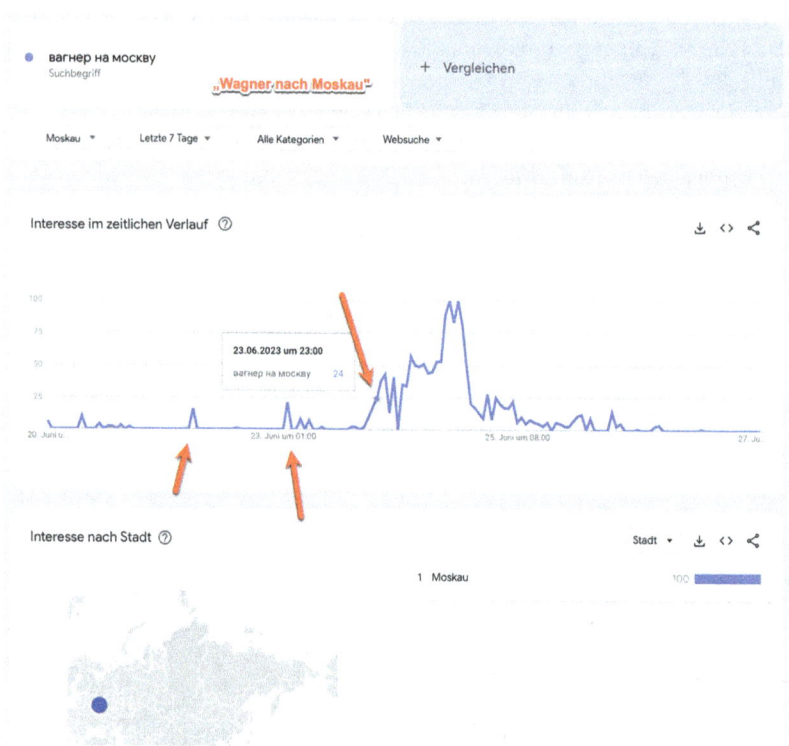

Abb. 14.6 Google Trends „Wagner nach Moskau"

Zudem würde sich auch die Frage stellen, warum es eingeweihte Personen oder gar Kollaborateure in Moskau gab, wenn Prigoschin von Beginn an geplant hätte, dort nie anzukommen?

Wir finden in Abb. 14.7 noch weitere Formulierungen, die vor dem 23.06.2023 Bezug auf die Revolte nehmen, beispielsweise „bewaffneter Aufstand".

Was wusste man wann in Moskau?

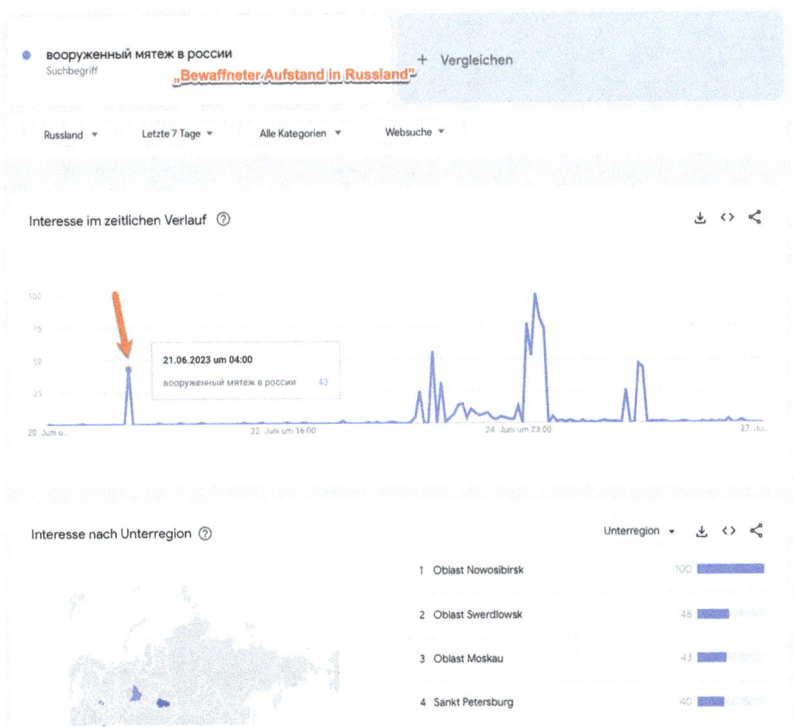

Abb. 14.7 Google Trends „bewaffneter Aufstand in Russland"

Für den exakt gleichen Zeitraum finden wir noch weitere Suchvorgänge, die eine intensive Auseinandersetzung und informative Vorbereitung mit den kommenden Geschehnissen zeigen (siehe Abb. 14.8). Es wurde nicht nur in Russland nach aktuellen Meldungen zum Thema gesucht. Auch die englischsprachige Presse wurde nach möglichen Informationen zu einer Meuterei durch die Wagner Gruppe durchsucht.

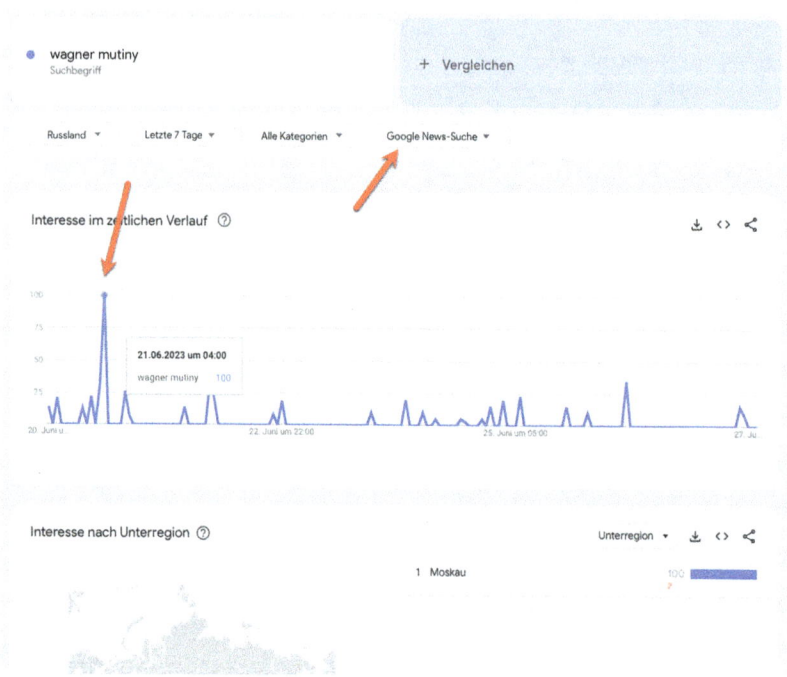

Abb. 14.8 Google Trends, Wagner Meuterei

Wären die Suchenden in Moskau fündig geworden, dann wären dies auch den Verteidigungsministerium loyalen Kräfte gelungen und Prigoschins Revolte wäre im Keim erstickt worden.

Da wir von Moskau aus stufenweise steigende Suchanfragen zu Nachrichten über die Wagner Gruppe in Rostow beobachten (siehe Abb. 14.9), können wir vermuten, dass nicht nur die Pläne zur Revolte bestimmten Personen in Moskau bekannt waren, sondern zeitlich alles wie geplant verlief.

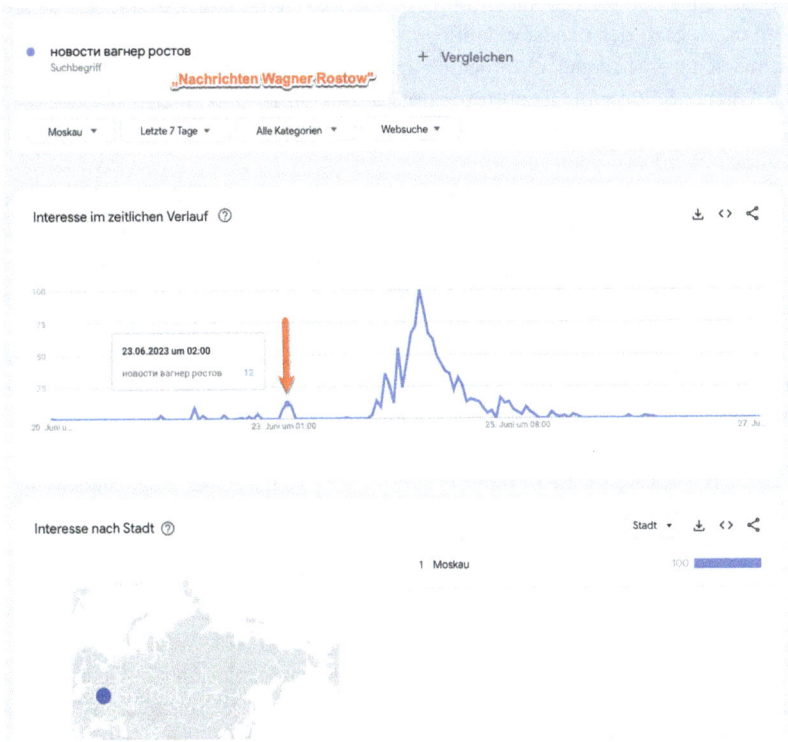

Abb. 14.9 Google Trends „Nachrichten Wagner Rostow"

Der Weg nach Moskau

Der Weg von Rostow am Don führt über die Fernstraße M4 nach Moskau an Woronesch vorbei, welches in etwa auf der Hälfte der Strecke der insgesamt 1000 km liegt. Prigoschin kennt Woronesch. Nicht nur in Rostow am Don, sondern auch hier hatte er bereits inhaftierte Straftäter mit der Aussicht auf

Begnadigung für seine Söldnertruppe rekrutiert[10]. Woronesch beherbergt außerdem einen Stab der Landstreitkräfte, sowie einen der Luftstreitkräfte[11]. Für den Vormarsch auf Moskau ist Woronesch aus logistischer Sicht wichtig. Hier müssen die Wagner-Söldner die Treibstoffvorräte auffüllen. Es musste also sichergestellt werden, dass es nicht zu einem direkten Konflikt mit dem russischen Militär kommen würde.

Beim Vorrücken auf Woronesch, so Prigoschin, hat die Wagner Gruppe die Kontrolle über die Militäreinrichtungen übernommen[12]. Er selbst koordiniert das Geschehen von Rostow am Don aus, während Dmitri Utkin sich mit seinem Männern auf den Weg nach Moskau macht. Wir können vermuten, dass Teile des russischen Militärs bereits im Vorfeld informiert waren und Prigoschin gewähren lassen wollten. Dennoch kommt es beim Vorrücken zu Auseinandersetzungen mit dem russischen Militär. Beim Auffüllen des Treibstoffes explodierte nach Beschuss der Wagner-Söldner ein Öldepot[13]. Eine entschlossene Antwort des russischen Militärs gibt es aber nicht.

Wie tief Mitwisser in Moskau in die Planung der Revolte eingebunden sind, das zeigt sich an den Suchvorgängen in Abb. 14.10. In den frühen Morgenstunden des 21.06.2023 wird hier intensiv nach „Wagner Woronesch" bei Google gesucht.

Der Weg über Woronesch scheint also zu diesem Zeitpunkt bereits festzustehen und die Vorbereitungen zur Revolte – auch von Moskau aus – laufen.

Weiter auf dem Weg Richtung Norden passiert der Wagner-Konvoi die Region Tula. Auch hier hatte Prigoschin in der Vergangenheit Gefängnisinsassen aus der Strafkolonie für die Wagner Gruppe rekrutiert[14]. In Tula ist der Rüstungsbetrieb Tulski Oruscheiny Sawod ansässig, der unter anderem das Kalaschnikow-Sturmgewehr und das Panzerabwehrsystem Konkurs-M produziert. Außerdem ist hier die 106. Garde-Luftlande-Divison der russischen Luftlandetruppen stationiert[15].

---

[10] https://www.tagesschau.de/investigativ/russland-rekrutierung-ukraine-radikale-101.html

[11] https://de.wikipedia.org/wiki/Streitkr%C3%A4fte_Russlands

[12] https://www.merkur.de/politik/wagner-russland-jewgeni-prigoschin-woronesch-wladimir-putin-ukraine-92362295.html

[13] https://www.n-tv.de/politik/Russlands-Armee-feuert-auf-Soeldner-Konvoi-in-Woronesch-article24215091.html

[14] https://www.blick.ch/ausland/wagner-gruender-jewgeni-prigoschin-putins-koch-rekrutiert-persoenlich-soeldner-in-straflagern-id17771891.html

[15] https://de.wikipedia.org/wiki/106._Garde_Luftlande-Division

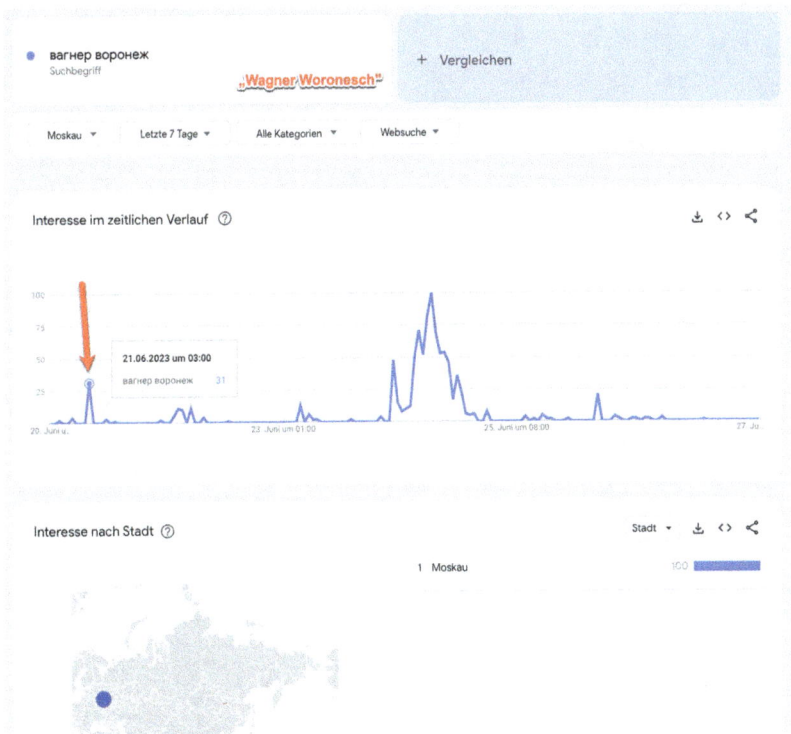

Abb. 14.10 Google Trends „Wagner Woronesch"

Tula ist damit sehr stark militärisch geprägt. Damit Prigoschin tatsächlich ungehindert bis Moskau vorrücken kann, darf es auch in Tula zu keinen militärischen Konflikten mit der russischen Armee kommen.

In den frühen Morgenstunden des 21.06.2023 beobachten wir in Abb. 14.11 Suchvorgänge, in denen sich konkret auf die Wagner Gruppe in Tula bezogen wird. Scheinbar will man hier überprüfen, ob es Meldungen zu Plänen der Wagner Gruppe gibt, bis nach Tula vorzustoßen.

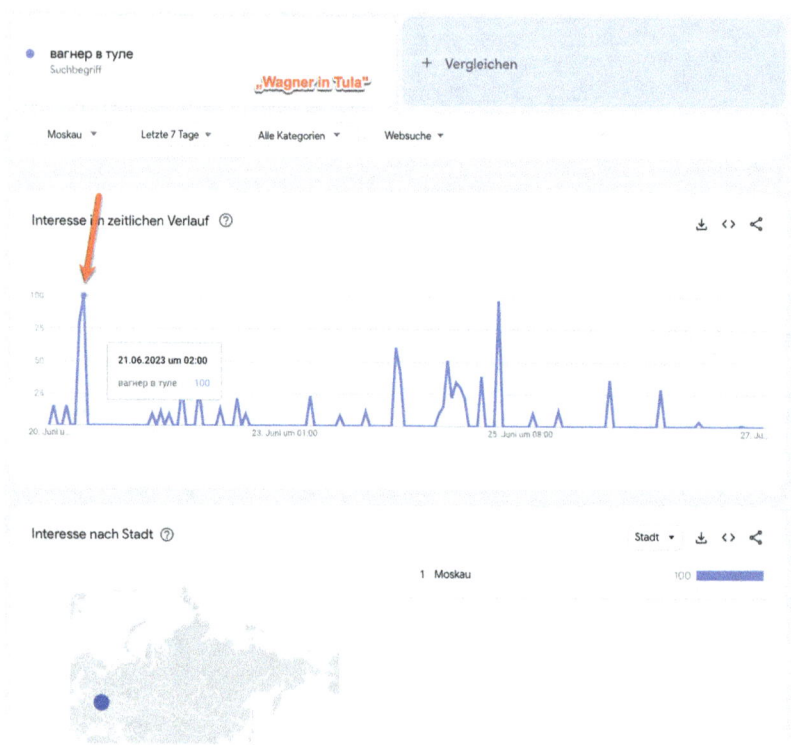

Abb. 14.11 Google Trends „Wagner in Tula"

In jedem Fall können wir davon ausgehen, dass es in Tula eingeweihte Personen gibt, die Prigoschins Pläne unterstützen wollen: zwischen 5 und 6 Uhr Ortszeit finden wir vermehrte Suchanfragen zur Wagner Gruppe in der Region Tula (siehe Abb. 14.12).

Der Weg nach Moskau

Abb. 14.12 Google Trends „Wagner Region Tula"

Alexei Djumin ist Gouverneur der Oblasts Tula, Ex-Sicherheitsoffizier von Putin und ein enger Vertrauter Prigoschins. Medien spekulieren[16] bereits darauf, dass er neuer Verteidigungsminister werden könnte[17]. Die intensive Koordination zwischen Moskau, der Wagner Gruppe und Tula könnte darauf hindeuten, dass es sich hier um mehr als nur Spekulationen handelt. Außerdem finden wir in Abb. 14.13 bereits am 23.06.2023 vermehrte Suchanfragen aus Moskau, die nach einer Verbindung zwischen Djumin und Prigoschin fragen.

---

[16] https://www.fr.de/politik/russland-putin-djumin-schoigu-krieg-ukraine-moskau-wagner-putsch-92370846.html
[17] https://www.merkur.de/politik/putin-wladimir-rechnungen-ereignisse-krieg-russland-put sch-versuch-ukraine-praesident-macht-wagner-gruppe-aufstand-92366561.html

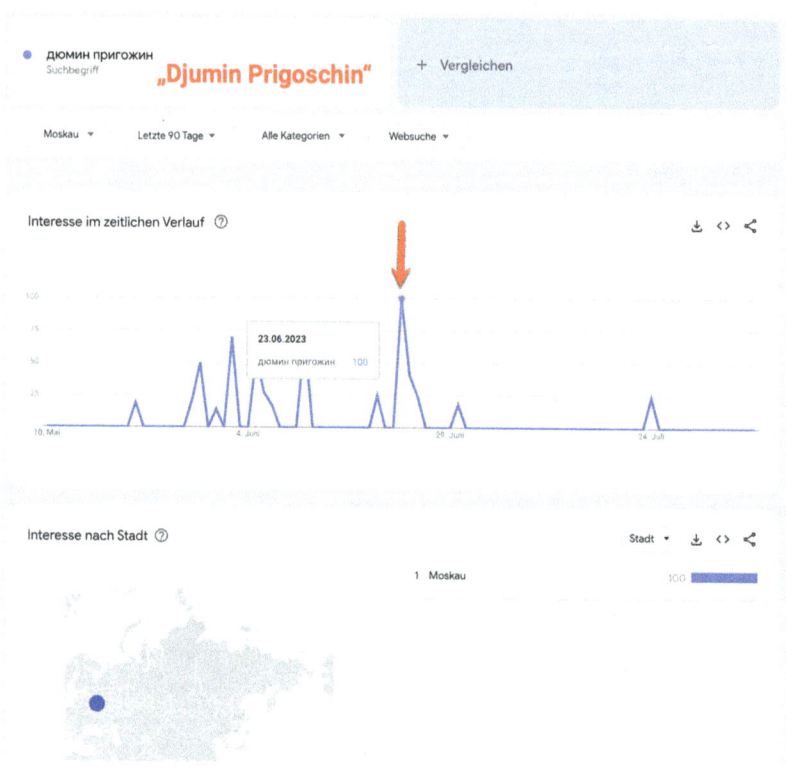

Abb. 14.13 Google Trends „Djumin Prigoschin"

Mit dem 24.06.2023 beobachten wir dann aber auch einen deutlichen Anstieg an Suchvorgängen zur Frage, ob Djumin Verteidigungsminister werden wolle oder bereits ist (siehe Abb. 14.14).

Der Weg nach Moskau

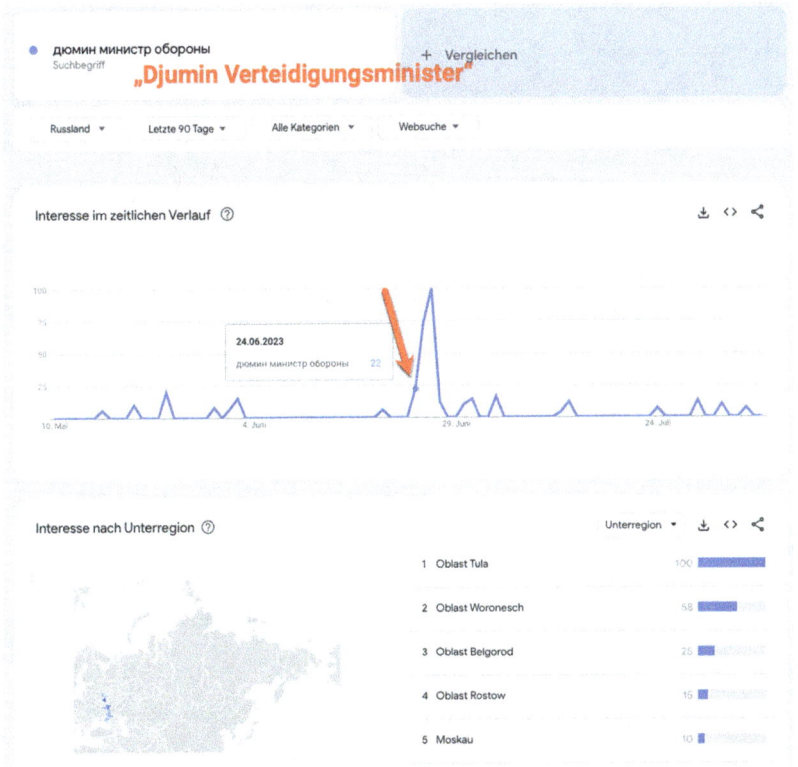

Abb. 14.14 Google Trends „Djumin Verteidigungsminister"

Möglicherweise hat Tula auch eine logistische Bedeutung für die Wagner Gruppe. Noch zwei Tage vor Prigoschins Marsch Richtung Moskau finden wir in Abb. 14.15 ein vermehrtes Aufkommen an Suchanfragen zur Entfernung zwischen Tula zu Moskau.

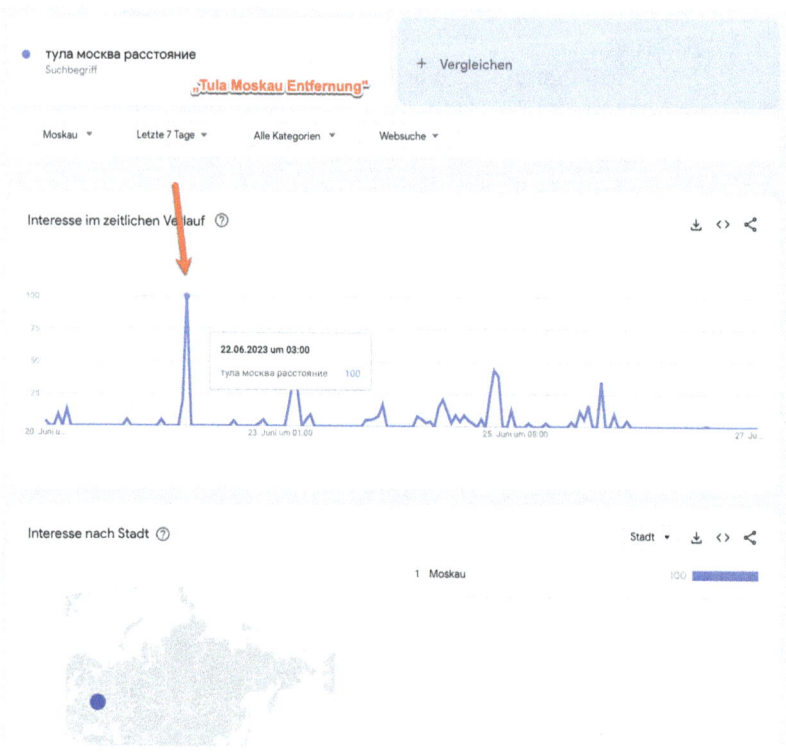

Abb. 14.15 Google Trends „Tula Moskau Entfernung"

Alexander Lukaschenko

Etwa 200 km vor Moskau bricht Prigoschin seine Revolte ab. Bis heute ist nicht abschließend geklärt, warum er das tut. Seine Begründung, er wollte Blutvergießen vermeiden, erscheint nicht ganz schlüssig. Der Marsch auf Moskau war dem Anschein nach mit Woronesch, Tula und Moskau seit längerem geplant. Was hat den Wagner-Chef dazu gebracht, sein Vorhaben aufzugeben? Wie britische Geheimdienste vermelden, wurden möglicherweise die Familienangehörigen der Wagner-Kommandeure bedroht[18]. Für den Fall, dass die Wagner Gruppe bis nach

---

[18] https://www.telegraph.co.uk/world-news/2023/06/25/yevgeny-prigozhin-moscow-advance-putin-threat-wagner-family/

Moskau vorrücken würde, könnte ihnen Leid zugefügt werden. Ging Prigoschin wirklich davon aus, Putin würde nicht alles unternehmen, um ihn zu stoppen?

In diesem Augenblick tritt der weißrussische Machthaber Alexander Lukaschenko in Erscheinung. Er vermeldet, er habe Prigoschin zur Aufgabe seiner Pläne bewegen können. Prigoschin würde nun nach Weißrussland ausreisen.

Doch das, was nach einem spontanen und selbstlosen Einsatz Lukaschenkos aussehen soll, das war dem Anschein nach schon länger geplant. Wahrscheinlich wollte Prigoschin tatsächlich bis nach Moskau vorrücken, einen neuen Verteidigungsminister aus Tula installieren und anschließend nach Weißrussland ins Exil gehen. Wahrscheinlich war der vorzeitige Abbruch so nicht gewollt.

Bereits am 22.06.2023 beobachten wir in Abb. 14.16 für Weißrussland eine Vielzahl an Suchanfragen, die sich nach einem Militärputsch in Russland erkundigen.

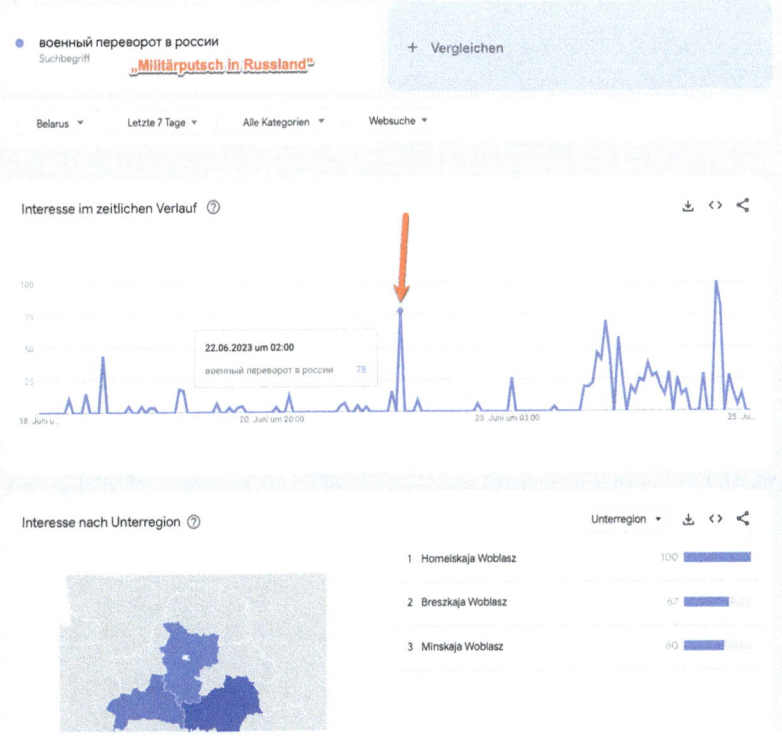

Abb. 14.16 Google Trends „Militärputsch in Russland"

Scheinbar ist man also in Weißrussland über die Pläne informiert und will nun die Nachrichtenlage prüfen. Aber nicht nur das: scheinbar wissen auch Prigoschins Helfer in Moskau, dass es Verhandlungen mit Lukaschenko gegeben hat. Bereits am 20.06.2023 wird nach möglichen Informationen zu Verhandlungen zwischen Lukaschenko und Prigoschin bei Google gesucht (siehe Abb. 14.17).

Lukaschenko muss detailliert in die Pläne Prigoschins eingeweiht gewesen sein. Anders sind die Suchvorgänge in Abb. 14.18 am 21.06.2023 nicht zu erklären, die sich konkret auf Geschehnisse in Rostow am Don und die Wagner Gruppe beziehen.

Auf diesem Hintergrund finden wir dann in Abb. 14.19 auch solche Suchanfragen, wie wir sie bereits in Russland zur gleichen Zeit antreffen. Man informiert sich zur Entfernung der Städte Rostow am Don und Moskau.

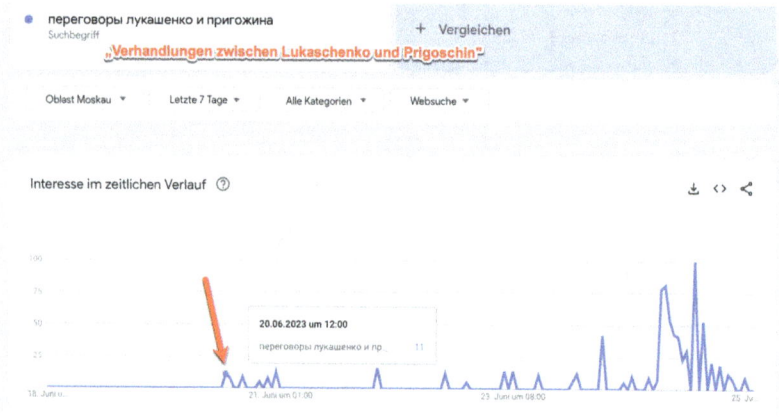

Abb. 14.17 Google Trends, Verhandlungen

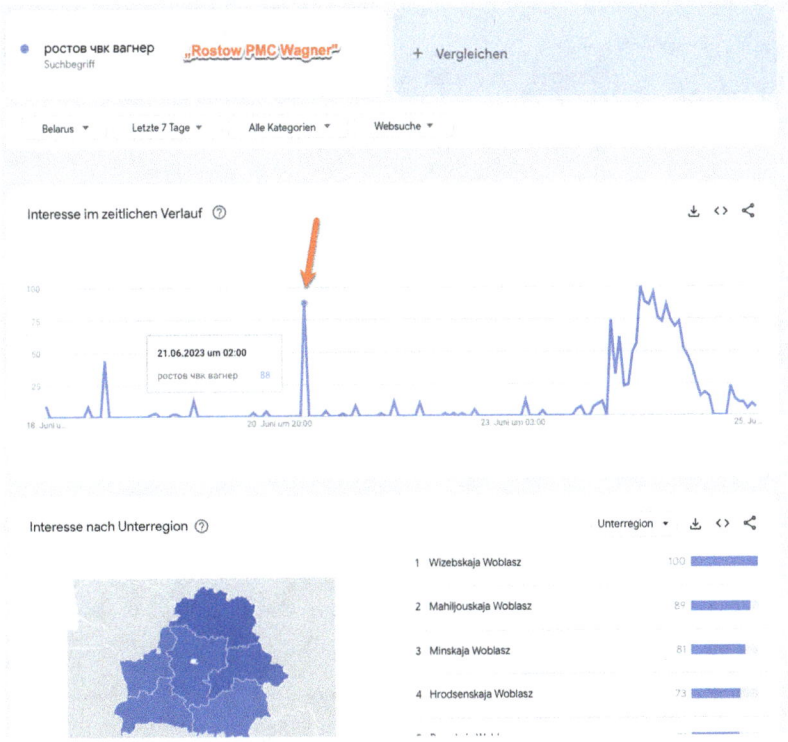

Abb. 14.18 Google Trends „Rostow PMC Wagner"

Erste Suchanfragen zur Distanz beider Städte beobachten wir aus Weißrussland bereits Anfang Juni, die meisten jedoch am 09.06.2023 (siehe Abb. 14.20). Gibt es also bereits Anfang Juni erste Gespräche zwischen Lukaschenko und Prigoschin zu einer möglichen Revolte in Russland?

Aber auch die weiteren Stationen der Wagner Gruppe müssen Lukaschenko bekannt sein. So finden wir in Abb. 14.21 für den 20.06.2023 ein erhöhtes Aufkommen an Suchanfragen zu „Wagner Woronesch".

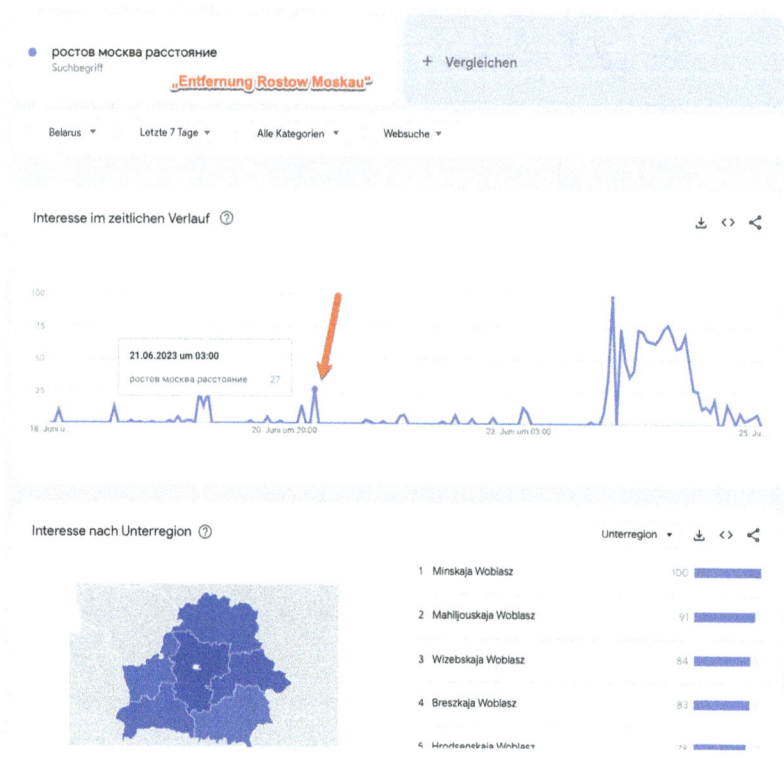

Abb. 14.19 Google Trends „Entfernung Rostow Moskau"

Es scheint wirklich erstaunlich: wie sich erkennen lässt, hat sich Prigoschin mit einigen Mitspielern in Russland und in Weißrussland abstimmen müssen. Und dennoch war der russische Inlandsgeheimdienst nicht in der Lage, die Revolte rechtzeitig zu erkennen. Doch: US-Geheimdienste gehen davon aus, dass Putin am Abend zuvor von Prigoschins Plänen erfahren hat.

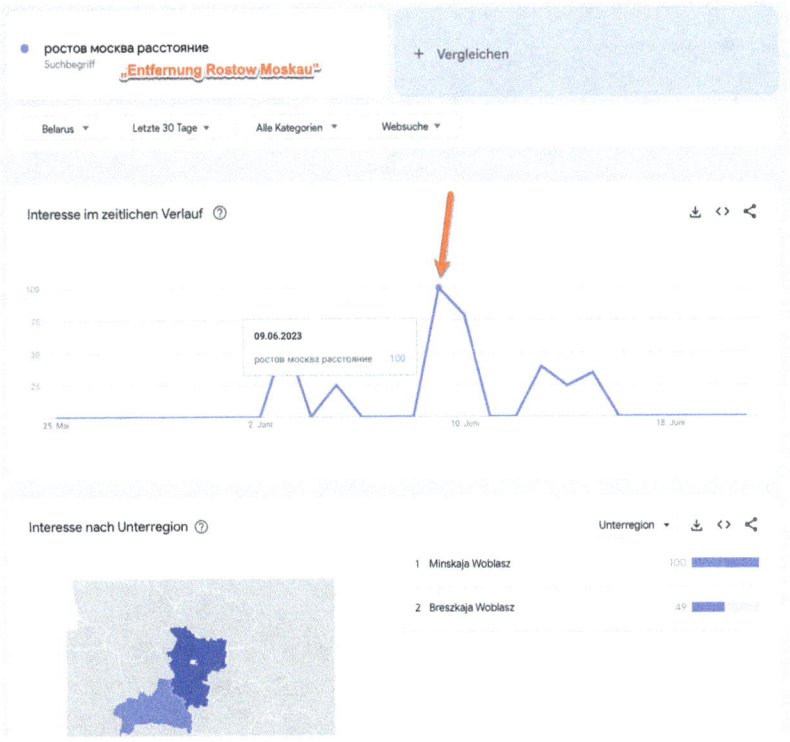

Abb. 14.20 Google Trends „Entfernung Rostow Moskau"

Interessant ist an dieser Stelle jedoch festzuhalten, wie es um die Loyalität zwischen Lukaschenko und Putin bestellt ist. Lukaschenko war über die Militärrevolte informiert – und ließ Putin ins offene Messer der öffentlichen Schwächung seiner Autorität laufen. Um sich selbst als Konfliktlöser profilieren zu können. Das dürfte ihm gefallen haben.

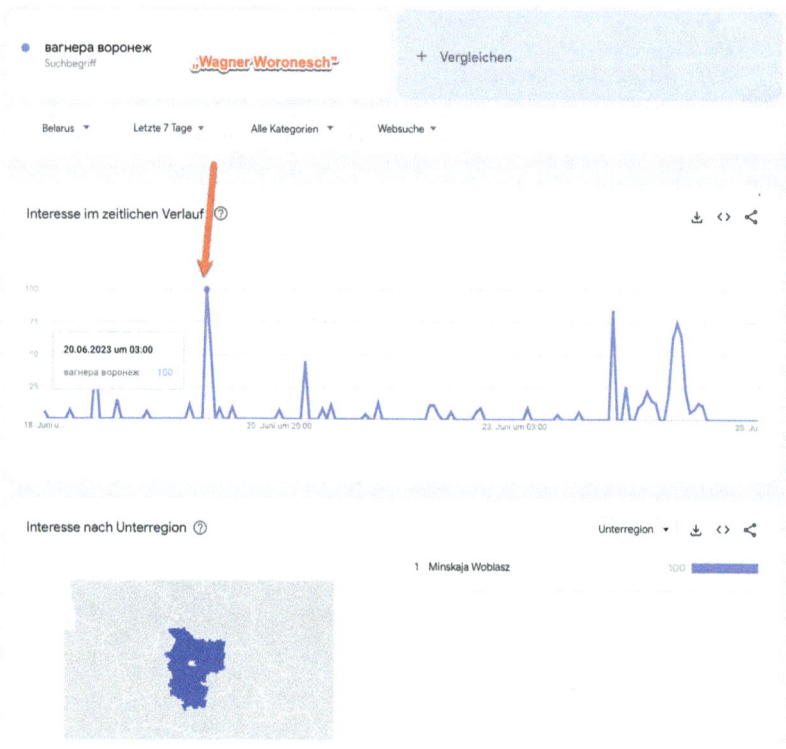

Abb. 14.21 Google Trends „Wagner Woronesch"

Der Bundesnachrichtendienst

Laut Medienberichten hatten die US-Geheimdienste Prigoschins Revolte erwartet[19]. Dies lässt sich auch sehr gut an den Suchvorgängen in Abb. 14.22 erkennen.

Bereits am 23.06.2023 zwischen 11 und 12 Uhr deutscher Zeit wurden sehr viele Suchanfragen zu einer Meuterei der Wagner Gruppe in Russland abgesetzt. Die Revolte und deren Erwähnung in der Presse wurde also erwartet.

---

[19] https://www.zdf.de/nachrichten/politik/geheimdienst-wagner-aufstand-hinweise-ukraine-krieg-russland-100.html

Der Bundesnachrichtendienst

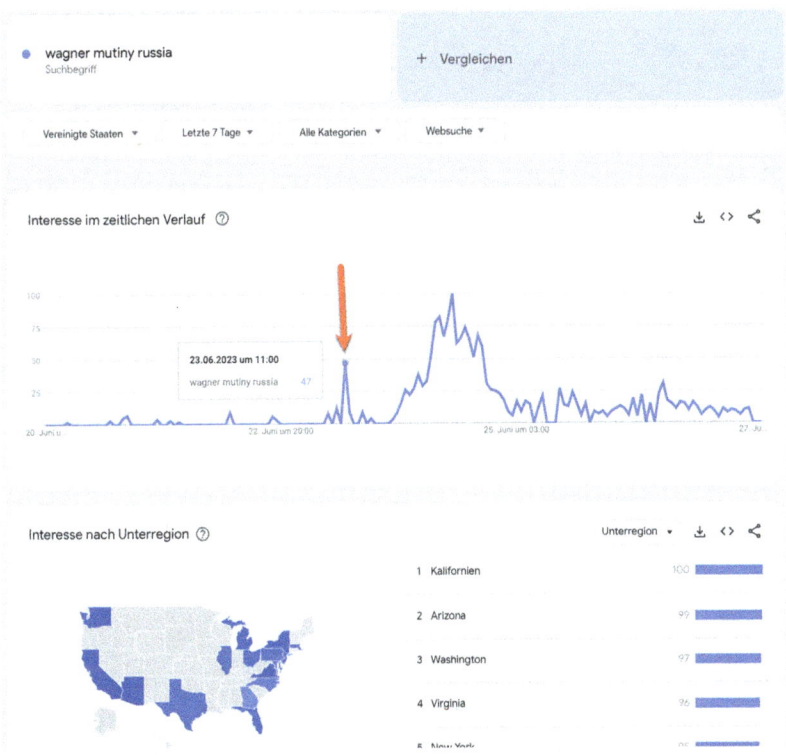

Abb. 14.22 Google Trends, Wagner Meuterei

Unmittelbar nach der Revolte stand der deutsche Auslandsgeheimdienst BND (Bundesnachrichtendienst) in der Kritik, man sei viel zu spät informiert gewesen. Nach Recherche von tagesschau.de war dies aber nicht der Fall. Im Gegenteil: am 24.06.2023 hätten BND-Mitarbeiter ein Telefonat zwischen Lukaschenko und Prigoschin abgehört[20]. Und tatsächlich finden wir Abb. 14.23 zwischen 2 und 3 Uhr morgens Suchanfragen zu „prigoschin belarus", möglicherweise aus Berlin abgesetzt.

---

[20] https://www.fr.de/politik/abgehoert-prigoschin-lukaschenko-wagner-aufstand-bnd-telefonat-gespraech-92390302.html

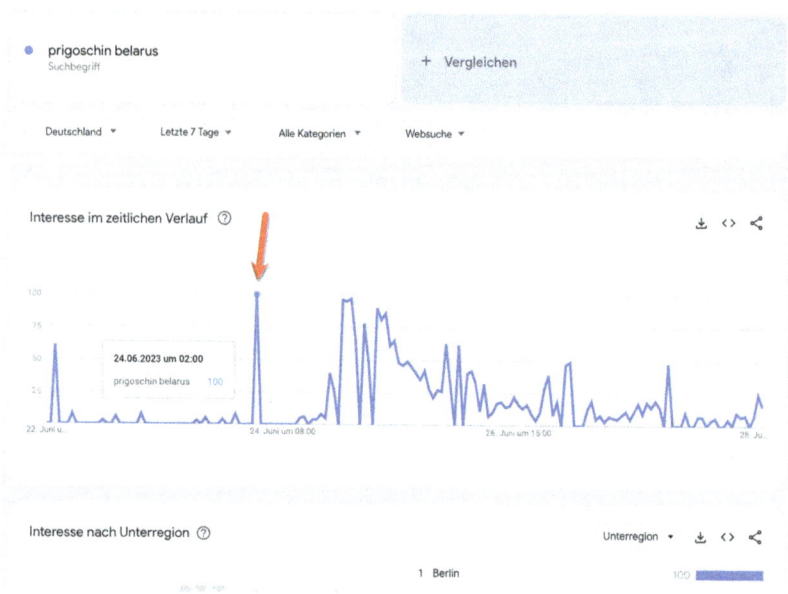

Abb. 14.23 Google Trends „Prigoschin Belarus"

Da wir aber auch vor dem 24.06.2023 Suchvorgänge im Kontext der beiden Personen finden, können wir vermuten, dass der BND bereits schon in den Tagen zuvor entsprechende Vermutungen angestellt haben muss.

Das bestätigen auch die Suchvorgänge zur Entfernung der Städte Moskau und Rostow am Don in Abb. 14.24. Hier beobachten wir in den frühen Morgenstunden des 22.06.2023 eine besonders intensive Nachfrage.

Zur gleichen Zeit wird auch die Distanz der Orte Woronesch und Moskau erfragt (siehe Abb. 14.25).

Dies sind alles Belege dafür, wie gut der BND informiert war: höchstwahrscheinlich besser, als die amerikanischen Dienste. Offenbar verfügte man mindestens seit dem 22.06.2023 über Details der Planung vom Marsch Prigoschins nach Moskau. Hat man sich entschieden, diese Informationen vor einer Exposition zu schützen? Denn wäre der russische Inlandsgeheimdienst FSB an diese Informationen gelangt, wäre es Prigoschin nicht gelungen, Putins Reputation so nachhaltig zu erschüttern.

Der Bundesnachrichtendienst

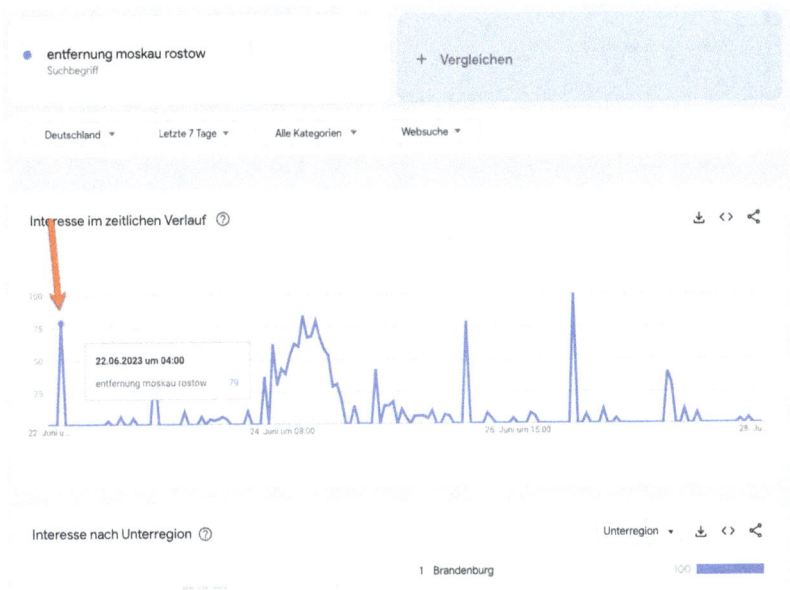

Abb. 14.24 Google Trends „Entfernung Moskau Rostow"

Wir haben auf den letzten Seiten einige Puzzlestücke vorgestellt, die die Geschehnisse rund um die Prigoschin-Revolte beschreiben. Wir können sie nur mit logischen und sinnvollen Vorannahmen zu einem schlüssigen Ganzen verbinden.

Wäre es möglich, dass die ganze Revolte eine einzige Inszenierung gewesen ist? Möglicherweise wollte Putin ja prüfen, wer sich aus den eigenen Reihen loyal hinter ihn stellen würde. Brauchte er einen offiziellen Grund, intern hart gegen aufkeimende Kritiker vorgehen zu können? Dann hätte der Druck enorm sein müssen. In Anbetracht des Schadens, den sich Putin dann selbst zugefügt hätte, scheint das eher unwahrscheinlich. Dem angedrohten Strafverfahren am Morgen folgte am Abend eine Amnestie. Der Präsident einer Atommacht war also scheinbar gezwungen, sich auf einen Kuhhandel einzulassen, um die innere Sicherheit des Landes wieder herzustellen. Putin sagte einmal „Wir haben Schwächen gezeigt, und die Schwachen werden geschlagen."[21] Nein, Putin hätte sich wohl kaum freiwillig so schwach vor der Weltöffentlichkeit präsentiert. Auch das

---

[21] https://www.derstandard.at/story/1783060/putin-wir-haben-schwaeche-gezeigt

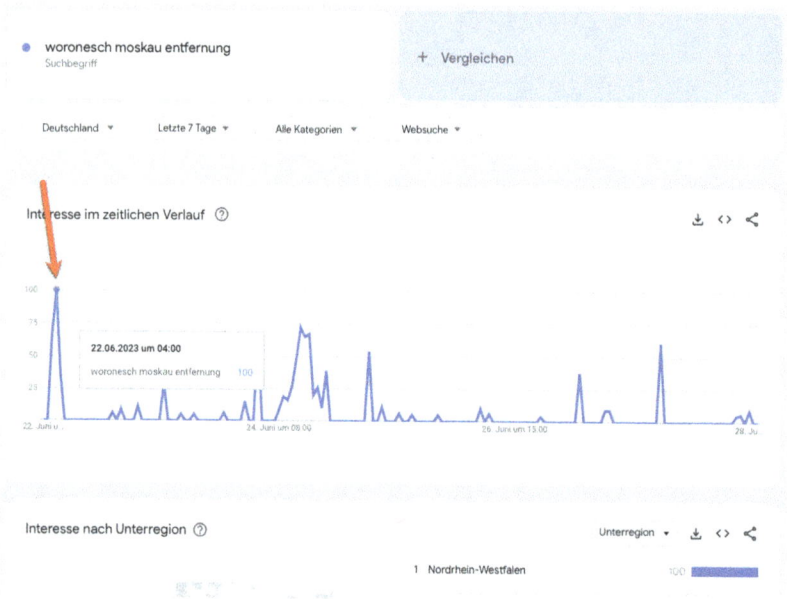

Abb. 14.25 Google Trends „Woronesch Moskau Entfernung"

vom BND abgehörte Telefonat würde dem widersprechen. Ebenso die nachweisliche logistische Planung zwischen Moskau, Tula, Woronesch und Rostow am Don wäre nicht erforderlich gewesen. Die Datenlage spricht dafür: es handelt sich hier nicht um eine Inszenierung.

Vielmehr deutet einiges darauf hin, dass bereits Anfang des Monats Juni erste Überlegungen zum Marsch nach Moskau angestellt wurden. Alexander Lukaschenko wurden von Beginn an eingebunden. Dies erweckt den Anschein, dass Prigoschin so oder so nach Weißrussland gegangen wäre. Die vorzeitige Aufgabe war wahrscheinlich so nicht geplant und wurde durch Androhung von Gewalt gegen die Angehörigen der Wagner-Kommandeure erzwungen. Wenn wir uns in Abb. 14.26 die Suchanfragen zu Prigoschins Tochter, die zwischen 2012 und 2014 eine Unternehmen im deutschen Winsen führte[22], ansehen, dann können wir vor dem Marsch auf Moskau keine besonderen Nachfragevolumina finden.

---

[22] https://www.northdata.de/Polina+Prigozhina+sporthorses+Management+GmbH,+Meißendorf/Amtsgericht+Lüneburg+HRB+203780

Der Bundesnachrichtendienst

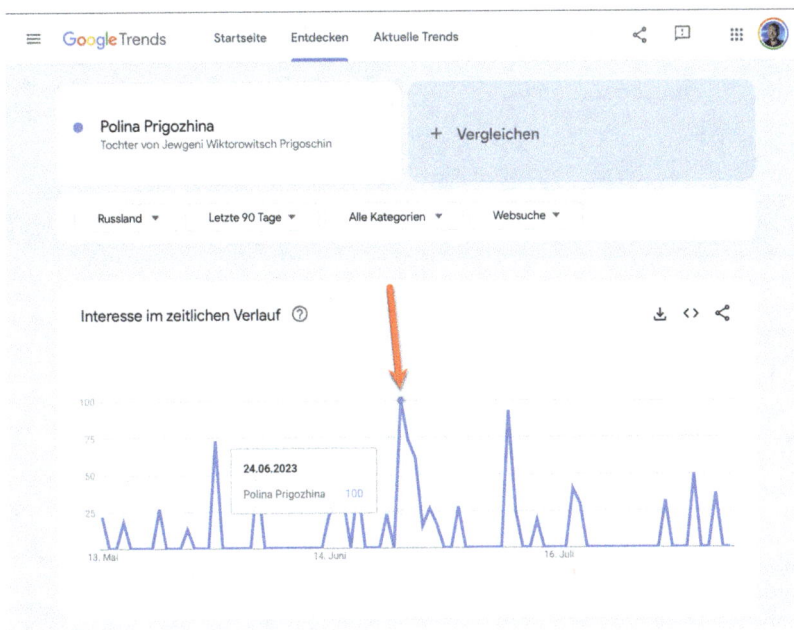

Abb. 14.26 Google Trends „Polina Prigozhina"

Gleiches gilt auch für Prigoschins Sohn (siehe Abb. 14.27).

Dies spricht dafür, dass die Familie Prigoschins als Repressalie als potenzielle Abwehrmassnahme nicht eingeplant waren.

Für die Verteidigung Moskaus ist die Russische Nationalgarde verantwortlich. Sie wurde 2016 als direkt dem Präsidenten unterstelltes inneres Sicherheitsorgan gegründet. Vor dem 24.06.2023 hält sich Prigoschin noch in der Ukraine auf. Zu diesem Zeitpunkt, am 22. und am 23.06.2023, finden wir in Abb. 14.28 einen Anstieg an Suchvorgängen zur Russischen Nationalgarde. Die meisten der Suchanfragen werden von Luhansk aus abgesetzt, welches sich direkt an der Grenze zur Oblast Rostow befindet. Wollte Prigoschin wissen, ob die Sicherheitskräfte schon mobilisiert waren?

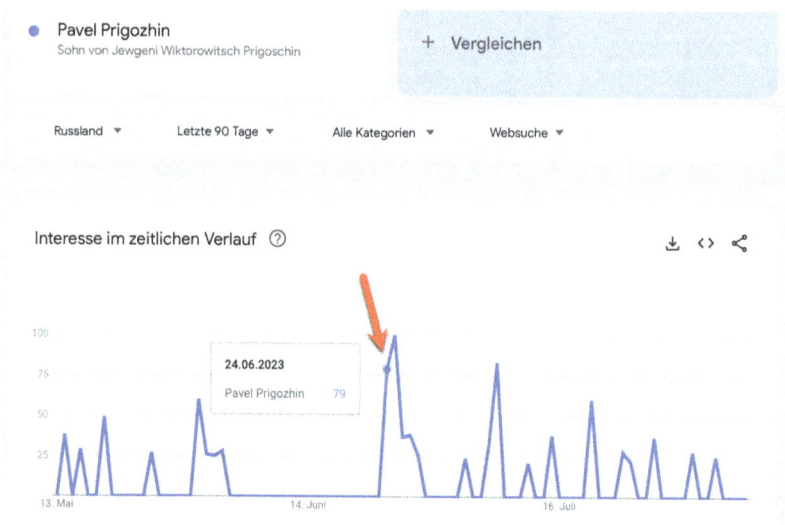

Abb. 14.27 Google Trends „Pavel Progozhin"

Einen vergleichbaren Anstieg im Suchvolumen finden wir in Moskau erst zu einem späteren Zeitpunkt (siehe Abb. 14.29).

Auch das spricht dafür, dass es sich hier nicht um eine Inszenierung mit, sondern für Putin handelt.

Wir können zwar nicht genau feststellen, wer in Moskau, in Tula, in Woronesch, Rostow am Don und sogar Weißrussland Prigoschin zugearbeitet und unterstützt hat. Wir können jedoch ein durchaus umfangreiches Netzwerk an Personen annehmen, welches möglicherweise bis in die höchsten Führungsebenen reicht[23]. Neben der Unfähigkeit des russischen Geheimdienstes, wiegt der

---

[23] https://www.tagesschau.de/ausland/europa/wagner-aufstand-mitwisser-100.html

Der Bundesnachrichtendienst 275

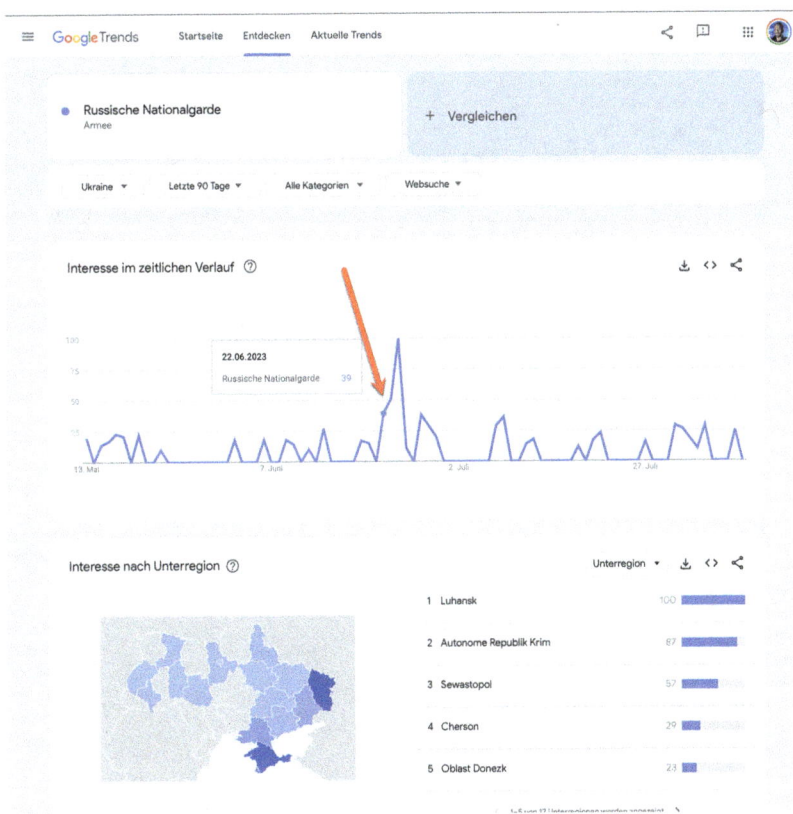

Abb. 14.28 Google Trends „Russische Nationalgarde"

Eindruck schwer, dass es keine lückenlose Geschlossenheit mehr hinter Wladimir Putin gibt. Das scheinbar hinterhältige Verhalten von Alexander Lukaschenko dürfte dabei Putins geringstes Problem sein.

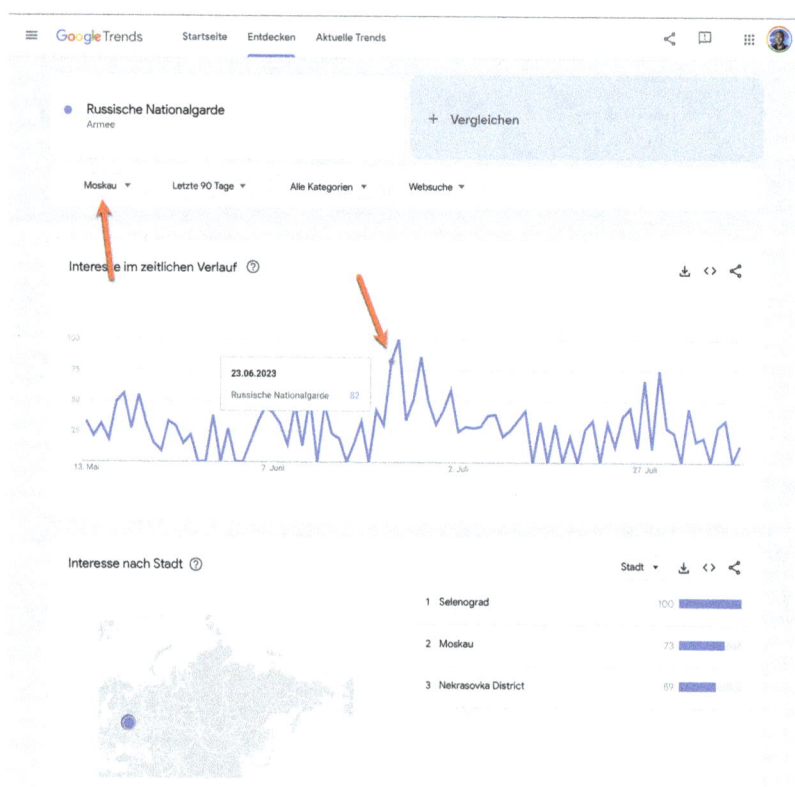

Abb. 14.29 Google Trends „Russische Nationalgarde"

Zwei Monate später: Absturz in Twer

Genau zwei Monate nach Prigoschins Revolte, am 23.08.2023, besteigen er und Utkin am Moskauer Flughafen einen der Privatjets der Wagner Gruppe nach Sankt Petersburg. Laut einer russischen Investigativplattform wurden Prigoschin kurz zuvor Sonderflugrechte, die er zur Verschleierung seiner Aufenthalte nutzen konnte, entzogen.

Zwei Monate später: Absturz in Twer

Die 16 Jahre alte Maschine mit der Flugnummer RA-02.795[24] erhält offenbar am 22.08.2023, einen Tag vor dem Absturz, ein neues Kühlsystem[25]. Angeblich steht der Jet für 5 Mio. Euro zum Verkauf. Noch am Tag des Absturzes sehen sich potenzielle Käufer die Maschine an, zeichnen von ihrer Begehung ein Video auf[26]. Wie Flugbegleiterin Kristina Raspopowa kurz vor dem Abflug ihrer Familie erklärt, würde die Maschine aufgrund einer Inspektion und „merkwürdiger Reparaturen"[27] verspätet von Moskau aus starten.

Nach dem Start gegen 17:53 Uhr Ortszeit, stürzt die Maschine nach 27 Minuten Flugzeit in der Oblast Tver, gegen 17:20 Uhr deutsche Zeit, ab[28]. Alle sieben Passagiere, sowie die drei Besatzungsmitglieder sterben.

Zunächst ist nicht klar, ob sich Prigoschin wirklich unter den Toten befinden würde. Die russische Nachrichtenagentur Tass vermeldet etwa 40 Minuten nachdem der Jet vom seinem Kurs abgekommen war, Prigoschin hätte sich auf der Passagierliste befunden[29].

Alleine durch diese ungewöhnlich schnelle Reaktion drängt sich der Verdacht auf, dass die Informationen vorbereitet wurden – und damit auch, dass der Abschuss arrangiert wurde. Denn für gewöhnlich würden die Passagierlisten bei Rosaviatsia, der zivilen Luftfahrtbehörde in Russland, erfragt werden müssen.

Mit der Tass-Meldung steigt durch die öffentliche Wahrnehmung auch das Suchvolumen zu Anfragen bei Google an, die im Kontext eines Flugzeugabsturzes getätigt werden (siehe Abb. 14.30).

---

[24] https://www.planespotters.net/photo/1392081/ra-02795-wagner-group-embraer-emb-135bj-legacy-600
[25] https://www.n-tv.de/mediathek/videos/politik/Videoaufnahmen-zeigen-Prigoschins-Jet-von-innen-article24350620.html
[26] https://www.welt.de/politik/ausland/video247110398/Laut-Oppositions-Website-Hinweise-auf-Inspektion-des-Prigoschin-Flugs-RA-02795-vor-Start.html
[27] https://politik.watson.de/international/russland/582821923-nach-tod-prigoschins-tote-flugbegleiterin-offenbart-neues-indiz-fuer-absturz
[28] https://www.flightradar24.com/blog/russian-legacy-600-crashes-near-tver/
[29] https://tass.ru/proisshestviya/18571601

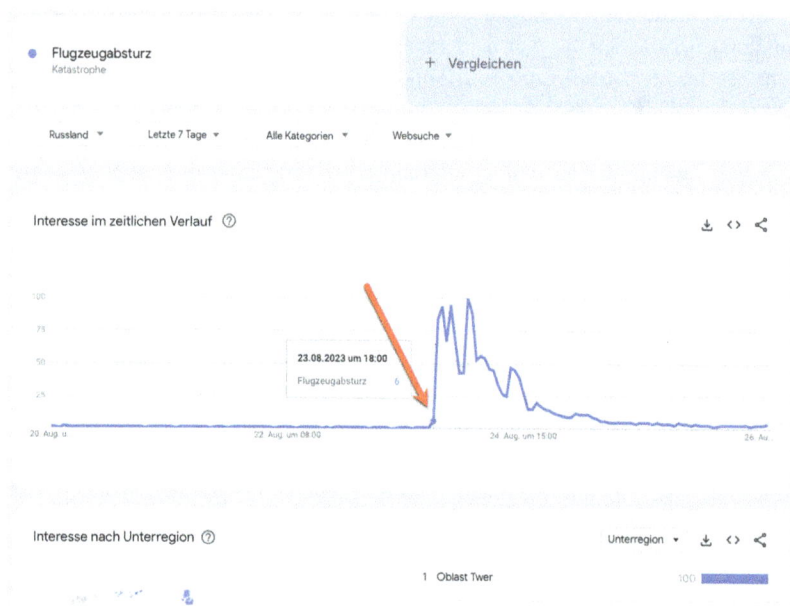

Abb. 14.30 Google Trends „Flugzeugabsturz"

Mehrere Jets der Wagner Gruppe

Von Prigoschin-nahen Medien wird spekuliert, der Wagner-Chef hätte seinen Tod inszeniert, um dem Zorn Wladimir Putins entgehen zu können. Bereits im Jahr 2019 soll er einem Attentat entgangen sein, bei dem eine Frachtmaschine abgestürzt war[30]. Wie sich später herausstellte war er aber nicht an Bord gegangen. In diesem Fall scheint die Sachlage jedoch eine andere: nach einem DNA-Abgleich bestätigen russische Behörden am 27.08., Prigoschin würde sich unter den Leichen befinde[31].

Die Wagner Gruppe scheint über mehrere Jets zu verfügen. Beispielsweise über einen mit der Flugnummer RA-02.878, den Prigoschin auch immer wieder für seine Flüge von Weißrussland nach Sankt Petersburg nutzt[32]. Der der Wagner

---

[30] https://www.rnd.de/panorama/absturz-von-prigoschin-flugzeug-zeit-ort-insassen-ursache-was-derzeit-bekannt-ist-CNXEI5QNFFJH7FG7F4QAW3THH4.html

[31] https://www.tagesschau.de/ausland/europa/prigoschin-russland-putin-wagner-100.html

[32] https://motolko.help/en-news/prigozhins-plane-is-leaving-belarus-2/

Gruppe nahestehende Telegram Kanal „Grey Zone"[33] gibt an, auch der Jet mit der Flugnummer RA-02.748 gehöre zur Wagner Gruppe. Diese Maschine fliegt exakt die Route von Moskau nach Sankt Petersburg, die Prigoschin 40 Minuten später zurücklegt[34,35].

Keine Stunde später kehrt der Jet wieder nach Moskau zurück[36]. Sollte sich Prigoschin möglicherweise doch nicht an Bord der abgeschossenen Maschine befunden haben? Von russischer Seite wird erklärt, dass weder die Insassen der Maschine noch die Maschine selbst in keinerlei Verbindung zur Wagner Gruppe stehen würden[37].

Explosion an Bord

Der Umstand, dass der Pilot keinen Notruf absetzen konnte[38], deutet auf plötzliche und unvorhersehbare Ereignisse an Bord hin, wie beispielsweise eine Explosion. Wurde die Maschine mithilfe einer Boden-Luft-Rakete abgeschossen? Oder kam es zu einer Explosion aus dem Inneren der Maschine? Wurde möglicherweise bei den Wartung- und Reparaturarbeiten eine Bombe ins Flugzeug verbracht? Denkbar wäre dies, finden wir in der betreffenden Nacht in Abb. 14.31 doch vermehrt Suchvorgänge, die nach Informationen zu einer „Flugzeugbombe" fragen.

---

[33] https://t.me/s/grey_zone
[34] https://www.reuters.com/graphics/RUSSIAN-CRASH/PRIGOZHIN/dwvkaealmvm/
[35] https://www.flightradar24.com/data/aircraft/ra-02748
[36] https://www.focus.de/politik/ausland/ukraine-krise/beobachter-spekulieren-wurde-prigos chins-tod-nur-inszeniert-das-raetsel-um-den-zweiten-wagner-jet_id_202697724.html
[37] https://www.reuters.com/world/europe/second-russian-plane-reportedly-linked-prigoz hin-had-no-connection-wagner-group-2023-08-25/
[38] https://www.spiegel.de/ausland/jewgenij-prigoshin-flugzeugabsturz-wagner-chef-tot-acht-leichen-gefunden-A-20003758-383d-4993-978b-664ff4f6f040

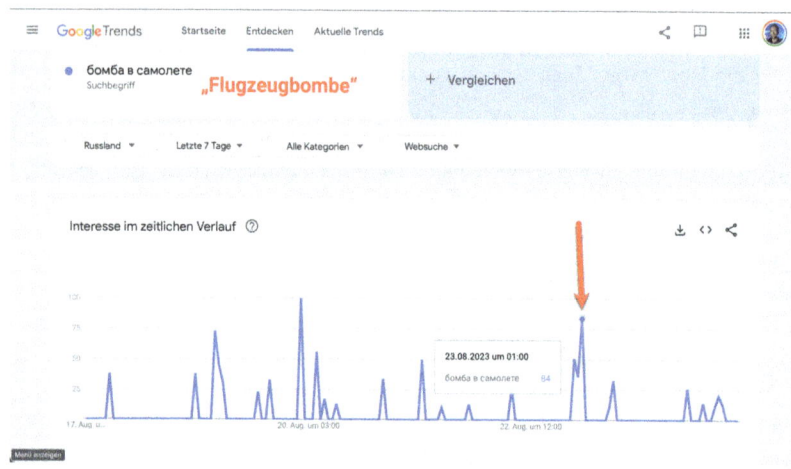

Abb. 14.31 Google Trends „Flugzeugbombe"

Prigoschin in Mali

Laut britischen und ukrainischen Geheimdiensten[39] steht die russische Spezialeinheit 29.155[40] im Verdacht, Prigoschins Jet zum Absturz gebracht zu haben. Noch am Abend des 23.08.2023 stellen wir in Abb. 14.32 eine verstärkte Nachfrage an Suchvorgängen zum ehemaligen Leiter der Spezialeinheit und Vizechef des russischen Nachrichtendienstes GRU, Andrei Awerjanow, fest.

Medienberichten zufolge ist Awerjanow damit befasst, eine 20.000 Mann starke Truppe aufzustellen, um die bislang von der Wagner Gruppe durchgeführten Operationen in Afrika zu übernehmen. Das hatte Prigoschin bislang zu verhindern gewusst[41]. Nun aber hat Awerjanow freie Hand. Keine drei Stunden nach Prigoschins Tod hebt dieser in einer anderen Maschine von Moskau aus Richtung Damaskus ab, um später nach Mali weiterzufliegen. Damit nimmt er die gleiche Route, wie Prigoschin am 18.07.2023, knapp eine Woche zuvor. Prigoschins Reise wurde damals von vielen Suchvorgängen flankiert, beispielsweise in der Google-News-Suche (siehe Abb. 14.33).

---

[39] https://www.fr.de/politik/absturz-flugzeug-jewgeni-prigoschin-wagner-moskau-russland-putin-putsch-belarus-zr-92477805.html

[40] https://de.wikipedia.org/wiki/Einheit_29155

[41] https://taz.de/Prigoschins-Flugzeugabsturz/!5955843/

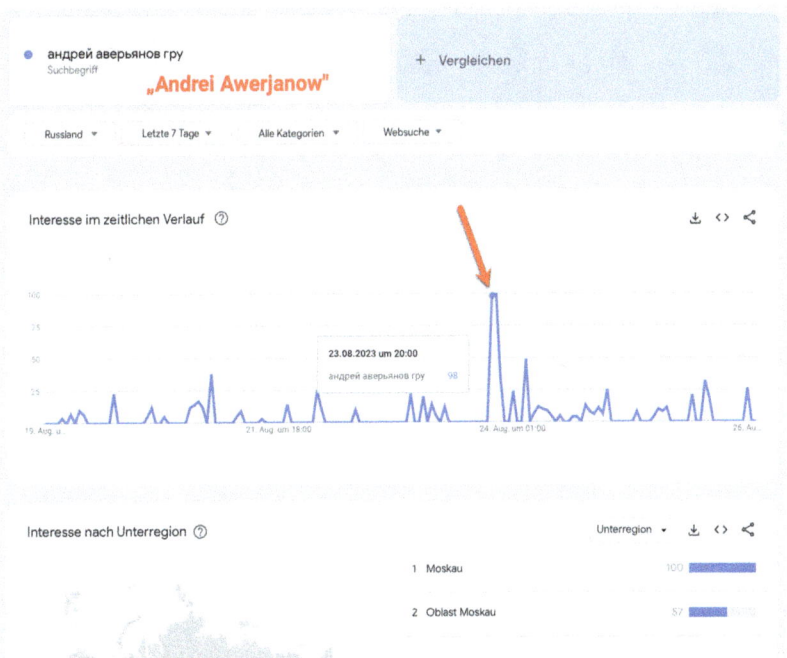

Abb. 14.32 Google Trends „Andrei Awerjanow"

Natürlich kann nicht ausgeschlossen werden, dass Prigoschin oder seine Helfer vor dem Flug über Google nach Meldungen gesucht haben, die auf mögliche Risiken hingewiesen hätten. Schließlich musste Prigoschin wissen, dass sein Leben zu jederzeit in Gefahr war. Auch wenn Wladimir Putin den Wagner-Chef nach dem 24.06. wieder im Kreml empfangen hatte, so scheint kaum vorstellbar, Putin würde ihm durchgehen lassen, dass er ihn „verraten" hatte. In einem Interview von 2018 erklärte Putin[42], dass er Verrat niemals verzeihen könne.

---

[42] https://www.businessinsider.de/politik/international-politics/verrat-ist-unverzeihlich-ein-altes-video-von-putin-geht-viral/

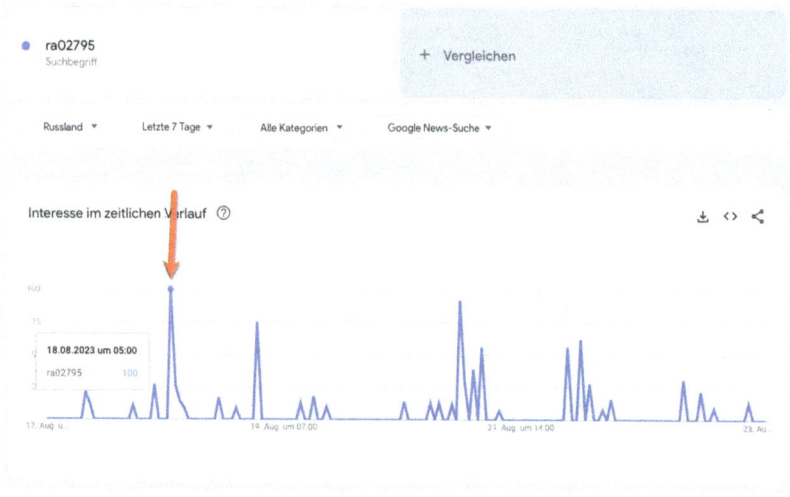

Abb. 14.33 Google Trends, Flugnummer RA02795

Es ist also möglich, dass die Suchvorgänge zum Flug zur Absicherung der Flugverbindung nach Damaskus und Mali abgesetzt wurden. Wie wir in Abb. 14.34 sehen, werden in dieser Nacht aber noch weitere auffällige Suchvorgänge formuliert: scheinbar ist man bemüht, mögliche Meldungen zu finden, die Prigoschin in Zusammenhang mit Rosaviatsia[43], der zivilen Luftfahrtbehörde in Russland, sehen.

Hat man bereits am 18.08.2023 erwartet, Rosaviatsia hätte eine Liste an verstorbenen Fluggästen veröffentlicht? Eine, auf der auch Prigoschin steht?

Unmittelbar vor dem Absturz steigen die Suchanfragen in dieser Frage nochmals an (siehe Abb. 14.35).

---

[43] http://favt.gov.ru/

Prigoschin in Mali

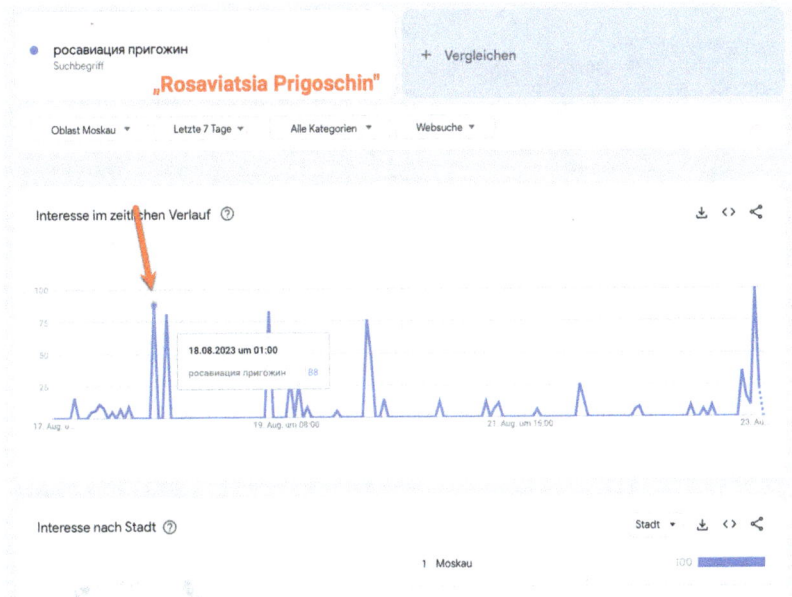

Abb. 14.34 Google Trends „Rosaviatsia Prigoschin"

Prigoschins Flugbewegungen spielen in Russland eine Woche vor dem Absturz seiner Maschine also eine große Rolle. Wir können an dieser Stelle jedoch nicht genau differenzieren, zu welchem Zweck und ob die Suchvorgänge eher zur Absicherung des Fluges von Prigoschin abgesetzt wurden, oder ob etwas anderes dahinter steckt.

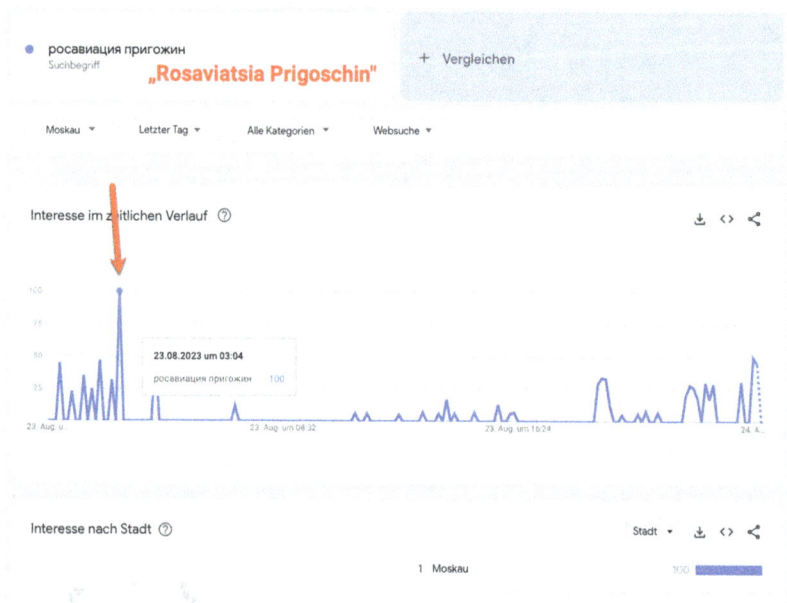

Abb. 14.35 Google Trends „Rosaviatsia Prigoschin"

Eine Woche vor dem Absturz

Interessant scheinen die Suchanfragen, die zeitgleich von Weißrussland aus formuliert werden. Hier fragt man sich am Tag von Prigoschins Flug nach Damaskus und Mali, ob es bereits zu einem Flugzeugabsturz gekommen sei (siehe Abb. 14.36). Erwartete Alexander Lukaschenko den Tod des Wagner-Chefs? Und wenn ja, warum? Weil Prigoschin ihn zur Inszenierung seines Todes einweihte? Oder weil Lukaschenko von russischen Anschlagsplänen auf Prigoschins Leben erfahren hatte?

Während sich Prigoschin offenbar noch in Mali aufhält, beobachten wir in Abb. 14.37 aus Russland am 19.07.2023 intensive Bemühung, Informationen zu seiner Maschine zu finden.

Eine Woche vor dem Absturz

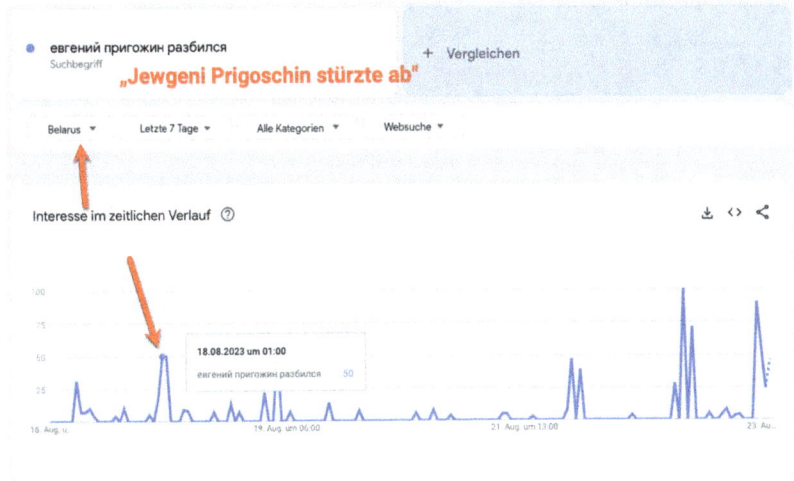

Abb. 14.36 Google Trends „Jewgeni Prigoschin stürzte ab"

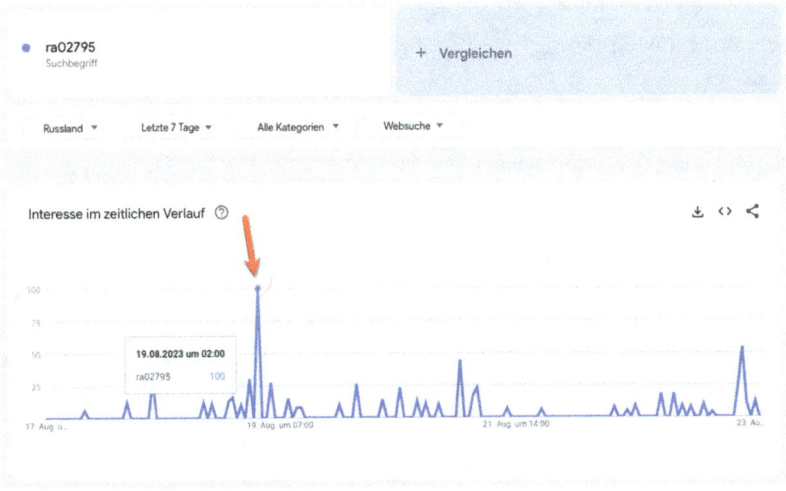

Abb. 14.37 Google Trends, Flugnummer RA02795

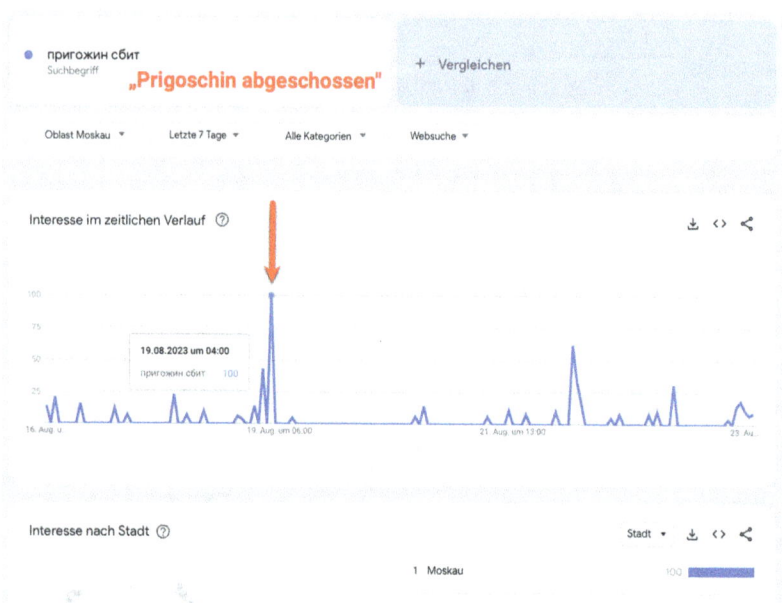

Abb. 14.38 Google Trends „Prigoschin abgeschossen"

Es stellt sich die Frage, ob wir hier lediglich Planungsspuren beobachten oder ob Prigoschin bereits auf seinem Flug nach Mali sterben sollte. Denn am gleichen Tag finden wir in Abb. 14.38 vermehrt Suchanfragen aus der Oblast Moskau, ob „Prigoschin abgeschossen" wurde.

Interessant erscheint auch die Beobachtung in Abb. 14.39, dass von Twer aus, also der Region, in der der Jet abstürzte, an diesem Tag nach einem abgestürzten Flugzeug gesucht wurde. Man beachte das Wort „heute". Es geht also tatsächlich um einen erwarteten Flugzeugabsturz am 19.08.2023. Sollte Prigoschin also bereits eine Woche zuvor sterben?

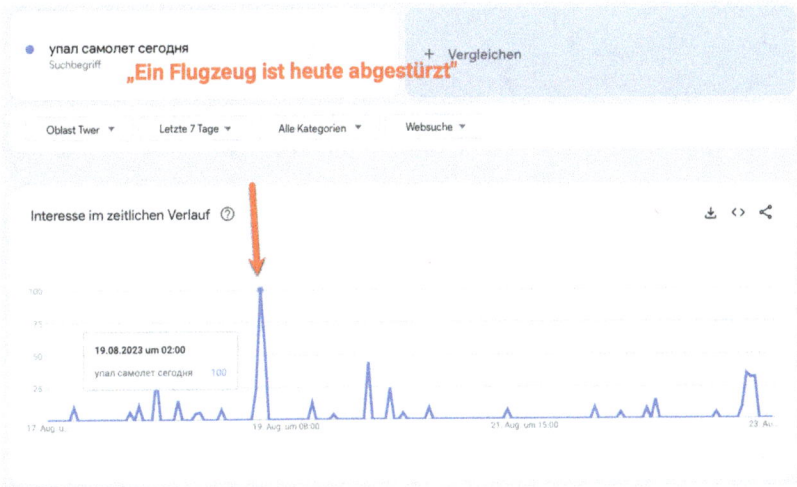

Abb. 14.39 Google Trends „Ein Flugzeug ist heute abgestürzt"

Es sei in diesem Zusammenhang erwähnt, dass sich in Twer auch die Schukow-Militärakademie für Kommandeure der Luftverteidigung[44] befindet. Auch weitere militärische Einrichtungen, sogar in unmittelbarer Nähe zur Absturzstelle.

Suchanfragen zu „Prigoschins Flugzeug wurde abgeschossen" finden wir noch früher: bereits in den frühen Morgenstunden des 17.08.2023, also einen Tag, bevor Prigoschin seine Reise nach Mali anbricht. Auch diese werden aus der Oblast Moskau abgesetzt (siehe Abb. 14.40).

---

[44] https://vavko.mil.ru/

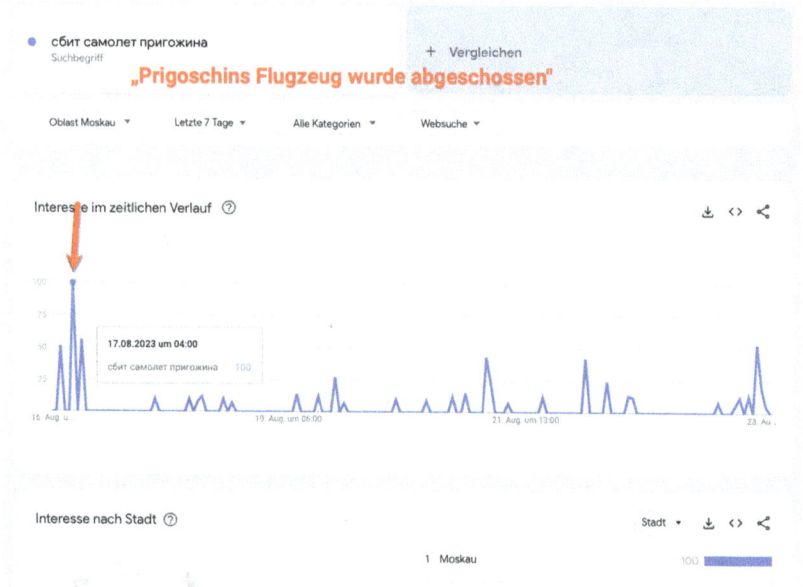

Abb. 14.40 Google Trends „Prigoschins Flugzeug wurde abgeschossen"

Das wussten westliche Geheimdienste vor dem Absturz

Der 17.08.2023 ist auch der Tag, an dem wir in Abb. 14.41 intensive Suchanfragen zu einem Flugzeugabsturz von Prigoschin aus Kanada beobachten können.

Wir können vermuten, dass die westlichen Geheimdienste mindestens seit dem 17.08.2023, also sechs Tage vor dem Absturz, von konkreten russischen Plänen wussten, Prigoschin zu beseitigen. Noch am Morgen des 23.08.2023 erkundigt man sich aus den Vereinigten Staaten zu einem möglichen Flugzeugabsturz (siehe Abb. 14.42).

Das wussten westliche Geheimdienste vor dem Absturz

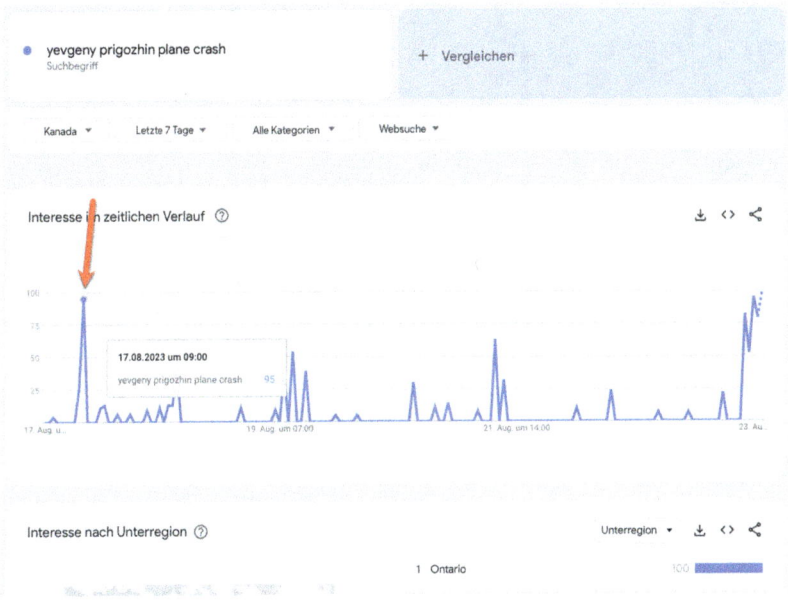

Abb. 14.41 Google Trends, Flugzeugabsturz

Auch in Deutschland scheint man von konkreten Gefahren für Prigoschin gewusst zu haben. In der Nacht des 21.08.2023 finden wir in Abb. 14.43 vermehrt Suchvorgänge zu „prigoschin flugzeug abgestürzt".

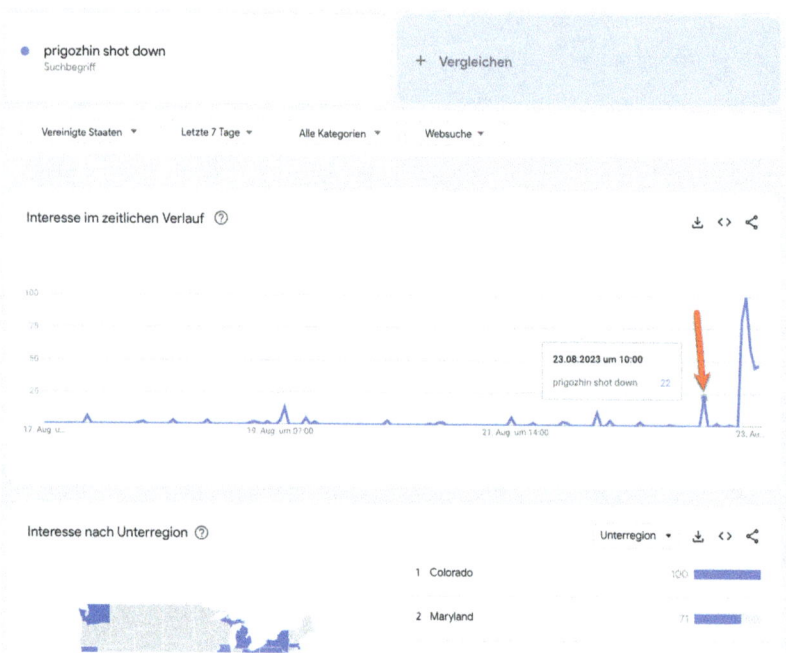

Abb. 14.42 Google Trends, Prigoschin abgeschossen

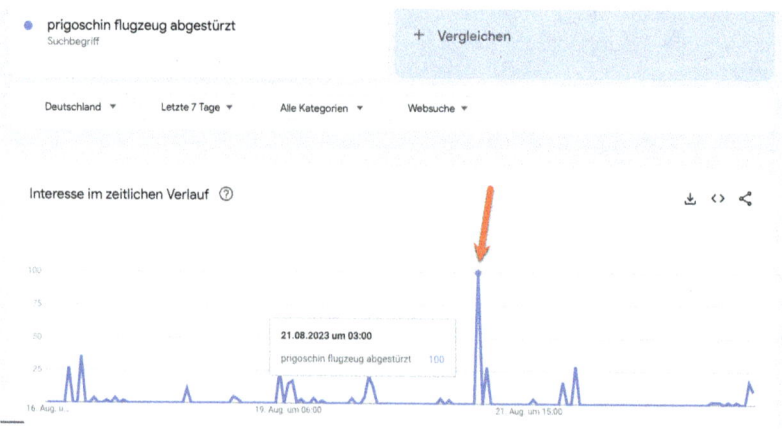

Abb. 14.43 Google Trends „Prigoschin Flugzeug abgestürzt"

Am Tag des Absturzes

Es ist der 23.08.2023, als man in Moskau in den frühen Morgenstunden wissen möchte, ob Prigoschin bereits abgestürzt sei (siehe Abb. 14.44).
Und auch in der Oblast Twer sucht man in Abb. 14.45 wieder nach vergleichbaren Informationen.

Diese Beobachtung legt den Verdacht nahe, dass zum einen die Absturzstelle zu diesem Zeitpunkt fest definiert war und zum anderen, dass ausgewählte Personen vor Ort eingeweiht waren. Noch deutlicher lässt sich dies an den Suchvorgängen aus Twer in Abb. 14.46 belegen.

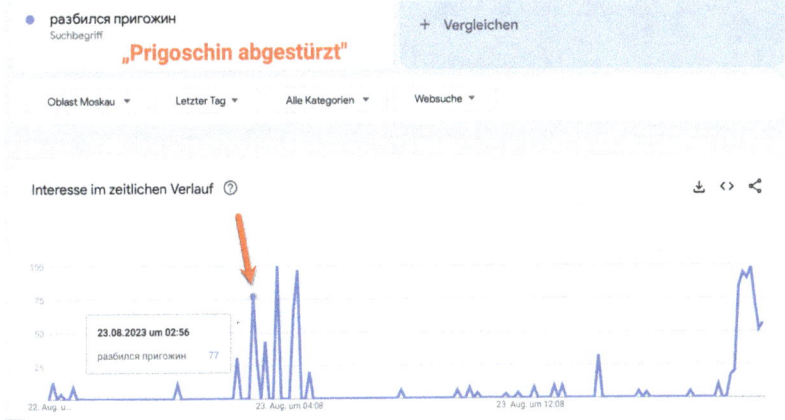

Abb. 14.44 Google Trends „Prigoschin abgestürzt"

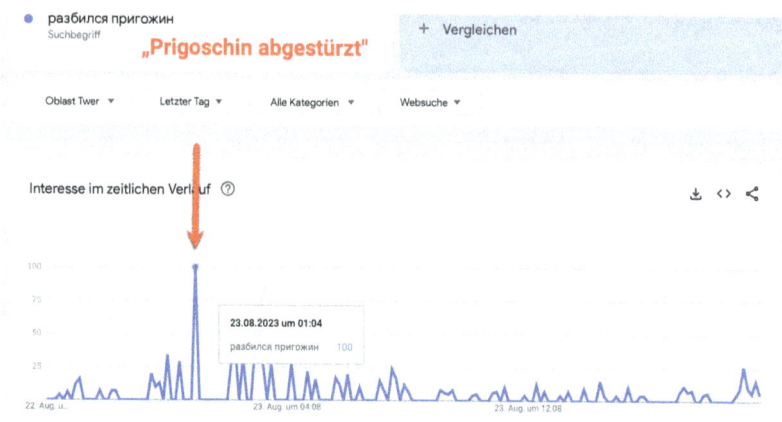

Abb. 14.45 Google Trends „Prigoschin abgestürzt"

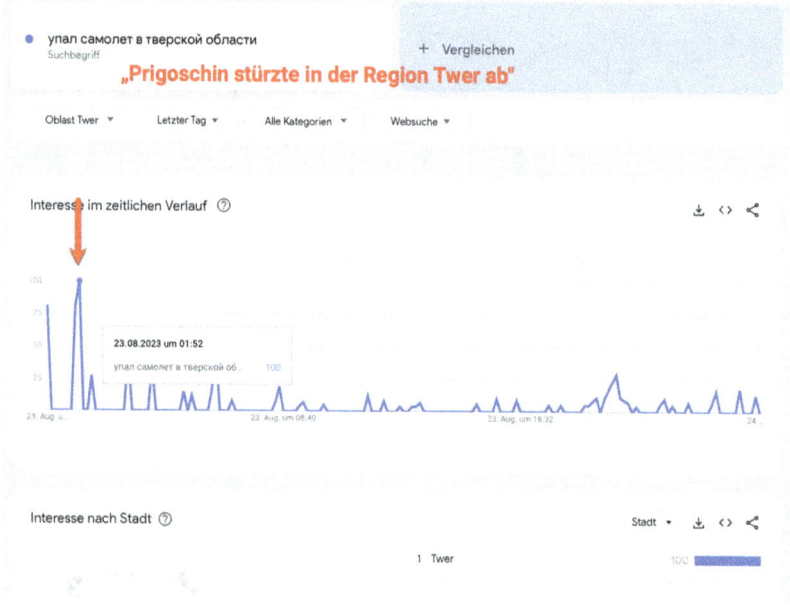

Abb. 14.46 Google Trends, Absturzstelle

Die Absturzstelle

Prigoschins Jet schlägt in der Oblast Twer in der Nähe von Kuschenkino auf[45]. Die Siedlung selbst, welche keine 400 Einwohner zählt[46] und sich von Westen nach Osten auf etwa 3 km erstreckt, verfügt über keinerlei militärische Bedeutung. Allerdings ist in der Nähe eine Flugabwehreinheit stationiert[47,48].

Kuschenkino wird kurz vor dem Absturz der Maschine Gegenstand zahlreicher Google-Suchvorgänge. Bereits am 22.08.2023 werden aus der Oblast Twer, in dem sich Kuschenkino befindet, Suchanfragen zu „Kuschenkino Flugzeug" formuliert (siehe Abb. 14.47).

Verlassen wir uns ausschließlich auf diese Daten, so kann nicht eindeutig bestimmt werden, in welchem Kontext die Suchvorgänge entstanden sind.

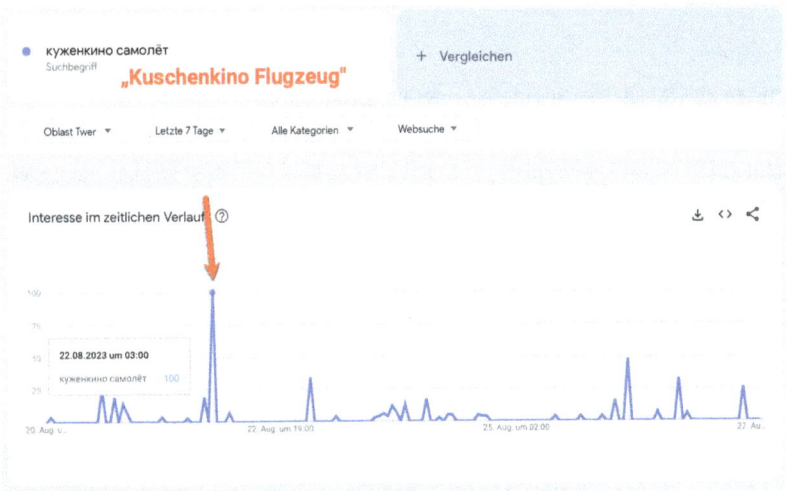

Abb. 14.47 Google Trends „Kuschenkino Flugzeug"

---

[45] https://www.tagesschau.de/ausland/asien/prigoschin-russland-flugzeugabsturz-100.html
[46] https://de.wikipedia.org/wiki/Kuschenkino
[47] https://www.mdr.de/nachrichten/welt/politik/flugzeug-absturz-prigoschin-tot-bekannt-spekulationen-102.html
[48] https://www.google.com/maps/place/Kuzhenkino,+Oblast+Twer,+Russland/@57.6971889,33.9725943,17957m/data=!3m1!1e3!4m6!3m5!1s0x46b9db88be5d4d15:0x7142e9b6b61f0fac!8m2!3d57.7264333!4d33.9791868!16s/m/0zdk120

Abb. 14.48 Google Trends „Kuschenkino auf der Karte"

Schließlich würde sich nicht ausschließen lassen, dass Bewohner der Siedlung Beobachtungen von Flugzeugen gemacht haben und sich dazu nun weiter informieren wollen – insbesondere deshalb, weil sich der Militärflugplatz in unmittelbarer Nähe befindet. Dennoch fällt die zeitliche Nähe zu den kommenden Geschehnissen auf.

Es scheint ungewöhnlich, dass man sich im 300 km entfernten Moskau am 21.08.2023 vermehrt für geographisches Kartenmaterial rund um Kuschenkino interessiert (siehe Abb. 14.48).

Welche Rolle die militärische Einrichtung in Kuschenkino spielt und ob es neue Erkenntnisse dazu in der Presse gibt, dass interessiert einige Menschen einen Tag nach dem Absturz der Maschine, wie wir in Abb. 14.49 erkennen können.

Auf diesem Hintergrund stellt sich die Frage, ob es bei der Inspektion, die Flugbegleiterin Kristina Raspopowa erwähnt, tatsächlich um den Einbau einer Bombe handelt, oder ob der Start nicht absichtlich verzögert werden soll, um genügend zeitlichen Abstand zur zweiten Maschine aufbauen zu können? Um sie besser mit einer Boden-Luft-Rakete zum Absturz zu bringen?

Anschuldigungen, der Kreml sei in den Absturz der Prigoschin-Jets verwickelt, bezeichnet Kremlsprecher Dmitri Peskow als „eine absolute Lüge"[49]. Wenn

---

[49] https://www.tagesschau.de/ausland/asien/putin-prigoschin-tod-104.html

Die Absturzstelle

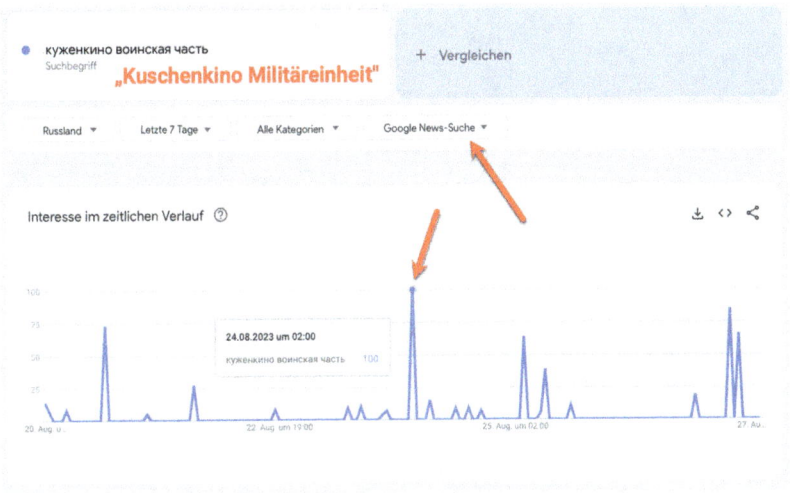

Abb. 14.49 Google Trends „Kuschenkino Militäreinheit"

der Kreml also jegliche Verantwortung abstreitet – anderes war auch kaum zu erwarten –, dann wäre die Nutzung einer Boden-Luft-Rakete eine sehr auffällige Methode gewesen. Beobachter hätten zu einem großen Problem für die Kremlargumentation werden können. Und in der Tat lassen sich keine Suchanfragen finden, die im Zusammenhang mit der Absturzstelle und einem entsprechenden Raketensystem stehen. Putin wäre sehr schnell in Erklärungsnot geraten. Eine ferngezündete Sprengung scheint trotz der Nähe des Militärs wahrscheinlicher.

Fest steht, dass die Position von Prigoschins Jet bereits im Vorfeld mittels flightradar24.com untersucht wird (siehe Abb. 14.50).

Einen deutlichen Anstieg der Suchanfragen beobachten wir hier zwischen 4 und 5 Uhr Ortszeit am Tag des Absturzes (siehe Abb. 14.51). Wurde überprüft, ob die Maschine noch am erwarteten Ort stehen würde? Die Echtzeit-Positionsbestimmung hätte sicherlich auch für die rechtzeitige Fernzündung einer Bombe genutzt werden können.

Wie der Abbildung auch zu entnehmen ist, finden wir keine vergleichbaren Suchvorgänge, um die Position des Jets ausfindig zu machen, der etwa 40 Minuten vor der Absturzmaschine nach Sankt Petersburg geflogen ist. Dies lässt vermuten, dass er für die russische Planung tatsächlich keine Rolle gespielt hat.

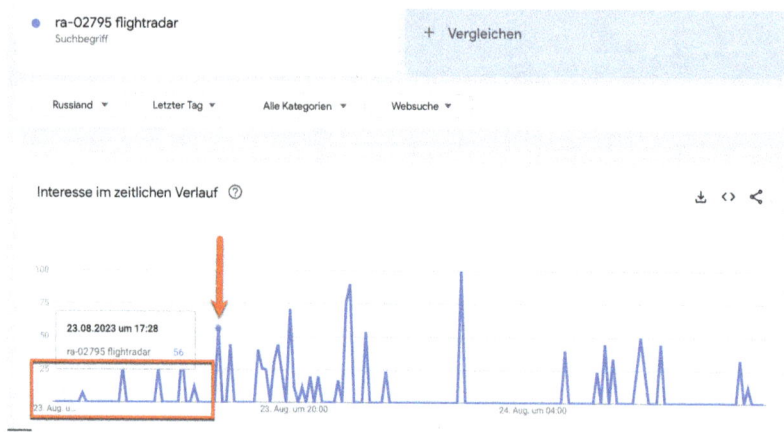

Abb. 14.50 Google Trends, Flugnummer bei flightradar24

Abb. 14.51 Google Trends, Flightradar

Wie im Blog von Flightradar24 erklärt wird, hat es bei der genauen Positionsbestimmungen des Jets vor dem Absturz technische Probleme gegeben, wahrscheinlich durch Interferenzen[50]. Diese könnten auch durch Jammer absichtlich herbeigeführt werden.

Dmitri Utkin

Zusammen mit Prigoschin stirbt sein enger Vertrauter Dmitri Utkin. Neonazi Utkin gründet die Wagner Gruppe im Jahr 2014. Der Name leitet sich von seinem Kampfnamen „Wagner" ab, den er nach Hitlers Lieblingskomponisten Richard Wagner wählte[51]. Kurz vor dem Absturz der Maschine finden wir in Abb. 14.52 auch zu seiner Person Suchvorgänge, die in Erfahrung bringen wollen, ob er bereits verstorben sei.

Zeitgleich finden wir in Abb. 14.53 Suchanfragen, die sich zu möglichen Verbindungen zwischen Utkin und Putin erkundigen möchten. Möchte man in Erfahrung bringen, ob es Meldungen zu einer negativen Einstellung Putins gegenüber Utkin gibt? Wenn Utkin dann kurz darauf verstirbt, könnte dies den Kreml eher als möglichen Täter mit einem nachvollziehbaren Motiv erscheinen lassen.

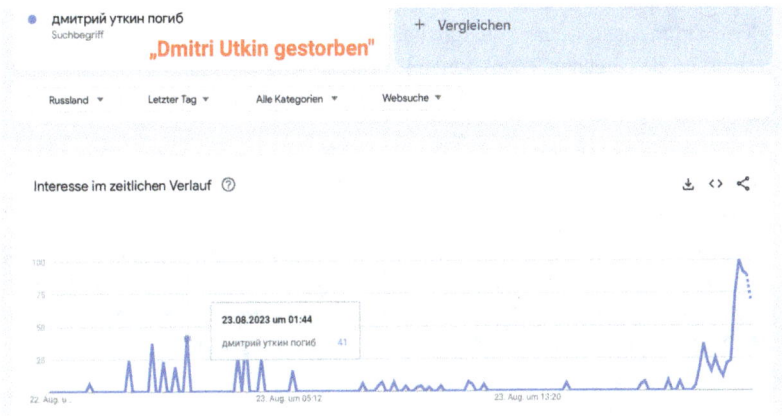

Abb. 14.52 Google Trends „Dmitri Utkin gestorben"

---

[50] https://www.flightradar24.com/blog/russian-legacy-600-crashes-near-tver/
[51] https://www.fontanka.ru/2016/03/28/171/

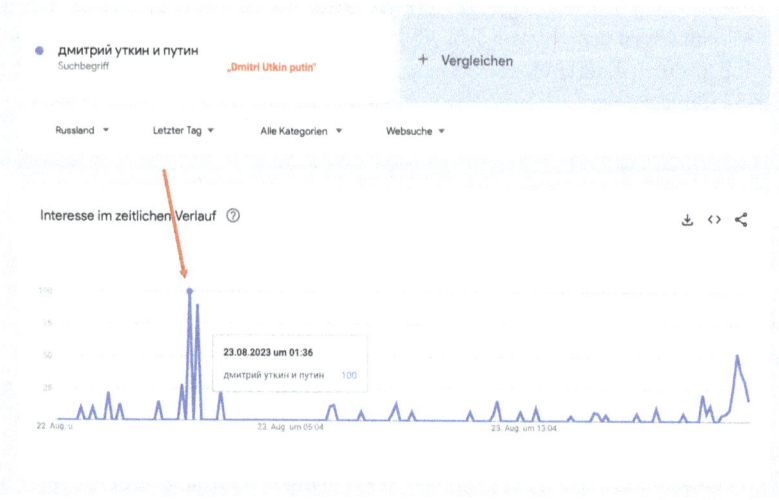

Abb. 14.53 Google Trends „Dmitri Utkin Putin"

Suchvorgänge, die an öffentlich bekannten Verhältnissen zwischen Putin und Utkin interessiert sind, lassen eher darauf schließen, dass nicht Utkin selbst, sondern Dritte nach seinem möglichen Tod bei Google gesucht haben. Die Inszenierung des eigenen Todes scheint weniger wahrscheinlich.

Schlussfolgerungen
Betrachten wir die Geschehnisse rund um Jewgeni Prigoschin in ihrer Gesamtheit, so müssen wir wohl annehmen, dass es sich bei der Revolte des Wagner-Chefs nicht um eine Inszenierung gehandelt hat. Putin war tatsächlich ahnungslos. Alexander Lukaschenko hingegen nicht. Und die westlichen Geheimdienste ebenso wenig. Putin hatte ein reales Motiv zur Beseitigung seines „Verräters".

Die Datenlage lässt darauf schließen, dass der Absturz des Jets geplant herbeigeführt wurde. Es handelt es sich also in keinem Fall um einen Unfall. Hätte Prigoschin seinen Tod vortäuschen wollen, wären viele der beobachteten Suchvorgänge völlig überflüssig gewesen. Andere wiederum, beispielsweise zu seiner Zweitmaschine, fehlen ganz. Hätte er von den Anschlagsplänen erfahren, wäre er dann in ein anderes Flugzeug gestiegen und hätte Utkin seinem Schicksal überlassen? Es scheint eher so, als ob er sich in Sicherheit wog. Dies erklärt auch, warum er das Risiko auf sich nahm, zusammen mit Dmitri Utkin in eine gemeinsame Maschine zu steigen. Bei einem Absturz, das war beiden klar, wäre die Wagner Gruppe führerlos.

Markant ist die Rolle Lukaschenkos. Während er sich zunächst als Vertrauter Prigoschins gibt, wechselt er scheinbar schnell die Seiten. Er muss von den russischen Plänen gewusst haben, läßt Prigoschin aber offenbar im Dunkeln.

In Moskau hat man den Absturz der Maschine erwartet. Vielleicht schon in der Woche zuvor. Aber ganz sicher am 23.08.2023 (siehe Abb. 14.54). Ist es möglich, dass Wladimir Putin von alledem nichts wusste? Das ist nur schwer vorstellbar.

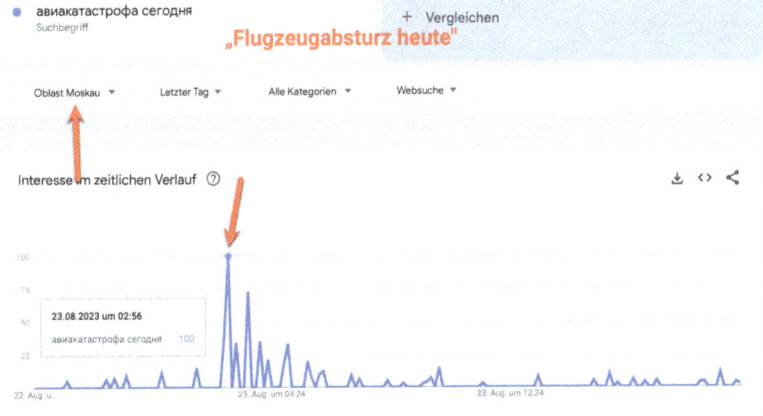

Abb. 14.54 Google Trends „Flugzeugabsturz heute"

Die Oligarchen-Tode: Anton Tscherepennikow 15

Zusammenfassung

Nicht nur dem ausländischen Beobachter dürften die Todesfälle bekannter russischer Oligarchen während, aber auch schon kurz vor dem Krieg auffallen. Am Beispiel von Anton Tscherepennikow wollen wir untersuchen, ob sich Planungsspuren zu einem inszenierten Tod finden lassen.

„Ich möchte noch einmal betonen, dass ich ein Anhänger des Präsidenten und ein Patriot meines Landes bin und die Ziele der speziellen Militäroperation aufrichtig teile."[1] (Pawel Antow, Wurstfabrikant, nachdem er den Ukraine-Krieg kritisiert hatte – und bevor er aus dem 3. Stock seines Hotelfensters stürzte)

Wladimir Putin ist dafür bekannt, dass er nicht zimperlich mit seinen Kritikern umgeht. So sind im Laufe der Jahre viele Oppositionelle, aber auch in Ungnade gefallene Bedienstete aus dem Weg geräumt worden. Entweder mit Hilfe inszenierter Anschuldigen und dazugehörigen Scheinprozessen ins Straflager. Oder aber sie wurden vergiftet, oder kamen anderweitig unter mysteriösen Umständen zu Tode. Das Ableben hochrangiger Oligarchen wurde dabei nicht selten als Suizid präsentiert.

Seit der russischen Invasion der Ukraine haben diese mysteriösen Todesfälle stark zugenommen. Einige der Opfer hatten sich im Vorfeld kritisch zu den Vorgängen in der Ukraine öffentlich geäußert. Bei anderen wiederum scheint nicht sofort klar, welche Umstände den Zorn der russischen Führung auf sich hätten lenken können.

---

[1] https://www.welt.de/politik/ausland/video245175636/Wagner-Chef-Prigoschin-Schoigu-Gerassimow-wo-verdammte-Scheisse-ist-die-Munition.html

© Der/die Autor(en), exklusiv lizenziert an Springer Fachmedien Wiesbaden
GmbH, ein Teil von Springer Nature 2024
S. Broschart, *Putins digitale Front und die Wahrheit dahinter*,
https://doi.org/10.1007/978-3-658-44577-5_15

Die folgende Liste führt einige der Personen auf, die während der Invasion der Ukraine (und kurz davor) auf nicht eindeutig geklärte Weise – manchmal samt Familie – ums Leben kamen:

- Leonid Shulman: 60 Jahre alt, Gazprom-Manager, wird am 30.01.2022 tot in einem Landhaus aufgefunden. Die Polizei geht von Selbstmord aus[2].
- Alexander Tyulakov: 61 Jahre alt[3], stellvertretender Generaldirektor der Finanzabteilung bei Gazprom, wird am 25.02.2022 erhängt aufgefunden. Offizielle Todesursache: Suizid[4].
- Mikhail Watford: 66 Jahre alt, russischer Unternehmer, der Vermögend mit Ölgeschäften in der Ukraine wurde, wird am 28.02.2022 erhängt in seiner Garage in London aufgefunden[5].
- Igor Shkurko: 49 Jahre alt, ehemaliger stellvertretender Generaldirektor des russischen Energieunternehmens Yakutskenergo, wurde am 04.04.2023 tot in seiner Gefängniszelle in Sibirien aufgefunden[6].
- Wladislaw Awajew: 50 Jahre alt, Vizechef der Gazprom-Bank, Verantwortlich für die Abwicklung der Gasverkäufe über Rubel[7]. Seine Leiche und die seiner Frau und seiner Tochter wurden im April 2022 in seiner Moskauer Wohnung gefunden[8]. Die Ermittler gehen von erweitertem Suizid aus.

---

[2] https://www.zdf.de/nachrichten/politik/oligarchen-todesfaelle-ukraine-krieg-russland-100.html

[3] https://exxpress.at/es-starben-noch-mehr-bereits-vier-gazprom-manager-tot-angeblich-selbstmord/

[4] https://www.rtf1.de/news.php?id=32029

[5] https://www.thesun.co.uk/news/17825236/mikhail-watford-russian-invasion-ukraine/

[6] https://www.focus.de/politik/ausland/energie-manager-igor-shkurko-seit-kriegsbeginn-stirbt-der-40-russische-oligarch-auf-mysterioese-art_id_190389180.html

[7] https://www.t-online.de/nachrichten/ausland/id_92078580/mysterioese-todesserie-unter-russischen-oligarchen-zweifel-an-suizid-.html

[8] https://www.blick.ch/ausland/ex-gazprombank-chef-ueber-mysterioeses-oligarchen-sterben-sie-wussten-zu-viel-deswegen-wurden-sie-beseitigt-id17467211.html

- Sergej Protosenya: 55 Jahre alt[9], wird einen Tag nach dem Tod von Wladislaw Awajew in seinem Haus an der Costa Brava aufgefunden. Ehefrau und Tochter sind ebenfalls tot[10].
- Andrej Krukowski: 37 Jahre alt, Direktor des Skiressorts Krasnaja Poljana, stürzt am 02.05.2022 in Sotschi von einer Klippe in den Tod[11].
- Pjotr Kutscherenko: stellvertretender russischer Minister für Wissenschaft und Hochschulbildung, 46 Jahre alt, stirbt am 21.05.2022 während eines Rückflugs aus Kuba[12]. Die Todesursache: unklar.
- Alexander Subbotin: 44 Jahre alt, Vorstandsvorsitzender von Lukoil, stirbt angeblich nach einer Krötengiftbehandlung bei einem Schamanen im Mai 2022[13].
- Wassili Melnikow: 43 Jahre alt, Unternehmer, soll im Juni 2022 erst seine Familie und anschließend sich selbst mit einem Messer gerichtet haben[14].
- Juri Voronov: 61 Jahre alt, Verbindungen zu Gazprom, wird am 04.07.2022 mit einer Schusswunde im Kopf tot im Pool seiner Villa in Sankt Petersburg gefunden[15].
- Rawil Maganow: 67 Jahre alt, Vorsitzender des Erdölgesellschaft Lukoil, kam am 01.09.2022 zu Tode, öffentliche Berichte widersprechen sich zu den Umständen: beim Sturz aus dem Fenster des Moskauer Zentralklinikums wird einmal von Unfall, dann wieder von Suizid gesprochen[16].

---

[9] https://www.mopo.de/news/panorama/mord-suizid-mysterioese-todes-serie-bei-russen-oligarchen/

[10] https://www.fr.de/politik/russland-naechster-oligarch-stirbt-unter-mysterioesen-umstaenden-91537713.html

[11] https://www.dw.com/de/mysteri%C3%B6se-todesserie-unter-russischen-oligarchen/a-61712777

[12] https://www.berliner-zeitung.de/news/politiker-tot-russischer-vize-minister-pjotr-kutscherenko-stirbt-im-flugzeug-aus-kuba-li.351002

[13] https://taz.de/Russische-Oligarchen/!5853961/

[14] https://taz.de/Russische-Oligarchen/!5853961/

[15] https://www.bild.de/politik/ausland/politik-ausland/juri-woronow-russischer-oligarch-tot-im-pool-aufgefunden-80615732.bild.html

[16] https://de.wikipedia.org/wiki/rawil_ulfatowitsch_maganow

- Iwan Peschorin: 39 Jahre alt, Geschäftsführer der Corporation for the Development of the Far East and the Arctic, stürzt am 10.09.2022 bei voller Fahrt von seiner Yacht ins Meer und verunglückt dabei tödlich. Sein Amtsvorgänger Igor Nosow verstirbt erst 8 Monate zuvor im Alter von 43 Jahren – an einem Schlaganfall, wie es heißt[17].
- Wladimir Sungorkin: 68 Jahre alt, Chefredakteur der kremltreuen Zeitung „Komsomolskaja Prawda", sei am 14.09.2022 einem Schlaganfall erlegen[18].
- Anatoly Gerashchenko: 73 Jahre alt, ehemaliger Leiter des Moskauer Luftfahrtinstituts MAI, welches eng mit dem Verteidigungsministerium verbunden ist, stirbt beim Treppensturz am Hauptsitz des Instituts am 21.09.2022[19].
- Dmitry Zelenov: 50 Jahre alt, Immobilien-Tycoon, stirbt ebenfalls nach einen Treppensturz bei einem Besuch von Freunden an der französischen Riviera am 09.12.2022[20].
- Pawel Antow: 65 Jahre, Fleischunternehmer, sehr wohlhabender Abgeordneter, verstirbt auf Urlaubsreise in Indien am 22.12.2022, aus dem 3. Stock eines Hotelfenster gestürzt, hatte sich im Juni kritisch gegenüber dem Angriffskrieg geäußert[21].
- Alexander Buzakow, 66 Jahre alt, Verbindungen in Regierungskreise, Leiter einer auf Diesel-U-Boote spezialisierten Werft, deren Boote bereits im Ukraine-Krieg eingesetzt wurden, stirbt am 24.12.2022. Todesumstände: ebenfalls unklar[22].
- Alexei Maslow: 69 oder 70 Jahre alt, ehemaliger Befehlshaber der russischen Landstreitkräfte, stirbt „plötzlich" am 25.12.2022 im Militärkrankenhaus N.N. Burdenko[23].

---

[17] https://www.n-tv.de/wirtschaft/Naechster-Todesfall-unter-russischen-Top-Managern-article23586948.html

[18] https://www.rnd.de/politik/kremlpropagandist-wladimir-sungorkin-unerwartet-verstorben-B76JJN4LRJDSNNPPBBUCAXSBXQ.html

[19] https://www.zdf.de/nachrichten/politik/oligarchen-todesfaelle-ukraine-krieg-russland-100.html

[20] https://www.thedailybeast.com/russian-oligarch-dmitry-zelenov-dies-after-mysterious-fall-down-stairs

[21] https://www.watson.ch/international/ukraine/629259007-der-reichste-abgeordnete-russlands-stuerzte-in-indien-aus-dem-3-stock

[22] https://www.tagesspiegel.de/internationales/alexander-buzakov-nachster-russischer-top-manager-plotzlich-verstorben-9089779.html

[23] https://www.t-online.de/nachrichten/ukraine/id_100102404/general-alexei-maslow-putins-ex-heereschef-stirbt-ploetzlichen-tod.html

15 Die Oligarchen-Tode: Anton Tscherepennikow

- Wladimir Budanow: 61 Jahre, war zusammen mit Pawel Antow nach Indien gereist, stirbt nach offiziellen Angaben an einem Schlaganfall zwei Tage vor Antow[24].
- Kristina Baikowa: 28 Jahre alt, Vizepräsidentin der Loko-Bank, fällt am Abend des 23.06.2023 – es ist der Abend der „Wagner"-Revolte – aus dem 11. Stock ihres Moskauer Apartements[25].
- Igor Kudryakow: 64 Jahre alter russischer Lebensmittel-Tycoon, Vertrauter Putins, wird am 21.07.2023 tot in seiner Moskauer Wohnung gefunden[26]. Offizielle Stellen berichten von einem Krebsleiden.

Auch der Unternehmer Anton Tscherepennikow steht auf dieser Liste[27]. Seinen Fall wollen wir uns im Folgenden einmal etwas genauer ansehen.

Tscherepennikow, gerade einmal 40 Jahre alt, gilt als ein erfolgreicher IT-Unternehmer, der mit der IKS Holding eine Vielzahl an Unternehmen führt. Mit seine Spezialisierung auf Abhörtechnik arbeitet er eng mit dem Inlandsgeheimdienst der Russischen Föderation, dem FSB, zusammen[28]. Tscherepennikow ist damit der technische Wegbereiter für die digitale Kontrolle des Landes. Ein mächtiger Vertreter, der über tiefe Einblicke in die machtpolitischen Vorgänge haben muss.

Offiziellen Angaben zufolge wird Tscherepennikow am 22.07.2023 gegen 3 Uhr morgens in den Räumen seines Moskauer Büros, dem Bürokomplex „Bureau 1440"[29], leblos aufgefunden[30,31]. Relativ schnell wird als Todesursache ein

---

[24] https://www.fr.de/politik/russland-ukraine-weihnachten-mysterioese-umstaende-putin-krieg-92002544.html

[25] https://www.berliner-zeitung.de/news/russland-bankerin-kristina-baykova-faellt-aus-dem-fenster-und-stirbt-li.364538

[26] https://www.thesun.co.uk/news/23133800/putin-crony-igor-kudryakov-dead/

[27] https://www.blick.ch/ausland/er-war-eine-schluesselfigur-putins-abhoerspezialist-auf-mysterioese-weise-gestorben-id18773188.html

[28] https://www.watson.ch/international/russland/763782732-diesmal-war-es-kein-fensterurz-putins-abhoerspezialist-tot-aufgefunden

[29] https://rs.linkedin.com/company/bureau1440?trk=public_profile_experience-item_profile-section-card_subtitle-click

[30] https://1sn.ru/glava-krupneisei-V-rossii-it-kompanii-skoncalsya-vo-vremya-modnoi-procedury

[31] https://www.kommersant.ru/doc/6122379

Herzstillstand vermeldet – noch bevor die Obduktion zu einer abschließenden Bewertung gekommen ist.

Die russische Öffentlichkeit erfährt am Morgen vom Ableben Tscherepennikows. Die Anzahl der Suchvorgänge steigt zwischen 9 und 11 Uhr besonders intensiv an (siehe Abb. 15.1).

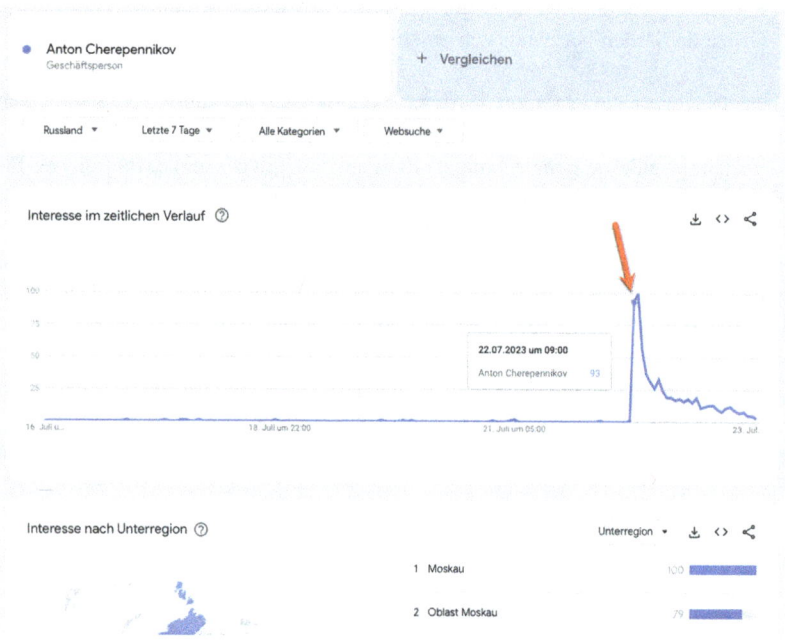

Abb. 15.1 Google Trends „Anton Cherepennikov"

Tscherepennikow gestorben

Interessant ist jedoch folgende Beobachtung: wir finden bereits Tage vor Tscherepennikows Tod konkrete Suchanfragen bei Google, die sich auf seinen Tod beziehen. Wollen hier die möglichen Auftraggeber in Erfahrung bringen, ob ihr Opfer bereits getötet wurde? Abb. 15.2 zeigt, dass zwischen 2 und 3 Uhr des 20.07.2023 deutscher Zeit, also zwischen 3 und 4 Uhr Ortszeit, nach „Anton Tscherepennikow ist gestorben" gesucht wird. Dabei scheint vor allem die Menge der Suchanfragen bemerkenswert: insgesamt kommen wir auf mehr als ein Viertel der Menge in einer Stunde, als zwei Tage später nach der öffentlichen Vermeidung des Todes. Wir haben es also nicht nur mit einer einzelnen Anfrage zu tun, sondern mit mehreren, die in der Nacht zum Tode Tscherepennikows formuliert werden.

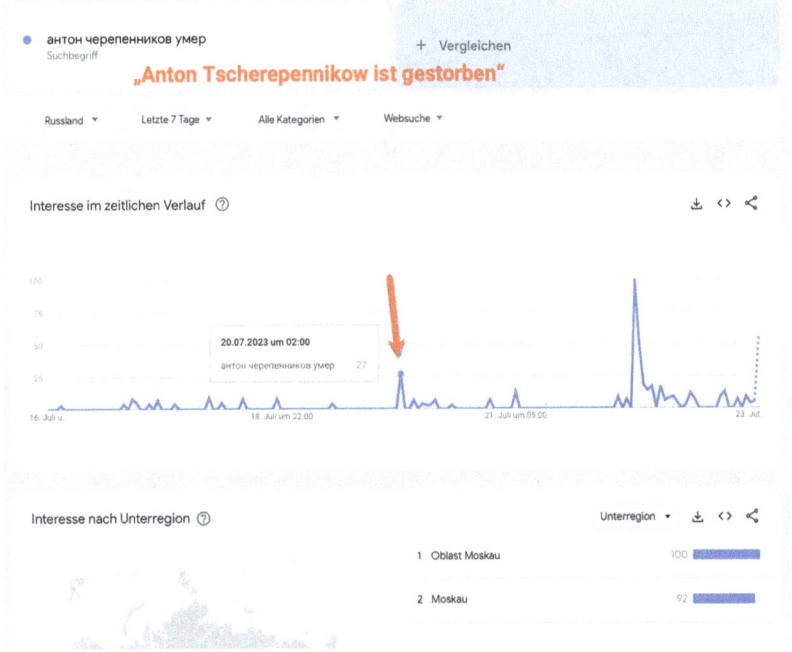

Abb. 15.2 Google Trends „Anton Tscherepennikow ist gestorben"

Neben der Frage, ob Anton Tscherepennikow bereits verstorben sei, finden wir noch weitere interessante Suchvorgänge für den selben Zeitraum. Innerhalb der gleichen Stunde wird nach der „Todesursache" bei Google gefragt (siehe Abb. 15.3). Auf dem Hintergrund einer Planung, die zum Tod von Tscherepennikow führen soll, ist man scheinbar bemüht, so viele Informationen zur Person, vielleicht sogar zu einer möglichen Todesursache in Erfahrung zu bringen. Oder aber, mögliche Auftraggeber sind zu diesem Zeitpunkt schon davon ausgegangen, dass Anton Tscherepennikow nicht mehr lebt.

Ebenso die vermehrten Suchanfragen zu den Eltern des Opfers fallen in dieser Nacht auf (siehe Abb. 15.4). Auch diese erreichen zeitweise mehr Aufrufe, als zwei Tage später die Öffentlichkeit vom Tod erfährt. Sollte hier das direkte und persönliche Umfeld Tscherepennikows geprüft werden?

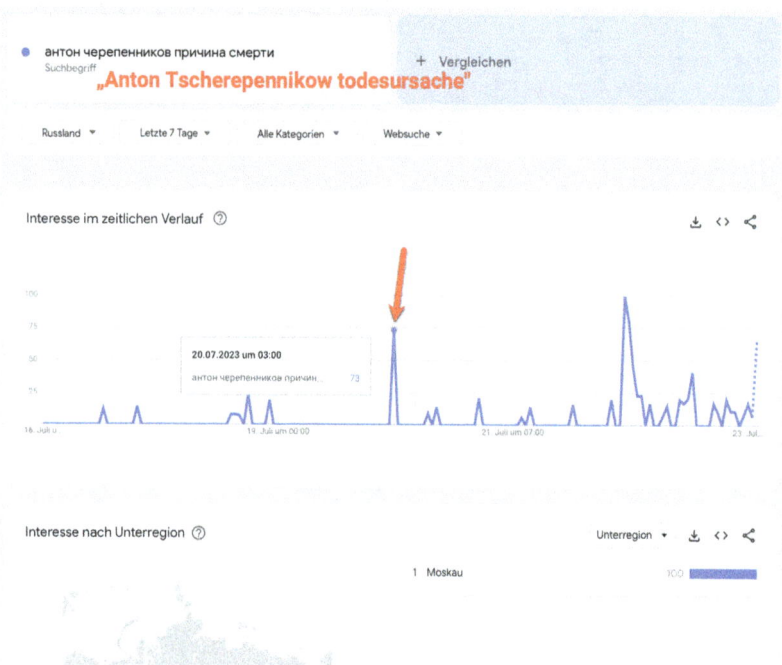

Abb. 15.3 Google Trends „Anton Tscherepennikow Todesursache"

Tscherepennikow gestorben

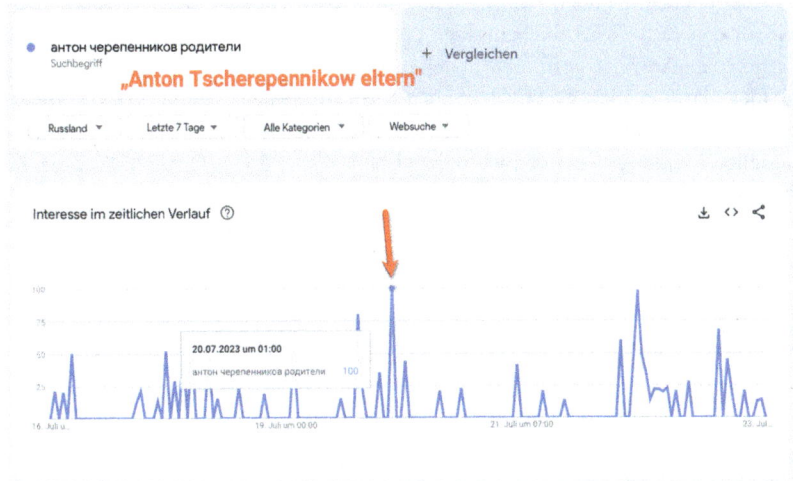

Abb. 15.4 Google Trends „Anton Tscherepennikow Eltern"

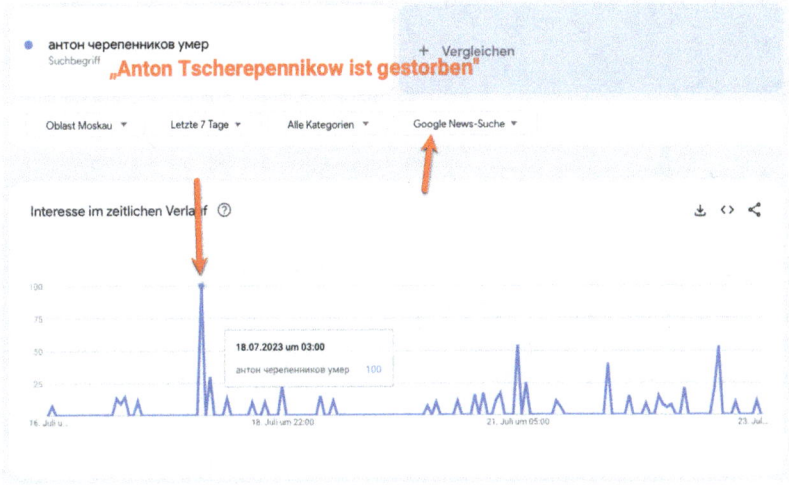

Abb. 15.5 Google Trends „Anton Tscherepennikow ist gestorben"

Aber blicken wir noch zwei weitere Tage zurück: für die Oblast Moskau finden wir für den 18.07.2023 Suchanfragen über die Google-News-Suche nach „Anton Tscherepennikow ist gestorben" (siehe Abb. 15.5). Von besonderer Bedeutung ist hier, dass an diesem Tag deutlich intensiver gesucht wurde, als am Todestag selbst. Und die Nutzung der News-Suche impliziert, dass hier konkret nach aktuellen Meldungen gesucht wurde: zwischen 4 und 5 Uhr Ortszeit. War die Tat bereits für die Nacht am 18.07.2023 geplant?

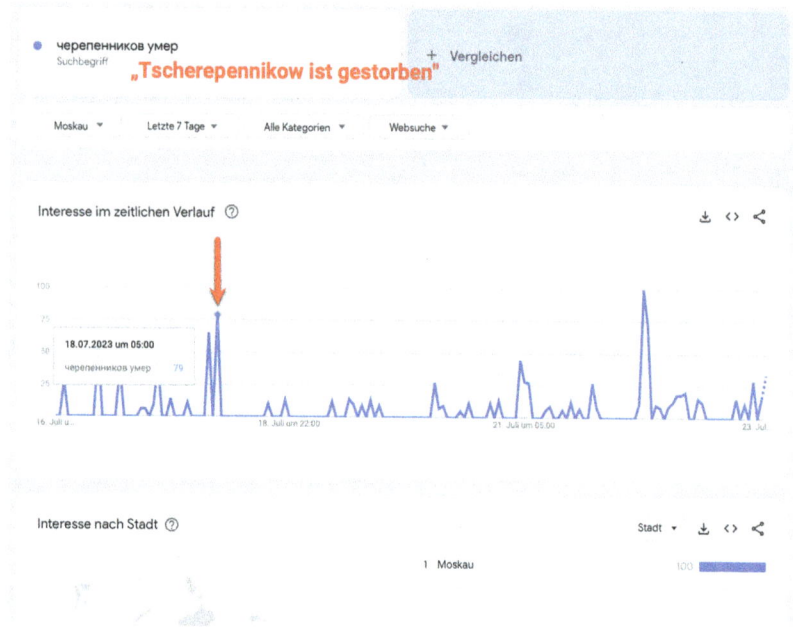

Abb. 15.6 Google Trends „Anton Tscherepennikow ist gestorben"

Für Moskau finden wir in Abb. 15.6 vergleichbare Suchvorgänge nur kurze Zeit später.

Suchanfragen zu den Räumlichkeiten, zum „Bureau 1440" beobachten wir abermals zur gleichen Zeit – diesmal aus Sankt Petersburg (siehe Abb. 15.7).

Aber auch in Moskau ist das Interesse in dieser Sache besonders groß (siehe Abb. 15.8).

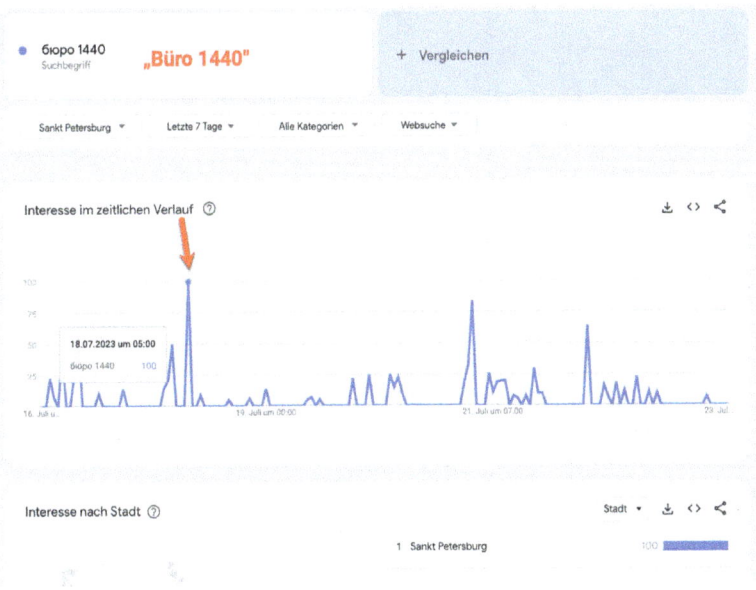

Abb. 15.7 Google Trends „Büro 1440"

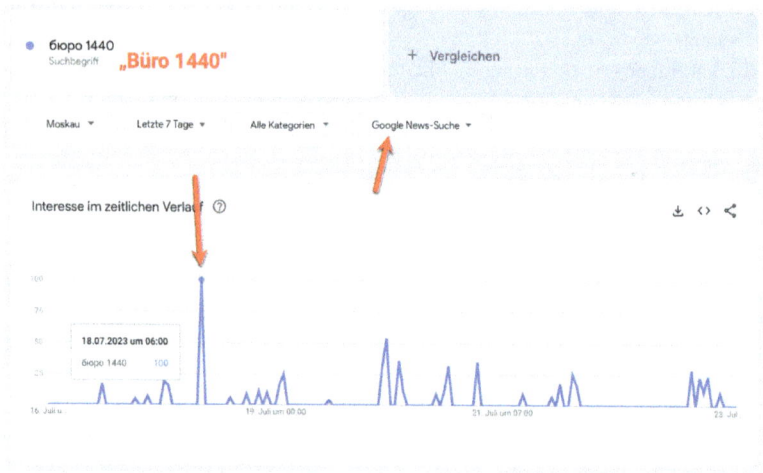

Abb. 15.8 Google Trends „Büro 1440"

Xenon-Therapie

Zur Todesursache verbreiten sich Hinweise, dass Tscherepennikow aus therapeutischen Gründen Xenon-Gas inhaliert haben soll (siehe Abb. 15.9). Dies wird insbesondere in Russland zur Behandlung von Depressionen und auch bei Drogenabhängigkeit appliziert. Xenon-Gas kann auch als Narkosemittel eingesetzt werden. Könnte es also sein, dass hier eine zu Hose Dosierung zum Herzstillstand geführt hat?

Die ersten auffälligen Suchanfragen zur Xenon-Therapie beobachten wir in Abb. 15.10 in Russland ab 16 Uhr Ortszeit.

Xenon-Therapie

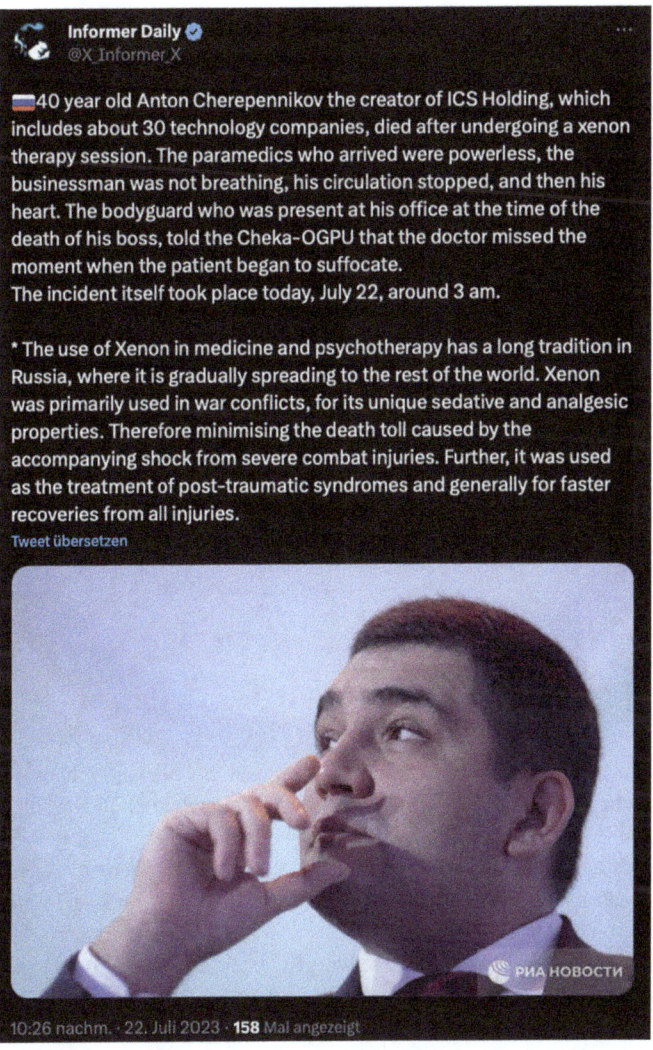

Abb. 15.9 Quelle: Twitter/X

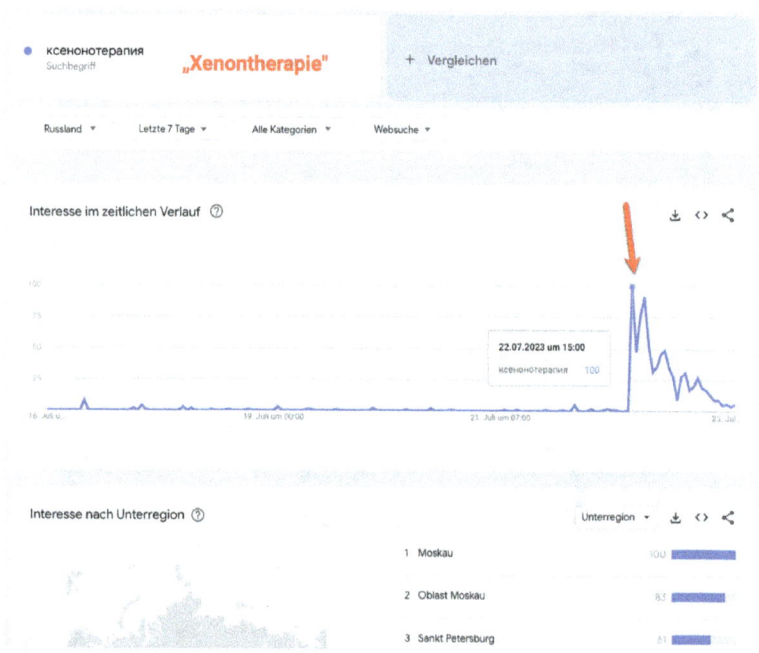

Abb. 15.10 Google Trends „Xenontherapie"

Und auch das Nachforschen nach Möglichen Schäden durch eine Xenon-Therapie nur zwei Tage vor dem Ableben von Tscherepennikow scheint auffällig (siehe Abb. 15.11).

Kann durch Xenon-Therapie der Tod hervorgerufen werden? Genau diese Frage scheint jemanden drei Tage vor der Xenon-Intoxikation von Tscherepennikow zu beschäftigen (siehe Abb. 15.12).

Wenn wir in Abb. 15.13 die Suchvorgänge, die in diesen Tagen in Moskau rund um die Xenon-Therapie und zur Person Anton Tscherepennikow abgesetzt werden, zeitlich übereinander legen, dann stellen wir fest: diese werden häufig zur gleichen Zeit gesucht – selbst Nachts. Diese Beobachtung impliziert einen kausalen Zusammenhang. Eine gezielte Vergiftung mit Xenon-Gas scheint nicht abwegig.

Xenon-Therapie

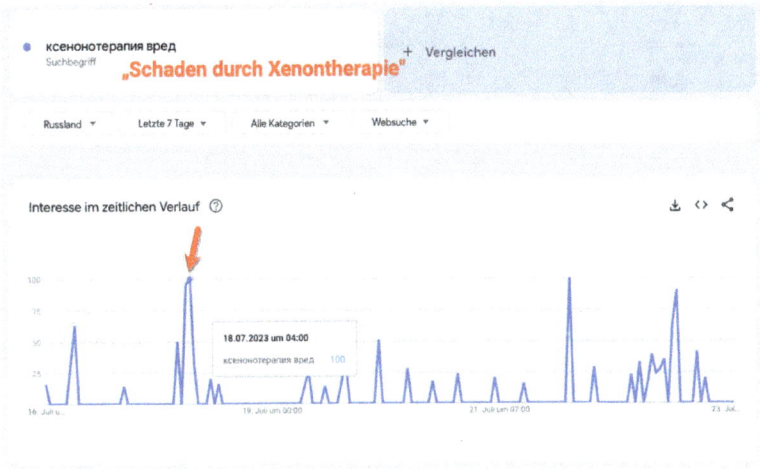

Abb. 15.11 Google Trends „Schaden durch Xenontherapie"

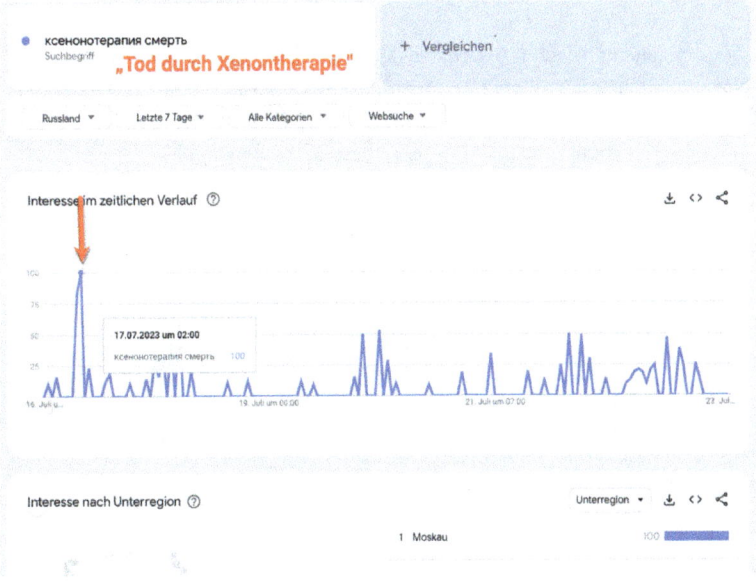

Abb. 15.12 Google Trends „Tod durch Xenontherapie"

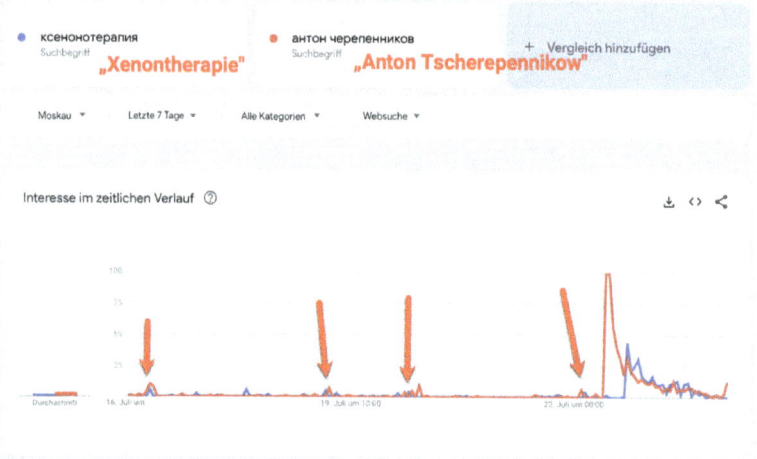

Abb. 15.13 Google Trends, Ereignissynchronität

Die untersuchten Daten erwecken den Anschein, dass es sich beim Ableben von Tscherepennikow um einen inszenierten Mord handelt. Sein Name gehört damit gerechtfertigter Weise in die Auflistung der Oligarchen, die unter mysteriösen Umständen ums Leben gekommen sind.

Das russische Schauspiel 16

„Versprechen habe ich nur meiner Mama gegeben, als ich noch ein kleiner Junge war."[1] (Wladimir Putin)

Wir haben auf den letzten Seiten viele Daten gesehen. Daten, die von Geschehnissen des Ukrainekrieges erzählen. Von Menschenleben. Wahrscheinlich von der bewussten Entscheidung zu töten. Und zwar sehr viele Menschen. Geplant und geskriptet. Wie ein psychopathisches Schauspiel. Aber deshalb eines mit vielen Spuren.

Wie John Sweeny in seinem Buch „Der Killer im Kreml" berichtet, setzt Putin von Beginn seiner Amtszeit an auf die Inszenierung von der Schuld der anderen. Diese rechtfertigt eine harte russische Reaktion und sorgt für hohe Zustimmungswerte. Sein Vorgehen scheint sich in dieser ganzen Zeit nicht verändert zu haben. Im Gegenteil. Durch die jahrelange Inszenierung einer westlichen Verschwörung gegen Russland hat er einen Großteil der Bevölkerung hinter sich vereint, die immer mehr unvorstellbare Taten zu legitimieren scheint. Der YouTube-Kanal 1420[2] präsentiert Passanten in den Straßen von Sankt Petersburg Bilder aus dem ukrainischen Kriegsgebiet. Viele halten diese Bilder für westliche Kriegspropaganda.

Putin hat nachweislich immer wieder gelogen. Wir haben in diesem Buch einige Beispiele gesehen, die haben erkennen lassen, wie stümperhaft Täuschungen vorbereitet wurden. Und während dies bei den meisten anderen Menschen zu Dissonanzen, also einem Unbehagen führen würde, weil Taten und Wort nicht kongruent erscheinen, so scheint es dem Kreml-Chef nicht sonderlich zuzusetzen.

---

[1] https://gutezitate.com/zitat/256531
[2] https://www.youtube.com/@1420channel

© Der/die Autor(en), exklusiv lizenziert an Springer Fachmedien Wiesbaden GmbH, ein Teil von Springer Nature 2024
S. Broschart, *Putins digitale Front und die Wahrheit dahinter*,
https://doi.org/10.1007/978-3-658-44577-5_16

Im Gegenteil. So lange er seine Ziele auf diese Weise erreichen kann, bestätigt ihn dies darin, besonders geschickt und intelligent vorgegangen zu sein. Das, was wir von Putin in den Medien wahrnehmen, wirkt deshalb nicht selten inkonsistent. Denn zum einen muss die digitale Front in Russland aufrecht erhalten werden. Zum anderen aber auch die gen Westen. Bei zu großen inhaltlichen Widersprüchen vermittelt Putin seine Botschaften über unterschiedlicher Kommunikatoren, wie seinen Außenminister Lawrow, seinen Verteidigungsminister, Ex-Präsident Medwedew oder den Kreml Sprecher Peskow. Auf diese Weise lassen sich Unstimmigkeiten in Formulierungs-, Interpretations- oder Absprachedefiziten verstecken. Außerdem bringt jeder der genannten Führungspersonen im Kreml seine eigene Tonalität ein, die sich geschickt zur Generierung einer spezifischen Wirkung einsetzen lässt. Die Rollen sind verteilt. Und die Aufführung des Dramas im selbst geschriebenen Verschwörungsnarrativ gefangen. Denn genau dies ist es, was die Akteure im Spiel hält. Fällt der Vorhang, dann ist das Spiel aus.

Und so lange sehen wir zu, wie unzählige Unschuldige auf der Bühne ums Leben kommen. Von Aggressoren mit einem wirren, egozentrisch verzerrtem Weltbild. Und dem Publikum weiterhin Unwahrheiten zugerufen werden, um dieses zu beeinflussen.

Mit der Analyse der Daten, die ich in diesem Buch vorgestellt habe, konnten wir die Schatten, die dieses brutale Schauspiel geworfen hat, untersuchen. Wir konnten sehen, an welchen Stellen die Worte des Kremls nicht mit den beobachteten Verhaltensweisen im digitalen Raum zusammenpassen. Zusammen mit den Erkenntnissen zur digitalen Propaganda, die dem Drehbuch eines antiwestlichen Verschwörungsnarratives folgt, kann sich ein schlüssiges Gesamtbild der Geschehnisse in der Ukraine ergeben.

Wir als externe Beobachter können kaum abschätzen, was in der Ukraine wirklich vor sich geht. Wir sind auf die Berichte Dritter angewiesen. Und damit sind wir allen beabsichtigten und unbeabsichtigten Verzerrungen schutzlos ausgeliefert. Mit diesem Buch sollte beschrieben werden, welche offenen psychologischen Flanken uns angreifbar machen, und warum. Aber auch, was hinter der verzerrten Berichterstattung wirklich geschieht.

Das, was wir, die an der digitalen Front stehen, gegen das vom Kreml aufgezwungene Stück unternehmen können, ist: Klarheit in die Motive und Geschehnisse bringen. Über die Techniken der Täuschung und Manipulation aufklären. Und zeigen, was hinter der Bühne, hinter der Frontlinie wirklich geplant wird. Erst wenn jeder im nationalen und internationale Publikum aufhört zu klatschen und niemand mehr die Vorstellung erträgt, erst dann kann sie vorzeitig beendet werden.

GPSR Compliance
The European Union's (EU) General Product Safety Regulation (GPSR) is a set of rules that requires consumer products to be safe and our obligations to ensure this.

If you have any concerns about our products, you can contact us on

ProductSafety@springernature.com

In case Publisher is established outside the EU, the EU authorized representative is:

Springer Nature Customer Service Center GmbH
Europaplatz 3
69115 Heidelberg, Germany

www.ingramcontent.com/pod-product-compliance
Lightning Source LLC
LaVergne TN
LVHW011005250326
834688LV00004B/80